苏州市吴文化研究会
苏州市旅游局 编

苏州旅游文化千问

苏州大学出版社
Soochow University Press

图书在版编目(CIP)数据

苏州旅游文化千问/竺承政主编;苏州市吴文化研究会,苏州市旅游局编. —苏州:苏州大学出版社,2014.8(2018.8重印)
ISBN 978-7-5672-1004-2

Ⅰ.①苏… Ⅱ.①竺…②苏…③苏… Ⅲ.①旅游文化-介绍-苏州市 Ⅳ.①F592.753.3

中国版本图书馆CIP数据核字(2014)第165052号

书　　名:	苏州旅游文化千问
编　　者:	苏州市吴文化研究会　苏州市旅游局
责任编辑:	许周鹣
策划编辑:	周建国
装帧设计:	吴　钰
出版发行:	苏州大学出版社(Soochow University Press)
社　　址:	苏州市十梓街1号　邮编:215006
印　　装:	虎彩印艺股份有限公司
网　　址:	www.sudapress.com
邮购热线:	0512-67481020
销售热线:	0512-67481020
开　　本:	787×1092　1/16　印张:20　字数:475千
版　　次:	2014年8月第1版
印　　次:	2018年8月第3次印刷
书　　号:	ISBN 978-7-5672-1004-2
定　　价:	58.00元

凡购本社图书发现印装错误,请与本社联系调换。服务热线:0512-67481020

《苏州旅游文化千问》编委会

主任委员：朱国强
委　　员：朱国强　张澄国　王惠荣
　　　　　竺承政　席学明　郁裕铭
　　　　　陆　锋　徐伟荣　李　镔
主　　编：竺承政
副 主 编：李　镔　周建国
编务人员：席学明　沈建东　张　雷
　　　　　华以丹　钱　怡　田　坤

序
Preface

范育民

党的十八大指出:"文化是民族的血脉,是人民的精神家园",要求"发挥文化引领风尚、教育人民、服务社会、推动发展的作用"。苏州是我国著名的历史文化名城和风景旅游城市,现在又把建设传统文化与现代文明相融合的文化旅游城市作为目标。苏州市吴文化研究会同苏州市旅游局联合编写这本《苏州旅游文化千问》,对推动苏州的旅游文化建设具有一定的现实意义。

文化是旅游目的地吸引力的渊薮。苏州的旅游吸引力,在于其秀美的山山水水,在于其独具特色的吴地文化。苏州的山山水水孕育了吴文化,吴文化又点缀了苏州的山山水水。自然景观与人文景观的相互交融,使苏州的旅游文化绚丽多彩。苏州作为千年历史文化古城,传统韵味十分浓厚;作为我国经济发达的城市,又十分开放时尚。苏州的旅游文化既有历史积淀深厚的一面,也有现代与时俱进的一面。我们要让在这个城市中工作和生活的人了解苏州的历史与文化,也要让来苏州旅游的客人了解苏州的历史与文化。

文化是旅游者的出发点和归结点。一个地方的历史文化和人文知识是旅游者最需要了解的。《苏州旅游文化千问》集纳了大量的历史文化和旅游景点资料,通过问答的形式,详尽介绍了苏州丰富多彩的旅游文化,是一本关于苏州旅游知识的汇编类图书。本书采用"一问一答"的编写方法,形式比较活泼,也便于阅读,选择性和针对性较强。书中内容丰富,涉及面广泛,各个部分还有相关基础知识的介绍。将苏州的历史文化、旅游景点和旅游基础知识结合在一起,是本书的一大特色。本书既可以作为旅游从业人员的实务资料,也可以作为市民和旅游者了解苏州旅游文化的参考书籍。文化可以在潜移默化中改变人们的生活,开拓人们的视野,提升人们的精神境界,丰富人们的知识结构,启动人们思维的多元性。而旅游则可以让人更深刻、更集中地认识文化、感悟文化、品味文化,在愉悦和享受中提升自身的文化素养。我们相信,苏州的旅游文化一定会发挥其特有的无形价值。

文化是旅游业的灵魂。我们希望,今后苏州旅游资源的开发利用、旅游设施的建设、旅游服务的提升、旅游行业的管理,能在弘扬优秀传统文化的基础上不断创新,更好地体现苏州的文化特色、文化品位和文化形象,使苏州成为名副其实的传统文化与现代文明相融的文化旅游城市。

本书的出版,得到了苏州市政府、苏州市政协和江苏省旅游局领导的关心与支持,在此,谨向他们致以衷心的感谢!

(作者系苏州市吴文化研究会会长)

前言
Preface

苏州历史文化积淀沉厚，旅游资源十分丰富。改革开放以来，苏州的旅游业不断持续发展，越来越多的国内外旅游者对苏州的文化产生了浓厚的兴趣，苏州的广大新老市民更想了解自己工作和居住的这个城市的历史文化与时代新貌，各类旅游从业人员需要进一步提高自身的文化素养。鉴于这些考虑，多年来我们一直想编写一本介绍苏州旅游文化的书籍，来满足人们的需求。

为了增强本书的可读性，我们采用了《苏州旅游文化千问》这一书名，通过问答的形式，介绍苏州丰富的旅游文化。这样的编写方法，形式比较活泼，结构比较自由，选择性和针对性较强。

前几年，苏州市吴文化研究会编写出版了《苏州文化概论——吴文化在苏州的传承和发展》一书，并组织部分理事整理了被列入省级以上名录的苏州非物质文化遗产的材料。同时，苏州市旅游局及有关部门相继完成了《苏州市旅游志》等一批典籍的编纂。这些文献书籍为我们编写《苏州旅游文化千问》提供了丰富的参考资料。

本书的内容涉及面比较广泛，充分说明了苏州文化内涵的丰富。全书共分16个部分，其中"休闲文化"部分介绍的是苏州现代休闲旅游文化，体现了苏州的旅游文化既有传统的一面也有现代的一面。这部分内容动态性较强，实际情况可能今后会有变化。本书"问题"选择的广度和深度，基本上是按中级导游应具备的文化知识素养要求来考虑的。有些部分对相关知识作了介绍。这些相关知识基本上是了解苏州旅游文化应该和必须掌握的基础知识或背景知识，也有些是人们在旅游过程中常常会问起和比较感兴趣的。本书涉及众多苏州物质文化遗产和非物质文化遗产，其等级和数量基本上是按2014年3月底之前公布的名录表述的。此后若有变动,将依据再版情况进行调整。

我们编写这本书,是想从旅游的角度,传播苏州的历史文化和人文知识,并力图通过简明的文字,让读者方便地了解苏州的旅游文化及其背景知识,拓宽文化视野和思维空间。本书可以作为旅游从业人员的实务教材,也可以成为人们增加知识的消闲读品。

在编写过程中,我们参阅了一些文献资料、旅游教材和各类专著,引用了大量旅游景点景区的资料,也得到了有关部门、专家学者的关心和支持,在此谨向这些作者、个人和单位一并表示真诚的感谢。苏州大学出版社为编辑出版这本书付出了辛勤的劳动,在此致以诚挚的谢意。因篇幅有限,不能将所有旅游资源、旅游景点、历代名人等一一罗列,敬请谅解。限于编者的水平,难免有疏漏与不足之处,敬请同仁、读者批评指正。

目 录

第一章 历史沿革 …… 1
  一、苏州历史知识 …… 1
  二、历史背景知识 …… 5

第二章 山水文化 …… 12
  一、山水景观知识 …… 12
  二、苏州的山 …… 17
  三、苏州的水 …… 30

第三章 宗教文化 …… 38
  一、佛教相关知识 …… 38
  二、道教相关知识 …… 45
  三、基督教相关知识 …… 52
  四、伊斯兰教相关知识 …… 54
  五、苏州宗教旅游景点 …… 56

第四章 建筑文化 …… 70
  一、建筑文化基础知识 …… 70
  二、苏州建筑文化遗产 …… 78

第五章 千年古城 …… 84

第六章 水乡古镇 …… 97
  一、相关基础知识 …… 97
  二、苏州历史文化名镇 …… 98

第七章 古典园林 …… 114
  一、古典园林基础知识 …… 114
  二、苏州著名古典园林 …… 126

第八章 工艺美术 …… 140
  一、陶瓷部分 …… 141
  二、金属部分 …… 143
  三、漆器部分 …… 144
  四、雕塑部分 …… 145
  五、木版年画、灯彩、苏扇 …… 149
  六、编结部分 …… 153
  七、织绣部分 …… 154

八、服饰部分···158
　　九、家具部分···160
　　十、寓意象征···162
第九章　戏曲艺术··165
　　一、戏曲···165
　　二、吴歌···168
　　三、民乐···169
　　四、绘画···173
　　五、书法···180
　　六、雕塑···185
第十章　礼仪民俗··187
　　一、习俗···187
　　二、称谓···193
　　三、礼仪···198
　　四、婚俗···201
　　五、丧俗···204
　　六、食俗···207
第十一章　节日节庆··209
　　一、旅游节庆···209
　　二、传统节日···213
第十二章　饮食文化··218
　　一、饮食文化知识···218
　　二、苏州传统饮食···230
第十三章　文博馆室··240
第十四章　历代名人··246
第十五章　休闲文化··267
　　一、相关概念···267
　　二、乡村生态···270
　　三、消遣健身···275
　　四、娱乐购物···280
第十六章　相关知识··285
　　一、古代政治···285
　　二、古代经贸···294
　　三、古代军事···298
　　四、古代教育···300
　　五、古代医药···302
　　六、古代司法···305

第一章 历史沿革

一、苏州历史知识

❖ **苏州有哪些原始时期的文化遗存？有什么价值？**

20世纪80年代中期，太湖三山岛哺乳动物化石和旧石器的发现，把太湖地区乃至长三角地区的人类历史，从新石器时代前推至旧石器时代。1972年9月和1973年4月，经两次发掘，在位于阳澄湖南岸的草鞋山发现了原始人类的居住遗迹、墓葬和大量遗物。从遗址下层的两个灰坑中发现的炭化稻谷，是苏州至今发现的最早的水稻实物。这证明苏州是我国最早种植水稻的地区之一，苏州种植水稻已有6 000余年历史。家畜遗骨、石器、陶器、竹木器和炭化纺织物残片的发现，证明在农业有了初步发展之后，草鞋山人的家畜饲养业作为副业也已产生，纺织和缝纫也有一定的进步。而按照氏族传统和习惯埋葬氏族成员的墓葬则说明，当时的草鞋山人处于母系氏族公社。

大约从5 000余年前开始，苏州一带的氏族部落先后进入了父系氏族公社时期。草鞋山遗址中层和张陵山遗址下层，属于青莲岗晚期的文化遗存，距今5 500年至6 000年。草鞋山、张陵山和梅堰等遗址上层，属于良渚文化遗存，距今4 000年至5 000年。这两种文化遗存分别反映了父系氏族公社形成和解体时期的面貌。2009年，在草鞋山遗址发掘过程中，清理出包括11个灰坑和206座不同时期的墓葬在内的新石器时代人类居住遗迹，出土了陶、石、骨、玉等文物共千余件。这些新石器时代遗址表明，长江下游、太湖地区与黄河中游、中原地区一样，是中国古代文明的发祥地之一。

❖ **吴国是什么时候开始有的？与泰伯奔吴有什么关系？**

商末，周部落古公亶父欲传位于幼子季历，长子泰伯、次子仲雍避位南奔，从渭水岐山来到南濒太湖的梅里（今无锡梅村），与当地土著居民结合，建立部落性质的政权，自称"勾吴"。泰伯死后，由其弟仲雍继位。周武王十一年，周灭商。周武王访得第五代吴君周章，封其为吴子（同姓"子爵"诸侯），始有吴国。

❖ **苏州是什么时候成为春秋时期吴国都城的？**

公元前561年，吴王寿梦卒，长子诸樊继位，国都迁至今苏州。吴王阖闾元年（前514），阖闾委任伍子胥建都城，伍子胥"相土尝水，象天法地"，在江南水网地区筑起了一座规模宏大的大城,即现在的苏州城址。它不仅在当时是吴国的都城,而且长期以来是江南的经济、文化中心之一。

吴国被越国灭亡后,吴国都城遭受了吴越、楚越之间多次战争的破坏。后来经过楚相春申君黄歇之子多年经营才有所恢复。

❁ 秦汉时代苏州的行政地位有什么变化?吴县得名始于何时?

秦统一六国后,在全国推行郡县制,以今闽、浙及苏南之地置会稽郡,辖26个县,又在吴国古都设吴县为会稽郡治,吴县得名自此始。当时吴县的疆域大致与今苏州市(包括属县)相仿,但人口仅1万户左右。迨入东汉,因郡地幅员辽阔不便管理,遂于永建四年(129)在其东北部另置吴郡,将会稽郡治迁往山阴(今绍兴),吴郡治所仍在吴县。

随着全国封建统一局面的出现和各地经济、文化交流的密切,作为饱经战争创伤的吴国古都,由于自然资源丰富,铁器和畜力应用于农业生产,以及水陆交通的开发,逐步恢复了生机。秦汉时代的苏州仍然是江南的政治、经济和文化中心之一,被称为"江东一都会"。

❁ 三国时期苏州与哪两个郡一起号称"三吴"?

三国时期,苏州仍为吴郡郡治,属孙吴政权。三国后期,吴郡与丹阳郡、吴兴郡号称"三吴"。据《吴县志》记载,"三吴"指哪些地区,历来说法不一,有的说是指吴、会稽、丹阳三郡,也有的说是指吴、会稽、吴兴三郡。

❁ 苏州在六朝时期经历了怎样的兴衰?

在六朝统治的近4个世纪中,北方战乱频仍,人口大量南徙,江南得到初步开发,经济获得较大发展。苏州是以富庶著称的"三吴奥区"(腹地)之一,自孙吴立国、晋室南渡以来,成为"衣冠人物,千载一时"之"天下名都"。寺观庙宇逐步兴建,私家园林开始出现,从而点缀了水乡环境,增添了古城秀色。但两晋以来,割据战争连绵不绝,尤其是经过南朝梁代"侯景之乱"的破坏,古城苏州逐渐衰落,到了陈朝才有所恢复。

❁ "苏州"的名称始于何时?

隋初改州、郡、县三级制为州、县两级制。开皇九年(589),废吴郡,并易吴州为苏州,这是苏州得名的开始。唐代,时而称苏州,时而又改称吴郡。天宝以后,苏州、吴郡两名相通。武则天万岁通天元年(696),因吴县地宽人庶,遂析其东南之地另置长洲县,两县同治苏城。

❁ 为什么苏州在隋唐时代会成为江南的"雄州"?

隋唐时代,全国复归于统一。随着大运河的畅通和南北经济、文化交流的密切,刺激了苏州经济的发展。到了唐代安史之乱后,北方人口继续南下,全国经济重心南移。苏州自唐之后,总体而言,社会比较稳定,经济日趋繁荣,被称为雄州或甲郡,"版图十万户,兵籍五千人"。唐人常以"苏杭"并称,苏州的地位在杭州之上。

❁ 五代时期苏州城市建设有什么辉煌成就?

唐末战乱,苏州遭到破坏。经过五代时期的建设,它又显得雄伟壮观。吴越政权割据时，吴越钱氏政权（钱镠及其第四子钱元璙、孙钱文奉三代）改苏州为中吴府。龙德二年（922）钱氏大兴土木，甃筑砖城，这是苏州有砖砌城墙的开始。这一时期，钱氏部属在苏州造园营墅，苏州私家造园之风也由此大兴。钱氏在吴中胜地虎丘重建虎丘塔，虎丘塔成为古老苏州的象征。

❖ "平江府"的名称是什么时候开始出现的？

北宋开宝八年（975），吴越政权遣使纳贡，复称苏州。太平兴国三年（978），钱俶纳土归宋，改中吴军节度使为平江军节度使。政和三年（1113），升苏州为平江府，辖吴县、长洲、昆山、常熟、吴江五县，苏州为府治所在地。从此，苏州有平江城之称。元至元十四年（1277），改为平江路。元末，张士诚割据平江，建大周政权，一度改平江为隆平府。

❖ 北宋名臣范仲淹为苏州做出了什么杰出贡献？

宋元时代，随着北方人口的继续南下和经济重心的南移，苏州经济呈现出新的繁荣景象，它虽遭到多次战火的焚毁和破坏，但由于苏州物质基础雄厚，因此，很快恢复了古城的旧貌，它仍然是江南的经济、政治、军事和文化中心之一。北宋景祐元年（1034），出任苏州知府的范仲淹对平江的经济文化建设做出了杰出的贡献，他创办的府学是苏州最早的一所学校，对发展地方的文化教育事业、培植人才，起到了很大的作用。

❖ 苏州在明清时代是怎样的一派繁荣景象？

明代，苏州府疆域除增崇明县外，与元代平江路基本相同。江南巡抚驻于苏州。入清以后，仍称苏州府，为江苏巡抚、江苏布政使驻地。

明清时期，苏州经济进入鼎盛阶段，对外交流和商贸兴盛，苏州人较早地矫正了传统的重文轻商心理，经济、文化朝多元化、市民化方向发展，逐渐成为江南的工商业重镇，全国的丝织业中心之一，较早孕育了资本主义萌芽。明清两代，对苏州古城数次进行了大规模的修建，街道、河道也作了修砌和疏浚，古城苏州变成了我国的工商重镇。清乾隆二十四年（1759），苏州画家徐扬所绘的《姑苏繁华图》，充分展现了当时商业的繁荣景象。

画卷自苏州西郊展开，入郡城，经过盘、胥、阊三门，穿越山塘街，抵达虎丘山。据粗略统计，画面上有市招的店铺达230余家，涉及50余种行业，所画人物达1.2万余人，往返于水上的货船、运粮船和客船400余艘。根据碑刻资料记载，苏州建于清代的会馆17所、公所70所，共87所，其中包括手工业会馆、商业会馆、工商业联营会馆、同乡会馆、官商合营会馆和工匠会馆等多种类型。

❖ 清末的苏州有过什么动荡？

清咸丰十年（1860），太平天国占领苏州，建苏福省，苏州成为太平天国苏福省省会所在地。三年后，同治二年（1863）清军攻下苏州，又恢复了以前的建置。1911年11月5日，苏州在辛亥革命中"和平光复"，2 000多年的封建体制宣告结束。

自鸦片战争以后，苏州社会也发生了激烈的大变动，出现了以纺织为主的民族工业，诞生了苏州最早的产业工人。在中国沦为半封建半殖民地的过程中，古城苏州也谱写了历史上反帝反封建斗争的光辉篇章。

❀ 民国年间古城苏州又是什么景象？

民国元年(1912)，废除苏州府，长洲、元和(清雍正二年置)两县并入吴县，苏州成为吴县县城。1928年12月1日，经国民政府批准，正式宣告成立苏州市。1930年5月16日，又撤销了市级建置，复并入吴县。日寇侵占江南后，于1938年5月1日在苏州成立伪江苏维新政府。抗战胜利后，取消伪江苏省，苏州仍称吴县。

民国年间，苏州的工业经济虽有一定程度的发展，但随着内乱外祸的加剧，经济停滞不前，尤其到了新中国成立前夕，富饶的江南鱼米之乡变得一片破败，素享盛誉的丝绸生产遭到严重摧残，房屋街道日渐凋敝，整个苏城千疮百孔，遍体鳞伤。园林胜景，遍地疮痍。留园被国民党军骑兵连占驻，园中最大的建筑楠木厅过去是主人宴宾之处，此时成了养马场，楠木门窗、家具有的被拆做食槽，有的被砍成柴烧，一座富丽堂皇的大厅变成恶臭难闻的断壁残垣。

❀ 新中国成立后苏州行政区划有哪些变化？

1949年4月27日，苏州解放，苏州历史从此掀开了新的一页。在新中国的大部分时间中，苏州分为苏州市和苏州专区两个行政区。1953年1月之前和1958年7月至1962年6月，苏州市曾两次划归苏州专区。1953年至1957年，无锡、江阴、宜兴和武进4个县先后划归苏州专区。1956年初，宜兴划归镇江专区。1958年，武进县划归常州专区。1958年，原松江专区所属的9个县(松江、宝山、嘉定、青浦、上海、金山、奉贤、川沙、崇明)划入苏州专区，同年11月，上述9县划归上海市。1962年，从常熟、江阴划出部分公社，成立沙洲县。1983年，江阴、无锡两县划归无锡市，苏州地市合并实行市管县新体制，下辖常熟(市)、沙洲(后更名张家港)、太仓、昆山、吴县、吴江6个县(市)和平江、沧浪、金阊、郊区4个区。至1995年，5个县先后撤县建市(县级市)。1992年和1994年，又先后从吴县及郊区划分出部分乡镇，分别设立苏州新区和苏州工业园区。1993年，苏州被国务院批准为"较大的市"。2000年9月，郊区更名为虎丘区。2001年初，吴县市撤销，并入苏州市区，设立吴中、相城两区。2002年，苏州高新区与虎丘区合并。2012年，苏州行政区划又作了重大调整，沧浪、平江、金阊三区合并为姑苏区，吴江市改为吴江区。

1982年，苏州被列为国务院公布的全国首批24个历史文化名城之一。

❀ 苏州下辖各(县)市的名称有什么来历？

常熟，商周时属吴地，因气候湿润，土地肥沃，即使水灾旱灾之年也常常丰收，梁大同六年(540)遂名常熟。常熟是孔门弟子言偃的家乡，历代名人辈出，是一座文化古城。

昆山，建邑源渊可上溯到春秋，古称"娄邑"。陆机、陆云是历史名人，因他们的先祖葬在城邑内的天马山，人们将此比作玉出昆冈，于是就把天马山改称昆山。至梁大同二年(536)始名昆山县。

太仓，位于长江的出海口，相传，春秋时吴王在此设立粮仓。楚国攻取吴地后，封春申君黄歇到吴。春申君设东西两仓，太仓地属东仓，所以太仓之名可溯至春秋末期。北宋范仲淹在这里兴修水利,使盐碱地成为沃壤。元代又开创自刘家港(浏河港)出海进入河北的海运漕粮,同时通商海外,成了繁华的港口,俗称"六国码头"。

吴江,县始建于五代。吴越王钱镠以兵诛暴乱,保境息民,于后梁开平三年(909)割吴县东南部和嘉兴北境置县,"以江属吴县"遂名吴江县,已有1 000多年历史。

张家港,原为沙洲县,1986年更名为张家港市。张家港位于长山东麓、巫山脚下,是一个天然良港。

❈ **我国的地域文化有哪些类型?**

对于我国地域文化的分类,学界众说纷纭。根据历史文化传统,一般认为我国地域文化有以下主要类型:燕赵文化、三秦文化、三晋文化、吴越文化、齐鲁文化、关东文化、荆湘文化、草原文化、岭南文化、青藏文化、巴蜀文化、滇云文化、西域文化、台湾文化等。这种划分,既考虑到行政区域因素,又兼顾了地理环境和历史文化因素。

❈ **什么是"吴文化"?**

关于"吴文化",学界也有争论,从目前情况看,大致有两种意见。第一种意见认为,所谓"吴文化",就是指春秋时期吴国的文化,它与同时期的"齐文化"、"楚文化"等相对应。这种看法局限于对断代史的研究。第二种意见认为,所谓"吴文化",是指一种地域文化,即指吴地文化,它作为吴越文化的一个主体,与"巴蜀文化"、"齐鲁文化"、"岭南文化"等地域文化相对应。

吴文化作为一种地域文化,是中华文化的一个有机组成部分,其源头可以追溯到有文字记载之前的"先吴文化"。自勾吴国建立到春秋的吴国,这一时期创造的文化对吴文化起到了极其重要的奠基作用。经过2 000多年的延续和发展,吴文化的内涵已十分丰富,涉及政治、经济、文化、社会等各个领域。

❈ **吴文化的地域范围有多大?**

吴文化就是吴地的文化。关于吴地的具体范围,学界有不同的看法,较多人持"环太湖地区"的观点。浙江的湖州和嘉兴是吴越文化的交汇地区,可划入越文化范围,但历史上与苏南地区的联系一直比较紧密,故也可以划入吴文化区域。也有人认为,从更大的地域文化角度看,吴越文化也可看作是一体的,不少学者还把今天的南京和镇江地区也划入吴文化区域,都有一定的道理和依据,因为地域文化的区域不同于行政区域,并没有严格的界限。

二、历史背景知识

❈ **我国原始社会时期主要有哪些文化遗存?**

距今六七千年前,中国辽阔的大地上散布着大大小小的氏族部落,人类开始进入母系氏族社会。河南仰韶文化比较清晰地反映了母系氏族公社的面貌。那时候,黄河流域的居民以原始农业为主,兼营家畜饲养。大量磨制工具的制作,给人们提供了新的生产工具,促进了社会生产的发展。浙江余姚河姆渡氏族是长江流域母系氏族社会的一个典型。当时，他们就种植水稻，使中国成为世界上最早种植水稻的国家。陶器是母系氏族公社时期的重大发明之一。彩陶不仅实用，而且也是一种美好的工艺美术品。彩陶上的鸟、鱼、鹿等图像据认为有可能就是当时氏族的图腾。

妇女在母系氏族社会中的地位很高。集体劳动和生产资料公有的性质，决定了母系氏族公社的产品分配是全体氏族成员共有的消费。

历史发展到5 000年前，黄河、长江流域氏族部落先后进入父系氏族公社时期。这一时期氏族部落的文化遗存，主要有河南龙山文化、江苏青莲岗文化、浙江良渚文化、山东大汶口文化、东北辽西的红山文化等。

※ 你知道江苏的青莲岗文化吗？

青莲岗位于江苏淮安市淮城镇东北25公里。1951年发现了距今约6 000年的新石器文化遗址，1958年发掘，出土遗物有，穿孔石斧、长方形石锛、方柱形或扁平形石凿、砺石、陶纺轮、陶网坠、陶杆等生产工具。青莲岗文化因此而得名，它反映了原始先民当时已过着较发达的定居农业生活。

※ 什么是良渚文化？

良渚文化类型遗址，以发现地浙江余杭良渚镇而命名，时间距今5 000年至4 000年之间。1936年，在良渚镇附近首次发现了一些黑陶，后又挖掘出不少陶器和石器。在江苏省长江以南地区已发现的与良渚文化相当的古遗址就有数十处。出土的遗物表明，其时长江三角洲地区的农业已相当发达。

※ 新石器时代是从何时开始的？分为哪几个时期？

中国大部分地区从距今大约1万年开始陆续进入新石器时代。考古学者根据石器文化的发展，将石器文化划分为旧石器文化和新石器文化两大类。新石器文化的石器以磨制加工为主要特征，制作比较精细，其主要标志是陶器制造的开始、农业的出现、居民村落的普及、氏族制度的形成等。新石器时代延续了5 000~6 000年之久，到距今4 000年左右结束，可分为早期、中期和晚期三个阶段。大体上，仰韶文化以前是早期，距今10 000~7 000年；仰韶文化属于中期，距今7 000~5 000年；龙山文化是晚期，距今5 000~4 000年。

※ 吴越争霸是怎么回事？

吴、越都是长江下游的国家。吴属荆蛮，都于吴（今江苏苏州）；越属越族，都于会稽（今浙江绍兴）。春秋中期，晋楚争霸时，晋曾联吴以制楚，之后，吴的国力也日益强大。公元前506年，吴王阖闾用楚亡臣伍子胥率军伐楚，楚军大败，吴军直入楚国郢都。可这时楚得到秦的救援，越国又乘虚攻吴的都城，吴被迫撤兵。吴王阖闾死，子夫差继位，于公元前494年伐越，败越于夫椒（今江苏吴县太湖洞庭西山），围越王勾践于会稽。

勾践求和，请为属国。公元前487年，吴筑邗城（今江苏扬州）于江北，又开邗沟联结江、淮，通粮运兵，大败齐兵于艾陵（今山东泰安）。公元前482年，吴王夫差又与晋、鲁的国君及周天子的代表会盟于黄池(今河南封丘)。因当时越王勾践又进攻吴国,夫差让霸主给晋定公而回师吴国。公元前473年,越再伐吴,夫差战败自杀,吴亡。

越国灭吴后,成为江、淮下游最强大的国家。勾践率师北上,与齐、晋等诸侯会战于徐州(今山东滕州东南),成为霸主,后来被楚国所灭。吴越称霸是春秋时期的尾声。

❈ **"春秋战国"的名称是怎么来的?**

《春秋》也即《春秋经》,是中国最早的一部编年体历史著作,以鲁国的历史为主,简要记载了鲁国公元前722年至前481年共242年间的史事,还记录了中国当时观察到的日食30次,地震7次,极具科学价值。春秋时期因此书得名。

自公元前403年韩、赵、魏三家分晋到公元前221年秦统一六国,史称战国时期。战国初期,尚有20余个诸侯国,其中以秦、楚、齐、燕、韩、赵、魏七国最强大,七国之间长期混战,人们称这七国为"战国",后人称这段历史为"战国时期"。另一说是来源于《战国策》这部叙述182年内各国间军事和外交的著作。

❈ **秦汉时期在我国历史上是个什么时期?**

秦汉时期是中国封建社会的成长时期。公元前221年,秦始皇统一中国。公元前206年,刘邦建立汉朝。西汉开通了"丝绸之路",发明了"井渠法",农业生产空前发展,冶铁开始用煤,纺织开始用提花机,等等。东汉重视兴修水利,治理黄河,人口和垦田大增,发明造纸技术,等等。

秦汉时期奠定了中国科技文化在当时世界上的领先地位,对世界影响深远。

❈ **三国时的东吴经济发展水平如何?**

三国时期,吴国的政治制度与魏、蜀很相似。孙权也是依靠江南大地主建立统治的,这些大地主很多都是世代为吴的高官,有的甚至还拥有众多的私兵。

在黄巾大起义的时候,吴国地区相对比较稳定。北方人口的南迁给吴地带来了先进的农业生产技术,吴国还在很多郡县又组织了屯田,并促进了农业生产的大发展。吴国的手工业有制造青铜镜和青瓷器等。养蚕业能在一年中培育八辈之蚕,且都能作茧抽丝。

❈ **南北朝的对峙局面是怎样形成的?**

历史上著名的淝水之战以后,东晋收复了徐、兖、青、司、豫、梁六州(今河南、山东、陕西等部分地区)。淝水之战中,苻坚的惨败是因为南侵是不义的战争,士卒和人民都不支持;在军事方面苻坚骄傲自满,缺乏周密的计划和正确的指挥。而东晋之所以取得胜利,是因为在强敌压境之时,统治集团内部的矛盾比较缓和,上下一心。这次战争的胜利,进一步稳定了东晋在南方的统治地位。但是东晋亦无力收复中原,因而南北对峙的局面便长期延续了下来,这是中国历史上的一次大分裂。

❈ **南朝是一个什么样的时代?**

公元420年,刘裕建立宋朝,是南朝的开始,自此南京相继经历了宋、齐、梁、陈四代,160

多年。这四个朝代的统治时间都非常短,各为几十年,最后都被隋朝所灭。

南朝时期,手工业发展很快,商贸也相当繁荣,南方的稻米生产已超过北方,这是南方社会经济的一大进步。南朝也是一个佛教兴盛的时代,原因有二:一是长期战乱,人民惶惶不可终日,而佛教的因果报应说使人们得到慰藉;二是南朝的统治者用佛教的劝善说教稳定人心,掩盖社会矛盾。今天南京栖霞寺、灵谷寺,苏州寒山寺、保圣寺,扬州大明寺、天宁寺,镇江鹤林寺、金山寺等都始建于南朝。对此,唐代诗人杜牧写有《江南春》诗:"千里莺啼绿映红,水村山郭酒旗风。南朝四百八十寺,多少楼台烟雨中。"

南朝发达的经济也促进了文化的发展,涌现了不少杰出的人物,如思想家范缜、科学家祖冲之、医学家葛洪、画家顾恺之、书法家王羲之父子,等等。

❈ 被中国人称为"五胡"的是哪些游牧民族?

自公元4世纪初起,被中国人称为"五胡"的五个游牧民族,即匈奴、鲜卑、羯、氐、羌,陆续在中国建立了众多的农耕化小政权,史称"十六国"。而中国原有的汉族政权西晋则被迫迁往南方,而成东晋,形成南北对峙局面达1个多世纪。

匈奴原为中国的一个民族,阴山山脉是其发祥之地,后来逐渐北扩,公元前3世纪该族最繁盛时人口达200万之巨,占据着东起大兴安岭、西至阿尔泰山的广大地区,形成部落联盟,同时进入铁器时代,因此匈奴军队的战斗力很强。秦末,匈奴进入河套地区,对汉政权构成严重威胁,后被汉武帝打败,分裂成南北两部,南匈奴与汉和好,内附中国。北匈奴后西迁,一直打到欧洲,其后代创建了匈牙利国家。

鲜卑本在蒙古高原东部游牧,北匈奴西迁、南匈奴内附后,他们乘虚而入,成为蒙古草原的新主人。公元5世纪初,鲜卑拓跋氏建立北魏,统一了中国的北方,对中国历史发展有重大贡献。

羯族本为匈奴旁支,入塞后盘踞在山西上党一带,建立后赵的石勒就出生于此地,后赵被鲜卑族所灭。十六国时的前秦是氐族人苻健所建,其后继人苻坚在著名的"淝水之战"中被东晋打败。

在今陕西、甘肃东部和内蒙古西部,羌族人建立了后秦,是十六国后期很有影响的政权,它与后燕平分了中国北方。

❈ 唐时不断侵扰中国北疆的突厥是怎样的一个民族?

突厥族本为匈奴的旁支,源于中北亚核心地带,是中世纪较大影响的游牧民族之一。6世纪时,突厥人逐步强盛,曾形成一个游牧大帝国,后分为东、西突厥两部分。唐时,东突厥不断侵扰中国北疆,后被唐太宗征服,一部分西迁中亚,一部分南下中国归顺唐朝。西突厥也被唐朝收顺过,而他们的历史更加复杂。在几个世纪的大迁徙中,突厥人人种也发生了变化,纯种的突厥人日见减少,土耳其是突厥人的传人之一。

❈ 隋唐在我国历史上是一个什么时期?

隋唐时期是我国封建制度的健全时期,经济、文化和对外交往发展很快。隋朝建立了"三省六部制",开凿大运河,同时实行均田制和科举制。唐朝国力强盛,出现了两个盛世,即"贞观之治"和"开元盛世"。

❋ **北宋在中国历史上是一个什么朝代？**

北宋在中国历史上是一个国力走向衰败的朝代，表现在政治上的腐化和对外来军事威胁的软弱。北宋与契丹国（后改称"辽"）及党项族的西夏政权长期对峙，1127年又被东北女真族建立的金国灭亡。

❋ **宋元时期商业、经济有什么发展？**

宋元时期，商业十分兴盛，打破了"坊"的限制，出现了"夜市"、"早市"、"瓦肆"（娱乐场所）。北宋的开封、成都，南宋和元代的杭州、建康（南京）、扬州、苏州、成都、太原、大都（北京）均是商业都会。元代的大都被意大利著名旅行家和商人马可·波罗称为"繁盛之城"，还出现了世界上最早的纸币、交子、交钞。这一时期，科技、医学、思想、教育、文化艺术等方面也有很大发展。

❋ **唐代鉴真和尚东渡日本与苏州有何关系？**

唐代扬州鉴真和尚东渡日本，成为江苏历史上继徐福东渡之后，又一次重要的海外文化交往活动。秦朝时，日本刚从狩猎时代进入农耕文化时期。徐福东渡，在当地开垦土地，传授种田、蚕桑和医药知识，把中国的农业文化带到日本，被日本人称为"农耕之神"、"纺织之神"。鉴真东渡，不仅传播佛法，而且把唐代高度成熟的文化艺术精华传播到日本，促进了日本历史文化的发展。鉴真6次东渡，5次失败，前后达11年，他作为中日文化交流的使者，受到中日两国人民的怀念和崇敬。今天，张家港鉴真东渡纪念馆是这段历史的最好见证。

❋ **五代、宋元在中国历史上是什么样的时期？五代十国形成了什么局面？**

五代、宋元时期是中国封建社会继续发展的时期，是又一次从封建割据到全国统一的时期。

公元907年到960年，中原地区先后建立了后梁、后唐、后晋、后汉、后周五个朝代，史称"五代"。同时，山西和南方还先后出现了北汉和前蜀、吴、闽、吴越、楚、南汉、南平、后蜀、南唐等10个割据政权，史称"十国"，与五代合称"五代十国"。这一时期北方各国混战不休，南方相对安定，经济有较大发展，中国的经济中心开始向南方转移。

❋ **明朝时全国性的工商业城市有哪些？**

明朝时，全国性的工商业城市首推北京和南京，人口都在百万以上。苏州、杭州是全国丝织业的中心，松江是纺织业的中心，江西铅山是造纸业的中心，景德镇是拥有数十万人的瓷都，安徽芜湖是染业的中心。此外，纺织业中心还有山西潞安、浙江湖州、西北兰州等地；冶铁业中心有河北遵化、山西平阳、广东佛山。那时，全国商业大城市多达30余座，散布在运河两岸、长江两岸、东南沿海及其他地区，大部分在南方。

❖ 明朝时全国有哪些主要商帮？

明朝时，由于工商业的发展，商业资本也十分活跃，全国出现了更多的商人，他们在各地设立会馆，组织各种商帮。其中最多的是徽商，其次是江浙商、晋商，再次是粤商、闽商、关陕商。他们之中大部分是中小商人，但也有拥资数万两（银）、数十万两甚至数百万两的大商人，这些商人贩卖各种农产品及手工业产品。

随着工商业的发达，银代替了钞（纸币）、钱，成为市场上主要的流通货币。这时朝野上下普遍用银，民间不仅大交易用银，而且小交易也都用碎银。明政府的徭役、田赋、海关税、工商业税乃至国库开支、官吏俸禄，也大多以银折价，以银计算。

❖ 郑和下西洋有什么重大意义？

郑和的宝船有九桅，张十二帆，大者长44.4丈，是当时世界上最大的舰船。而达·伽马去印度只有四船，约160人；哥伦布去美洲仅有三船，80多人；麦哲伦去菲律宾仅有五船，260多人，船都不大。这与郑和的船队相比，真是小巫见大巫。郑和七下西洋打通了从中国到东非的航路，把亚、非的海域连成一片，这是地理大发现前人类航海史上的伟大成就。

郑和下西洋促进了中国同亚、非诸国的和平交往，发展了中国同亚、非各国的经济文化交流。郑和下西洋是和平进行的，没有征讨和杀戮，如果有，则完全出于自卫。郑和的船队所到之处，首先向国王、头人等宣读皇帝诏书，赏赐大批物品，然后才展开贸易活动，甚至派小船往偏僻去处贸易。郑和的船队总是满载货物往返，主要以中国的手工业品换取各国的土特产品，载出的手工业品有瓷器、丝绸、铜钱、铁器等，载归的土特产品有奇货重宝及珍禽异兽等，如珊瑚、珍珠、香料、宝石、狮子、麒麟（长颈鹿）、鸵鸟之类。因为所载都是奇珍异宝，价值连城，所以郑和的船被称为宝船。

自郑和下西洋以后，中国沿海渔民和商人到东南亚去的逐渐增多，把中国的手工业品和进步的生产技术带到东南亚各地，对东南亚的开发起了巨大作用。

❖ 郑和下西洋与欧洲远航有何不同？

郑和下西洋在世界航海事业上做出了巨大贡献。郑和下西洋发生在地理大发现之前，比迪亚士在1487年发现好望角要早82年，比哥伦布在1492年到美洲要早87年，比达·伽马在1498年到达印度卡里库特要早93年，比麦哲伦在1521年到达菲律宾要早116年。

郑和下西洋的规模是无可比拟的。郑和的船队以宝船为主构成，此外，还有粮船、马船、战船、坐船等许多船只。无论是军队人数，还是船只吨位，都是当时世界上最大的远征舰队。所到之处，当地国王都惊恐万分，以最高礼遇相迎。但是中国军队并不像欧洲人那样，以占领、掠夺、屠杀和贸易为最大目的，而是一个和平舰队、一个传播先进文明的舰队。

❖ 清朝商业兴盛，资本主义为何发展缓慢？

由于商业的兴盛，清朝出现了很多大商人。最大的商人是广东行商、两淮盐商、山西票号商等。其中，两淮盐商是享有特权的商人。因为，那里的盐是清廷控制的商品，只有特许的商人才能售卖。两淮盐商取得两淮食盐的专卖权，可以赚取五六倍的利润，因而其富有可以千万两(银)计。票号是经营存款、汇兑、放款的金融组织,最先由山西人创办,后来山西人创办的票号遍及各省,所以称为山西票号。山西大商人往往拥有资产数十万两到数百万两(银),甚至数千万两。因此,他们有实力开办票号,而开办票号以后就更成为巨富。广东行(即"十三行")商也是清廷特许的商人,享有对外贸易的特权,其资产也往往多达数千万两(银)。

随着社会经济的发展、商品经济的活跃,清朝的资本主义萌芽虽然有所发展,但仍然十分微弱。在中国当时的社会条件下,资本主义的发展遭遇了重重障碍,首先最重要的原因是人口太多;其次是政府对内实行重农抑商政策,对外则实行闭关锁国政策,严重妨碍了工商业和内外贸易的发展;再次是商业资本大部分用在购置土地上,很少投资于手工业生产。所有这些都是阻碍资本主义萌芽发展的根本原因。

❖ **清朝有个什么"盛世"?**

清朝自康熙、经雍正发展到乾隆时期,社会经济呈现繁荣景象,史称"康雍乾盛世"。但在其统治巩固后,却大兴文字狱,对学术思想文化进行钳制。

❖ **明清时期在中国历史上是什么样的时期?**

明清时期是中国封建社会的衰老时期。1368年,朱元璋建立明朝,政治上废丞相,设立吏、户、礼、兵、刑、工六部尚书,掌管全国行政;国防上修筑万里长城。经过几十年的发展,经济社会兴盛发达。但到了后期,宦官专政,政治腐败。清朝1644年统一全国,出现过"康雍乾盛世",但从乾隆到嘉庆年间,人口剧增,农民失业严重,流亡饥民不断增加,发生了众多由逃租逃税演变而成的反官府反地主的起义,太平天国是规模最大的一次农民起义。鸦片战争后,中国历史进入了半殖民地半封建社会时代。

❖ **为什么说明清文学艺术成就巨大?**

罗贯中的《三国演义》是我国最早的一部长篇历史小说,施耐庵的《水浒传》是我国第一部以农民起义为题材的长篇小说,吴承恩的《西游记》是一部浪漫主义长篇神话小说,曹雪芹的《红楼梦》是我国古代长篇白话小说的高峰,吴敬梓的《儒林外史》是我国古代优秀的讽刺小说,蒲松龄的《聊斋志异》是我国古代文言文小说的高峰。这一时期,还形成了昆剧、京剧等国粹,书画艺术方面出现了众多名派名家。

第二章 山水文化

一、山水景观知识

❖ **苏州现在的地形大约在什么时候基本形成？**

苏州现在地形的基本形成可分为两个阶段：

一亿五千万年前的侏罗纪末期和白垩纪初期，地球处于地壳剧烈运动的燕山运动时期，发生了大规模的造山运动，原来各个时代沉积的地层出现褶皱、断裂或隆起，并伴随着大量的岩浆活动。停留在地壳中冷凝的岩浆变成侵入岩，冲破上覆岩层喷出地表的岩浆变成熔岩(火山岩或流纹岩)。经内外应力长期相互作用，上覆岩层被风化、剥蚀、移动。苏州的天平山、灵岩山怪石嶙峋、奇峰林立的地貌，虎丘山坡上的一些残迹(如千人石、点头石、试剑石等)，都是那个时候形成的。在岩浆活动中，高温热液改变了岩石的性质，有的发生蚀变，有的使化学元素重新组合。苏州的阳山瓷土矿、谭山硫铁矿、小芳山铜矿等就是这样形成的。苏州的地形轮廓和山岭分布在这个时候已具雏形，因为以后的1亿多年里，地壳处于相对稳定的阶段。

300万年前，进入第四纪后，地壳缓慢下沉，形成三角形海湾。长江带来的大量泥沙，逐渐使这个三角形海湾形成了现在的长三角冲积平原和许多泻湖，这是形成苏州现在地形的第二阶段。

❖ **长江的称呼是怎么来的？**

长江是苏州水域景观的主要渊源之一。"江"，在我国上古时代是个专用名词，特指长江，有时也称"大江"，如"大江东去，浪淘尽，千古风流人物"。随着人们对长江认识的不断加深，根据它的特点加了一个"长"字。"长江"的称呼始于东汉末年，由于交通不便，长江还有不少分段别称。

长江发源于青藏高原唐古拉山，全长6300多公里，是我国第一长河、世界第三长河(仅次于非洲尼罗河和南美洲亚马孙河)。长江分上、中、下游三段。上游段，从发源地沱沱河到湖北宜昌，占长江总长度的三分之二，青海玉树前称"通天河"，玉树到四川宜宾段称"金沙江"，宜宾至宜昌段称"川江"；宜昌以下至江西湖口为中游段；从湖口到入海口为下游段，其中江阴以下为河口区。

❖ 太湖是怎么形成的？

太湖是苏州最重要的水域景观，也是我国四大淡水湖之一。关于太湖的成因，学界有几种说法：一是潟湖说，即太湖是由海湾演变而来的；二是陨石说，即太湖是天外的陨石撞击而成的，但这一说法还缺乏依据，因为至今在太湖未找到陨石的残留物；三是沉降说，即太湖是火山喷爆而成的地面，后来缓慢沉降形成湖面；四是三江说，即太湖主要的出水道吴淞江、娄江和东江因泥沙淤积而水道变窄，进水多于出水，扩大了太湖的湖面。据史料记载，目前太湖的形状是在北宋以后形成的，明末时湖最大，达3 000平方公里。现在太湖面积为2 425平方公里，湖中及周围有岛屿残丘72座。

关于太湖的成因还有一种传说。传说一个叫石顶真的青年把天河中的一滴水移到地上，成为太湖，因此把"天"字头上的短横移到"大"字的下面成了"太"字，就把大湖叫成"太湖"。

❖ 地球上的地质年代是怎么划分的？

地球形成已有46亿年，在每一段时间过程中，地壳都会沉积一层岩层，这就叫地层。为便于研究，将地球的历史分成几个代，即太古代（25亿年前）、远古代（至6亿年前）、古生代（至2.5亿年前，这一时期，虫类、软体动物、鱼、两栖动物形成）、中生代（至7千万年前，爬行类动物，如恐龙出现）、新生代（7千万年后，哺乳类动物出现，有四个冰期）。

❖ 地貌有哪几种？

地貌就是地球表面的形态，是各个地质年代地球内外矛盾作用的结果。地貌有多种划分方法，如按海拔高度，可分为高原、山地、丘陵、平原、盆地；按岩性，可分为岩浆岩景观、沉积岩景观和变质岩景观；按作用力性质，可分为火山熔岩地貌、流水地貌、风沙地貌（又称丹雅地貌）、冰川地貌、海岸地貌（包括沙岸、岩岸和生物海岸）、岩溶地貌（又称喀斯特地貌）、丹霞地貌。

❖ 什么是中国的山水文化？

山水文化是山水景观和人文景观的结合体。中华民族自古以来就向往自然，创造出绚丽多彩的山水文化，主要体现在古代文人墨客留给后人的山水诗词、山水画、山水游记，以及碑刻、题记、匾额、传说故事等方面。"山水"，是山水文化的实体景观。"中国山水文化"就是孕育在山水间的文化现象。中国山水文化首先体现出"天人合一"这个中国文化的核心思想；其次，中国山水文化中包含着非常丰富的宗教内容。佛教的寺庙和佛教各宗派的祖庙一般都建在山清水秀、景色幽雅的名山大川；道教也把一些名山大川看作是洞天福地，在那里建宫立观，潜心修炼，为后人留下了丰富的人文景观和神话传说。

❖ 中国山水文化主要有哪些形态？

中国山水文化的形态主要分为两大类，即山岳型和水体型，或称山地自然景观和水域自然景观。山岳型分为花岗岩名山、石灰岩景观、丹霞地貌（风光）及其他山地景观。水体型分为江河景观、湖泊景观、泉水、瀑布和海洋。

❈ **花岗岩、石灰岩等不同岩石景观是怎么形成的？**

一般将构成地壳的岩石分为岩浆岩景观、沉积岩景观和变质岩景观。

岩浆岩又称"火成岩"，是地下深处的岩浆上升进入地壳冷凝结晶或冲破地壳层、喷出地表冷凝而成的岩石。花岗岩是火山侵入岩，玄武岩、流纹岩等是火山喷出岩。花岗岩大多是山地的核心，是山地中显著的隆起部分，质地坚硬，一般呈灰白色或肉红色或两者兼有。高山地区的花岗岩常因风化剥蚀，沿断裂面崩塌，形成悬崖陡壁和深谷高峰。黄山、华山、衡山、九华山、天台山等都是花岗岩名山。苏州的天平山、灵岩山也属于花岗岩景观，虎丘山上的千人石、点头石、试剑石等属于流纹岩。玄武岩和流纹岩在凝结过程中会形成种种拟人拟物的形态，人称"象形地貌"或"造型地貌"。黑龙江五大连池是玄武岩景观的代表，浙江雁荡山则是流纹岩景观的代表。

沉积岩又称"水成岩"，主要由江河湖海泥沙沉积紧压固结而成，石灰岩、砂岩、页岩等就属于这一类岩石。石灰岩及砂砾岩，特别是石灰岩中的太湖石最具观赏价值。石灰岩在一定的气候、生物、地质因素下形成岩溶风景，很厚的红色砂砾形成丹霞地貌。岩溶风景又称喀斯特风景（国际上用南斯拉夫喀斯特高原的地名称呼这类风景地貌），分地表和地下两大类。地表上常见的是石林、峰林、孤峰和天生桥，地下主要是指溶洞。我国喀斯特地貌面积大，分布广，发育典型，广西桂林山水、云南路南石林、贵州安顺龙宫是最著名的岩溶风景。苏州西山的林屋洞也属于岩溶景观。丹霞地貌因广东仁化县丹霞山具有典型性而得名。砂砾岩含氧化铁较多，故岩体呈红色。这种岩石多为垂直层面，容易风化剥蚀，使整个岩石崩塌，出现丹红色的悬崖峭壁。我国的丹霞地貌已被列为世界自然遗产，有名的景观有福建的武夷山、安徽的齐云山、江西的龙虎山、湖南的岳麓山（包括长沙的橘子洲头）等。

变质岩是岩浆岩或沉积岩因地球运动产生的高温高压发生变化，原来的矿物重新组合结晶而形成的岩石。人们熟悉的大理石便是变质岩，此外，还有板岩、片岩、片麻岩、石英岩等，我国变质岩名山有泰山、五台山、武当山、庐山、云南苍山、贵州梵净山等。

❈ **高山、低山、丘陵等是怎么划分的？**

山地是指海拔500米以上、呈锥形、脊状隆地貌。按海拔高度划分，5 000米以上为极高山，3 500～5 000米为高山，1 000～3 500米为中高山，500～1 000米为低山。丘陵是指海拔500米以下、相对高差50～500米以内的隆起地貌。苏州的山，从地质角度看都是丘陵。

❈ **江河景观有什么特点？**

冰雪消融的水、大气降水或地下涌出的水汇集在一起，沿着线形的洼地流动，就形成了江河。从旅游景观角度看，不同河段的景观有不同的特点。在河源区，常与山地冰川、湖泊沼泽、山泉等景观相联系；在上游区的窄谷河段，常见急流险滩及峡谷景观；中游区视野开阔，可见浅滩与沙洲；河口区是河流入海、入湖或汇入更大河流的地方，容易形成三角洲的景观。

❖ 湖泊分哪几种类型？

湖泊是陆地表面洼地积水形成的比较宽广的水域，是重要的水域景观。按成因不同可分为构造湖、火山口湖、堰塞湖、河迹湖、海迹湖、风沙湖、岩溶湖、人工湖等。在我国，旅游功能较好的湖泊有三大类：

1. 构造湖。有三种构造形式：一是地壳断裂形成的湖泊，一般湖形狭长，水深且清（因矿物质含量少），如滇池、洱海等；二是在凹陷盆地上积水形成的湖泊，一般面积较大，如青海湖、鄱阳湖等；三是死火山口积水形成的湖泊，面积虽不大，但很深，如长白山天池、云南腾冲大龙潭等。

2. 堰塞湖。这类湖泊是由外来的自然物质或以人工堵塞河道抬高水位而形成的，前者如五大连池、镜泊湖、天山天池等，后者如千岛湖、天目湖等。

3. 河迹湖和海迹湖。这类湖是在河流自身演化或海岸演变过程中形成的，前者如洞庭湖、瘦西湖、莫愁湖等，后者实为海泻湖，如太湖、西湖等。

❖ 泉水分哪几种？

凡通过地壳裂隙或断层自然涌出地面的地下水都称为"泉"。按不同的标准，泉有多种分类，按泉水温度分为低温温泉（20℃～40℃）、中温温泉（40℃～60℃）、高温温泉（60℃～100℃）及沸泉（100℃以上）。泉水从观赏角度来说，以汩汩潺潺的涌泉为佳；从沐浴功能来说，以温度适中而又有医疗作用的温泉为佳；从饮用的角度来说，以含有有益健康的矿物质的矿泉为佳。

❖ 什么是温泉？

凡温度高于当地年均气温的泉水就叫温泉。温泉具有较好的休闲和医疗功能，是重要的旅游资源。泉水一般渗透、潜伏在地表下面的基岩中，会溶解岩石中的一些微量元素，这些元素不同比例的配置就会对某些疾病（如皮肤病、关节炎、神经疾病等）产生治疗作用。我国温泉资源十分丰富，西藏第一，云南第二，广东居三，台湾居四。温泉数量密度最高的是济南，故称济南为"泉城"；知名度最高的要数西安骊山脚下的华清池。据初步统计，我国泉的总数多达10万余处。

❖ 什么是矿泉？

地下水中每公斤含有可溶性固体成分（即矿化度）超过1克的泉水称矿泉。有的虽未达到此标准，但若含有锂、氢、硫化氢等特殊成分，或大量的二氧化碳也可称矿泉。矿泉具有沐浴或饮用功能。我国海南省的矿泉储量多，质量也好；青岛崂山的矿泉二氧化碳和矿物质含量较高，特别名贵；五大连池含有各种微量元素，治疗疾病效果较好，称为"药泉"。

❖ 我国有哪些"天下名泉"？

"天下名泉"都是冷泉中的饮用泉，因其清澈甘冽、清香甘美，历史上许多名士为之咏诗题文、排列名次："天下第一泉"有北京玉泉、济南趵突泉、镇江中冷泉；"天下第二泉"即无锡惠山泉，传说是唐代茶圣陆羽所评定，阿炳的著名二胡演奏曲《二泉映月》即源于此；"天下第二泉"是苏州虎丘山上的"陆羽井"和杭州西湖附近的"虎跑泉"；"天下第四泉"有西陵峡中的黄牛泉和江西上饶广教寺内的"陆羽泉"；扬州大明寺井水为"天下第五泉"；庐山观音桥招隐泉为"天下第六泉"。

❖ **山水田园风景分哪几类？**

山水文化的物质基础是山水和田园风景。根据不同的特征、成因及审美价值，大致可将山水田园风景分为三类：

1. 原始状态的自然风景。这类风景的特点是纯自然的，基本上保持着千百年以来的原样，如原始森林、高山峡谷、冰峰雪原和极地的冰天雪地等。湖北的神农架、四川卧龙熊猫自然保护区等也属于这一类，因为一些必要的设施并没有改变它的原始状态。观赏这类粗犷的风景已带有探险旅游的性质。

2. 人工艺术化的自然山水风景。这类风景经过人们长期的改造和完善，在它所显现的自然美景中，已经融合了艺术和人文社会美。苏州的山水风景区基本属于这一类。这类景区的山水形象有较强的个性，历史上各个朝代都会对风景加工修饰，建立诸如寺庙、亭阁、雕像等人文景点，还能引来名人浏览题名，留下千古遗迹或传世佳话。

3. 乡村的自然田园风光。这类风景包括田野、果园、菜地、牧场、树林、鱼池等作为劳动环境的田园风光。在这些景象中，明显地留下了劳动加工的印记，人们观赏这类风光是对人类文明创造的赞美，也是对宁静恬淡的田园牧歌般生活的向往。

❖ **人与自然的精神文化关系是怎么演变的？**

人与自然的精神文化关系，最初的表现形式是自然崇拜，人们将影响生产和生活的天、地、日、月、山川、风雨等种种自然现象给予神化，产生自然崇拜，活动的方式主要是祭祀。

汉代后，随着道教的创立和佛教的传入，这些名山胜水开始转变为宗教活动场所和修身养性之地，山水景区逐渐成为山水审美对象和创作山水诗画的渊源，人与自然的精神文化关系达到了新的高度。宋代后，人们对山水的成因开始进行探索，促进了山水科学的发展。

近百年来，随着现代风景科学和山水文化的发展，人与自然的精神文化关系更加丰富多样，但人与自然的关系也面临着许多矛盾和冲突。

❖ **如何欣赏山水文化？**

山水文化的欣赏是一个渐进的过程，从低层次的悦形，进而逸情，再而畅神，进入审美的最高境界。所谓"悦形"，就是悦耳、悦目，达到生理上的满足，一般具有鲜明特征的自然景观，都会给人留下印象和记忆，如山石的外形、湖水的清澈、山泉的流声等。所谓"逸情"，就是悦心、悦意，达到情感上的愉悦，即情景交融，如能寄情于山水，赋予山水某种人情品格，就会实现人与山水的感情交流。所谓"畅神"，就是悦志、悦神，达到精神道德的升华，要达到这种境界，需要审美者性好山水，具有高尚的品格志趣、深厚的艺术素养、广博的科学知识、丰富的联想能力等。

二、苏州的山

❀ 苏州有哪些以山命名的旅游景区？

苏州以山命名的旅游景区有：虎丘山风景名胜区、东山景区、西山景区、灵岩山景区、天平山景区、上方山森林公园、天池山景区、穹窿山景区、张家港香山景区和凤凰山景区、常熟虞山风景区、昆山马鞍山景区(亭林公园)等。

❀ 为什么叫"虎丘山"？

虎丘山，海拔34.4米，山体为流纹岩，生成于中生代的侏罗纪末期，由岩浆喷发、冷凝堆积而成，后因地壳下沉成为海中小岛。经岁月变迁，成为百里平畴中的一座小山。现尚存"海涌峰"石碑一方，正山门照墙上有"海涌流晖"四个大字。

虎丘始盛于春秋。吴王阖闾曾在此建行宫，阖闾死后(前496)葬于此。《越绝书·吴地传》记载，吴王夫差葬其父阖闾于此，"筑三日而白虎居上，故号为虎丘"。《吴地记》载："阖闾葬此山中，发五郡之人作冢，铜椁三重，水银灌体，金银为坑。"《吴郡志》卷十六载："吴王阖闾葬其下，以扁诸、鱼肠剑各三千殉焉。"据传，秦始皇东巡曾至虎丘，求阖闾随葬之剑，无获。东汉末年，孙权也于此寻剑，"凿之亦无所得"，其凿处遂成深涧，称为"剑池"。东晋时，司徒王珣与弟王珉在此建别墅，咸和二年(327)舍宅为东西二寺，名"虎丘山寺"。高僧竺道生及梁僧憨憨曾在此住持，留下"生公讲台"、"千人石"、"憨憨泉"等古迹。寺宇沿山而筑，"寺中藏山"为其一大特色，古诗云"老僧只恐山移去，日落先教锁寺门"。自唐宝历年间(826)白居易修通七里山塘后，游人频增，成为游览胜地。清康熙皇帝六次巡幸江南皆登虎丘，并御笔亲题"虎阜禅寺"匾额，清乾隆皇帝曾三次巡幸虎丘。抗日战争时期，山上树木大批被伐，胜迹失修、坍塌。1953年，苏州市政府接管整修，对外开放。

虎丘是苏州建园最早(春秋时期)的风景名胜，已有2 500多年历史，原名海涌山，宋时称"云岩禅寺"，南宋年间被誉为东南"五山十刹"之一，称为"吴中第一名胜"，宋代诗人苏东坡说："到苏州而不游虎丘，乃憾事也。"新中国建立后，政府多次整修，1956年正式对外开放。

❀ 虎丘山景区有哪些主要游览点？

虎丘自然风景优美，有众多名胜古迹和传说故事，旧有"三绝"(山仅小丘却层峰峭壁，寺藏山中，剑池不盈不虚)、"九宜"(宜月、雪、雨、烟、春晓、夏凉、秋爽、落木、夕阳)、"十八景"(断梁殿、塔影桥、憨憨泉、试剑石、枕头石、真娘墓、千人石、剑池、石观音殿、观音泉、鸳鸯冢、白莲池、五十三参、冷香阁、仙人洞、致爽阁、双吊桶、云岩寺塔)之说。现有游览景点50多个，主要有断梁殿、憨憨泉、试剑石、孙武子亭、千人石、剑池、致爽阁、小吴轩、仙人洞等。虎丘后山山谷空壑，风景优美，有"虎丘后山胜前山"之说，现有大片水杉、香樟、蜡梅等名贵花木，有西溪环翠、西溪草堂等景点。

断梁殿 始建于唐，重建于元至元四年(1338)，俗称"二山门"，距今已有600多年。建筑继承宋式,屋角起翘,飞檐黄壁,古朴庄重。传说元朝时,统治者要工匠不用长木造出一座殿来,否则乡民性命难保。才智过人的工匠不用长木、铁钉,造出了"千年不倒断梁殿"。仰望断梁殿,正中圆木大梁断开,结构特殊,是古建筑的宝贵遗产。殿内存元、明石碑四座,其上记载虎丘和云岩寺的历史,轻敲石碑咚咚有声,又叫"响碑"。

憨憨泉 相传为南朝梁代天监年间(502—519)神僧憨憨所凿,距今已有1 400余年,泉名由北宋吕升卿书。此井泉脉极佳,至今水质清冽醇香,有"井底泉眼潜通海"之说。

试剑石 相传,春秋末年吴王阖闾为争霸天下,召干将,限期百日铸造宝剑。干将、莫邪冶炼三月,"不见青、黄",莫邪舍身入炉,顷刻销铄,金铁乃熔,铸成双剑,名"干将"、"莫邪"。阖闾为试其锋,手起剑落将这块巨石劈成两爿。在试剑石旁,刻有元顾瑛诗:"试剑一痕秋,崖倾水断流。如何百年后,不斩赵高头。"

真娘墓 真娘也称贞娘,姓胡,名瑞珍,唐时北方人,善歌能诗,绝色佳丽。安史之乱时被骗堕入阊门"乐云楼"妓院,但只伴客歌舞书画,守身如玉。其时,王荫祥重贿鸨母,欲留宿于真娘处,真娘料难违拗,遂投环自尽,以守节操。王荫祥大惊,葬真娘于虎丘山,墓上建亭,立誓终身不娶。

孙武子亭 为纪念春秋时名将孙武,1955年重建该亭。据《吴县志》载,孙武曾在此操练女兵。1985年,张爱萍书"孙武之亭"额,并题"孙子兵法,克敌制胜,娇娘习武,佳话流传",镌碑立亭中。

千人石 大磐石广数亩,平坦如砥,高下如削,气势雄伟。近看剑池,仰望宝塔,境界开朗,景色壮丽。相传,晋代高僧竺道生(?—434),鸠摩罗什弟子,亲称"生公",在长安遭谤,云游到虎丘,在此讲经说法,其下有千人列坐听经,由此取名"千人石"。当时太守怕冒犯朝廷,下令禁止听经,生公并不灰心,向听经人留下的垫坐顽石讲经,讲到"一阐提人(即恶人)皆得成佛"时,百鸟停鸣静听,虽时在严冬,白莲池水盈满,千叶白莲开放吐香,群石领会奥秘点头,故有"生来池水满,生去池水空"、"生公说法,顽石点头"之传说。"千人石"还有另一传说,阖闾墓筑成,吴王夫差怕秘密泄露,集筑墓工匠千余人在此饮酒,夜深全部杀戮,鲜血浸渍,渗透岩石,故称"千人石"。

二仙亭 原是宋代建筑,重建于清嘉庆年间(1796—1820)。亭内石碑两方,分别刻二仙像,一为陈抟(?—989),五代宋初道士,一为吕洞宾(798—?),唐末道士,相传二仙曾在此下棋消遣。

西面石壁上有石刻两方,每方两字,是"虎丘剑池"四个大字,相传是唐颜真卿所书。颜体素有"蚕头燕尾"之称,雄健庄重。因岁久剥蚀,虎丘二字在明代被补刻于别石,故已非颜氏原书,然新旧二方骈肩而立,似一气呵成,因此有"假虎丘,真剑池"之说。

剑池 进入"别有洞天",两爿陡峭石壁拔地而起,中涵石泉一道,终年不涸。左崖壁上"剑池"两字,为元周伯琦书;另一侧石壁上刻有"风壑云泉"四字,笔法圆润,相传为北宋米芾所书。石壁题咏,多以此为阖闾墓葬而作,但阖闾墓是否在剑池下面,仍是千古之谜。

致爽阁 位于虎丘山之绝顶,清康熙八年(1669)圈入行宫内,咸丰三年(1853)毁于火灾。民国十九年(1930)寺僧宣愣募建。在此远眺群山,景色秀丽。

小吴轩 俗称"小吴会",轩飞驾出崖外,势极险峻,当傍晚烟雾升起,景色奇美,因而有"天开图画"之称。苏东坡到此曾云:"到苏州不登虎丘,俗也,登虎丘而不登小吴轩,亦俗也。"

仙人洞 春秋时名"勾践洞"。据《东周列国志》载,吴王夫差大败越国后,越王勾践被迫作为人质来吴。夫差使王孙雄于阖闾墓筑一石室,将勾践夫妇贬入其中,去其衣冠,蓬首垢面,执养马之事。相传,此洞即当年勾践夫妇栖身之处。又传,晋有卖橘老人偶入洞中,见二仙对弈,旁观片刻,待出洞已时移境迁,故称"仙人洞"。

第三泉 相传,唐代陆羽被尊为"茶圣",贞元年间(785—804)寓虎丘,挖一泉井,以此泉水作标准对比各地水质,著中国第一部《茶经》。此泉以清洌洁莹、味甜质厚而享盛名。唐张又新《煎茶水记》载,故刑部侍郎刘伯刍论水七等,以苏州虎丘寺石泉水第三,评此泉为"天下第三泉"。因与陆羽有关,亦称"陆羽井"。

虎丘后山 山谷空壑,风景优美,有"虎丘后山胜前山"之说。现有大片水杉、香樟、白玉兰、紫玉兰、银杏、牡丹、蜡梅等名贵花木,青翠葱绿,四时花艳,幽雅秀美。自1983年以来,每届深秋,成群苍鹭聚来虎丘,栖息毛竹林梢,出现"千万苍鹭伴古塔"的壮丽景观。穿过西山竹林,是恢复的虎丘历史十景之一,有西溪环翠、西溪草堂、环翠阁、清风亭、斗鸭池、荷花池、揽月榭等,再现"林皋生众绿,西溪春欲来,野旷鸟声静,风和花意催"的景致。

云岩寺塔 1961年被列为全国重点文物保护单位。400年前,塔身开始向西北倾斜,1981年测量塔顶偏离中心达2.33米,是世界第二斜塔,现已成为苏州古城的标志性建筑。

早在南朝陈代,虎丘即已有塔,现塔建于五代后周显德六年(959)至北宋建隆二年(961),距今已有1000多年,实属罕见。北宋知州魏庠奏改寺名为"云岩禅寺",塔亦称"云岩寺塔"。自南宋至清,塔曾遭七次火焚,现存砖砌塔身高48.2米,造型美观。1956年古塔整修中,发现唐、五代及宋时的残碑、钱币、石函、楠木经箱、刺绣经帙、铜佛、铜镜等一批珍贵文物,特别是胎质细腻、光润如玉的秘色青瓷莲花碗,为越窑中的精品,现已被定为国家一级文物。另外,刻有"武丘山"、"弥陀塔"、"己未建造"字样的塔砖,为研究塔史增加了考证依据。

万景山庄 位于虎丘东麓,陈列苏派精华盆景逾千盆。巨型鹊梅古桩盆景,历400余龄,苍劲古拙,形若蛟龙,被誉为"苏州古桩之王"。内有1982年江苏盆景艺术展评为最佳、优秀作品24盆,有1985年首届中国盆景评比展览中荣获特等奖的"秦汉遗韵",1987年荣获首届中国花卉博览会佳作奖的"华林新榆"、"寒雀争春"。南部为水石盆景区,陈列多种大中型水石盆景20余盆,具"缩名山大川为袖珍"、"移古树奇花作室景"之妙趣。院内松林苍翠,景色清雅,为虎丘名胜添色。

❖ **虎丘塔为什么是斜的?**

据记载,由于地基的原因,自明代起,虎丘塔就向西北倾斜,至新中国建立初,毁坏已十分严重,塔顶中心偏离底层中心2.3米,斜度2°40′。1956年,苏州市政府邀请古建筑专家采用铁箍灌浆的办法加固整修,终于保住了这座古塔。此后,园林部门又多次加固整修,使这座塔牢牢地耸立在虎丘山上。

❖ **为什么叫"灵岩山"?**

出苏州城向西南行30里,就到了灵岩山。山高182米,山体为花岗岩。据说,山上有许多奇异石头,独以灵芝石为最佳,所以叫灵岩山。又,山上的石头可以做砚台,山的形状像象,所以又叫砚石山或象山。2 400年前,吴王夫差曾在此广筑宫室,与美人西施过着穷奢极欲的生活。周围的群山也是他们经常游玩的地方。事隔2 000余年,这里依然可以看到若干遗迹,流传着许多动听的故事。

❖ 灵岩山有哪些景点?

灵岩山景色迷人,有苍翠迎人、落红夕照等十八景,主要景点有:

西施洞 沿着御道上山,途中有一石洞,称西施洞。相传那本是吴王夫差囚禁越王勾践的地方。勾践至吴国后,蓬头赤脚为吴王养马,洗扫庭院。晚上,就住在这个石洞里。后来,西施外出游玩,见石洞,问夫差是什么地方。夫差说是勾践洞,西施听了心里很难受,但表面上却装出笑容。夫差问她为何发笑。西施说:我看见这里凉风习习,正是个好地方。夫差听后说:"天下以娘娘为最美,娘娘的名字最好听,就叫西施洞罢。"离洞不远有石龟,昂首凸背,望着太湖,人称"乌龟望太湖",石上有脚印,人称西施迹。

馆娃宫 山顶平坦的地方,是崇宝寺,俗称灵岩寺。寺中的宝塔,叫灵岩塔或多宝塔,共有九层,是五代孙家裕所建。明万历二十八年(1600)毁于雷火,后来重建。据说,这儿就是吴王馆娃宫的旧迹,当时十分华丽。馆中有"响屐廊",通往御花园。当年建园时,先挖空地皮,放进不少大缸,上面再铺木板,让西施和宫女们穿上木屐,走在木板上叮当有声,吴王以为十分悦耳。明代高启《馆娃宫诗》曰:"馆娃宫中馆娃阁,画栋侵云峰顶开。忧恨当时高未及,不能望见越兵来。"

玩月池 山顶是吴王御花园的旧址。西北最高的岩石,名叫琴台,是夫差和西施操琴的地方。琴台东面有玩月池、玩花池和吴王井。传说西施来到异国他乡,虽然吃的是山珍海味,穿的是绫罗绸缎,却不忘自己的故国,日夜思念,脸上很少有笑容。夫差对西施说:"美人啊!你还有什么不高兴的地方?除了天上的月亮不能摘下来之外,我什么都为你办到了。"不料西施答道:"我就是要月亮。"吴王一筹莫展。他的臣子伯嚭却说:"大王在山顶上挖池,明月中天时不是倒映水中了吗?"吴王觉得有理,赶忙派人开池,当时山顶尚无井,又叫人从山下担水入池,从此山顶上就有了玩月池。每当清风明月之夜,夫差就陪西施在池边赏月,风吹水动,月光摇曳,使山上更增添了一道风景。西施用双手捧水,月亮也映入手中。她对吴王说:"你看,我玩月(越)于手中哩。"吴王不解其意,西施却得意地笑了。据说,西施在馆娃宫只有二笑半:一笑在西施洞,一笑在玩月池,还有半笑在箭香泾。

玩花池 吴王想尽办法讨好西施,又在灵岩山顶开了个大池塘,好让西施在山顶也能观赏荷花,还特制了一种玲珑小巧的船只,能在荷花池里泛舟探莲。这池就是玩花池。后来人们把吴王"山顶行船"与隋炀帝的"陆地行舟"相提并论,来讽喻封建帝王奢侈的享乐生活。

吴王井 吴王井是吴王为西施照镜子开掘的。西施对吴王说:"人家每说我西施长得美,可我自己却一点也看不到。"于是,吴王就叫人挖了此井。

吴王井是圆形的,边上另一口八角形的井叫智积禅师井,是后人所挖。

灵岩山上还有许多石头,形状奇特,像石马、石鼓、石禅、醉僧、"痴汉等老婆"等,无不惟妙惟肖。

❖ 为什么叫"天平山"？

天平山位于苏州市西南，海拔201米，因山顶平正而得名。景区融自然山水与人文古迹于一体，集山林野趣与园林特色于一身，唐代已成为旅游胜地，有"吴中第一山"、"江南胜境"之美誉。怪石、清泉、古枫称"天平三绝"。

唐宝历二年(825)，高僧永安开山，建白云庵。北宋庆历四年(1044)，因范仲淹先祖葬于此又名范坟山，宋仁宗以山赐之，后建范文正公忠烈庙。清康熙帝1703年临幸时赐匾"济时良相"，乾隆帝南巡赐"高义园"盘龙金匾、牌坊一座及祠匾"学醇业广"，厚赏范氏后裔。历代圣贤白居易、范仲淹、唐寅等均于此留下了众多遗迹，有乐天楼、范公祠、高义园、御碑亭、白云古刹诸胜。新中国建立后，苏州市园林管理处接管，整修后于1954年8月1日开放。

❖ 天平山有哪些主要游览点？

天平山是与北京香山、南京栖霞山、长沙岳麓山齐名的全国四大赏枫胜地，自1994年红枫节举办以来，为景区增色不少。景区内有曲桥荷风、桃涧春汛、幽谷松啸、高义叠翠、岁寒罗汉、燕来鱼乐、白云古刹、御碑楠亭、万丈红霞、山留鹦鹉、云泉晶舍、云天一线、奇石飞来、龙首望枫、万笏朝天、卓峰观日、极目澄怀、山祠映辉十八胜景。四时皆宜游览，春可品茗访古，夏可避暑探幽，秋可登高观枫，冬可踏雪寻梅。

主要游览点有：

红枫林　范仲淹后裔范允临于明万历年间(1573—1619)建天平山庄，栽植380余株枫树，迄今已逾400年。古枫成林，号称五彩枫，现仍存176棵。深秋层林尽染，有"天平红枫甲天下"之盛誉。

万笏朝天　为众多造型石峰的总称，状如朝笏，人称"万笏朝天"。有玉笋、龙门、一线天、飞来石、卓笔峰、回音谷、莲花洞等七十二景观。

白云泉　位于半山腰，又称孟泉，醇厚甘洌，终年不涸。唐代白居易发现，因北宋范仲淹荐举而扬名。相传茶圣陆羽将其品评为"吴中第一水"。

天平山庄　江苏省文物保护单位，位于景区东侧，紧邻范仲淹祖茔，为明代范允临建造，是一处精致的江南古典园林。

忠烈庙　江苏省文物保护单位，位于景区西侧，建于北宋，宋徽宗赐额"忠烈"，为范仲淹及其先祖祠堂。其旁新建范仲淹诗文碑廊。

❖ 如何游览平天山？

登天平山，首先要经过一重"樟梓门"（在山的东侧）。它是横跨在两座山之间的一条短隧道。越过"樟梓门"有一片包围在群山中的平地。靠右面的山壁下，有石围墙，里面枫树林立，古木参天。这就是"范坟"，是宋代名相范仲淹的祖坟。现存的"范坟山墓群"已被列为省级重点文物保护单位。

在山南的平地上，也有许多苍劲古朴的枫树。平地中，有一高大的亭子，叫"接驾亭"，相传是迎接清乾隆皇帝而建。亭内有乾隆皇帝手书御碑，上刻赞范仲淹的题诗。亭子的北面有荷花塘,名"十景塘"。塘上有木栏曲桥。桥之北,有焚经台,后台有庵,名"咒钵庵"。庵的西面有"白云寺",本是一道场,后改为范文正公(范仲淹)的功德院。乾隆皇帝赐名"高义园",内有白居易、苏舜钦等人的诗文。边上有小门,通向"钵盂泉"。

  高义园西边是登山的大道。路口有门,上书"登天平路",后面另有"万笏朝天"。拾级而上,本有一庵,名"白云精舍"。庵中庭院内有泉水涓涓从石壁中流出,本叫"白云泉",寺僧用一竹管把泉水引入一大石盂中,故又名"钵盂泉",泉清而甘洌,现在已被改造成一茶室。

  白云精舍之西有一窄径,两边崖壁高耸,仅一尺多宽,拾级而上,甚觉险要,仰望青天,仅余一线,俗名"一线天",以前亦称"龙门"。

  过了一线天,一路上去,有飞来峰,为一二丈高的巨石,上光下平,屹立于磐石之上,山中多奇石和洞,有大石屋、小石屋、头陀峰、白云洞、莲花洞、卓笔峰(峰高数丈,卓立在双石之中,最为奇绝)、五大石、卧龙峰、巾子峰、穿山洞、蟾蜍石、龙头石、灵龟石、钓鱼台、华盖松等古迹。

  离一线天约1里路,原有"中白云寺",今已不存。中白云寺中有"望枫台"。每年农历霜降前后,天平山麓,枫叶似火,从望枫台上,远眺山景,美不胜收。

  天平古枫,历来与清泉、怪石并称"天平三绝"。据说,这片枫林是由明代范允临(范仲淹后裔)从福建带回880株幼苗培育而成,迄今有400多年历史,现存最高的一棵在范公祠内,树干高达8丈,要三人才能合抱。范公祠山后坡有古松,根部形似龙爪。高义园前有古枫,中间豁然裂开,树皮包卷,形似虎纹。

  上"上白云"的路,是很难走的,不过一到顶上,却又平坦了。顶上称"望湖台",是古时"远公庵"的遗址,上面有块圆石,叫"照湖镜"。从这里遥望远际,云雾缭绕,太湖浩渺,峰峦屏立,相映成趣。

❖ **"七子山"山名是怎么来的?**

  七子山在姑苏之东,上有七墩,故名。背临太湖,形如箕踞,所以又叫踞湖山。

❖ **苏州的"姑苏台"在哪里?**

  站在灵岩山顶,向西南方向望去,就是有名的姑苏山(也叫胥山、姑胥山,现在又叫清明山),苏州就是由此山而得名的。姑苏山绵延数里,正面濒临太湖,登临其上,则太湖万顷碧波,点点青山,一览无余。传说,吴王的姑苏台就建在姑苏山上。姑苏台初建于阖闾伐楚之后,约公元前505年,后来夫差伐越得胜回朝,觉得旧台太矮,不足以表示帝王之尊,约在公元前488年,下令重建姑苏台。三年聚材,五年建就,高300丈,宽84丈,登台可望200里。当时筑台民工死于劳役者,不计其数。台成之后,夫差常偕同西施登台取乐。公元前474年,越王乘吴王率大军去北方与晋、鲁争霸之际攻吴,杀太子友,命范蠡火烧姑苏台,大火经久不息,自此姑苏台被夷为平地。秦始皇曾登过姑苏台基,山上还有历代名人题的诗词。

❖ **为什么天池山又称华山?其特色是什么?**

  天池山,半山上有池,宽数十丈,周围都是天然奇石,池水清澈。山顶有莲花峰,形似莲花,故又称花山、华山。天池山在灵岩山的东北方向。天池山与华山一体两名,西为天池山,南为华山,与灵岩山、天平山一脉相连,又各有特色。灵岩山有吴宫西子遗迹,可称为"古";天平山奇石嵯峨耸立,可称为"奇";华山崖壑深秀幽靓,可称为"清";天池山坳谷"水低烟云"宛若世外,可称为"幽"。山巅上竖立的几块巨石,似一朵盛开的莲花,称莲花峰,为吴中第一峰。远望山峰,犹如一位背着双手的老佛站在巨大的石莲花前,一幅"老佛观莲"的剪影清晰地映在蓝天。清康熙、乾隆两位帝王曾多次"驾幸及此,顶礼佛像"。

❀ 狮子山上有什么传说？

狮子山的外形很像一头狮子,苏州有"狮子回头看虎丘"之说。传说,吴王僚的公子庆忌就葬在这里。山上有大石,相传是陨星坠落的遗迹,山的东南有落星泾。

现在,狮子山山脚下已成了"苏州乐园"。

❀ 苏州的"香雪海"在哪里？

"香雪海"位于苏州城西南光福镇西南的马驾山(亦名吾家山),苏州市文物保护单位。早在西汉初期,光福就开始种梅,明姚希孟在《梅花杂咏》中写道:"梅花之盛不得不推吴中,而必以光福诸山为最。"清康熙三十五年(1696),江苏巡抚宋荦登山赏梅,"遥看一片白,雪海波千顷",为之取名"香雪海",题词刻于石崖,自此香雪海闻名于世。清代康熙帝两次、乾隆帝六次巡游香雪海,写下了14首咏梅诗篇,历代文人赏梅诗词多达178首。现有闻梅馆、梅花亭、乾隆御诗碑等景点。

闻梅馆位于马驾山山腰,共3间,馆内盘龙抱柱有乾隆御题"疏影横斜水清浅,暗香浮动月黄昏"柱联。上有梅花亭,旧亭毁于兵燹,1923年由吴中名匠姚承祖重建。亭为五角梅花形,其瓦顶、柱、栏、花砖地面均为五瓣梅花状,亭顶铸铜鹤结顶,寓"梅妻鹤子"之意。亭南有乾隆御诗碑,上刻乾隆皇帝第三次下江南游香雪海时留下的墨宝《邓尉香雪海歌》。清乾隆皇帝六次游历邓尉香雪海,五次作《邓尉香雪海歌》,均刻有碑,但已漫灭。1998年,由光福镇政府在山巅筑观梅亭。

❀ 为什么叫"邓尉山"？

邓尉山在苏州城西南约30公里。相传,东汉太尉邓禹隐居于此,故名邓尉山,也叫光福山。山上有妙高峰,山下有七宝泉,山西有寿岩泉。邓尉山辟处山丛之中,是斜向太湖的一个半岛,诸峰连绵,重山前抱,碧波万顷,太湖后绕,地势十分幽深。

❀ 穹窿山与孙武子有什么关系？

穹窿山位于木渎镇藏书境内,是集自然保护区与历史文化景观于一体的山岳型风景旅游区,内有东吴国家森林公园。穹窿山是苏州地区最高、最大的山,有最幽深的山谷,称为"吴中第一峰"。山势高峻挺拔,林木幽密,是一座天然植物博物馆,有木本植物217种、药生植物151种。相传,春秋时期齐国著名军事家"兵圣"孙武子避乱奔吴,隐居在穹窿山茅蓬坞,观察吴国政治动向,潜心著述兵法,伺机出山,施展抱负。后经伍子胥推荐,孙武晋见吴王阖闾,献兵法十三篇。吴王经过观书、问对和吴宫教战,知孙子能用兵,拜以为将。孙武子与伍子胥共同辅佐吴王,经国治军,西破强楚,南服越人,名显诸侯。功成名就后,孙武子飘然归隐,终老吴地。

穹窿山的主要景点有孙武苑(孙武隐居的茅屋)、穹窿寺、宁邦寺、上真观、朱买臣读书台、韩世忠玩月台、小王山摩崖石刻和中国国防教育基地等。规模宏大的孙武文化园也将建成。

❈ 为什么到上方山烧香的人这么多?

上方山 又名楞伽山,主峰七子山海拔294.5米。因山顶上有七个土墩石室而得名。在上方山与茶磨屿之第二峰巅之间,为春秋时吴王郊祀祭天之处,现存近代李根源题"拜郊台"石刻。山顶有春秋时所筑藏军洞,又名烽燧墩,供驻兵瞭望。

山巅之楞伽塔 亦称上方塔,是石湖风景区的重要标志。隋代大业四年(608),吴郡太守李显所建,北宋太平兴国三年(978),重建塔畔寺院楞伽寺。登临塔院,石湖山水尽收眼底。塔下五通庙亦称五圣祠,建于南宋咸淳年间(1265—1274)。元、明两代,以上方山为中心的巫众编造邪说,成为江南一大祸害。清康熙二十四年(1685),江苏巡抚汤斌毁祠惩巫,请旨严禁。新中国建立后,政府多次整治,1986年拨款整修塔院,兴筑道路,使之逐步纳入旅游轨道,成为一处重要景点。

❈ 盛产白泥的阳山上有什么传说?

阳山,在浒墅关之南,有十五大峰,相传吴王夫差死于此。传说阳山有一位高士,叫公孙圣,善于相命圆梦。吴王伐齐之前曾做了一个噩梦,就请他圆说。公孙圣详察梦境,认为吴王日后将失败,仓皇奔走之时连熟食也吃不上,劝吴王不要伐齐。吴王大怒,说他扰乱军心,用铁锤把他打死了。公孙圣临死之前,要吴王把他的尸体抛露在阳山之下,以后可作响应报答。后来越兵大败吴军,攻破城池,吴王只带少数兵卒逃出城去,仓皇之中来到阳山下,只觉肚中饥饿。左右便拔了田中的生稻谷给他充饥,他忽然想起公孙圣的话来,于是高喊"公孙圣"三声,山上竟有声音答应,他更加吃惊。不久越兵追来,把他捉住杀了。

阳山盛产白泥,有阳山白泥矿。

❈ 太湖渔港在哪里?

太湖渔港 坐落于光福太湖渔村,为全国最大的内陆渔港,至今保留着数百艘原汁原味的古渔船及渔家船俗文化。每当春秋两季捕鱼时节,数百艘渔船一起扬帆出港,百舟竞发、千帆林立的气势蔚为壮观。起源于渔家船上的太湖船菜,以丰盛的湖鲜为原料,新鲜味美,已成为海内外游客观太湖美景、尝太湖美食的重要场所。

❈ 苏州有没有"北山"、"南山"?

苏州有东山、西山,有没有北山、南山呢?北山没有,南山倒有一个,就是位于光福的蟠螭山。

蟠螭山(石壁精舍) 俗称南山,山体蜿蜒伸入太湖,似湖中岛屿,远眺如无角蟠龙而得名。现正在此建造南山公园。山脚是桅杆林立的太湖渔港,游客来此,既可感受渔家风情,又可品尝渔家船菜。山顶建有石壁精舍,又称永慧禅寺,为苏州市文物保护单位,建于明嘉靖二年(1523),相传为憨山大师结茅之地,清道光中重建,寺内有殿宇20多间。寺内有天王殿、韦驮殿、西方殿、藏经楼,后院内石壁高出地面八九米,布满名公巨卿、文人墨客的题咏和游记,是著名的蟠螭山摩崖石刻,共26方。岩间有一株千年古石楠树,形如卧龙,故又称"困龙"。院内镶金碧玉竹为宫廷宝物,竹枝翠绿,嫩黄相间,犹如翡翠。相传,憨山高僧修炼得道进京受封时,皇帝御赐金银珠宝,然高僧不受,独受两株镶金碧玉竹,带回蟠螭山移植于寺内。石壁精舍西100余米有座憨山台,相传是明嘉靖年间(1522—1566)憨山大师修炼打坐、结茅之地,故石壁精舍又称憨山寺。

❖ 东山有什么景点?

东山风景区位于苏州市西南端,是以历史文化名镇风貌、花果茶园和湖光山色为主要景观特色的湖岛型自然风景名胜区。

东山是太湖中的半岛,处在太湖洞山与庭山以东,由此得名洞庭东山。相传,春秋末期伍子胥曾在此迎母,故称胥母山;又传,隋朝莫厘将军曾居此,又名莫厘山。东山三面环水,群峰叠翠,共17峰,主峰莫厘峰是太湖七十二峰中的第二大峰,海拔293.5米。景区面积83.87平方公里,其中陆地面积35.4平方公里。此地四季分明,温暖湿润,物产丰富,特产有白沙枇杷、乌紫杨梅、佛手白果、白毛板栗、洞庭红橘以及太湖蟹、太湖三白(白虾、银鱼、鲌鱼)等,更有享誉海内外的中国名茶"碧螺春"。

东山镇历史文化底蕴深厚,1万年前就有先民在此生存繁衍。春秋时为吴、越两国养殖、游猎、采食之地,居民养蚕种果,故有"花果山、鱼米乡"之誉,今存望越台、演武墩、虎山等遗址。宋代已形成较大规模的集镇,有大量的明清民居古建筑群,现有省、市文物保护单位和名胜古迹50多处。此处人文荟萃,曾涌出一大批政治、军事、科技、教育人才,明清时期东山籍状元、进士达44名,当代名人更是层出不穷,有王守武、王守觉、王大珩、何泽慧、程庆国等中科院院士5人,被誉为"教授院士之乡"。1995年被评为江苏省历史文化名镇。2011年被评为国家级历史文化名镇。

东山景区的主要景点有莫厘峰、杨湾、灵源寺、龙头山、雨花台、还云亭、御道、王鏊故居、明代一条街、轩辕宫、明善堂、裕德堂、文德堂、葑山禅院、紫金庵、雕花楼、启园、三山岛、雨花胜境、陆巷古村落等。近年来,开辟了湖岛农家休闲游、访古探幽古村游、湖岛自然风光游等特色旅游线路,每年3月、9月分别举办"碧螺春茶文化节"和"民俗风情节"。

❖ "三山岛"因哪三座山而得名?

三山岛风景区 位于东山半岛以西的太湖之中,面积2.2平方公里,因岛上有三座山(大山、行山、小姑山)而得名,又居苏、湖、杭、锡及今"申芜运河"航道之咽喉,俗称"三山门"。景区内有奇山怪石、佛道胜迹、自然地理和三山旧石器古文化遗址四大景观,有32幢明清古建民居,1983年被定为国家一级风景点。1984年经考古发掘出土了一大批古哺乳类动物化石,1985年又发掘出土上万件旧石器。经鉴定,三山岛为旧石器时代遗址,被称为"三山文化",证明长江下游的太湖流域与黄河流域的中原地区一样,都是中华民族古文化的发祥地。1986年,该岛古溶洞被定为长江中下游地区首次发现的古人类遗址,2004年被批准为第三批国家地质公园。

该岛人称"小蓬莱",全盛于唐代咸通年间(873),衰败于北宋徽宗(1101—1118)时。宋代朱勔取湖中花石的"花石纲"与清代慈禧太后为建颐和园时,屡毁该岛上的古刹名寺、古树名木,采石毁山,故民间相传:"宋朝采石,地平三尺;清宫采石,石低人荒。"

❖ 三山岛上有哪十景?

三山岛上现有十景:

柳堤双荷 从桥头浜码头沿环湖路西行,堤上垂柳万千,称柳堤。湖中莲叶荷花连天相接,岸上木莲成行,曰双荷。有"牛背石"、"白猫石"等奇石景观。

绿洲芳魂 环湖路庙浜口有供奉吴王阖闾爱女胜玉的吴妃祠,俗称"娘娘庙"。初建于唐代,1990年重建。传说八月中秋之夜,胜玉娘娘在庙前绿洲大杨树畔显灵操琴,"绿洲芳魂"由此得名。

叠石通天 自娘娘庙右行至山顶,一巨石突兀于半空,其状如虎蹲,似狮卧,又酷似古埃及著名的狮身人面像伏卧悬崖峭壁,人呼为叠石。

行山晨钟 行山山顶建有三层六角塔亭,内有茶室,供游人小坐品茗。因过去三山岛养蚕种桑,每天早晨鸣钟报行(报桑叶价)而得名。

板壁奇峰 由行山西侧下山,一座宽20余米、高10余米的板壁关石峰陡立于半山坡上,峰冠似五指并列直指苍穹,状似骆驼,被誉为"吴中第一峰"。

云林环秀 板壁峰西南麓有假山石群,全是玲珑剔透的太湖石,人称"奇石坡"。

观石听涛 小姑山北麓石壁下有神奇石群,神态各异,状如龙盘虎踞、牛嬉马饮、鸡鸣狗吠、猴耍兔跃,称"十二生肖石"。夜宿可闻惊涛击石,谓"观石听涛"。

断山夕照 断山位于岛西,残壁数十丈高,由褐红色变质岩构成。壁上滚落拳石,硬者似铁,轻者浮于水,人呼"浮石"。傍晚,可在山顶观赏日落及湖景。

溶洞问古 岛东北部清风岭有300多米长的古溶洞,洞内曾发现数千件旧石器。此洞为古人类制作旧石器的加工场,也是其集中活动的公共场所。

桥头渔鼓 岛上顺济桥一带,是古代的商贸集市。传说三山岛为太湖驿站,渔汛期间渔船满载而归,以击鼓为号开市,买鱼卖鱼均以鼓声和之,形成一景。

古文化遗址 位于东泊小山青峰岭下,陈列室展出1985年文物普查发现的古哺乳类动物化石和旧石器时代的石制品等文物,供人观赏。

❖ 东山哪里有"雨花胜境"?

雨花胜境位于莫厘峰山麓,是东山历史悠久、风光美丽、面积最大的景观,省级森林公园,太湖名胜之一,区内有古庙、古树及众多古迹。景点始建于2000年,总投资1 000万元,收集了散落各地的历代石雕构件,形成独特的古文化风景区。正面箬帽峰、翠峰山、金牛岭、吟风冈分列莫厘峰两侧,人称"五峰迎客"。盛河桥旁有御碑亭,刻有"印心石屋"四字,为清道光皇帝所书。亭园附近有一片开阔果林,散发出不同的花香。登上莫厘峰,可饱览太湖风光。

❖ **西山有什么景点?**

西山风景区位于太湖之中,国家 5A 级景区、国家森林公园、国家地质公园,是以历史文化名镇风貌、花果茶园和湖光山色为景观特色的国家级风景名胜区。景区由"太湖第一大岛"洞庭西山和 20 多个岛屿及湖面组成,面积 235.48 平方公里,湖岸线逶迤曲折,长达 50余公里。岛上 80% 以上是山地,重冈复岭,深谷幽静,港湾屈曲,富具山回水绕之趣。全岛有 41 峰,缥缈主峰耸立于岛的中部,为太湖七十二峰的最高峰。西山是洞庭西山的简称,古时以四面为水包围而称包山。区内现存历史文化古迹 100 多处,其中省、市级文物保护单位 14 处,苏州市控制保护古村落 7 个、古建筑 26 处。开放景点 9 个:石公山、林屋洞、西山梅园、包山寺、禹王庙、罗汉寺、古樟园、西山高科技农业园和明月湾古村。还有很多具有丰富历史文化底蕴的景点和历史遗迹,如明月湾村、西施避暑的消夏湾、古东村、水月坞、春熙堂等。

西山历史悠久。相传夏禹曾在此治水,吴王夫差在此避暑,今尚存消夏湾、避暑宫、西施画眉池等遗址。唐宋以来,许多文人名士如白居易、皮日休、陆龟蒙、范仲淹、苏舜钦、赵孟頫、王鏊、袁中郎等都曾在此访古寻幽,山崖上留有 30 多处石刻古迹。古人把这里富有诗情画意的景色概括为鸡笼梅雪、甪里梨云、消夏渔歌、石公秋月、缥缈晴岚、西湖夕照、龙渚归帆、玄阳稻粮、毛公积雪、林屋晚烟十大胜景。

全岛梅树种植面积超过万亩,林屋梅海已成为全国最大的赏梅胜地和梅文化研究基地,早春常在林屋洞(梅园)举办"太湖梅花节"。西山物产丰富,有"月月有花,季季有果,一年十八熟,天天有鱼虾"之称,盛产碧螺春茶、杨梅、枇杷、白果、桃子、石榴、梅子、柑橘、板栗等名茶鲜果和"太湖三宝"(银鱼、白虾、梅鲚)、"太湖三白"(银鱼、白虾、鲌鱼)、清水大闸蟹、莼菜、鳜鱼等水产。

❖ **太湖大桥有多长?**

太湖大桥是全国内湖第一长桥,北起渔洋山麓,跨越长沙、叶山两岛到达西山岛,全长 4 348 米,1992 年 10 月 17 日开工,1994 年 10 月 25 日竣工,总投资 1.15 亿元。大桥共有 187 个桥孔,分为 3 段,各有特色:一号桥最长,1 768 米;二号桥最高,中心桥孔 22.5 米,七桅渔船可扬帆而过;三号桥最精致,贴水而筑。桥体造型简洁明快,与太湖自然风光浑然一体。夜间大桥两侧 764 盏华灯齐放,似蛟龙游弋于碧绿湖波之间,堪称太湖一景。长沙岛为大桥跨越的第一座岛,桥边建有凤凰台,与桥岛公园遥遥相对,是观赏太湖大桥和取景留影的佳处。叶山岛旧称叶余山,因这里的居民多叶、余两姓而得名,现建有游泳场、旅馆、别墅,是游客必经之地。

党和国家领导人先后亲临视察,1995 年 5 月时任中共中央总书记江泽民到此视察,对建造太湖大桥的举措给予肯定。桥前,一块 30 吨的天然花岗岩耸立于桥头,石上镌刻着 1992 年 5 月时任国务院总理李鹏视察太湖大桥时题写的"太湖大桥"四字。新加坡资政李光耀等参观大桥后,也给予很高评价。现在,已开始实施太湖大桥的加宽工程。

❖ **"西山第一景"在哪里?**

古樟园位于后堡村,为进入西山岛的第一个景点,有"西山第一景"之称。园内有宋、元两棵古樟树,因此得名。西樟高30米,胸径1.4米,约1 000龄,称"独威";东樟高15米,胸径1.1米,约500龄,称"争雄"。两棵古樟苍翠油绿,浓荫蔽日,气势恢宏。园内还有独吾亭、兰舟榭等景点,并保存着大量书法石刻,王、颜、柳、张各体兼备,俨然一书法艺术馆。该地原为城隍庙,俗称双观音堂,清道光二十八年(1848)重修,1995年在废庙上兴建此园。1999年,西山国家现代农业示范区与中科院南京中山植物园等合作,将其扩展为120亩古樟植物园,内有各类珍奇观赏植物近千种,成为旅游、植物研究的著名观赏区。

❖ 西山梅园有什么品种的梅?

以林屋山为中心,环山数千亩梅林连绵不断,有红梅、绿梅、白梅等品种,以白梅最多。1996年在山顶建"驾浮阁",高24米,八面三级,琉璃攒尖式,平台内设两层,陈列颂梅、赞梅的书画及摄影作品,为赏梅胜地。1997年开始,吴县市(后分设为吴中区、相城区)人民政府每年在林屋洞景区举行"中国苏州太湖梅花节","林屋梅海"成为吴中新的一大胜景,并成为全国最大的赏梅及梅文化活动基地。

❖ 林屋洞是天下第几洞?

林屋洞位于金庭镇东北部,景点面积33.4公顷,1984年10月1日开放。

林屋洞为石灰岩地下厅式溶洞,独特之处是洞内广如大厦,立石成林,顶平如屋,故称"林屋"。洞门口石壁上镌刻着"天下第九洞天"、"林屋洞"、"雨洞"、"仙府"等大字,风格各异,气宇昂然。据载,道家有十大洞天为仙人所居,此洞为其九,称"天下第九洞天",又名"左神幽虚之天",别称"天后别宫"。相传,古代有龙居洞内,且洞体似龙,又称"龙洞",林屋山亦名"龙洞山"。《太湖备考》记载,昔吴王阖闾派灵威丈人入洞,秉烛昼行七十日,不穷而返,得素书三卷,上于阖闾,不识,使人问于孔子,孔子曰:此禹石函文也。《五符》载:"林屋山,一名包山,在太湖中,有洞潜通五岳,号天后别宫。夏禹治水,平后藏五符于此。"今洞中"石函宝库"、"金库银房"即此遗迹。周处《风土记》云:"包山洞穴,潜行地中,无所不通,谓之洞庭地脉。"由此,足见林屋洞之悠久历史、洞府之深邃奥秘。

洞内,洞中有洞,洞洞相连,时而狭窄,时而开阔,既幽且深,既曲而转,深幻莫测。原有雨洞、丙洞、旸谷洞三洞会于一穴,今存其二。洞中曾有石室、龙床、银房、石钟、石鼓、金庭、玉柱、白芝、金沙、龙盆、隔凡门、石燕、隐泉、鱼乳泉等石景,日久洞淤塞。1980年开始清理,挖掘出南朝梁天监二年(503)记载20名道士居洞生活之石碑一块,唐、宋金龙与铜质鎏金龙7条。洞口还有北宋尚书李弥大的《道隐园记》,范至先、范至能等人游林屋洞题字,明王鏊书"伟观",胡缵宗篆书"旸谷洞",清俞樾篆书"灵威丈人得大禹素书处",是珍贵的摩崖石刻。

由山洞登山,山石宛若牛羊、犀象,起伏蹲卧各具神态,称"十二生肖石",谓"齐物古观"。登巅鸟瞰,湖光山色,村舍田野,果林古刹,名胜佳景,尽收眼底。暮眺村鸟归巢、渔帆疏影,林屋村袅袅炊烟升起,组成"林屋晚烟"美景。

❖ 缥缈峰是不是太湖七十二峰之首?

缥缈峰又名杳妙峰,为太湖七十二峰之首,西山岛主峰,海拔336.8米,绵延11公里,重冈复岭,四野广袤,仙庭佛刹,钟磬相闻,最为绝胜。晴日,登峰远眺,湖面波平如镜,青黛点点,碧空壮丽。清晨,云雾绕山腰,有"缥缈晴岚"之称,为西山八景之一。太湖风云多变,缥缈峰常隐现于云雾之中,有"缥缈云场""缥缈云联"之誉。峰巅有状似鹰嘴之巨石,镌有近代名人李根源所书"缥缈峰"三字,周围有龙穴、紫云泉、仙人台等名胜,"仙人台"相传为汉代商山四皓聚会弈棋之处。峰西水月坞有"无碍泉",其下为水月溪。现有果园2 000余亩,茶园2 000余亩,是杨梅、枇杷等特色花果和碧螺春茶叶的重要生产基地。

南宋范成大《缥缈峰》诗曰:"满载清闲一棹孤,长风相送入仙都。莫愁怀抱无消豁,缥缈峰头望太湖。"

区内新建、恢复的景点还有吉祥许愿池、碧螺春发源地墨佐君坛、唐代茶圣陆羽旧像、历代名人西山书法碑廊和贡茶院等。

❀ 虞山的"虞"字是怎么来的?

虞山位于常熟市,状如卧牛,古称卧牛山,后因古人仲雍(又名虞仲)让位南迁,为当地带来先进的农耕技术,备受当地人尊崇,改名为虞山。

虞山上林木茂盛,郁郁葱葱耸峙在常熟城邑中央,东麓入城,故有"十里青山半入城"的古诗传诵至今。

❀ 虞山风景区包括哪些景点?

虞山风景区山清水秀,景色绮丽,历史悠久,名胜古迹众多,"七溪流水皆通海,十里青山半入城",构成了山、水、城、园融为一体的独特风情,是著名游览胜地。旧有十八景,现分为3个景区、50多个景点。2000年评出新的十八景为:书台积雪、方塔风铃、双陵怀古、红豆山庄、辛峰城楼、宝岩梅林、芦荡朝霞、尚湖烟雨、拂水晴岩、剑门奇石、破山清晓、翁相府第、商城闹市、维摩旭日、曾园荷香、新港轮笛、聚沙塔影、燕谷洞天。

❀ 虞山上的"剑门"有什么传说?

剑门,国家4A级景区,属自然风景区,位于虞山中部最高处,海拔261米,以石景著称。从南坡拾级而上,山势险峻,长500余米,笔直如鞭,古称"霸王鞭"。剑门状如刀劈,有雄伟奇特的峭壁石垒、迷朔深谷的险坡、高悬欲坠的巨石,从上俯视幽谷深邃,从下仰望天成一线,"绝壁云扶将堕石",描绘出悬崖凌空的剑门奇景,称为"剑门奇石"。相传,吴王夫差在此试剑,将石一剑劈开,形成洞开一线的两扇石门。清康熙帝御题"烟岚高旷"四字,镌刻在剑门奇石上,还有明清时代的名人石刻群"青云得路"、"仰止"、"去思石"等。剑门顶端建"剑阁",从剑阁放眼西望,河湖交叉,阡陌纵横,江南水乡自然之美尽收眼底。著名画家钱松嵒的名作《常熟田》,就是看到这里的山水之美欣然而作。景区内还有拂水晴岩、齐女墓、瞿式耜墓、松风亭、藏海寺、报国院、长寿桥等景点,有剑门烟雨楼、长寿素面馆、茶馆、小商品市场等服务设施。

❀ 张家港凤凰山风景区有哪些景点?

凤凰山风景区位于国家级历史文化名镇张家港市凤凰镇,因山势如丹凤展翅而得名,属自然风景区。主峰高86.8米,占地约700公顷。山上有大片松、竹林,盛开"六月雪",山坡辟有成片的桃梨果园,尤以盛产汁多鲜甜的水蜜桃而驰名。凤凰山古迹甚多,山麓的永庆寺初建于三国东吴赤乌年间(238—250),南朝梁大同二年(536)侍御史陆孝本舍宅扩建,寺内设有天王殿、弥勒殿、大雄宝殿、观音殿、三圣殿、东岳殿、关帝殿、文昌阁、藏经楼及金仙塔院等,为江南著名的宗教信众礼佛之地。寺中有吴道子绘画、杨惠之彩塑的唐塑罗汉,还有人称"三绝"的千年古松、肉身菩萨和天然石井。唐天宝十二年(753)十一月,高僧鉴真曾在寺中作最后一次结缘,再从古黄泗浦登船,东渡日本。永庆寺内外有景点数十处,号称内八景、外八景和后十景。凤凰山泉水清澈,附近所产鸭血糯、凤凰稻系当地著名土特产,历史上曾为贡品。凤凰山上所产水蜜桃获全国桃果品评比金奖、中国地理标志证明商标,被誉为"中国第一桃"。

❀ **张家港香山风景区有哪些景点?**

香山风景区位于张家港市金港镇,山高136.5米。相传,春秋时吴王夫差途经此山,曾命美女上山采香而得名。香山胜景甚多,以"古、灵、幽、美"为特色,有"香山十八景"之说,宋代诗人苏东坡、明代旅行家徐霞客等先后登临此山。北麓的桃花涧,春秋时即以广植桃花而著名,溪边桃花缤纷,别具诗韵。香山集佛、道、儒三教于一山,为江南诸山少见,山上有天皇、地皇、人皇的综合庙群,最盛时多达28座殿堂。1989年3月,在香山东麓发现东山村新石器时代遗址,出土文物有釜、鼎、玉玦、石斧等,经测定遗址年代距今5 900年至7 260年。主要游览景点有桃花涧、采香径、梅花堂等。

桃花涧 位于香山北麓青龙岗,全长800多米,水源头为天然湖泊鹿女湖。全涧由两部分组成,上部如巨龙倒悬危挂,中腰以下平缓倾斜,蜿蜒曲折。

采香径 相传,乃春秋时吴王夫差携西施来香山禹王庙进香时修筑而成。全径曲折蜿蜒,长约2 500米。

梅花堂 相传,苏东坡晚年仕途失意,应江阴友人葛氏邀请,曾数度来梅花堂怡情养性,并题书梅花堂匾额。明代旅行家徐霞客也在此留下五首诗歌和一篇长序。

三、苏州的水

❀ **如何解读苏州的"水文化"?**

苏州的"水文化"有许多种解读,可以从文字、艺术、地理、哲学等不同的角度解读,内涵十分丰富。从旅游的角度看,苏州的"水文化"就是山水文化,它是苏州山水文化主要构成部分之一。"一方水土养一方人",现在人们赋予苏州的水更多的人文色彩。解读苏州的"水文化",需要了解苏州水的成因、水的形态、水的功能、水的特性等。苏州人的包容与开放,苏州人的柔性与灵巧,苏州人的精细与讲究,都是与苏州的水息息相关的。

❀ **苏州有多少湖泊?**

苏州位于太湖流域中部,湖泊众多。据20世纪80年代测量,苏州辖区内有256个湖泊,其中水面面积大于0.5平方公里、小于100平方公里的有189个,总面积为3 159平方公里,占湖泊总面积的52.86%;还有一部分面积小于0.5平方公里的小湖泊。

❖ 苏州有哪些较大的湖泊？

除了太湖外,苏州大中型湖泊有：

（1）阳澄湖。宋代时陷为湖泊,现湖面积约118平方公里,是太湖平原上第三大湖,跨苏州工业园区、相城区、昆山市及常熟市。阳澄湖渔业资源丰富,有鱼类66种,尤以清水大闸蟹而闻名国内外。昆山巴城阳澄湖畔,是1994年江苏省政府批准的昆山旅游度假区两个中心之一。

（2）澄湖。又称陈湖或沉湖,跨吴中区、吴江区和昆山市三地,相传是因为城邑过于集聚而陷落,大约形成于宋朝1107年至1170年之间。澄湖南北长约10.4公里,最大宽度6.8公里,20世纪60年代面积为46平方公里,现在只有40平方公里。滨湖有著名的水乡古镇甪直。

（3）蠡湖。又名漕湖,曾作为漕运通道,位于吴中区。因春秋时范蠡讨伐吴国是从这里开始的,故名蠡湖,现在面积只有9平方公里。

（4）盛泽湖。位于现相城区阳澄湖西岸,水面属渭塘、湘城两地所辖,面积为3.8平方公里。湖中水生植物原较茂盛,自从20世纪50年代放养家鱼后逐渐衰落,现当地政府十分重视,正在恢复生态并开发旅游。

（5）金鸡湖。金鸡湖位于苏州工业园区,已成了苏州十分亮丽的城市休闲旅游水域景观。金鸡湖周长3.9公里,最大宽度2.9公里,面积7平方公里,出水主要通过斜塘河泄入吴淞江。过去,湖内水草丰盛,湖水清澈,盛产鱼虾,曾是全国著名的十大养鱼高产淡水湖之一。

（6）独墅湖。又称渎墅湖、独树湖。据传,独墅湖与黄天荡原为一湖,因湖面宽阔,风急浪高,常有翻船事故。明朝时,苏州地方官府调集民工拦湖筑坝,分割为两湖,现有面积10平方公里左右。

（7）汾湖。本名分湖,因分属吴江和嘉善两地而得名,又称洪漾,面积7平方公里左右,其中吴江境内4平方公里左右,1994年被命名为省级旅游度假区。

（8）淀山湖。旧称薛淀湖,位于昆山南端,与上海青浦交界。全湖面积63平方公里,属昆山的水面约占24%。淀山湖旅游度假中心也是1994年江苏省政府批准的。

（9）昆承湖。又名东湖,位于常熟城南,面积约18平方公里,是常熟境内最大的湖泊,正在被开发为重要的旅游景区。

（10）尚湖。原名华荡,面积近4平方公里,是常熟著名的旅游景区。

❖ 苏州有哪几条主要的江河？

河道是江湖的脉络,也是水上旅游的载体和城乡旅游的风光带。苏州境内的河道脉络分明,大小河道2万余条,可分通江河道、通湖河道、区域河道、城区河道和古城河道五个部分。苏州处于太湖下游,北临长江,辖区内河道主要有：

（1）太浦河。太湖到黄浦江,全长57公里,吴江境内40公里。

(2) 望虞河。起源于太湖,过望亭北,流经常熟入长江,全长60公里。

(3) 吴淞江。古称松江,亦称松陵江,元代时改称吴淞江,源出太湖,东流经吴江、吴中区、昆山进入上海,全长125公里,苏州境内长81公里。

(4) 胥江。古称胥溪,因春秋吴国大臣伍子胥伐楚而开挖的一条古老运河,故名。起于太湖胥口,到横塘后水分两路,一路随江南运河折向东南,另一路直通胥门外城河,绕城北过齐门,到娄门称娄江,胥口至胥门外城河全长15公里。

(5) 外城河。又名环城河、护城河。位于苏州古城外侧周围环绕古城而流,全长17.48公里。公元前514年,吴王阖闾命大夫伍子胥建造,伍子胥"相土尝水,象天法地",以城外自然河湖水系为依托,引太湖水进城内外,构成内外城河河道息息相通的水系网络,同时形成四通八达的交通体系,在城垣内外开凿环城河,设置了西闾胥、南盘蛇、东娄匠、北平齐八座水陆城门。八座水门与城外8条塘河相接,既是防御工事,又是交通设施,还起到引水防洪等作用,成为联通长江、太湖、运河的环形水道。

❖ 京杭大运河与苏州有什么关系?

京杭大运河是世界上开凿时间最早、流程最长的人工河道,它贯穿北京、天津、河北、山东、江苏、浙江四省二市,联系着北京、天津、济宁、徐州、镇江、常州、无锡、苏州、杭州等大中城市,把钱塘江、长江、淮河、黄河、海河五大水系连接起来,全长1 794公里,是仅次于长江的第二条水道大动脉。它与万里长城并称为中国古代的两项伟大工程。

京杭大运河的开凿形成,大致经历了三个阶段:第一阶段,春秋末期吴国开凿是为了伐楚,从苏州胥门起,穿越太湖,经宜兴等地,在安徽芜湖注入长江,全长100公里;第二阶段,隋王朝为了沟通中国南北方交通、发展经济文化而开凿,历时六年,西自京师大兴城,经东部洛阳北抵涿郡,南至余杭,全长2 500公里;第三阶段,元朝统治者为了缩短京都与东南地区的交通距离,截湾取直,开挖修筑了从北京到临清的一些河湖,路程缩短了700多公里,全长1 794公里,至此京杭大运河全线通航。京杭大运河的开通,对苏州的农田水利建设、工商业的发展以及南北文化交流等起到了重要的作用。

苏州境内的运河,按其流向和地理位置分为三小段,即苏锡段(长约18公里)、市河段(长约14公里)、苏杭段(原称苏嘉段,长约50公里)。

❖ 苏州有哪些以湖名命名的旅游景区?

太湖风景区是1982年国务院批准的首批国家级风景名胜区,分13个景区,其中8个在苏州境内,即木渎、石湖、光福、东山、西山、甪直、同里、虞山8个风景区,太湖风景区是一个大概念。2012年被评为5A级旅游景区的吴中区太湖旅游景区,范围也很大。苏州以湖名命名的旅游景区和旅游度假区还有:苏州太湖国家旅游度假区、昆山淀山湖和巴城阳澄湖旅游度假区、吴江汾湖旅游度假区、石湖景区、常熟尚湖景区、吴江肖甸湖森林公园、张家港暨阳湖生态公园等。

❖ 苏州沿江(长江)旅游风光带包括哪些主要景区景点?

沿江旅游风光带是指张家港市、常熟市和太仓市的一大批景区景点,主要有:张家港的双山岛旅游度假区、香山风景区、东渡苑风景区、凤凰山风景区、暨阳湖生态园、梁丰生态园等；常熟的沙家浜风景区、梅李聚沙园；太仓的浏河郑和纪念馆、南园公园、张溥故居、新弇山园、江南丝竹馆、太仓石拱桥、艳阳山庄等。

❖ 苏州太湖国家旅游度假区有哪些游览项目？

苏州太湖国家旅游度假区(中心区)于1992年经国务院批准建立，位于苏州市吴中区太湖之滨。现已初步建成集观光、休闲、度假、娱乐、会议、健身于一体的湖滨型旅游休闲度假区。区内原有地域面积11.2平方公里，2002年扩容升格，现有水陆面积1 014平方公里，其中陆地面积160平方公里，人口11万，有西山和光福2个主要景区(见西山风景区、光福风景区)、国家地质公园、国家森林公园、国家现代农业示范园区以及2个省级历史文化名镇、4个省级文保单位、18个开放景点。

区内秀山丽水，举目如画，空气一级，水质二级，生态环境好，物产丰富，"月月有花，季季有果，天天有鱼虾"，旅游环境极为优越，是长三角地区特有的旅游区。20多年来，度假区全力打造"文化太湖、绿色太湖、健康太湖"品牌，先后建成了一批宾馆酒店、游乐娱乐项目，举办太湖梅花节、太湖水上运动节、太湖宠物节、太湖开捕节、太湖桂花节等活动，推出登山、野营、垂钓、马术、自行车、轮滑、悠玻球、快速艇、自驾游等自助式、参与性、拓展性文体旅游项目，营造出度假休闲的浓郁氛围。

中心区内现有游览点有：

凤凰台 位于太湖中心的长沙岛，台广八亩，四周环湖，山峰秀错，登阁可见万顷烟波，是观赏大桥风光的佳处。

苏州太湖美国水星游艇俱乐部 这是中国第一家全方位、一体化的豪华游艇俱乐部，也是中国最大的具有国际水准的水上豪华游艇俱乐部。拥有自行生产的世界著名品牌游艇和144个泊位的一流码头。

渔洋山索滑道 在渔洋山南麓依山而建，全套设施从德国引进。滑道全长1 200米，高差160米，游客可充分体验到失重与超重交替变化带来的刺激。

苏州太湖湿地公园 位于太湖度假区景观大道中心区，东起度假区入口处，西至太湖明珠度假村，全长5.5公里，是长江三角洲最大的特色湿地生态景观。公园分为入口区、金杉银芦区、梅花坞服务区、水庭暗香景区、"新天地"休闲服务区、临湖漫步游憩区、太湖水上食府区等7个分区。太湖新天地内绿草如茵，垂柳婀娜，设有多功能餐厅、茶楼、酒吧等设施，已成为人们休闲旅游、湿地体验、湖滨观光的新热点。

太湖菱湖诸公园 位于吴中区渡村镇临湖段。公元前500多年，吴王阖闾为讨爱妃西施的欢心，派人到水中广植菱角，由此得菱湖之名。该园占地面积300亩，园内有枇杷园、杨梅园、橘园等多种植物区，还有天然游泳场。

❖ 昆山阳澄湖旅游度假中心有什么游览内容？

昆山阳澄湖旅游度假中心位于昆山市巴城镇阳澄湖畔，创办于1992年，是1994年江苏省政府批准建设昆山旅游度假区的两个中心之一。现已形成集休闲、度假、美食、娱乐、商贸、房产、软件研发于一体的多功能旅游度假区。

阳澄湖面积达120平方公里,湖水澄明,古人以"玻璃万顷泛舟入"咏之。湖底天然饲料丰富,盛产鱼、蟹、虾、贝,尤以春天的鳜鱼、夏天的青虾和秋天的螃蟹最为著名。阳澄湖大闸蟹青背白肚、金爪黄毛、肉质鲜美、营养丰富,是餐桌上的上等佳肴,在国际市场上久负盛名。出土文物表明,早在新石器时代阳澄湖畔就是人类繁衍生息的好地方。

经多年建设,已建成大上海国际高尔夫球度假村,集度假、休闲、娱乐、会务于一体的东方云顶广场,上海市阳澄湖度假村和水上公园游览区等设施。自2002年起每年举办蟹文化节,"阳澄湖美,巴城蟹肥"日渐成为人们津津乐道的话题。主要游览点有:

巴城古镇 沿河而筑,青砖黛瓦,小桥流水,为生态美食古镇,有2 500年历史。

崇宁古寺 始建于南朝梁天监八年(509),后多次扩建,毁于日本侵华战争。2002年,巴城镇政府移地重建于阳澄湖畔。

阳澄湖水上公园 占地3.79平方公里,分"蟹园春秋"、"落月满塘"、"荷塘蟹语"、"渔乐湿地"、"田野桑柘"、"牧野兴农"、"乡情水街"、"阳澄碧玉"八大景区。

阳澄湖蟹舫苑 面积10万平方米,餐船130条,餐位20 000个,拥有宽敞的停车场和优美的绿化地。

❖ 淀山湖旅游度假中心有什么游览内容?

淀山湖旅游度假中心位于昆山市南部,是1994年江苏省政府批准建设昆山旅游度假区的两个中心之一,已初步形成集休闲、度假、观光、会务于一体的湖滨型综合性旅游度假区。淀山湖是距上海最近的湖泊,称上海的后花园。已建成的世界名人城、恒海国际高尔夫别墅,是闹中取静、休闲养性的度假胜地。星海庄园和晟泰农民新村英式乡村别墅,充满水的灵性和绿的魅力。特色景点还有旭宝高尔夫球场、银杏古树、度城遗址、古镇老街、农业生态观光区、水上运动场等。

银杏古树 传说为三国时孙权母亲所栽,基部树围5.1米,树高10多米,为江苏省树龄之最的一级古树名木。

旭宝高尔夫球场 是上海地区唯一的36洞球场,被美国《高尔夫文摘》评为亚洲二十大球场和中国十大顶尖球场之一,是世界上唯一配有石雕艺术的球场。

大自然游艇俱乐部 是开展淀山湖水上游系列活动的俱乐部。

❖ 石湖的湖名有何由来?

石湖是太湖水经越来溪北流,汇于上方山下形成的内湾,南北长4.5公里,东西宽2公里。相传,春秋末期越伐吴时凿"越来溪",以便从太湖进兵,溪经湖段系凿山脚而通,故名石湖。今越城遗址残存高3~4米、长10余米的土城墙一段,此地又是新石器时代的文化遗址,出土了大量文物。明代时重建的高大石拱桥"越城桥",远眺如石梁卧波,与南宋淳熙十六年(1189)赵彦贞所建、明崇祯年间(1628-1643)苏州大司马申用懋重修的"行春桥",组成堤桥。堤桥正北雄伟的"吴中胜景"牌坊竖建于1987年,为石湖景区入口处。

湖西远山近峰,湖面开阔深远,富有"千顷一碧呈天镜"、"杨柳岸边画中村"的水乡田园风光。自宋孝宗御赐"石湖"二字,石湖之名始显。其后,历代著名诗人周必大、杨万里、郑元祐、文徵明、高启、石韫玉、吴宽、莫震、王鏊、申时行、袁宏道、叶燮、汪婉、张大纯等吟咏赞赏之作甚多:"落日淡烟消,平湖碧玉摇","绿杨摇曳蘸湖波,鸥鹭频惊画舫过"等。明代画家文徵明晚年的传世之作《泛舟石湖》书画,诗云:"石湖烟水望中迷,湖上花深鸟自啼。芳草自生茶屿岭,画桥东注越来溪。"

❀ 石湖风景区有什么景观?

石湖风景区位于苏州西南郊6公里处,是以吴越遗迹和江南水乡田园风光为特色的山水名胜景区。石湖山水,千顷一碧,诸峰映带,塔影画桥,呈现出一幅幅江南山水画卷。此地富有历史文化遗迹,自古就是著名的游览胜地,有"石湖佳山水"、"吴中胜境"、"吴中伟观"之称。自宋以来知名诗人吟咏之作甚多,沈周、文徵明等均有石湖诗画。至明代,每年农历八月十八日,石湖是观赏"石湖串月"的传统游览胜地。景区由横山山系的茶磨屿、上方山、吴山及石湖水系的越来溪、荷花塘组成,分为石湖、上方山、吴山、滨湖、七子山、钱家坞、上金湾7个景群,石湖和上方山为景群核心区域。

春秋战国时期,石湖是吴王游赏之苑囿,也是吴越相争的古战场。石湖南北有越国进兵的越来溪,越在湖东筑"越城"屯兵,湖西为"吴城",遗址尚存。相传此地有吴王春夏游的姑苏台、祭天的拜郊台、宴请群臣的宴宫里、演武练兵的射台、养鱼的鱼城、酿酒的酒城,山岭上有藏兵洞(烽燧墩)。南宋时,范成大归隐筑石湖别墅,遂兴起游赏和建造湖滨山庄园林之风。南宋淳祐年间(1241—1252)于茶磨屿下建潮音寺,又名石佛寺。寺内面临石湖就岩石凿观音像,名"观音岩"。

国家和江苏省在"六五"与"七五"期间拨专款550万元建设石湖风景区,先后修复了渔庄、行春桥及石狮、石佛殿阁及观音岩、范成大祠堂、楞伽塔院,重建吴中胜境石坊及乾隆钓鱼台。1986年,苏州市政府作出"退田还湖"决定,在北石湖修筑越堤、石堤,恢复水面,重现了"落日淡烟消,平湖碧玉摇"的景观。

❀ 金鸡湖的"金鸡"有何传说?

金鸡湖原本叫大东荡,水面广阔。传说有一个叫金哥的青年,身高力大,自幼父母早逝。为了还债,他不顾风浪捕鱼,在湖心的小土墩上发现一只金鸡与一条蜈蚣在搏斗,金哥冒着风大浪急的风险,摇船到土墩上斩断了蜈蚣,救了金鸡。不料,一瞬间金鸡不见了,被斩断的蜈蚣却变成了一段段的金链条。县官和债主听说后也去湖心登上小土墩,果然看到了金条,不过在他们返回时,金鸡发怒,把他们葬身在湖里。从此以后,渔民在湖里打鱼,每次都能捕到许多鱼虾,是因金子打翻在湖里的缘故,湖名也叫金鸡湖了。

❀ 金鸡湖周围有哪些现代休闲旅游景观?

金鸡湖景区位于苏州工业园区沿金鸡湖周边地区,由著名的美国易道(EDAW)公司规划设计,现已形成环湖的城市广场、湖滨大道、文化水廊、金姬墩、波心岛、李公堤、望湖角等八大景观,是富有国际化城市氛围的新型休闲景区。同时,建造了一批具有国际水准的旅游服务设施,湖西的左岸商业街、星都中心、白领天地,湖东岸的金鸡湖商业广场和文化水廊,湖南岸的水巷邻里、李公堤,以及金鸡湖大酒店、国际标准的27洞高尔夫球场等,成为追求现代休闲生活理念的新型特色旅游区。

城市广场 位于金鸡湖西岸,开放式公园,供人眺望湖景,散步休憩。沿湖驳岸、步行大道、圆弧踏步、观景台、互动喷泉、香樟林等蓝天碧水、芳草林荫的城市景观,营造了金鸡湖旅游景区的独特魅力,成为苏州园林之外新的知名景观。

水巷邻里 位于金鸡湖西南部,是集商业、餐饮、娱乐、休闲于一体的综合性区域。设有商店、酒吧、咖啡座、音乐餐厅等,既有浓郁的现代都市色彩,又有古城小桥流水的幽雅风貌。

望湖角 位于金鸡湖南岸,是以小岛和沼泽湿地为主的自然生态保护区。游客可以穿梭于众多小岛之间,领略湿地风光。

文化水廊 位于金鸡湖东岸,向西面对金鸡湖,全长3.38公里,占地90.9公顷,总投资1.4亿元,主体工程2003年竣工。沿湖建有市民广场、文化广场,设有大型博物馆、体育馆、水上音乐台等文化设施,500米长的雕塑走廊凸显文化韵味,湖边堆石方便游人垂钓。绿色是其一大亮点,绿化面积20公顷,较大的灌木、乔木有6 000多株。

苏州文化艺术中心 坐落在金鸡湖东岸,是金鸡湖突出的标志性建筑之一,也是苏州市重要的演艺中心、影视中心、科技中心。外形如一弧新月拥明珠,内有1 200座的大剧院、500座的演艺厅、8块影幕共1 200座的IMAX电影城和科技馆,可以上演国内外一流影视巨片。

李公堤国际风情街 位于金鸡湖西南岸,是长1.4公里的湖中长堤,连接水巷邻里和望湖角。长堤始建于清末光绪年间,为当时元和县令李超琼所建,既便利交通,又救济了灾民,百姓称为"李公堤"。园区在李公堤的历史积淀上进行整体开发,打造一条集高端特色餐饮、娱乐及观光、休闲、文化于一体的国际风情商业水街。堤上建筑保持苏州传统的民居建筑风格,采用苏州古典园林式布局,多座小桥串联其中,尽显江南水乡的神韵,将自然环境和现代化、国际化繁荣商务融为一体。晚间,独特的灯光景观,使得李公堤宛如浮动在夜金鸡湖水面上一条流光溢彩的彩带。街内分为动、静两个区域,前者以主题酒吧、音乐餐厅、咖啡吧、DISCO及特色餐饮等为主,后者则集高档餐饮、SPA生活馆、商务会所、休闲酒店等于一体。已有多家知名、特色商户入驻,如AI零点会所、金海华1890、得月楼、吴地人家、东吴食府等。

❖ **尚湖风景区有什么景观?**

尚湖风景区是国家4A级景区、国家城市湿地公园,位于常熟市城区环湖南路,是集观光、游览、休闲、度假于一体的自然风景区。1986年对外开放。

尚湖,又名山前湖、西湖,与虞山并行,湖面呈蝶形,远眺如飞蝶扑山。据传,商末姜太公为避纣王暴政,隐居虞山石室,在此垂钓,因而得名尚湖。元代大画家黄公望常于湖畔桥头饮酒长歌,观摩湖山胜景。明末清初,东南文宗钱谦益建拂水山庄于湖畔,筑长堤于湖中,一代才女柳如是绘《月堤烟柳图》。历代文人墨客为风光独具的烟雨尚湖写下了许多不朽的诗文。

尚湖曾经被围垦,复水还湖后,筑有山水文化园、荷香洲、钓鱼渚、鸣禽洲、桃花岛等七个洲岛,形成湖中有岛、岛中有湖的独特景观,青山、绿水、碧洲、蓝天构成一幅立体山水画卷。在拂水堤新建17孔串湖桥、望虞台等,湖中建湖滨公园,辟"枫林拥翠"、"尚湖渔乐"、

"水阁云岚"、"荷香深处"、"桃源春霁"、"橘洲晚翠"、"湖桥串月"诸景,有四景园、流香馆、博雅堂、牡丹园等建筑。并有儿童游乐园,设置龙舟、画舫、快艇、电瓶船、竹筏及垂钓、游泳等水上活动项目,供人尽兴畅游。

景区面积21.74平方公里,其中水域面积8平方公里,山、水、城融为一体,颇具野趣。当雨雾蒙蒙,夹着袅袅上升的炊烟,犹如一幅天然的泼墨山水画,是虞山十八景中的"湖甸烟雨"。当秋夜月明之际,漫步湖桥,可见湖中圆拱石桥倒影中又有清晰的月影,大小两月相串,为赏月胜景,称"湖桥串月"。

❖ 吴江肖甸湖森林公园有什么休闲项目?

肖甸湖森林公园位于同里古镇东端,省级森林公园、省级国家生态公园,是融森林、田园、水网等自然景观于一体的景点。公园占地约4 000亩,已形成杉、竹、枇杷、香樟、银杏、翠梨等多品种林体,林木茂密,林内黄鹂、白鹭、野兔等时有出没。园内渠塘纵横,小道曲径分布有序,设有假山、秋千等娱乐设施,还有垂钓、烧烤、凉亭品茗、农家菜品尝等休闲项目,园外农田点翠、湖光粼粼。

第三章 宗教文化

一、佛教相关知识

❖ 释迦牟尼是怎么创立佛教的？

佛教于公元前6世纪至公元前5世纪,由悉达多(名)·乔答摩(姓)创始。他是古印度迦毗罗卫国(今尼泊尔南部提罗拉科特附近)净饭王的太子,其母是摩耶夫人。相传,他诞生于公元前565年的蓝毗尼花园,长大后深感人间的苦恼,所以29岁出家苦修6年。35岁时,他发觉苦修并不能解脱诸烦恼,于是弃而至菩提伽耶的一棵菩提树下,盘腿而坐静思冥想人生真谛,终于经过若干昼夜,在一天晚上大彻大悟而成道。得道后,他在鹿野苑初转法轮,弘扬佛教。传教45年后,他在80岁时自知寿命已尽,告诫其弟子说:"有生必有死,静进勿懈怠。"公元前486年,他在拘尸那迦圆寂(涅槃)。因为他是释迦族人,又能"牟尼"(古印度梵文的音译,其意是能寂而得智慧,能仁而利人群),加之他反对印度"婆罗门第一"的种姓制度,提出四姓平等主张,得到许多民众的支持,所以人们尊称他为释迦牟尼(意即一个"释迦族圣人")。在中国,佛教信众敬他为"本尊"、"释迦文佛"、"如来佛"。他的出生地蓝毗尼花园(在尼泊尔境内)、成道地菩提伽耶、初转法轮地鹿野苑、涅槃地拘尸那迦是举世闻名的佛教四大圣迹。

❖ 佛教在世界的传播分哪三条路线？

从公元前3世纪下半叶起,佛教开始由古印度向境外不断传播,逐渐发展成为世界性的宗教。从世界范围来说,佛教的传播分为三条路线。

第一条路线:北传佛教。从古印度向北传入中国,再由中国传入朝鲜、日本、越南等国家,以大乘佛教为主,也包括密乘佛教。其经典主要属于汉语,亦称汉语系佛教。

第二条路线:南传佛教。从古印度向南,传入斯里兰卡、缅甸、泰国、老挝、柬埔寨等南亚、东南亚国家及中国云南傣族等少数民族地区,以小乘佛教为主,其经典主要属于巴利语,亦称巴利语系佛教。

第三条路线:藏传佛教。从古印度和中国内地传入中国的西藏地区,主要是印度密乘佛教与西藏地区的本教融合而形成的具有西藏地方色彩的佛教(俗称喇嘛教),流传于中国的藏族、蒙古族、裕固族、纳西族等少数民族地区;还流传于不丹、锡金、尼泊尔、蒙古和俄罗斯的布里亚特等国家和地区。近年来,在欧美地区也流传较广。它的经典主要属于藏语,故亦称藏语系佛教。

❖ 佛教何时传入中国？在中国的发展经历了哪三个阶段？

西汉哀帝元寿元年（公元前2年），西域佛教国大月氏使臣伊存来朝，博士弟子景庐从伊存口授《浮屠经》，佛教开始传入中国。史称这一佛教初传的历史标志为"伊存授经"。

佛教在中国的发展大致经历了译传、创造和融合三个阶段。

1. 译传阶段

东汉明帝永平十年（67），在洛阳建了中国第一座寺院——白马寺。两汉之际、魏晋、南北朝时期，先后译出大量的佛教经典，名僧辈出，研究佛教的风气为一时之盛。

2. 创造阶段

隋唐两朝，由于王朝采取儒、释、道三家并重的方针，加上高僧玄奘、义净等大师的译经传法，分别以一定的古印度佛教经典为依据，逐步与中国传统文化相融合，适应中国国情的佛教礼义法规基本完成，开宗立派，创构了自己的理论体系，从而形成三论宗、天台宗、华严宗（贤道宗）、法相宗（慈恩宗）、律宗、密宗、净土宗、禅宗等主要宗派，号称中国佛教的鼎盛时期。

3. 融合阶段

在宋、元、明、清四朝的900年间，是中国佛教空前广泛、深入地与中国文化全面结合的时期。一方面，佛教与儒、道融合，成为三教合一历史背景下的佛教；另一方面，佛教借助于文学、绘画、雕塑、建筑等艺术形式，成为民间风俗习惯、民族心理与思维乃至语言素材构成的重要部分。元、明、清三代，汉族地区的精英佛教停滞衰退，而大众佛教取得长足发展，出现"家家观世音，户户阿弥陀"的状况。这一阶段从佛教宗派看，主要流行禅宗和净土宗，其他宗派逐渐衰落。

❖ 大乘佛教和小乘佛教有何不同？

大乘佛教认为，十方（东、南、西、北、东南、西北、西南、东北、上、下）世界都有佛，修行的果位分罗汉、菩萨、佛三级，修行的最终目的在于成佛。该教派弘扬菩萨和"菩萨行"（寓意自我解脱于救苦救难、普度一切众生的践行之中）。

公元1世纪中叶至7世纪，大乘佛教在印度急剧发展，教化地区亦随之扩张。原上座部佛教被贬称为小乘佛教（"乘"原为"车辆"之意）。

小乘系梵文的意译，其理论和实践的基础体系仍接近于原始佛教，认为世上只有一个佛，即佛祖释迦牟尼。修行的最高果位为罗汉。近代学者习惯上也沿用大乘佛教、小乘佛教的称呼，已不具有褒贬之意。

❖ 佛教的教义是什么？

佛教的教义主要有：

1. "无常"、"无我"，形成"空"的哲学观念

所谓"无常"，即世上和宇宙间万事万物处在无休止的变迁之中；所谓"无我"，即因为"无常"，所以形成万物的"风、火、水、土"不可能凝成一成不变的实体，即佛教所说的"四大

皆空"。

2. "四谛"

"四谛"是佛教各宗派共同承认的基础教义,所谓"谛",意即真理,四谛就是指痛苦(苦)、痛苦的原因(集)、消灭痛苦要达到的目标(灭)、消灭痛苦的方法(道)。

苦谛:是三界内的苦果,苦有三苦、八苦、无量诸苦。就是把社会人生判定为"苦",全无幸福欢乐而言。人生有生、老、病、死等多种苦,还有108种烦恼。

集谛:是三界内的苦因,集意谓集聚,就是推究致苦的原因。大体可概括为"五阴聚合说"、"十二因缘说"和"业报轮回说"。

灭谛:是出世的果,灭是寂灭,就是罗汉所证的寂灭涅槃。他们在因地之中修行三十七助道品,断除了见思烦恼之惑,灭除了分段生死之苦。佛教修行,以涅槃为终极目的。"涅槃"是梵文的音译,意为"灭"、"灭度"、"圆寂"(即死)等,其根本特点是达到熄灭一切"烦恼",超越时空、超越生死轮回的境界。

道谛:是出世的因,道是道品,就是三十七助道品。四念处,四正勤,四如意足,五根五力,七菩提分,八正道分。这个三十七助道品,是大乘、小乘共修法门,不但小乘阿罗汉可依此修行,就是大乘菩萨也要依此道品修行。但是修法不同,理论不同,观点不同。以四谛为例,就有生灭四谛、无生四谛、无作四谛、无量四谛,渐次增进,步步高升。"道"就是达到涅槃的道,通向涅槃的路,可归纳为"戒、定、慧"三学。"戒"就是佛教徒日常生活的纪律;"定"(禅定)就是佛教的一种修持方法;"慧"(般若)是指一种心理状态(直觉、幻觉等),是证悟出世间法的明察力。

❈ **佛教的经典是什么?**

佛教经典通称藏经、佛经,也称《大藏经》,总称为"三藏",由经、律、论三部分组成。"经"是指释迦牟尼佛讲述,由弟子收集撰写的法本。"律"是指释迦牟尼佛为约束弟子所制定的一些戒条。"论"则是释迦牟尼佛的弟子在修习佛经后所感悟的心得。

佛藏就是大藏经,也是汇集佛教一切经典成为一部全书的总称。古时也称为"一切经",因为内容主要是由经、律、论三部分组成,因此又称"三藏经",简称"藏经"。其中,经是佛为指导弟子修行所说的言教;律是佛为他的信徒制定的日常生活所应遵守的规则;论是佛弟子们解释和研究教义的著述。"藏"有容纳、收藏的意思,是印度梵语的意译。

❈ **什么是佛?**

"佛"是梵文"佛陀"的音译简称,也有译作"浮屠"、"浮图"、"勃驮"、"没驮"的,汉语的意思是"觉者"、"知者"、"觉"。佛教徒将"佛"作为对释迦牟尼的尊称。小乘之佛,专指释迦牟尼,大乘之佛,泛指一切能"自觉"、"觉他"、"觉行圆满"者,宣称十方三进,到处有佛。除释迦牟尼外,如过去有七佛、燃灯佛,未来的弥勒佛,东方香积世界有阿閦佛(即药师佛),南方欢喜世界有宝相佛,西方安乐世界有无量寿佛(即阿弥陀佛),北方莲华庄严世界有微妙声佛等。

❈ **佛陀的生日是哪一天?**

不同的教派有不同的说法。1 700多年前,汉传佛教已确定佛陀的生日为农历四月初八。南传佛教认为,佛陀的降生、出家、成道、涅槃,都是农历四月十五。藏传佛教与汉传佛教一样,以农历四月初八为佛陀的生日,并以农历四月十五为佛陀的成道与涅槃日。

❖ 什么是菩萨?

菩萨有五智:(1)通达智。能通达觉梦诸法。(2)随念智。能忆持过去的事情而不忘记。(3)安立智。能建立正行并修习其他。(4)和合智。能观一切法道随缘和合。(5)如意智。能随意之所欲而无不满足。菩萨虽然神通广大,但毕竟只具备"自觉"、"觉他",尚缺"觉行圆满",因此在佛界居第二等级。如地藏菩萨,前身曾是一个名叫"光目"的女子,每逢其母亡日,供养一尊罗汉。后来知道母亲堕在恶趣,便发誓愿说:"我自今救拔一切众生,一切尽成佛后,我方成正觉。"依此大誓愿,得以救拔母亲出苦海,而地藏自己,则因人世尚有受苦众生,地狱尚有各种磨难,自感"觉行尚未圆满",所以至今尚未成佛。

❖ 何为四大菩萨?

我国佛教四大菩萨是指文殊菩萨、普贤菩萨、地藏菩萨和观音菩萨。

文殊菩萨是佛陀释迦牟尼的左胁侍,释迦牟尼的大弟子。与释迦牟尼、普贤菩萨合称为"华严三圣"。文殊菩萨智能、辩才第一,是象征佛陀智能的菩萨,称"大智"。

普贤菩萨是诸佛大愿的实践者、菩萨愿行的代表。在婆娑世界,他与文殊菩萨一起作为释迦牟尼的两大胁侍。我国四川省的峨眉山,相传为普贤菩萨应化的道场,是我国普贤信仰的中心所在。

地藏菩萨以悲愿力救度一切众生,尤其对地狱中的罪苦众生特别悲悯,而有现阎罗王身、地狱身等广为罪苦众生说法,以教化救度众生。

观音菩萨与大势至菩萨同为西方极乐世界阿弥陀佛的胁侍,世称"西方三圣"。传说凡遇难众生诵念其名号,菩萨即时听到声音前往拯救,故称观世音菩萨。

在大乘菩萨中,慈悲为怀的观世音与智慧的文殊、愿行的普贤,同是最著名的菩萨,广受欢迎。其中,观音的信仰最为普及,广泛传播于印度、日本、东南亚等地区,因此有关观音的信仰故事也非常多。

唐宋以来,观音菩萨信仰在沿海地区,如我国的江、浙、闽、广、台湾地区以及东南亚国家最为广泛。观音菩萨的道场——普陀山,也在东海之中。

❖ 观世音菩萨是怎么来的?

观世音菩萨也称为观自在菩萨,和阿弥陀佛、大势至菩萨合称为"西方三圣",是西方极乐世界的三位主人。观世音菩萨应该是在东汉末年三国时期传入中国的,但当时社会上尚未产生对观世音的信仰。观世音信仰的形成是佛教发展到一定历史阶段的产物。

在古印度佛教雕塑和我国早期观音造像中,其都是男性,并且嘴唇上还长着两撇漂亮的小胡子。南北朝后期,我国才出现了女性观音像,盛行则在唐朝以后,观世音菩萨在此世界多现女身,其中的道理在于佛教在中国社会普及后女信徒的增加,及观音菩萨宣扬的救苦救难的精神与中国儒家的仁义精神有关。

❊ 观音菩萨的生日是哪一天？

观音菩萨的生日是农历二月十九，农历六月十九是观音菩萨的成道日，农历九月十九是出家日。

❊ 什么是罗汉？

罗汉，阿罗汉的简称，最早是从印度传入我国的。意译上有三层解释：一说可以帮人除去生活中的一切烦恼；二说可以接受天地间人天供养；三说可以帮人不再受轮回之苦。三者分别是杀贼、应供、无生，是佛陀得道弟子修正最高的果位。罗汉者皆身心六根清净，无明烦恼已断，已了脱生死，证入涅槃，堪受诸人尊敬供养。于寿命未尽前，仍住世间梵行少欲，戒德清净，随缘教化度众。

❊ 佛教之中有哪些罗汉？

藏传佛教崇奉的罗汉有十大弟子、十六尊者和十八罗汉。十大弟子常见的主要是迦叶、阿难和舍利弗、目犍连两组，常作为释迦牟尼的胁侍出现。十六尊者是十六位受释迦牟尼嘱咐过往世不涅的已证得阿罗汉果的佛弟子，十八罗汉是在十六尊者的基础上加上羯磨杞拉和布袋和尚而构成的。

在中国寺院中，常供有十六罗汉、十八罗汉和五百罗汉。十八罗汉乃世人于宋代在十六罗汉外另加降龙、伏虎二罗汉。有的则加入达摩多罗和布袋和尚，西藏地区则加入摩耶夫人和弥勒。而五百罗汉，通常是指佛陀在世时常随教化的大比丘众五百阿罗汉，或佛陀涅槃后，结集佛教经典的五百罗汉。

❊ 十六罗汉分别是谁？

五代时，高僧贯休大师所绘的十六罗汉像姿态不拘，形骨奇特，胡貌梵相，曲尽其志，为罗汉画像中之名作。罗汉像因无经典仪轨依据，由各代艺术家的主观想象而创作。通常是剃发出家的比丘形象，身着僧衣，简朴清净，姿态不拘，随意自在，反映现实中清修梵行、睿智安详的高僧德性。

据法住记载，十六尊罗汉承佛敕命，永住世间守护正法，分别是：一宾头卢跋罗阇、二迦诺伐蹉、三迦诺迦跋厘堕阇、四苏频陀、五诺矩罗、六跋陀罗、七迦理迦、八伐阇罗弗多罗、九戍博迦、十半托迦、十一罗怙罗、十二那伽犀那、十三因揭陀、十四伐那婆斯、十五阿氏多、十六注荼半托迦。此外盛传于世的十八罗汉，即十六罗汉外再加达摩多罗与布袋和尚，或降龙与伏虎二尊者。

❊ 何为传戒？

所谓传戒，就是佛教书院设立戒坛，召集志愿出家为僧尼的人，举行授戒仪式，使之成为正式的僧尼。佛教的传戒以等级为序，分别有沙弥戒、比丘戒和菩萨戒。

❊ 和尚、尼姑的称呼是怎么来的？

"和尚"是男性出家佛教徒，又叫和上。东汉时还没有这种称呼。律家用"上"字，其余多用"尚"字,本是印度的俗语,叫吾师云乌社,至于阗国等则称和社、和阇等,和尚不过是讹传罢了。佛教的出家男性,未受比丘戒的叫沙弥,已受比丘戒的叫比丘。

"尼姑"是女性出家佛教徒。印度用尼音代表女性,有尊贵的意思,不限佛教的出家女性所专用。佛教的出家女性,刚出家未受比丘尼戒的叫沙弥尼,已受比丘尼戒的叫比丘尼,意思是女沙弥及女比丘。东汉时有女佛教徒,但还没有"尼姑"这个名称,直到东晋时才开始出现"尼姑"之称。

❖ 济公是怎么与佛门结缘的?

济公,生于南宋绍兴十八年(1148),卒于嘉定二年(1209),浙江台州人,出生于天台永宁村,是南宋禅宗高僧,法名道济。他的高祖李遵勖是宋太宗的驸马、镇国军节度使。李家世代信佛,父李茂春年近四旬,膝下无嗣,虔诚拜佛终求得子。济公出生后,国清寺住寺为他取俗名修缘,从此与佛门结下了深缘。虽是临海都尉李文的远孙,但修缘没有染上纨绔子弟的劣习。少年时就读于村北赤城山瑞霞洞。受到释道二教的熏染。父母双亡后,他先是进国清寺拜法空一本为师,当过国清寺住持的高僧瞎堂慧远的门下,受具足戒,取名道济,嗣其法衣。接着又参访祇园寺道清、观音寺道净,最后投奔杭州灵隐寺。

济公为人狂放,嗜好酒肉,如疯似癫,不守戒律,被称为"济癫僧"。他在民间大众的心目中是一个见义勇为、好打抱不平、神通广大的名僧。相传,济公为罗汉转世,回罗汉堂报到已晚,因辈分不高,只得站在过道里,北京碧云寺罗汉堂里的济公塑像甚至蹲在房梁上。中国各地佛寺均建有罗汉堂,除碧云寺外,著名的还有杭州灵隐寺、成都宝光寺、苏州西园寺、上海龙华寺、武汉归元寺、昆明筇竹寺、广州南华寺等。

❖ 什么叫佛七?

佛七是佛教法事活动的一种形式。设立道场,以七天为一周期做佛事,就叫佛七。若念阿弥陀佛,则称念佛七;若念观世音菩萨,则称观音七;若禅坐,则称禅七。这些活动统称佛七。

❖ 佛教的僧衣颜色有什么规定?

佛教的僧衣,在使用颜色方面很有讲究,主要有以下两项规定:一不许用上色或纯色,如纯青、黄、赤、白、黑和黄蓝、郁金、落沙、青黛等颜色;二在衣服上,尤其在新制的衣服上,必须点上一块别的颜色,称为"坏色"。

坏色衣,一般是佛陀教导弟子们用树皮煮汁,或用污泥渍污,而且在新衣之上必定另外加旧衣的"贴净",就是用旧衣的旧布,在新衣上加贴一块,以示坏"式";还有一种坏色的方法,叫做"点净",就是在新衣的任一已染的颜色之上,另外用其他颜色将纯一染色的新衣点上一块色渍。

❖ 僧人的袈裟有什么特点?

戒律中规定,比丘的衣服允许有青、黑、木兰(近似熟桑葚色或咖啡色)三种颜色,仍非旧色,必须以本色之外的两种颜色点净之后,方算是坏色。如果是青色衣,则须以黑与木兰色点净；如果是木兰色衣，则须以青与黑点净。坏色在梵文中音译为"袈裟"，译成"不正、坏、浊、染、杂"等，所以凡是不正的、染坏的都可以称为袈裟。袈裟本意是一种草，引申为由这种草取汁染色而成的"赤褐色"，再进一步才引申出"不正色"。佛陀规定，弟子们应该穿坏色衣，不得穿正色衣或者显色衣，所以僧衣名为"袈裟"。其实，袈裟不但可以称呼僧衣，也可以称呼其他东西，如食物的五味道之外的杂味或坏味，便可称为"袈裟"。可见，袈裟一词不光是佛教的僧衣所专用。

后来，不同部派开始穿不同颜色的衣服，如《舍利弗问经》说，萨和多部者，着皂色衣，摩诃僧只部者，着黄色衣，弥沙赛部着青色衣，昙无德部着赤衣，迦叶维部着木兰色。这是通过三衣的颜色不同，来表示自己的宗派。虽然五部的衣着不同，但原来的赤色袈裟在五部中通用。

❈ **和尚剃发有什么含义？**

和尚剃发有三重含义，一是按佛教的说法，头发代表着人间的无数烦恼和不良习气，削掉了头发就等于去除了烦恼和不良习气；二是削掉头发就等于去掉人间的骄傲怠慢之心；三是去除一切牵挂，一心一意修行。

❈ **和尚为什么要烧戒疤？**

佛教刚传入中国时，其他仪式还没有发展起来，所以只要剃掉头发，披上类似袈裟的粗布衣服就可以当和尚了。只是到了元代初年才规定受戒的人必须烧戒疤，以显示虔诚信佛的决心。这是汉地佛教出家人一种明显的外在标志。于是，很多人误认为凡和尚都要烧戒疤。在一些扮演唐宋时代故事的电影或电视片里，出现在银幕或屏幕上的和尚都煞有介事地"烧"上了戒疤，凡稍有佛教历史知识的人看了，都感到十分可笑。佛教是不兴烧戒疤的，佛教的戒律中，并没有在受教人头顶上烧戒疤的规定。

❈ **何谓居士？**

居士是出家人对在家人的泛称。中国佛（道）教社会，则称一切信佛（道）教的在家佛（道）教徒为居士。

❈ **佛像根据形象可以分哪几种？**

佛像造像的形象，大体上可分为：如来形、菩萨形、声闻形、童子形、天女形、愤怒形、神王形、天人形、鬼形及畜形。

❈ **中国佛教有哪些宗派？**

中国佛教的派别主要有八宗。一是三论宗，又名法性宗；二是法相宗，又名慈恩宗；三是天台宗；四是华严宗，又名贤首宗；五是禅宗；六是净土宗；七是律宗；八是密宗，又名真言宗。通常简称为性、相、台、贤、禅、净、律、密八大宗派。

❈ **与苏州寺庙有关的主要是哪几个宗派？**

与苏州寺庙有关的主要有禅宗（如寒山寺）、律宗（如西园寺）、净土宗（如灵岩山寺）。

禅宗,始于菩提达摩,兴盛于六祖慧能,中晚唐以后成为汉传佛教的主流,同时也是汉传佛教最主要的象征之一。

律宗,创始人为唐代道宣,以注重研习以及传持佛教的戒律而得名。律宗以《十诵律》《四分律》《摩诃僧祇律》《五分律》《毗尼母经》《毗尼摩得勒伽论经》《善见律毗婆沙》《萨婆多毗尼毗婆沙》《明了论》作为律宗的经典,通称"四律五论"。

净土宗,创始于东晋慧远,以修行往生阿弥陀佛净土法门得名。净土宗的修行简单易行,在民间广为流传。净土宗修学的主要经典有《观无量寿佛经》《佛说无量寿经》《阿弥陀经》《华严经·普贤行愿品》《楞严经·大势至圆通章》《往生论》,通称"五经一论"。

❈ 我国佛教的四大名山分别在哪里?

山西五台山、浙江普陀山、四川峨眉山、安徽九华山合称佛教四大名山。这四大名山分别是文殊菩萨、观音菩萨、普贤菩萨、地藏菩萨的道场。明代以来,有"金五台、银普陀、铜峨眉、铁九华"之说。中国佛教徒,尤以禅僧向有寻师访友、寻法悟证、脚行天下、云游四方的传统,这四大名山是他们集中参拜的圣地,也是禅寺最集中的地方。

❈ 何谓佛教道场?

释迦牟尼成道之处为道场,后借指供佛祭祀或修行学道的场所。如中国佛教四大名山分别为四大菩萨道场。

❈ 佛教之中的"八戒"是什么?

"八戒"是佛教中的要求,内容包括:一戒杀生,二戒偷盗,三戒淫邪,四戒妄语,五戒饮酒,六戒着香华,七戒坐卧高广大床,八戒非时食。八戒也是经典名著《西游记》中的人物。

❈ 南无阿弥陀佛是什么意思?

"南无",是梵文"那谟",也被译为"南谟"等,意思是致敬、归敬、归命。这是佛教信徒一心归顺于佛的用语,常用来加在佛、菩萨的名称或经典题名之前,表示对佛、法的尊敬和虔信,如南无喝罗、南无三宝等。"阿弥陀佛"是大乘教佛名。据说阿弥陀佛原为国王,后放弃王位,出家为法藏比丘后,发了四十八愿,而成正觉。

"南无阿弥陀佛"是佛教术语,意思是"向阿弥陀佛归命"。诵读此语即谓念"佛"。该术语来源于梵语音译,"南无"为梵语"皈依"的意思,"阿弥陀佛"中"阿"译作"无","弥陀"译作"量","佛"译作"觉","阿弥陀"梵语中为"无量"或者"无穷大"的意思,即表示"无量光"、"无量寿"等意思,是指阿弥陀佛的智慧、慈悲、神通无量无边,语言无法说清。快要死的人念"南无阿弥陀佛",它将带你的灵魂去极乐世界。

二、道教相关知识

❈ 道教是怎么形成的?

道教是中国本土宗教,距今已有1 800余年的历史。它的教义与中华本土文化紧密相连,深深扎根于中华沃土之中,具有鲜明的中国特色,并对中华文化的各个层面产生了深远的影响。

道教的名称来源,一说起于古代之神道;另一说起于《老子》的道论。道教奉老子为教主,因为道家哲学思想的最早起源可追溯到老庄。道教与道家是决然不同的两码事。道家所讲的道学不是宗教,也不主张立教。《老子》是道家思想的渊源,被后世的张道陵等人奉为"经书",并不是"太上老君"为布道而写的经书。道教的第一部正式经典是《太平经》,完成于东汉,因此后人将东汉视为道教的初创时期。道教正式有道教实体活动是在东汉末年太平道和五斗米道的出现,《太平经》《周易参同契》《老子想尔注》三书是道教信仰和理论形成的标志。近年来,道家"天人合一"的思想和宇宙观日益受到重视,并引起了西方世界的兴趣。

❖ **道教有哪些主要特点?**

道教以"道"为立教的根本,认为"道"派生天地万物,一切都应"道"法而行,最后回归自然。道教从"天"、"地"、"人"、"鬼"四个方面来说明教义。天,指宇宙,也是神仙居所;地,指地球和自然物,也指鬼魂受难的地狱;人,指人类,也指个人;鬼,指人的归所,人若能修善积德,可不录于鬼关。

神仙是道教思想的具体表现形式。道教是多神教,沿袭了我国古代社会对日月、星辰、河流、山川及祖先神灵信仰的习俗。

道教的教徒分"道士"和"居士"(或"信徒")两种类型。道士按地域可分为茅山道士、罗浮道士等;从师承关系看,分别有"正一"道士、"全真"道士等;按宫观中教务分,有"当家"、"殿主"、"知客"等。宫观是道教徒修道、祀神和举行仪式的场所。

道术是道教实践天道的宗教行为之一。

❖ **什么是道教的符咒?**

"符咒"是符箓与咒语的合称,是中国道教用以传道修持的主要手段之一。一般来说,"符"是指用朱笔或墨笔所画的一种点线合用、字图相兼,且以屈曲笔画为主的神秘形象,道门中人声称它具备了驱使鬼神、治病禳灾等众多功能;"咒"是指具有特殊音频效应的口诀,道门中人广泛地用以养生辅助、祈福消灾或者召驱鬼神以达到施行者的特殊目的。所谓"法术",指的就是以符和箓为本的道术秘法。

❖ **福、禄、寿三星是什么样的神?**

福、禄、寿三星起源于远古的星辰自然崇拜。古人按照自己的意愿,赋予他们非凡的神性和独特的人格魅力。由于他们在民间的影响力,封建政府曾借助其进行王道教化,道教也曾对他们大加推崇,以招徕信众,扩大自己的声势和影响。

三星也是许多民间绘画的题材,常见福星手拿一个"福"字,禄星捧着金元宝,寿星托着寿桃、拄着拐杖。另外还有一种象征画法,画上蝙蝠、梅花鹿、寿桃,用它们的谐音来表达福、禄、寿的含义。

福星是根据人们的善行施赐幸福。古人认为,岁星(木星)照临,能降福于人民,于是有了福星的称呼。但道教有另一种说法,唐代道州有侏儒,唐德宗觉得有趣,命令每年要进贡几名做宫奴,供他观赏、玩乐。道州刺史阳城认为这不合人道,便冒着犯上的危险,要唐德宗废除这项进贡。道州百姓感念阳城的恩德,奉他为本州福星,以后又成为道教的福星。

禄星掌管人间的荣禄贵贱,他的来历不大清楚,因为禄有发财的意思,所以民间往往借财神赵公明的形象来描绘他:头戴铁冠,黑脸长须,手执铁鞭,骑着一头老虎。在道教的三星群像里,他却是一位白面文官。

寿星又叫南极老人。古人认为,南极星可以预兆国家寿命的长短,也可给人增寿,成了长寿的象征。寿星鹤发童颜,精神饱满,老而不衰,前额突出,慈祥可爱。早在东汉时期,民间就有祭祀寿星的活动,并且与敬老仪式结合在一起。祭拜时,要向70岁上下的老人赠送拐杖。

❖ 道教的最高主神"三清"指的是谁?

三清,是指玉清元始天尊、上清灵宝天尊、太清道德天尊。三清是道教的最高主神。"三清"的说法始于六朝,此时的"三清"是指"三清境",即太清境、玉清境和上清境,分别是神宝君、天宝君、灵宝君的居所。后来,"三清"改为元始天尊、灵宝天尊、道德天尊的通称,而"三清境"也成为他们的居所。

❖ 道教神仙中地位仅次于三清的"四御"是谁?

四御,是道教神仙中地位仅次于三清的四位天帝,分别是:北极紫微大帝,总御万星;南极长生大帝,主掌人间福寿;勾陈上宫天皇大帝,统御万雷;承天效法后土皇地祇,执掌阴阳生育,万物之美。

❖ 道教神仙中有哪些星辰之神?

诸星辰之神,在道教的神仙中地位很高,主要有五曜(五星)——岁星(木星)、镇星(土星)、太白星(金星)、辰星(水星)、荧惑星(火星)。

❖ 道教中的"三官"能有什么作为?

三官大帝,是指天、地、水"三官"。"三官"在早期道教中有着很重要的地位,道教教义认为,天官能赐福、地官能赦罪、水官能解厄。三官分别诞生于正月十五日、七月十五日、十月十五日,我国各地在这三天举办"上元会"、"中元会"和"下元会",为的是祈福、赦罪和禳灾祸。

❖ 玉皇大帝在道教神仙中的阶位有多高?

玉皇大帝,在早期道教的神仙谱系著作《真灵位业图》中有"玉皇道君"和"高上玉皇"名称的出现,但阶位并不高,排在玉清三元宫右位的第十一及第十九位。但是,玉皇的神数最大。道教认为,玉皇为众神之王,除统领天、地、神三界神灵之外,还管理宇宙万物的兴隆衰败、凶吉祸福。宋真宗时封玉皇大帝为"太上开天执符御历含真体道昊天玉皇上帝",大大提高了玉皇大帝在民间的影响力。玉皇的职能是"承三清之命,察紫微之庭"。我国道教宫观和民间在每年的正月初九玉皇圣诞日举办"玉皇会"。

❈ 什么是文昌宫和文昌祠？

文昌本来是星名，即文曲星，在我国古代被认为是主管文运功名的星宿，汉代时专指文昌宫中的第四星——司命星。文曲星成为道教所信奉的文昌帝君，与蜀中的梓潼神张亚子有关联。安史之乱时，唐玄宗入蜀避乱，曾梦见张亚子显灵，于是追封他为左丞相。宋代时，梓潼神又多次得到加封，并因能预卜科举功名而得到读书人的信奉。元延祐三年（1316），元仁宗时又敕封张亚子为"辅元开化文昌司禄宏仁帝君"，并钦定其为忠国、孝家、益民、正直之神，至此梓潼神与文昌星合二为一，统称文昌帝君。元代以后，我国各地大多建有文昌宫、文昌祠等，并在二月初三文昌帝君的诞辰日举行"文昌会"。

❈ 道教中的财神、土地神、妈祖分别是谁？

财神是道教俗神，民间流传着不同版本的说法，月财神赵公明被奉为正财神。李诡祖、比干、范蠡、刘海被奉为文财神，钟馗和关公被奉为武财神。日春神青帝和月财神赵公明合称为"春福"，过年时，人们常将日月二神像贴在门上。

相传，月财神姓赵名公明，又称赵公元帅、赵玄坛，长安（今陕西西安）周至县赵代村人士，在《真诰》中赵公明为五方诸神之一，即阴间之神。后在道教神话中成为张道陵修炼仙丹的守护神，玉皇授以正一玄坛元帅之称，并成为掌赏罚诉讼、保病禳灾之神，买卖求财，使之宜利，故被民间视为财神。其像黑面浓须，头戴铁冠，手执铁鞭，身跨黑虎，故又称黑虎玄坛，是中国民间供奉的招财进宝之神。

月财神下面，分列辅佐财帛星君和辅佑范蠡，为正文财神。

土地神也叫"土地公"、"土地爷"，是民间信仰最为普遍的众神之一，属于地方保护神。最早称为土地爷的是汉代蒋子文。此后，各地土地神逐渐由对当地有功者死后所任，且各地都有土地神。在新中国建立前，汉族地区都有供奉土地神的现象，在中国传统文化中，祭祀土地神就是祭祀大地。在道教诸神中，土地神是地位较低的神祇。

妈祖，又称天妃、天后、天上圣母、娘妈，是历代船工、海员、旅客、商人和渔民共同信奉的神祇，许多沿海地区均建有妈祖庙。相传妈祖的真名为林默，小名默娘，故又称林默娘，北宋建隆元年（960）农历三月二十三日诞生于莆田湄洲岛，北宋雍熙四年（987）九月初九逝世。

❈ 什么是道教的"八卦九宫"？

所谓八卦九宫，即认为世界被乾、坤、震、巽、坎、离、艮、兑八卦分为西北、西南、东北、东南、正东、正南、正西、正北八个方位，这八个方位又围绕着中央方位。八卦即八宫，加上中央宫为九宫。

❈ 道教的修持是什么意思？

道教的修持是指修性炼命。性指精神，命指肉体，修炼就是通过特定的程序和方法，对精神和肉体进行自我控制的锻炼，如养心、练功等。

❖ 道教的修道养德是什么意思？

修道是指内在的修炼，即内功；养德是指外在的行持，即外行，两者相辅相成。修炼能提高个人的道德修养，高尚的品德会给人带来功修的精进，若德行有缺失，则与道无缘。

❖ 道教玄门以什么为"三宝"？

道教玄门以道、经、师为三宝，所谓"道无经不传，经无师不明"。道，即修道，是指通过自身功修来参悟大道；经，即读经，就是要阅读古代修炼家的著作来印证自己的功修；师，即师传，就是需要真师传授来指明道的要领。

❖ 道家主张个人修炼的积极意义是什么？

道教宣扬"我命由我不由天"。道家认为，个人通过修炼，一是要保持积极进取的人生观，要对人生充满信心；二是可以尽享天年，活到百岁。

❖ "道场"是怎么回事？

人们经常可以在道教宫观内看到道士身着金丝银线的道袍，手持各式法器，吟唱着古老的道教曲调，在法场中来回起舞，这种规模较大的诵经礼拜仪式俗称"道场"，简称"科教"，是道教的斋醮科仪。

"斋"的原意是指齐和净，后指斋戒、洁净的意思，是指道教徒在祭祀前，必须沐浴更衣，不食荤酒，不居内寝，以表示祭祀的庄严、虔诚。因此，道教特别重视修斋，并制定了一套完整的斋法。依据斋法的规模和行为可以分为：

内斋（极道）：有心斋、坐忘、存思等。外斋（济度）：有三箓七品，三箓是指金箓斋、玉箓斋、黄箓斋；七品是指三皇斋、自然斋、上清斋、指教斋、涂炭斋、明真斋、三元斋。不同的斋法有着不同的意义，如金箓斋"上消天灾，保镇帝王"，玉箓斋"救度人民，请福谢过"，黄箓斋"下拔地狱九幽之苦"等。

"醮"的原意是祭，是一种古代礼仪。"醮"也有"醮法"称谓，是指斋醮法事的程式、礼仪等规则。

"斋醮科仪"是指醮祷活动所遵循的法规。一般来说，有阳事与阴事的区别，即清醮与幽醮之分。清醮有祈福感恩、祛病延寿、祈晴祷雨、解厄禳灾、祝寿庆贺等含义，为太平醮之类的法事仪式。幽醮有摄招亡魂、沐浴度桥、破狱破湖、炼度施食等含义，为济度亡灵斋醮之类的法事仪式。

道教宫观教众一般每逢朔日、望日、重要节日以及祖师圣诞等都要举行祝寿、庆贺等典礼活动，这些活动统属于斋醮科仪。

❖ 什么是城隍？

"城隍"，起源于古代的水（隍）庸（城）的祭祀，为《周宫》八神之一。"城"原指挖土筑的高墙，"隍"原指没有水的护城壕。古人造城是为了保护城内百姓的安全，所以修筑了高大的城墙、城楼、城门以及壕城、护城河。他们认为，与人们生活生产安全密切相关的事物，都有神在,于是城和隍被神化为城市的保护神。道教把它纳入自己的神系,称它是剪除凶恶、保国护邦之神,并管领阴间的亡魂。

城隍,有的地方又称城隍爷。他是冥界的地方官,职权相当于阳界的市长。因此,城隍就与城市相关,并随着城市的发展而发展。

城隍形成于南北朝时,唐宋时城隍神信仰滋盛,宋代被列为国家祀典,元代封之为佑圣王。明初,大封天下城隍神爵位,分为王、公、侯、伯四等,岁时祭祀,分别由皇帝及府、州、县守令主之。城隍由护卫神变为阴界监察系统,道教因之而称城隍神职司为剪除凶逆、领治亡魂等。

❖ **何谓"仙"?**

道教认为,"超脱尘世,有神通变化,老而不死曰仙"。仙又有天仙、地仙、水仙、人仙、鬼仙之分,最常见的有:真武大帝、文昌帝君、魁星、八仙、天妃娘娘(妈祖)等。

❖ **真武大帝是谁?**

传说真武大帝为净乐国太子,到武当山修炼四十二纪,得道飞升,威镇北方。真武原指二十八宿中的北方七宿玄武,呈龟蛇形象,为星宿神。宋代玄武被人格化,为避宋始祖赵玄朗之讳,改称真武,成为道教之神。元世祖时,真武被尊为北方最高神。明成祖朱棣在发动"靖难之变"进攻南京时,传说真武曾显像助威,于是就下诏在武当山大力营建宫观,历时7年,从此在全国各地盛行建真武道观,信仰真武大帝。

❖ **"八仙"是在什么时候定型的?**

八仙传说故事先后见于唐代文人记载,八仙之名一直众说不一,有汉代八仙、唐代八仙、宋元八仙,所列神仙各不相同。到明代最后定型,分别为铁拐李(李铁拐)、汉钟离(钟离汉)、张果老、何仙姑、蓝采和、吕洞宾、韩湘子、曹国舅。八仙是民间最熟悉的神仙群体,"八仙过海,各显神通"的故事流传也很广。山东蓬莱传为八仙过海故事的发生地。

❖ **关公在儒、佛、道中是什么样的形象?**

关公(羽)在宋代后才名声大振,因他是忠、孝、义、节的楷模,历代皇帝加以褒封,佛道两教也争相供奉关羽。儒家尊关羽为"武圣人";佛教尊其为"伽蓝菩萨";道教则尊其为关圣帝君、武财神,并称其具有"全能"法力。民间对关公也特别崇奉,旧时关帝庙数量之多,居全国诸庙之首。

❖ **古代的炼丹术与火药发明有什么关系?**

四大发明之一的火药,是古代炼丹术的辉煌成就。我国炼丹的历史可追溯到战国时期,从事炼丹活动的人称为方士。到了晋代,道教垄断了炼丹术,道士取代了方士。当硝石、硫磺、木炭混合在一起炼药时,炼丹家发现会发生猛烈的燃烧。经过反复实践,人们认识到这三种物质的混合物遇火即燃的性能,于是发明了火药。古代的炼丹家通过实践,逐步摸索到一些冶金的原理,冶炼出含锌的貌似黄金的黄铜,以及含镍的类似白银的白铜。

在一些关于炼丹的著作中,对氧化、还原、金属置换、酸碱相互作用等化学反应现象已有很多记载。

❖ 道教在全国形成哪两大教派？

自宋、元至今,全国道教形成全真道与正一道两大教派。

全真道,是南宋时王重阳在山东创立的(另一说是王重阳于北宋末年至南宋初年在陕西终南山所创),主张道、佛、儒三教合一。在修行方法上,重内丹修炼,不尚符箓,不事黄白(冶炼金银)之术,以修真养性为正道。全真道士必须出家住宫观,男为道士,女为道姑,不准结婚,并要遵守严格的清规戒律。

正一道又名天师道。元世祖诏封第三十六代天师张宗演为嗣汉天师,这是张氏世袭天师的开始。元成宗于公元1304年又授张宗演次子张与材(第三十八代天师)为"正一教主、主领三山符箓",从此天师道又名正一道。所谓"三山符箓",就是指江西龙虎山(正一派本山)、阁皂山(灵宝派本山)和茅山(上清派本山)。正一道成为江南道教的统一命名,与北方的全真道相对。正一道以行符箓为主要特征,即画符念咒、驱鬼降妖、祈福禳灾等,奉持主要经典《正一经》。正一道士可娶妻,可不出家,不住宫观,清规戒律不如全真道严格。目前,全国道教宫观大部属全真道,正一道主要流行在江南和台湾地区。

❖ 道教的标志是什么？

道教的标志为"八卦太极图"。八卦为乾卦、坤卦、震卦、巽卦、坎卦、离卦、艮卦、兑卦,分别代表自然界的天、地、雷、风、水、火、山、泽八种现象。太极图在八卦之中红色为阳、青色为阴,阴阳左右盘绕称为太极图。

❖ 道教的发祥地在哪里？

青城山和终南山是道教的发祥地。

青城山位于四川都江堰市西南,人们赞誉为"青城天下幽",道教称为"第五小洞天"。道教创始人张道陵在四川鹤鸣山得道后,至青城山传五斗米道,降魔治病,造福于人,被后人尊为天师,留下了不少传说与古迹。

终南山位于陕西西安市南,为北方道教名山。山内有楼观台、老子墓、重阳宫等道教圣迹。老子入关,在楼观台讲授《道德经》,故这里被视为道教发祥地之一;重阳宫(又名重阳万寿宫),是全真道王重阳埋藏"遗蜕"之处,建筑虽已倾圮,但遗下祖庵碑林。

❖ 道教的四大名山分别在哪里？

道教的四大名山分别为江西龙虎山、四川青城山、安徽齐云山、湖北武当山。中国的"五岳",即东岳泰山、中岳嵩山、西岳华山、南岳衡山和北岳恒山,后也由道教视为道家的名山。

❖ 道教有哪些名山大观？

1. 符箓派名山——(1)龙虎山,位于江西贵溪西南,为正一道祖庭;(2)阁皂山,位于江西樟树,为灵宝派祖庭,元代后宫观大多毁于兵火,现仅存遗迹多处;(3)茅山,位于江苏句容、金坛两县之间,为上清派祖庭,有大茅峰、二茅峰、三茅峰,在此修道可得道成仙。

2. 丹鼎派名山——为炼丹求长生成仙派的名山,位于浙江杭州宝石山西。
3. 武当山——位于湖北丹江口市西南,为道教真武大帝祖庭。
4. 湄洲岛妈祖庙——位于福建莆田湄洲岛,是海内外妈祖庙祖庭。
5. 芮城永乐宫——位于山西芮城,传为道教八仙之一吕洞宾的诞生地。
6. 北京白云观——位于北京广安门滨河路,现为全国道教协会所在地。
7. 广州三元宫——是岭南香火最盛、信众最多的道观。
8. 苏州玄妙观——始建于晋代,元时改现名,历来是正一道的主要道观,主殿三清殿是江南现存最大的宋代木构建筑。

❖ 道教注重什么礼仪?

道教礼仪是道士日常生活中的行为规范,小到日常称呼,大到出入行走,内容很庞杂,是修道或奉道者的外在礼仪风范,也是其道德修养的体现。道士在行礼时,居士在道观拜神时,不能行合十礼,而应该行作揖礼,即两手抱拳,左手抱右手,举胸前,立而不俯。道侣相逢或道俗相逢,多行此礼,表示恭敬。

❖ 道教有哪些禁忌?

(1) 四不吃。不吃四种肉食,即牛肉、乌鱼、鸿雁、狗肉,因这四种动物分别代表忠、孝、节、义。(2) 道不言寿。道教重生恶死,忌讳询问年龄,所以问老道长高寿是不礼貌的。

三、基督教相关知识

❖ 基督教是怎么创立的?

基督教于公元1世纪由巴勒斯坦拿撒勒人耶稣创立,与佛教、伊斯兰教并称为世界三大宗教。据《福音书》记载,基督教信徒坚信耶稣是上帝的独生子,为圣灵降孕童贞女马利亚生养成人。耶稣自小聪明,12岁时就随父母去耶路撒冷圣殿,与经师们探讨神学问题;30岁左右开始传教,并收了12个门徒,因他的传教不合当权者的意而被逮捕,以"谋反"罪被钉在十字架上。耶稣的受难是其门徒犹大的出卖造成的,最后的晚餐连耶稣有13人,所以有些西方人忌讳数字"13"。耶稣受难之日为星期五,因此,也有人将13日和星期五视为凶日。在耶稣死后,他的信徒坚信耶稣已复活升天,在继续传教。最早的教会出现在公元1世纪30—40年代的耶路撒冷。以后,基督教传向地中海沿岸罗马帝国的其他地区。公元1世纪40年代后期,教会允许不施割礼的外邦人参加,此后,基督教沿着世界化宗教的方向发展。

❖ 基督教的三大教派是怎么形成的?

在基督教发展历史上,发生过两次大的分裂,因而形成三大教派。

第一次分裂由争夺教权而引发。公元395年，罗马帝国分裂为东、西两部分后，原存在于基督教内部的东派（传播于希腊语地区）和西派（传播于拉丁语地区）的分化日益加剧。到公元1054年，分裂为西部的公教（即天主教）、东部的正教（即东正教）。

第二次分裂主要由马丁·路德倡导的宗教改革而引发，发生在公元16世纪，从天主教内部分裂出新的教派——抗罗宗，又称新教。新教反对教皇的绝对权威，不服从教皇的命令，要求废除教皇拥有的至高无上的特权等。在中国，习惯上称新教为基督教或耶稣教，以与天主教相区别。

❀ 基督教是怎么传到中国的？

历史上基督教有四传中国之曲折经历。

1. 基督教聂斯脱利派一传中国

唐朝贞观九年（635），流行于中亚的基督教聂斯脱利派从波斯来华传教。获得"景教"之名的聂斯脱利派很快取得"法流十道"、"国富无休"、"寺满百城，家殷景福"的盛况。至会昌五年（845），唐武宗崇道毁佛，下令灭教，殃及景教等外来宗教，从而结束了景教在中国唐代传播发展的历史。

2. 基督教二传中国

这是指景教在元朝的复兴和至元三十一年（1294）罗马天主教正式传入中国。被蒙古族称为"也里可温"（意即"有福缘的人"）的基督教，主要对蒙古族产生了文化影响。随着公元1368年元朝的灭亡，其传播也跟着消失。

3. 基督教三传中国

这是指明清之际天主教的传入。明万历年间（1573—1619），利玛窦等耶稣会士到广东肇庆传教建堂，为近代天主教在中国内地传教的开端。此后，西方传教士纷纷来华，他们努力向中国文化"趋同"，主张将中国的孔孟之道和宗法敬祖思想，与天主教教义体系相配合，以求基督教文化在中国生存与发展，于是引起其他恪守天主教传统的教士的反感，天主教会内部爆发"中国礼仪之争"、"在华传教策略之争"而形成分歧和矛盾。后因罗马教皇和清康熙皇帝的干预，导致双方的直接冲突，并发生康熙帝宣布禁教，驱逐传教士出境的结局。

4. 基督教四传中国

天主教和新教（在中国习惯称基督教）第四次来中国传教是在鸦片战争前后，而得以在华真正立足是凭借着鸦片战争后签订的不平等条约，在其庇护下强行传教，并取得发展。

中华人民共和国成立后，基督教（新教）倡导自治、自传、自养的三自爱国运动；天主教和东正教也倡导自主自力的爱国活动。从此，基督教各教派走上了爱国的健康发展道路。

❀ 基督教的经典、标记和主要节日是什么？

基督教的经典为《圣经》，由《旧约全书》（简称《旧约》）和《新约全书》（简称《新约》）两部分组成。

基督教的标志为十字架。

基督教的主要节日有复活节（每年春分月圆后的第一个星期日）和圣诞节（12月25日）。

❖ 神父与牧师的区别在哪里？

神父与牧师都是基督教的宗派职位，不同的是神父是天主教和东正教的宗教职位，牧师则是基督新教的宗教职位。神父必须由男性担当，牧师则无此要求，女性也可以。近年来，天主教中的改革派一度倡导准许女性担当神父，但终因受到教会保守派的阻挠，未能实施。天主教的神父终生不能结婚；东正教的神父可以在晋升为神父之前结婚，一旦结婚就失去晋升为主教的资格；基督新教的牧师是可以结婚的。

❖ 天主教有哪些宗教职位？

天主教有着极为严格的组织形式，其教阶制可分为神职教阶和治权教阶。神职教阶包括主教、神父和执事，治权教阶包括教宗、枢机主教、宗主教、总主教、教区主教和神父等。枢机主教即红衣主教，是仅次于罗马教皇的职位，拥有选举教皇的权利，由教皇亲自册封。

❖ 基督新教与天主教的主要区别在哪里？

基督新教的基本教义在三个方面与天主教存在明显的区别：

（1）因信称义。基督新教认为，只要信仰上帝，就可以得到救赎，在上帝面前称义。而天主教主张信徒除了信仰上帝之外，还必须依靠圣事才能实现同样的目标。

（2）基督新教主张所有信徒都能成为祭司，消除了神职人员与普通教徒之间的区别。

（3）《圣经》具有至高无上的权威地位。而天主教将《圣经》的解释权归于教会，将最高权威赋予了天主教会与罗马教皇。

此外，基督新教对圣礼进行了改进。传统的天主教与东正教都有七大圣礼，基督新教只承认其中的两种：圣餐礼和圣洗礼。

❖ 基督教的教堂原意是什么？

基督教各派举行宗教活动的场所称教堂，亦称礼拜堂，源于希腊文，意为"上帝的居所"。在2 000年历史中，各国教堂建筑千千万万，在建筑风格上经历了最初几个世纪的宫殿式（长方形）、11世纪的罗马式、12世纪的哥特式、15世纪的文艺复兴式及近现代建筑风格，而一般基督教新教的教堂趋于简朴。基督教各教派传入中国后，其教堂建筑的原则与特色亦引入中国。

四、伊斯兰教相关知识

❖ 伊斯兰教是怎样创立与发展的？

伊斯兰教创建于7世纪初，创始人为穆罕默德（570—632）。穆罕默德是一位著名的宗教家、思想家、政治家和军事家。他生于阿拉伯半岛麦加城（今沙特阿拉伯境内），公元610年开始传教。初期的伊斯兰教频遭挫折。公元622年，穆罕默德与其弟子从麦加迁至麦地那，建立了政教合一的宗教组织——"乌玛"，伊斯兰教有了很大的发展。同时，穆罕默德对一些宗教仪式也做出了规定。公元630年初,他率领万人组成的穆斯林大军征服麦加,并以麦地那为中心,统一了阿拉伯半岛,建立了政教合一的国家。阿拉伯半岛被一种崭新的意识形态和政治上听从穆罕默德领导的政治势力统一了。这是阿拉伯历史上划时代的伟大事件,其影响非常深远。

❖ 伊斯兰教是怎么传到中国的?

伊斯兰教何时传入中国,学者们众说纷纭。一般认为是唐永徽二年(651)传入中国的。伊斯兰教传入中国的路线有两条:

1. 丝绸之路(陆路)

即从大食(今阿拉伯),经波斯(今伊朗),过天山南北,穿过河西走廊,进入中原,沿着丝绸之路传入。

2. 香料之路(海路)

即从大食,经印度洋,到天竺(今印度),经马六甲海峡,到中国沿海的广州和泉州等地,沿着香料之路传入。

❖ 伊斯兰教的经典、标记和信奉的对象是什么?

1. 经典和标记

伊斯兰教的经典为《古兰经》和《圣训》。《古兰经》是伊斯兰教最基本的经典。"古兰"系阿拉伯语的译音,意为"诵读"、"读本"。中国旧称《天经》《天方国经》《宝命真经》,内容包括伊斯兰教的基本信仰、宗教制度、对社会状况分析、社会主张、道德伦理规范、早期制定的各项政策、穆罕默德及其传教活动、当时流行的历史传说的寓言、神话、谚语等。《圣训》又名《哈迪斯》,是穆罕默德的言行录,系《古兰经》的补充和注释。

伊斯兰教的标记为新月。

2. 信奉的最主要对象

安拉(即真主),是伊斯兰教信奉的独一无二的主宰,是创造宇宙万物、主宰一切、无所不在、永恒唯一的真主。伊斯兰教不设偶像。

❖ 伊斯兰教什叶派与逊尼派的区别在哪里?

什叶派与逊尼派的最大不同在于,什叶派认为除尊奉安拉和穆罕默德外,还要尊奉伊玛目(意为"站在前列者")。在什叶派看来,穆罕默德去世后,伊玛目是伊斯兰世界的宗教领袖,应由穆罕默德的后裔来担任,阿里(穆罕默德的女婿)是第一个伊玛目。"什叶"的本意是"追随阿里的人",含有"改宗"、"小集团"之意。而逊尼派认为,穆圣的继承者,无论是谁,只要信仰虔诚,都可以担任哈里发(安拉使者的继承人)。伊斯兰教这两大派是公元7世纪开始形成的,但他们的对立还是现代伊斯兰教世界的基本宗教分野。

❖ 伊斯兰教有哪些主要节日?

1. 开斋节

开斋节,阿拉伯文的意译,在新疆称肉孜节。穆斯林在教历9月内斋戒。在斋月,每天从日出至日落要禁食,并禁房事,克制一切私欲,断绝一切邪念,以示笃信真主安拉。斋月的最后一天看新月,见月的次日即行开斋,为开斋节。未见月牙,则顺延,但不得超过3天。

2. 古尔邦节

又名宰牲节、忠孝节。据传,易卜拉欣受安拉"启示",命他杀儿献祭,以考验他对安拉的忠诚。当易卜拉欣遵命执行时,安拉又命以羊代替,遂产生宰牲节。在中国,它是穆斯林最大的节日,在教历12月10日。穆斯林每逢此日举行会礼,互相拜会,并宰杀牛、羊、骆驼,互相馈赠以示纪念。

3. 圣纪节

又称圣忌日,在教历3月9日或12日。相传为穆罕默德诞生和归真(逝世)的日子。那天举行圣会,诵读《古兰经》,讲述穆罕默德的生平业绩等。

4. 主麻日

主麻日是伊斯兰教的聚礼日,是穆斯林于每周星期五下午在清真寺举行的宗教仪式。主麻日是先知穆罕默德迁徙麦地那后规定的休假日。

❀ 穆斯林信徒祷告时为何都要面向麦加大清真寺的"克尔白"?

位于沙特阿拉伯的麦加,是伊斯兰教的发源地,也是穆罕默德的诞生地,他在那里开创并传播了伊斯兰教。麦加大清真寺的"克尔白",被视为伊斯兰教最神圣的象征,全世界的穆斯林信徒在祷告时都会朝向这所建筑,口念"安拉是唯一的真主,穆罕默德是真主的使者"。"克尔白",阿拉伯语的意思是"立方体的房屋",是神圣安拉的住所,虽然里面没有安拉的神像(因为安拉不具有实体),但她是安拉在凡间的象征。穆斯林信徒在朝觐时,围绕这座黑色立方体建筑行走,会感到心灵的震撼,在真主面前,每个人都是微不足道的。

❀ 清真寺有什么功能?

清真寺是阿拉伯语的意译,它的主要功能是宗教活动中心。穆斯林每日"五时拜"、主麻拜、聚礼等都在清真寺举行。清真寺还是穆斯林交往的场所,他们在这里互致问候、联络感情、沟通思想、交流信息。清真寺还是穆斯林求知的学校。

五、苏州宗教旅游景点

❀ 佛教是什么时候开始传到苏州的?

魏齐王正始二年(241),佛教传到江南吴郡,此时江南孙权执政,即东吴。北寺,也叫通玄寺在此时创建,这是佛教在苏州的最早记载。唐朝佛教大盛,开元年间(713—741)皇帝令各州、郡建开元寺,苏州也不例外。五代时,吴越王钱镠也在苏州大兴佛寺,如云岩寺、北寺、开元寺就在这一时期建造或重建的。根据平江图,宋朝时苏州有很多寺庙。清朝,苏州城内城外有佛寺284所。在江南都市中,除南京外,寺观之多,恐怕要首推苏州了。近代以来,由于种种原因,大多不能完全保存。

❖ 苏州的佛教、道教在历史上有多盛？

苏州的佛教、道教具有悠久的历史，明卢熊《苏州府志》云："东南寺观之胜，莫盛于吴郡。"据民国《吴县志》载，历代兴建的寺庙计410所，迭经兴废，民国年间尚有200余所。新中国建立后，保护、修复了一批名寺、道观。

❖ 西园戒幢律寺以其什么而闻名四方？

西园寺位于苏州城西阊门外西园弄18号，国家4A级景区，全国重点开放寺院。

明代嘉靖年间（1522—1566），太仆寺少卿徐泰时置东园（今留园），将归源寺改为别墅和宅院，易名为西园。其子徐溶舍为寺，名复归源寺。崇祯八年（1635），茂林和尚来此住持，为弘扬律宗改为戒幢律寺，俗称西园。咸丰十年（1860）后沦为荒墟。光绪十八年（1892），盛宣怀等禅宗荣通及徒广慧先后来寺住持，募款兴建，占地由40多亩扩大至64.6亩，有屋190多间，居当时苏城寺庙之首。现存建筑均为清代同治八年至光绪二十九年（1869—1903）间修筑。

西园寺是江南著名古刹之一，与杭州的灵隐、净慈齐名，更以其"寺在园中，园即寺景"闻名四方，苏州市佛教协会亦驻于此。全寺巧妙地融佛教殿堂与苏州园林于一体，中轴线上建有照壁、牌坊、三门殿、钟鼓楼、天王殿、香花桥、大雄宝殿、藏经楼，东西两侧有观音殿、罗汉堂等，还有御赐牌楼、临水矗立的前花园、紫藤绿荫的西花园，构成了庄严、宁静、清幽的园林净土。

❖ 西园寺有哪些主要看点？

西园寺是江南名寺，佛教文化内容丰富。佛寺许多地方相似相通，看了西园寺，可以大致了解汉传佛教寺院的建筑格局及佛像的陈设次序。从山门进去是天王殿，再进去是前院，院中有池，池上有石桥，正中是大雄宝殿，殿前则是宽畅的有石栏环绕的露台，其中央高耸着一只古色古香的铁香炉。院之东是观音殿，西面是著名的五百罗汉堂。罗汉堂后面则是西花园。

❖ 如何解读西园寺的天王殿？

天王殿中，坐在中间佛龛里的是弥勒，是佛教菩萨之一。传说他居住在"兜率天"，曾在龙华树下继承释迦牟尼的佛位而成佛，他终日满脸笑容，似乎在欢迎一切朝山进香的香客和游客。他大腹便便，所以又称大肚弥勒。传说，五代时在浙江奉化，和尚契此常背一布袋入市，形状疯癫；见物即乞，出语无定，随处寝卧，自称"吾为弥勒化身"，所以大肚弥勒亦称布袋和尚。布袋和尚的造像也是唐朝前后佛教中国化的一个例证，不少菩萨均有在中国的出处和传说。

同样，天王殿中站在两旁的四大天王（即四大金刚）也中国化了。古印度神话中有四天王分管东、南、西、北四天，名字依次为持国、增长、广目、多闻天王。在佛教传入中国后，封神榜里的商朝名将魔礼四兄弟成了家喻户晓的镇守山门的四大金刚。他们是：四弟魔礼青，手执青峰宝剑，凡是妖魔鬼怪敢于上门，他口中便念念有词，剑在一道青光中飞出，取对方首级如囊探物。三弟魔礼红,一旦撑开他的红罗宝伞,立即天昏地暗,狂风怒号,飞沙走石,使对方有目难张,无法作战,伞一收拢,敌方就被吸入伞中而擒获。二哥魔礼海,怀抱琵琶,琵琶弹出之声响能使对方头痛脑涨,失去战斗力,因此也是每战必胜的。大哥魔礼寿,左手捏龙,右手持夜明珠嬉之,按中国传说:龙司江、河、海、雨。凡遇战祸,他即令老龙腾空而起,喷出洪水,把敌方淹死或冲得一干二净,所以他获胜是不费吹灰之力的。简言之,魔礼四兄弟可用短诗一首来描绘:

神气活现拿把剑,(魔礼青)

雨也勿落撑把伞,(魔礼红)

困累迷迷弹琵琶,(魔礼海)

一日到夜弄长蛇。(魔礼寿)

魔礼四兄弟分别"职风"(青锋宝剑)、"职调"(碧玉琵琶)、"职雨"(混元珠伞)、"职顺"(龙蛇可捋顺),寓意为风调雨顺。

天王殿中,后面神龛里一员中国古代将军貌的塑像是韦驮,尊称为韦驮菩萨。原是印度神话中的一神将,居四天王卅二神将之首,佛教用为护法神。此处,他脸朝里,说明他是看家守院子的。

以上六尊塑像全部是泥塑。

❖ 如何解读(导解)西园寺的大雄宝殿?

大雄为梵文(摩诃庇罗)的意译,是古印度佛教徒对释迦牟尼的尊称,意为像大勇士一样,一切无畏。

正中三尊巨大木雕佛像,中间是释迦牟尼,右为西方极乐世界阿弥陀佛,左为东方净琉璃世界药师佛。

释迦牟尼为佛教创始人,通俗名字是如来佛,是释迦牟尼十种称号之一。他生于古天竺国,即今尼泊尔南部罗美德蓝毗尼花园内。

阿弥陀佛习称弥陀,意译则是无量寿佛,是大乘佛教的佛名。所以有的佛寺墙上写有南无阿弥陀佛六个大字。按民间传说,人死后都得向他报到,灵魂才能送到西方极乐世界,之后还能投胎转世为人。否则或入地狱,或为饿鬼,或投胎为畜。

药师佛,是大乘佛教的佛名。据说,他曾发十二大愿,要消除一切众生的疾苦,教信徒烧香朝拜,求仙药(香灰)、仙水(冷水),就能治病益寿。

二侍者:侍立在如来佛两旁的,年老的名叫迦叶,是如来佛的第一代弟子,即十大弟子之一。据传,释迦牟尼死后,第一次会诵教经典《三藏》时,他是召集人。年轻的叫阿难,是释迦牟尼的堂弟。他也是十大弟子之一,随侍释迦牟尼20余年,善于记忆。释迦牟尼死后,第一次会诵教《三藏》经时,他是主诵人。传说,所谓佛教经典,是释迦牟尼死后,阿难把释迦牟尼生前的话记录在贝树叶上,这一书面材料就称为佛经。

二神将:站立在东面手执降魔杵的英俊将军是韦驮,另一个一手横刀一手托中国式宝塔的是毗沙门天王。神将、天王均是保护佛法的。

二十诸天:大殿东西两侧共站立20尊塑像,那就是二十诸天,是古印度神话中的20个神。按佛教的说法,他们是护持佛教的神。寺庙中大殿两侧不是供奉二十诸天神就是供奉十八罗汉。据说,二十诸天神是司日、月、星、地、树、电、火、雨、风、雷的神。

文殊、普贤两菩萨:大殿后墙之东,是文殊的塑像,他是释迦牟尼的胁侍。他的坐骑是狮子。后墙的西面,与文殊相对称的是普贤,他也是释迦牟尼的胁侍。他的坐骑是白象。在此处均没有塑出他们的坐骑。

大殿背后是南海观音和南海的形象。中间最高大的是南海观音脚踩鳌鱼,实质上是镇住了鳌鱼。传说,如果观音的脚不踩住鳌鱼背的话,鳌鱼背要发痒,便要摆动身体,造成地震灾害。观音的两旁是善财童子和龙女。龙女是龙王的女儿,善财是梵文的意译,据说他经文殊的指点,拜了53个名师而成菩萨。因他拜过观音,所以观音像旁常有他的像。

观音的两侧,自上而下是:四个天女散花,彩色的十八诸天神,下面两边金身的是十八罗汉,其中著名的是伏虎、降龙两罗汉。整座泥塑生动自然,海上有很多孔,像海上的旋涡,浪涛排空,具有逼真的艺术效果。每当雨季,这些孔又是通风洞,防止泥塑受潮剥落,产生良好的实用效果。

在观音上方有一打坐的灰黑色的塑像,左有猿猴献桃,右有梅花鹿作嘶鸣之态,此像即如来佛的前身,表现了释迦牟尼不愿当一国之王子而进入深山六年修道成佛之情景。佛教传说:当妖魔鬼怪来威胁他时,他都坚如磐石,最后才成了佛。

❖ **如何解读(导解)西园寺的观音殿?**

大雄宝殿两边,东为观音殿,西是罗汉堂。

观音殿内有三尊观音像,中间一尊是木雕像,表情慈祥,雕刻精细。

观音在我国最受崇拜,但对他的了解又最少。观音是男神还是女神呢?善男信女各有说法。前者认为观音是男的,原因是佛教中无女菩萨;后者坚持说观音是女身,因为只有女的才有软心肠,才能这样慈悲为怀。佛经上维护这样的传说:观音原是一印度国王的第三个女儿。她看破红尘皈依佛教,最后在中国浙江沿海的普陀山度化成菩萨。古印度佛教中,观音菩萨像既有男相,也有女相。

佛教信徒对于观音的生辰曾各有各的说法。一些人说是农历二月十九,另一些人说是六月十九,还有一些人说是九月十九,但又说不出其所以然。为了保险起见,信徒们把这三天都说成是观音菩萨的生日,分别为出生日、出家日、成道日。

佛经说,观音菩萨周游法界,常以种种善巧和方便度化众生而分身为千万。一般的传说中有白衣观音、千手观音、送子观音、鱼篮观音、竹世观音、航海观音。据说,白衣观音最为人所知,人称南无大慈大悲救苦救难广大灵感观世音菩萨。千手观音,有时是千手千眼,力大智多,有求必应。望求子者则拜送子观音,凡庙中见手抱男孩、身坐青狮者即是。黄河上游地区香火最盛的观音是鱼篮观音,一方面是观音能救苦难,另一方面似乎能像黄河里的鲤鱼一样跳龙门,出人头地。南海观音身居竹林,故竹世观音可能就是其别名罢了。船家、渔夫则敬航海观音,以求行舟安然无恙。

❖ **如何解读(导解)西园寺的罗汉堂?**

罗汉堂内五百罗汉使苏州西园寺名闻遐迩。西园寺罗汉堂建于清末1896年,至1922年完工,有36条通道,成八卦式。进入有明朝石刻的月洞门便是千手观音塑像。它由四块香樟木雕刻而成，每面一个身体，每个身体有 250 只手，每个手掌上都有一个眼睛，共有四面，故称千手千眼。手多法力大，眼多智慧多。

罗汉堂中央是四大名山的缩影。四大名山即山西五台山、浙江普陀山、四川峨眉山、安徽九华山，都是佛教圣地，山上均有不少佛教寺庙。过去，佛徒们须长途旅行数百里或数千里去圣地朝山进香，而在这里塑建四大名山后，只要在此朝拜，就表示四大名山都到过了。

五百罗汉的表情、姿态各不相同，双手放的位置也各不相同。每个罗汉都有自己的排列序号和法名。在第一罗汉旁边的门口上方有"灵山一会"四个金字，点出了五百罗汉的由来。这五百人本是印度（天竺）的佛教信徒。一次，释迦牟尼在灵山（地名）集会传法，迦叶等大弟子均在场。释迦牟尼见这五百人听他讲经十分虔诚，便敕封给众人以小乘佛教的最高果位罗汉，从此五百人应受众生供养，不受生死轮回。虽然他们都是印度人，但相貌看来均中国化了。每尊塑像均是全身，据说一尊罗汉用 1 两黄金（按 16 两/斤的旧制算，每两约 31 克），共耗用金子 15 公斤之多。

另外，堂内有名的塑像是济公和疯僧。传说，他俩是伏虎、降龙罗汉转世，形象生动逼真。他们的故事据说发生在南宋京城临安（今杭州）。

疯僧有十种毛病：斗鸡眼、癞痢头、歪嘴、肥手、跷脚、鸡胸等，故又称十不全和尚，在塑像上都体现出来了。它身上的一腰带做得很逼真，像真丝一样，好像用手一拉，那个结就可以拉开似的，可见雕塑艺术之高超。

济公是一位颈项后面的衣领上插着一把破扇子、一手拿肉、一手拿酒壶的破戒和尚。有一本名叫《济公传》的书描写他的神通。吸引游客来围观他的是其脸部表情。正面看他啼笑皆非，左面看他愁眉苦脸，右面看他春风满面，而且他的眼睛炯炯有神，能表达内心的感情，不论你从哪个方面看，他都会盯着你。

※ **寒山寺经历了怎样的兴废过程？**

寒山寺是中国著名古刹之一。唐代诗人张继（字懿孙，湖北襄州人，唐天宝十二年进士）赴京应试落第，返回时，经枫桥停船一宿，触景生情，留下千古名诗《枫桥夜泊》："月落乌啼霜满天，江枫渔火对愁眠。姑苏城外寒山寺，夜半钟声到客船。"这首诗使寒山寺成为蜚声中外的宗教旅游胜地。

寒山寺始建于南朝梁天监年间（502—519），原名妙利普明塔院。相传，唐贞观年间（627—649），名僧寒山和拾得曾来此住持，故易名寒山寺。历史上，该寺屡遭火灾，屡经兴废。北宋太平兴国（976—983）初，平江军节度使孙承祐重建七级宝塔。明正统年间（1436—1449）铸巨钟，即著名的寒山寺钟，该钟明末流入日本。清咸丰十年（1860），全寺毁于战火。光绪三十二年（1906），由江苏巡抚陈夔龙发起重建，宣统三年（1911），江苏巡抚程德全等募修扩建。新中国建立后，苏州市政府对寒山寺数次维修、保护，1958 年将苏州城内隆庆寺五百罗汉像移此，1981 年由山西五台山移来明成化间鎏金铁铸十八罗汉像，1983 年重雕如来佛像，新建寒拾殿、霜钟阁、藏经楼、钟房等。

※ **寒山寺有哪些主要看点？**

大雄宝殿　殿内正中，供奉释迦牟尼木雕佛像，旁立迦叶、阿难塑像，两侧为罗汉侍像。

殿前的露台围以汉白玉栏杆,采用莲花宝座和海棠图案。释迦牟尼佛像背后,面东壁上嵌清代扬州八怪之一的罗聘所画寒山、拾得石刻像,寒山右手指地,拾得颜笑胸袒,惹人喜爱。殿后侧悬大铜钟,是日本明治三十八年(1906)四月,山田寒山铸赠的仿唐式乳头铜钟。

藏经楼 正中供奉观音菩萨石雕像,内墙环壁嵌南宋书法家张即之(号樗寮)书《金刚般若波罗蜜经》经文和董其昌的题跋,共41块石刻,是传世珍品。

碑廊 廊内集中陈列各种碑刻,著名的是张继《枫桥夜泊》诗碑,最初为宋代王郇书张诗刻石,明文徵明重书刻石,均遭火毁,碑石破碎,字迹残缺不及10字,嵌于廊壁南墙左边。现陈列的完整诗碑,是清俞樾于光绪三十二年(1906)补书重刻,还有现代书画家刘海粟手书碑。

钟楼 位于藏经楼西南侧。清光绪三十二年(1906),江苏巡抚陈夔龙重修寒山寺时,仿旧钟式样铸造一口大钟,并复建两层六角钟楼"大觉楼",悬巨钟于楼上,寒山钟声复鸣。唐代大智禅师怀海创立"百丈清规"佛教典仪中,规定在昏晓二时鸣大钟108声,以"觉醒百八烦恼之迷梦"。每当除夕夜半,寒山寺僧敲此钟108响,最后一响正是新年零点开始。根据中国佛教经典和风俗,108响钟声有三种含意。第一种含意是:一年有12个月、24个节气、72候,加起来是108,听108响钟声表示回顾旧岁、迎接新春之意。第二种含意是:怀念佛门108位长老。第三种含意是:人生祸福相依,一年中有108个烦恼,佛经上有"闻钟声,烦恼清,智慧长,菩提生",敲一下钟声就能除去一个烦恼,敲108下就能除尽所有烦恼,化凶为吉。

枫江楼 在碑廊西南,原楼坍毁,1954年将市内宋仙洲巷宋宅花篮厅移建于此,正厅中央悬挂赵朴初题"霜天清响"额。楼上下两层,飞檐翘角,精致秀雅。楼前隔墙临水,远眺群山如屏,心旷神怡。

霜钟阁 在寺西北,原阁已毁130多年,现阁为1982年重建,谢孝思题阁额。阁两层,重檐复宇,戗角飞翘,古朴庄重。登楼,可饱览古运河河畔的美丽景色,领略张继《枫桥夜泊》诗意之幽情。

普明宝塔 重建于20世纪90年代初,1996年10月建成开放。塔为仿唐建筑,四面五层,高42.2米,耸峙后院,肃穆庄重。

❀ "和合二仙"有什么传说?

寒山、拾得的传说,流传于苏州地区,苏州民间将他们称为"和合二仙"。传说,寒山、拾得原是两兄弟,十分相爱,拾得与邻居姑娘相恋,愿结为夫妻。而媒人来说媒时,将姑娘说给了寒山,因为寒山是兄长,应该先娶。一日,寒山回家,听到屋内有说话声,仔细一听,是弟弟拾得在与姑娘说话,原来他俩已经相爱多年,现在姑娘要与兄长成婚,两人不愿分离,伤心地啼哭。寒山心里明白了,随即离家外出,做了和尚。后来,他俩同在一座寺庙内烧香念佛,但互不相认。当家和尚知道了他俩的情况,为了劝兄弟和好,拿出了两件物品:一枝荷花,一只果盒,将寒山、拾得叫来,当面送给了他俩,并说:师父送给你们这两样东西,知道其中的含意吗?寒山、拾得是聪明人,心领神会,说:这荷花是"和",这果盒是"合",合起来是"和合",要我们兄弟俩"和合"啊,兄弟俩相互一笑,就此和好了。

今天,"和合"已成为寒山寺的主题文化。

❖ 灵岩山寺为什么能成为江南著名的佛教圣地？

灵岩山寺，建在灵岩山山顶，巍峨壮观，规模宏大，是全国重点开放寺庙，近代净土宗大师印光法师晚年驻锡于此，成为江南著名的佛教圣地。据宋《吴郡图经续记》记载，东晋司空陆玩奉佛闻法，舍宅为寺，南朝梁天监二年（503）扩建，名秀峰寺。天监十五年（516）西域梵僧智积来山阐扬宗风，寺名益显。南宋绍兴年间（1131—1162），因抗金英雄韩世忠荐先亲，敕改寺名为"显亲崇禅寺"，明洪武年间（1368—1398）赐额"报国永祚禅寺"。弘治年间（1488—1505）时失火，寺院尽毁，仅存一塔。清顺治六年（1649），三峰弟子弘储禅师来寺，扩建殿阁，称"崇报禅寺"。后雍正帝严禁三峰学派，寺渐凋零。清咸丰十年（1860）再次毁于战火。1926年，印光法师将寺院辟为"十方专修净土道场"，募化重建，1932年易名灵岩山寺。经印光法师弘扬倡导，净土宗在国内和东南亚一带盛行，灵岩山寺也成了江南最著名的净土道场。1980年，寺归佛教协会，重建塔院，开办中国佛学院灵岩山分院，培养了数百名佛教僧伽人才。1983年，该寺被定为汉族地区全国重点寺院，9月1日举行佛像开光及重建印光塔院仪式。1984年后，又建智积殿、千佛殿。历代诗人如李白、刘禹锡、白居易、文徵明、沈德潜等都曾登临，留下了动人的诗篇。康熙帝、乾隆帝南巡，皆驻跸山上行宫。

由山路上山，沿途有继庐亭、迎笑亭、落红亭、观音洞、石幢等景点。寺内主要景点有多宝塔和西部花园。多宝塔，又称灵岩塔，始建于南朝梁天监二年（503），20世纪80年代重建，高34米，七级八面，楼阁式，塔内空心，塔身全用砖砌，每层窗口各有石佛，拾级登临，可眺望太湖风光。西部花园，为春秋时馆娃宫御花园遗址，园内有圆形的吴王井（日井），相传是西施照影整容的地方。吴王井后有梳妆台，是西施梳妆之所。园内另有一口八角形的智积井（月井），原为吴王宫井。井边有玩花池和玩月池，当年西施曾在此赏花赏月。池西有琴台，是西施操琴鼓瑟之处。

❖ 北寺塔为什么被誉为"江南第一塔"？

北寺塔，又名报恩寺塔，位于苏州市人民路1918号，高度为苏州诸塔之冠，被誉为"江南第一塔"，与云岩寺塔同为苏州古城的标志，全国重点文物保护单位。

塔为楼阁式建筑，始建于南朝梁代，为11层宝塔，后遭焚毁。现塔为南宋绍兴二十三年（1153）重建，八面九级砖木结构楼阁式宝塔，现存砖结构塔身以及石筑基座，基台是宋代原物。登塔，可俯瞰苏州全貌。塔四周尚存部分为报恩寺（俗称北寺塔）殿堂，是三国东吴赤乌年间（238—250）孙权为报母恩所建，现存殿宇为明万历二十八年（1600）重建，是苏州保存最完整的明代建筑，四周檐柱为抹角石柱，内柱用楠木。塔东北，有元代石雕"张士诚纪功碑"。塔北，有古铜佛殿、藏经阁。东北有园名梅圃，山石峭拔，水池潆洄。塔南临街木牌坊、门厅及贴砖八字墙，为马医科申时行祠前之物移建至此。

❖ 苏州玄妙观凭什么能成为全国重点文物保护单位？

玄妙观三清殿是全国重点文物保护单位，全国著名道教正一丛林，位于苏州古城内观前街北侧。

道观创建于西晋咸宁二年（276），初名真庆道院。唐开元二年（714）改称开元宫，元代元贞元年(1295)改为玄妙观。清代曾改称圆妙观,又名元妙观,民国后恢复玄妙观的旧称。民国初,正中及两厢有大小殿宇26座,连绵不绝,东抵洙泗巷,西临大成坊巷,北至旧学前河。该殿振法堂内高悬戒规,违反戒规者轻则重责、重则开除(俗称"贴革条")。民国元年(1912)8月28日,弥罗宝阁失火尽毁,内仅金身神像380余尊,方丈倪仰云被提起公诉并辞职。20世纪20年代至抗日战争中,祖师、灶君、八仙、寿星、水府、关帝诸殿相继圮废或遭日机轰炸。至1949年,仅存正山门及殿17座。"文化大革命"中,除三清神像幸获保存外,其余神像、道经、科书被焚烧,铜像8尊亦被毁。1986年重新修缮,三清殿和正山门焕然一新。

玄妙观建筑群由中路、东路、西路、北路组成,从空中鸟瞰,两侧鳞次栉比的殿宇好像鹏展双翼,整个布局呈"鹤"字形。三清殿位于中轴线,东路有天医药王殿、文昌殿、寿星殿、观音殿等。西路有雷尊殿、财神殿、三宫殿等。观内著名景点和古迹有重修三门记碑、六合亭、钉钉石栏杆、一步三条桥、无字碑、靠天吃饭图碑、老子像碑等。

三清殿 玄妙观正殿,供奉道教三清尊神,建于南宋淳熙六年(1179)。殿高40米,宽45米,建筑面积1 125平方米,是中国长江以南最大的木构古建筑,1982年被列为全国重点文物保护单位。

老子像碑 刻老子全身像,碑高1.8米,宽0.91米。画像为唐代画圣吴道子所绘,题赞为唐玄宗撰写,唐代著名书法家颜真卿书写,故有"三绝"之誉。

古井 开挖于五代时期,故称"五代古井",位于三清殿月台前,为玄妙观风水之需而设,1999年整修玄妙观时被发现,从井内出土了一批北宋文物。

❖ 苏州城隍庙是哪个年代的古建筑?

城隍庙位于苏州景德路94号,为江南著名道观之一,省级文物保护单位。

城隍是守护城池的神,最早见于三国时期,唐宋以后奉祀城隍的习俗遍及全国郡县。苏州城隍庙元末毁于战火,明洪武三年(1370)在古雍熙寺(相传前身为三国东吴周瑜故居)的废基上新建苏州府城隍庙,即现址。明万历二十三年(1595)又在东西两翼增建长洲县城隍庙、吴县城隍庙,形成十分壮观的古建筑群。现城隍庙由山门、仪门、城隍殿以及寝宫堂组成,其主殿——城隍殿工字形布局颇具特色,又称"工字殿",是全国为数不多的明初城隍庙古建筑之一。庙内景点有"苏郡城河三横四直图"碑、"姑苏城图"碑、千年古银杏等,每年春节举办"城隍赐福、送财、保平安"活动,农历七月半举办城隍庙会。

❖ 苏州文庙与范仲淹办府学有什么关系?

文庙本是祭祀孔子的祠庙,唐开元二十七年(739)封孔子为文宣王,称孔庙为文宣王庙,明永乐八年(1410)改称文庙。

苏州文庙位于苏州市人民路三元坊。北宋景祐元年(1034),范仲淹任苏州知州,次年购得五代吴越钱氏南园旧地准备建住宅。风水先生告诉他:苏州纵街(今人民路)是一条龙身,北寺塔是龙尾,双塔是龙角,双井是龙眼,这里是龙头。如果建宅于此,可以子孙科甲满堂,万代昌盛。范公说:"吾家贵,孰若吴中之士咸贵?"遂捐出土地,建文庙,办府学。范仲淹创立州学,改革旧制,将庙与学合为一体(文庙是祭祀孔子的场所,府学是儒生聚会讲学、表彰儒家先贤的场所),得到朝廷嘉许。庆历四年(1044),朝廷诏示全国州县仿效庙学合一,故有"天下有学自吴郡始"之说。因而,苏州文庙也是江苏古代最高学府。

文庙创建迄今950余年,屡经修建,见于文献记载的有30多次。现存文庙和殿宇为清同治三年至七年(1864—1868)重建。明清两代,府学的范围与规模很大,"宏丽甲于东南"。宋时曾有屋宇230间,明清时占地逾150亩,废除科举后遭冷落,日渐残破。1957年,文庙大成殿被列为省级文物保护单位。1985年7月,在此筹建成立苏州碑刻博物馆。2003年,庙前开辟公园式绿地广场,南端照壁嵌"万世师表"四字。现主要景点有大成殿、孔子圣像、明伦堂等。

大成殿 这是文庙的主体建筑,祭祀孔子的正殿。"大成"是后人对孔子的崇高评价,意为"集古圣之大成"。殿始建于南宋绍兴十一年(1141),明宣德二年(1427)知府况钟重建,明成化十年(1474)又作大规模改建,始成现状。大殿面宽5间,进深4间,规模仅次于玄妙观三清殿。

孔子圣像 置庭院正中,高3.1米,重2吨,铜质,系孔历2551年(2001年)由香港孔教学院院长汤恩佳捐赠。圣像用花岗石砌座,巍峨庄重。孔子文化陈设,有孔子圣像、杏坛讲学和周游列国三幅磨漆画,有祭孔用的编钟编磬等乐器、祭器近百件,有木刻《论语》全文和清代乾隆《苏州府学图》,清代康熙皇帝御书"万世师表"匾、嘉庆皇帝御书"圣集大成"匾、光绪皇帝御书"斯文在兹"匾等。

明伦堂 现为纪念范仲淹诞辰1 000周年布置的"范仲淹生平事迹展览"。厅前竖巨石两块,西竖太湖石镌刻"瑞石"两字,寓吉祥之意,东竖卵形黄石,镌"廉石"两字。相传,三国时东吴陆绩官至郁林郡太守,为官清正廉洁,两袖清风,任满由海道乘船返乡。陆绩恐船轻易倾覆,便取一块大石镇舟而行。回乡后将石置于宅前。此事一度传为美谈,称该石为郁林石。明弘治九年(1496),监察御史樊祉到苏州巡视,认为此石有教育作用,下令建亭保护,并题名"廉石"。清康熙四十八年(1709),苏州知府陈鹏年将其迁至府学内况公祠旁。1990年移至明伦堂前。

❖ 常熟兴福寺怎么出名的?现存多少古迹?

兴福寺,全国重点文物保护单位,1983年国务院公布为全国重点开放寺院,位于虞山北麓,寺院面积36 337平方米,明清建筑保存基本完好。寺院始建于南齐,初名"大慈寺"。梁大同三年(537)建大殿时,发现一石隆起,左看似"兴"字,右看似"福"字,取其祥瑞改寺名为兴福寺。相传唐贞观年间(627—649),有黑白二龙交勇,冲进成溪,遂成破龙涧,故又名"破山寺"。唐懿宗于咸通六年(865)赐大钟,九年(868)赐"破山兴福寺"额。院内建筑呈中、左、右三路分布格局,中路从南至北依次为山门、天王殿、大雄宝殿等,左右为东西花园,寺院后面是依山而建的塔林。寺院坐北朝南,古木参天,气象雄伟,为江南园林式的古建寺院,唐代诗人常建游寺而作《题破山寺后禅院》一诗:"清晨入古寺,初日照高林。曲径通幽处,禅房花木深。山光悦鸟性,潭影空人心。万籁此俱寂,但余钟磬音。"自此,兴福寺驰誉千载,名胜愈盛。近代,兴福寺曾是全国著名的僧才培养基地,1917年华严宗月霞、应慈法师筹设"华严学院",1918年密宗持松法师改名为"法界学院"。今犹存诸多古迹:唐尊胜陀罗尼经石幢、白莲池、救虎阁、空心潭、空心亭、廉饮堂、曲径通幽、印心石屋、日照亭、米碑亭等。

❖ **紫金庵最珍贵的艺术佳作是什么？（雕塑艺术详见戏曲艺术部分）**

紫金庵位于吴中区东山碧螺村西山坞中，又称金庵寺，全国重点文物保护单位。创建于唐代初年，清代重修，因有胡僧在此结庵修道而得名。庵内彩色罗汉塑像工艺精湛，世人称为"天下二堂半"之一堂，是中国雕塑美术史上少有的佳作。大殿左右两壁16尊泥塑彩绘罗汉像相传为南宋民间雕塑名手雷潮夫妇所塑，后壁8尊塑像相传为邱弥陀在明代末年增塑。殿内"慧眼"、"经盖"、"华盖"为紫金庵三宝，显示了古代匠师的高超艺术。正殿3尊佛像的眼睛特别精巧，释迦牟尼佛双目随人而移，总是盯着你，为第一宝"慧眼"；佛坛左右两壁的佛龛中分列16尊罗汉像，其中一尊诸天像左手3个手指托起一块泥塑经盖，轻盈柔薄，如丝织锦绣，为第二宝"经盖"；佛坛背后塑有鳌鱼观音大慈大悲金身像，头上祥云托起的绛红色华盖似苏绣绸缎般在微风中飘动，为第三宝"华盖"。

❖ **双塔是哪个朝代的建筑文物遗迹？**

双塔位于苏州市定慧寺巷22号，全国重点文物保护单位。

唐咸通二年（861），盛楚创建佛寺于此，初名般若院，五代吴越钱氏改为罗汉院，北宋太平兴国七年（982），王文罕兄弟捐资重修殿宇，并增建砖塔两座。两塔建筑形制完全相同，东为舍利塔，西名功德塔。至道二年（996）寺院毁于战火，仅存双塔正殿遗迹。现正殿遗迹经清理复位，为江苏省目前唯一完整的宋代建筑文物遗迹。

❖ **苏州工业园区重建的规模巨大的重元寺有怎样的历史？**

苏州工业园区唯亭重元寺，始创于南朝梁天监二年（503），迄今已有1 500多年历史，是苏州地区历史上著名的寺院。

据史料记载，居住在长洲的地方官员陆瓒因见宅院上空祥云重叠，即奏报梁武帝，主动要求舍宅为寺，并为寺庙取名"重云"。梁武帝欣然同意，并赐匾额"大梁广德重玄寺"。"重云"误为"重玄"，是奏章转抄上递过程中的差错。重元寺一直兴盛到中唐时期，时任苏州刺史的唐代大诗人韦应物有《登重玄寺阁》诗咏重元寺。

另一位唐代大诗人白居易专门书写了《苏州重玄寺法华院石壁经之碑》，诗人皮日休也为该寺创作了脍炙人口的诗篇。

五代吴越王钱镠时代（908—932），对重元寺进行大规模修葺。重修后的重元寺，规模宏大，殿阁瑰丽，寺前有两座土山，两块异石立于庭前，一尊高丈余的无量寿佛铜像屹立于中央，十六尊罗汉环立两侧，另有别院五座。重元寺还有一座圣姑庙，所谓圣姑，就是梁武帝时舍宅建寺的陆瓒的女儿，当地人供奉圣姑是为求子祈福。

重元寺在北宋时先后改名为"承天寺"、"能仁寺"。元代至顺年间（1330—1333），重元寺曾毁于火。至正年间（1341—1367），由悦南楚和尚重建，再次恢复一新。元代把重元寺在宋代的两个名字合二为一，称"承天能仁寺"。又有人叫它"双峨寺"，这很可能是因为寺前有两座土山，也可能是因为寺内两块异石的缘故。这时的重元寺，寺内除有无量寿佛铜像外，还有盘沟大圣祠、灵佑庙和万佛阁等建筑。明代，复称重元寺，规模宏大，是苏州最大的寺院之一。清代，寺前列有怪石，寺中有别院五所，即永安院、净土院、宝幢院、龙华院、圆通院等,后逐渐衰落。

❖ **重元寺的室内观音塑像有多高?**

重元寺水上观音院以杨柳观音为中心,像高33米,是国内最高的室内观音塑像。水上观音院—重元禅院—药师塔相互呼应,又与佛教文化景点精心配合,建成以关爱生命、度生护生为宗旨的佛教文化区,表现莲花佛国的观音道场特色,显现万佛庄严的独特风貌。

❖ **穹窿山上有什么著名的寺庙道观?**

穹窿山景区历史悠久,人文景观众多,文化底蕴深厚,有独特的"军事文化"、"宗教文化"、"名人文化"。景区内汇道观、寺庙、庵堂于一山。上真观为著名的江南道教中心,坐落于三茅峰上,历经沧桑,1991年开始在原址恢复重建,由头山门、茅君殿、龙王殿、玉皇殿、望湖亭等组成为穹窿山规模最大的宗教建筑群。穹窿禅寺,是苏州地区最早的寺庙之一。古刹宁邦寺,是南宋抗金名将蕲王韩世忠及部下6位大将削发隐居学禅处。拈花寺又名微笑庵,建于明崇祯十三年(1640),清乾隆帝曾三次驾幸。唐代诗人陆龟蒙、皮日休和清康熙、乾隆两帝都曾登临穹窿山,题词、赋诗,部分遗迹尚存,共有30多个景点。古人神农雨师赤松子、大军事家孙武、汉谋士张良、名臣朱买臣、抗金名将韩世忠等,曾在此炼丹、隐居、读书。民国元老李根源、章太炎、于右任等近百位名人曾来穹窿山游览、作诗,留下100余条摩崖石刻,被称为"露天书法艺术博物馆"。

❖ **张家港凤凰山麓的永庆寺与鉴真和尚有什么结缘?**

凤凰山古迹甚多,山麓的永庆寺初建于东吴赤乌年间(238—251),南朝梁大同二年(536)侍御史陆孝本舍宅扩建,寺内设有天王殿、弥勒殿、大雄宝殿、观音殿、三圣殿、东岳殿、关帝殿、文昌阁、藏经楼及金仙塔院等,为江南著名的宗教信众礼佛之地。寺中有吴道子绘画、杨惠之彩塑的唐塑罗汉,还有千年古松、肉身菩萨和天然石井。唐天宝十二年(753)十一月,高僧鉴真曾在寺中作最后一次结缘,再从古黄泗浦登船,东渡日本。永庆寺内外有景点数十处,号称内八景、外八景和后十景。

❖ **光福镇的标志光福塔(舍利佛塔)建在何处?**

光福塔建于龟山之巅,为光福镇之标志。本名舍利佛塔,始建于南朝梁大同年间(535—545),为顾氏所建,唐会昌末年(846)毁于火,咸通年间(860—873)重建。1999年,政府投资100多万元修复,并将龟山辟为塔山公园。塔呈正方形,四面七级,高25米,共88级台阶,塔内陈列49尊佛像,为江苏省文物保护单位。园内有樟树园、梅林及中日友好樱花园。

❖ **清乾隆帝到过光福圣恩禅寺几次?**

圣恩禅寺位于光福镇南玄墓山腹中,依山而筑,殿堂成群,为苏州市文物保护单位。原为两寺,唐天宝年间(742—755)建天寿寺,南宋宝祐年间(1253—1258)建圣恩寺,两寺并存,曾被辟为上下道场。元天顺元年(1328),朝廷赐额圣恩禅寺。天王殿前三株古柏树高

20多米，相传为晋代之物。东北角的钟楼原有洪武九年（1376）僧奕持募铸的千斤大钟，后被严嵩仗权攫去。明万历年间（1573—1619），旭晓和尚募铜万斛，重铸一口八吨重的大钟，钟上镌有六万多字的《法华经》，有"一撞一声一部经"的偈语。

清康熙二十八年（1689），康熙帝前往圣恩寺，御书"松风水月"四字，并赐黄金200两，夜宿圣恩寺四宜堂中。乾隆帝六次到过圣恩寺。寺之胜地还元阁，位于圣恩寺最高层，阁中原有众多珍贵文物、典籍，现已散佚。所藏宝鼎郏公铊钟尤为珍贵，是周代的一种乐器，距今已有3000多年历史。相传系周宣王时太史所造，被视为镇山之宝，现保存于南京博物院。寺后有一方奇石，明天顺年间（1457—1464）在土中露出，虽自然天成却似人工雕琢，似一座小假山，故名"真假山"。1917年，康有为题写"寿洞"两字，并作诗抒怀。1995年以来，相继修复圣恩寺石坊、天王殿、大雄宝殿、伽蓝殿、祖师殿、斋堂等建筑，每年正月初九"天生日"举行盛大法会，信众游人云集。

❖ 在光福石嵝能看到太湖七十二峰吗？

石嵝又名石嵝庵、石嵝精舍，位于光福镇西南山腰竹林中，苏州市文物保护单位。始建于元至正二十七年（1367），依山构室，幽隐佳处，明代文徵明、清代陆润庠等名人曾题过匾额。现有民国建筑10余间，殿后山崖壁下有"留余泉"，泉池清澈见底，大旱不竭。拾级而上可至万峰台，相传为万峰和尚打坐修炼之处，在此南望太湖，七十二峰尽收眼底。

❖ 甪直保圣寺大雄宝殿内罗汉塑像还存多少？（雕塑艺术详见戏曲艺术部分）

保圣寺位于吴中区甪直镇，首批全国重点文物保护单位，是历史悠久的著名寺院。原名保圣教寺，创建于南朝梁天监二年（503），是"南朝四百八十寺"之一。唐会昌五年（845）遭毁，北宋大中祥符六年（1013）重建，最盛时殿宇5000多间，僧众千人，范围达半个镇，时称江南四大寺院之一。大雄宝殿内藏唐代塑圣杨惠之所作的罗汉塑壁艺术瑰宝，后在原址建造保圣寺古物馆。馆内罗汉塑像现仅存半壁，仍为古典艺术瑰宝。

❖ 光福司徒庙内的"清奇古怪"至今有多少年了？

司徒庙位于吴中区光福镇西涧廊村东南，是东汉大司徒邓禹的祠庙，苏州市文物保护单位。庙内有千年古柏四株，故又称古柏庵、柏因社、柏因精舍。现存庙宇殿舍两进，共20余间。四株古柏相传为邓禹亲手所植，至今已2000多年，其中一株被雷劈成两片，堪称一绝。清代乾隆皇帝下江南巡视至此，赐名"清"、"奇"、"古"、"怪"。辛亥革命将领李根源将四株古柏列为"苏州四绝"之一。赏柏厅侧廊内有碑刻《楞严经》《金刚经》两部佛经，均为省级文物保护单位。

❖ 为什么光福讲寺又称铜观音寺？

光福讲寺位于镇内下街，江苏省文物保护单位，建于南朝梁大同年间（535—545），现存大雄殿及西方殿是清道光十二年（1832）的建筑，其余均为1995年后陆续重建。据《吴门表隐》记载：南朝陈黄门侍郎顾野王舍宅为寺，此即光福寺，唐武则天改为光福讲寺。据传，宋代康定元年（1040）六月，村民张惠挖得铜观音像一尊，送给光福讲寺，从此改称铜观音寺。

铜观音寺殿中楹上悬清道光十六年(1836)御书"慈云护佑"匾额及上谕一道,旁悬巡抚林则徐"惠庇民天"题匾。寺的布局以舍利塔为中心,内有梁代光福塔、唐代铜观音、宋代石梁桥、元代圣旨碑、明代古樟树、清代大雄殿等古迹和古建筑。

❖ 西山岛上的包山禅寺寺名是怎么来的?

包山禅寺位于包山坞中,创建于南朝之初,梁大同二年(536)重建,改名福愿寺。唐高宗显庆元年(656)赐名"显庆禅寺"。因西山俗称包山,唐肃宗李亨又赐名为包山寺。寺院历经兴废,据说全盛时有僧房1 048间,高僧辈出,为江南名刹。相传,清顺治年间(1644—1661),住持山晓应召参加顺治帝为董鄂妃葬礼举行的佛事活动,赐御书"敬佛"二字,带回寺中作镇寺之宝,并勒石以记。历代文人如皮日休、陆龟蒙、范成大、王宠、沈德潜、叶圣陶、田汉、周瘦鹃等曾到包山并留下很多诗作。"文化大革命"时被毁,1995年开始重建,1999年10月23日开光,全国政协副主席、中国佛教协会会长赵朴初题写了寺名和大雄宝殿匾额。

❖ 吴江有什么寺庙?

小九华寺 又名东岳庙,位于吴江区平望镇,坐落在莺脰湖与京杭大运河交汇处北岸边。始建于唐朝,历代修建,现址为1998年重建,是江苏省内较大的寺院之一。小九华寺滨湖靠河,巧借水景,成为水天佛国。近代宗师、佛教领袖太虚法师在此皈依佛门,寺内有明正德年间(1506—1521)地藏菩萨显灵的古泉井遗址,有太虚法师和士达和尚在1904年手植的金桂和黄杨。

先蚕祠 先蚕祠(俗称蚕花殿),是为祭祀神话传说中的黄帝之妃、养蚕制丝的始祖——嫘祖而建,坐落于吴江区盛泽镇,省级文物保护单位,全国唯一留存的蚕神祠,1999年重修开放。

盛泽是明清时期江南的一个丝绸中心,中国四大绸都之一,十分尊崇嫘祖。清道光二十年(1840),盛泽丝业集资建先蚕祠,是江南地区乃至全国规模较大的弘扬丝绸文化的场所。门楼宏伟宽敞,各种艺术造型的水磨砖雕层层迭起,砖雕人物栩栩如生。祠内戏楼金碧辉煌,相传每年农历小满节,要在此演戏三天,热闹异常。祠内蚕王殿宏伟高大,供奉中华民族始祖炎帝神农氏、黄帝轩辕、嫘祖蚕花娘娘三座神像。庭院风格独特、小巧玲珑,相传到先蚕祠来烧香、拜佛的人们要在庭院中的把翠桥、龙门洞、步步高石级走三圈,能给人带来吉利、好运。

❖ 苏州高新区有什么寺院?

文昌阁 位于苏州高新区浒墅关镇兴贤桥西塊,始建于明万历三十一年(1603),距今已400余年。相传,明代时文昌阁为全国著名道院。明王穉登在《夜过浒市》中写道:"东归夜指阊闾城,月出津亭听鼓声。"鼓声就是从文昌阁道院传出的,它与寒山寺的钟声一起名闻遐迩。

中峰寺 位于苏州市新区支硎山(又名观音山,为大阳山一脉),山中部有一处低谷,谷外三面环山,谷中平坦如砥。中峰寺上院坐落在谷中平地上,下院坐落在山脚下,供奉毗卢观音,其后塑有观音化身佛像32尊,为江苏省内独有。该寺建于东晋成帝咸康年间(335—342),著名高僧支遁来到支硎山,被这儿的美景吸引,便结庐而居,名支遁庵,其为中峰寺前身。支遁是文化名人,于是大量僧众和文人络绎不绝,来此宣扬佛法和研习文化。唐代刘禹锡称:"云外支硎寺,名胜敌虎丘。"中峰寺历代均有兴废,唐代改名支硎山寺、报恩寺、南峰院,北宋后又改名天峰院、北峰寺、中峰禅寺等,"文化大革命"期间遭受严重破坏,几成废墟。自1994年开始陆续重建。

兰风寺　兰风寺是一座富有特色的生态型佛教寺院,位于高新区浒墅关鹿山脚下,传说鹿山得名于吴王曾在此养鹿。该寺始建于元大德二年(1298),僧人道宏于此修建景福庵。清初,文武兼擅的来风禅师为众僧传文授武,寺内香火日盛。因景福庵又有来风塔园之称,后逐渐改称兰风寺。抗日战争期间,古寺及文物被毁,2001年重修。现在,寺依山势而建,整体布局类似园林,亭廊回合,池水环绕,古木耸立。山腰处有屋状巨石,刻勒"鹿山赐福"四个大字。寺内有高15米的万佛楼,供奉佛像之多为其他寺院少有。

❖ **昆山有哪些较著名的佛寺?**

昆山有华藏寺、周庄的全福寺等较有名气的佛寺。周庄的全福寺初建于北宋元祐年间(1086—1093),为江南闻名的古刹,1995年重建,恢复了"水中佛国"的旧貌。

❖ **太仓有哪些较有名的佛寺?**

太仓有圣像寺、海天禅寺等较有名的佛寺。圣像寺位于太仓西北部的鹿河镇,是太仓最早的佛教寺庙,也是佛教传入太仓的起始点。海天禅寺位于太仓板桥,前身是当地历史上的红庙。红庙究竟为何人所建,始建于何时,已难以考证。海天禅寺一带原是太平天国时著名的板桥大捷古战场。寺的定名,缘起于"海水摇空缘,天空拂袂来,禅边风月好,寺傍板桥开"一诗。

第四章 建筑文化

一、建筑文化基础知识

❖ **中国古代建筑有哪些主要特征？**

中国古代建筑的主要特征表现在以下几个方面：

（1）在构建材料方面——中国古代建筑以木料为主要构材，具有独特的风格。木构架的优点：①承重结构与维护结构分开，木构架主要是承重，墙壁只是起围护和分隔空间的作用；②可因不同地区的气候选取材料；③由于木材架构有伸缩余地，常能减少地震所造成的危害，形成墙倒而屋不塌的状况；④便于就地取材和加工制作。缺点是寿命比不上以石材为主的欧洲古典建筑那么久长。

（2）在平面布局方面——单体建筑都是以"间"为单位构成的，再以单位建筑组成庭院，然后以庭院为单元形成组群建筑。

（3）在审美观念方面——追求中轴对称，方正严整的群体组合与布局，讲究秩序，适合礼度。主要建筑讲究气势，并以次要建筑衬托；布局形式有严格的方向性，一般为南北向；主要建筑物一般都布置在中轴线上，次要建筑布置在主要建筑前的两侧。

（4）在艺术造型方面——中国古代建筑多采用大屋顶，而且屋顶的形式丰富多样，宫殿、寺庙等大型建筑还往往采用高台基。这种高台大顶还要讲究主次分明，有起有落，由正门到最后一座庭院，如同戏曲和音乐，有序幕、高潮和尾声。

（5）在装饰风格方面——在这方面特别讲究，各个建筑部位甚至各种构件都要美化，选用不同的形象和色彩等。

（6）在环境协调方面——中国古代建筑特别注意在建筑布局、形式、色调等方面与周围环境的协调统一。

❖ **中国古代建筑有哪些基本构件和基本要素？**

中国古代建筑的基本构件和基本要素有台基、柱子、大梁、斗拱、开间、屋顶、山墙，还有枋、檩、彩画、藻井等。台基分普通台基和须弥座台基两种；柱子按截面形式分方柱、圆柱、管柱、矩形柱等，按所用材料分为石柱、砖柱、木柱、钢柱、砌块柱、钢筋混凝土柱等；大梁断面大多为矩形或圆形，多用松木、楠木或杉木制成。

❖ 什么叫"斗拱"？

"斗拱"是我国建筑特有的一种结构，在立柱和横梁交接处，从柱顶上加的一层层探出呈弓形的承重结构叫拱，拱与拱之间垫的方形木块叫斗，合称斗拱，也称为料拱。斗拱在结构上挑出屋檐，并将屋面的大面积荷载传递到柱子上。它是建筑屋顶和屋身立面上的过渡，又有一定的装饰作用，还是封建社会中森严等级制度的象征和重要建筑的衡量标准。

❖ 什么叫"开间"？

"开间"是指房屋的宽度。四根柱围合成的空间称为"间"；木构建筑正面两檐柱间的水平距离称为"开间"，或称"面阔"；各开间宽度的总和称为"通面阔"；建筑的纵深间数称"进深"。中国古代建筑的开间数大部分是单数，而且开间越多表明等级越高，北京故宫太和殿的开间为十一间，等级最高。

❖ 什么叫"须弥座"？

"须弥座"又名金刚座，是比普通台基高级的台基。"须弥"是古印度神话中的山名，相传位于世界中心，是宇宙间最高的山。须弥座用作佛像或神龛的台基，用以显示佛的崇高与伟大。中国古建筑采用须弥座表示建筑的级别。一般用砖或石砌成，上有凹凸线脚和纹饰，台上建有汉白玉栏杆，常用于宫殿和著名寺院中的主要殿堂建筑。最高级的台基常由几个须弥座相叠而成。

❖ 中国古代建筑的屋顶与等级有什么关系？

屋顶是中国古代建筑最有特色的部分，尤其是展翅的大屋顶，有很强的民族特征。在中国木构架建筑中，最常用的屋顶有六种：①庑殿顶，四面斜坡，有一条正脊和四条斜脊，四个面是曲面，等级最高，一般用于皇宫和庙宇中最主要的大殿；②歇山顶，由一条正脊、四条垂脊和四条斜脊组成，又称九脊殿，等级仅次于庑殿顶，用于宫殿和庙宇中次要的建筑，也用于住宅园林中；③悬山顶，屋檐悬伸在山墙以外，屋面上有一条正脊和四条垂脊，等级仅次于庑殿顶和歇山顶，是我国一般建筑中最常见的形式；④硬山顶，屋面不悬出在山墙之外，山墙大多用砖石承重墙，常用于我国居住建筑中；⑤卷棚顶，整体外貌与硬山、悬山一样，唯一的区别是没有明显的正脊，屋面前坡于脊部呈弧形滚向后坡，具有曲线所独有的阴柔之美；⑥攒尖顶，屋面较陡，无正脊，数条垂脊交合于顶部，上面再覆以宝顶，多用于面积不太大的建筑，如塔、亭、阁等；其他还有盝顶、单坡等。江南各式屋顶的屋檐与屋角的起翘都大于北方，特别是攒尖顶，有飞檐之称。这种形状既便于雨水的排泄，又有轻盈欲飞的美感。

❖ 山墙主要的作用是什么？

沿建筑物短轴方向布置的墙称为横墙，建筑物两端的横向外墙一般称为山墙，即建筑两侧上部成山尖形的墙面。除硬山顶建筑外，山墙都止于檐下，如超出屋面就成为各种式样的马头墙，又称封火墙，其特点是两侧高出屋面的山墙随屋顶的斜坡面而成阶梯形，起到了装饰和减少风势、延缓着火房屋火情蔓延的作用。

❋ **宫殿、佛殿等建筑物房顶上屋角处仙人和动物形状的装饰物是什么？**

这些装饰物俗称仙人走兽,有仙人、龙、凤、狮、天马、海马、狻猊（传说中的猛兽）、獬豸（异兽）、斗牛和行什。这些装饰物是从瓦钉盖帽演化而来的,其功能是为了防止瓦钉锈蚀及雨水渗透。在使用上有严格规定,百姓住屋不准使用,富贵人家、官府、庙宇等一般用三兽或五兽,皇家建筑用七兽、九兽,太和殿用十兽,除了仙人外,动物必须用单数,隐喻天、阳性等。

❋ **中国古代建筑有哪些品类？**

中国古代建筑品类繁多,主要有宫殿、陵园、寺庙、宫观、园林、民居、桥梁、塔刹等。宫殿建筑以高大威严为特征,陵园一般都是利用自然地形靠山而建,宗教建筑大部在风景名胜区,园林建筑是建造在园林和城市绿化地段内供人们游憩或观赏用的建筑物,民居与人们的生活密切相关,桥梁既是交通工程建筑物又是旅游观赏物,塔刹是寺庙和一个地方的标志性建筑物,等等。

❋ **中国园林建筑有哪些建筑形式？**

中国园林建筑种类繁多,形式多样,并具有不同的功能,较常见的有亭、殿、堂、楼、阁、厅、馆、轩、廊、斋、榭、舫、桥等。这些建筑本身既是景观,又是观景处,各具独特风格。

❋ **中国佛教寺院主要包括哪些建筑物？**

佛教建筑包括佛寺、佛塔和石窟。佛寺的建筑格局几经变化,明清以来已成定局。一般在中轴线上由南向北依次分布的建筑物为:山门殿、天王殿、大雄宝殿、法堂、藏经楼、毗卢阁、观音殿。大雄宝殿是佛寺的主体建筑,东西两侧的配殿为钟楼与鼓楼、伽蓝殿与祖师堂、观音殿与药师殿并相对应。大的寺院有五百罗汉堂、佛塔寺建筑。其他建筑有寺内僧人的起居生活区、禅室、接待室等。

❋ **道教宫观主要有哪些建筑物？**

道教建筑是指道教用以祀神、修道、传教以及举行斋醮等祝祷祈禳仪式的建筑物,统称道观,包括宫、观、殿、堂、府、庙、楼、馆、舍、轩、斋、廊、阁、阙、门、坛、台等奉祀系统建筑物。道教是多神教,从广义上讲,岳庙、关帝庙、城隍庙、土地庙、妈祖庙、娘娘庙、龙王庙等,也属于道教建筑。道教建筑一般由殿堂、坛台、静室、房舍、园林五大部分组成。道教建筑的装饰艺术鲜明地反映了道教追求吉祥如意、延年益寿、修身养生、羽化登仙的思想。

我国现存道观多为明清时期所建,其殿堂布局因主祀道教神祇的不同而异,一般是:前有山门、华表、幡轩;山门以后正中部分是中庭,在中轴线上主要建有三清殿、玉皇殿、灵官殿;两侧有祀奉一般道教诸神的配殿,或者设十方、云水堂客、执事房等;在中庭两侧还建有东道院、西道院、斋堂、寮房等。

❖ 清真寺建筑必须遵守伊斯兰教的哪些通行规则？

清真寺是伊斯兰教建筑的主要类型，它是信仰伊斯兰教的居民点中必须建立的建筑。清真寺建筑必须遵守伊斯兰教的通行规则，如礼拜殿的朝向必须为东，使朝拜者可以面向西方圣地麦加的方向做礼拜；礼拜殿内不设偶像，仅以殿后的圣龛为礼拜的对象；装饰纹样不准用动物纹样，只能是植物或文字的图形。

中国清真寺建筑有自己的风格特点，从形制上主要分为回族建筑与维吾尔建筑两大类。回族清真寺吸收了汉族传统建筑技艺，具有东方情调，如有封闭形的院落，有中国传统建筑的基本构件，以及与伊斯兰教文化相结合的装修装饰手法。维吾尔族礼拜寺及礼拜殿是非对称的布局，礼拜殿大多是横长形状，圣龛也不一定在中心，寺院入口多建有高大的穹窿顶拱门及邦克楼，建筑华丽醒目，往往成为广场上的主要建筑。

❖ 天主教堂与基督教（新教）堂在建筑上的主要区别在哪里？

教堂是基督教举行宗教活动的场所，也是基督教建筑的典型代表。教堂细尖而高耸的塔楼是这类建筑最突出的特点。因历史与宗派的原因，教堂在建筑风格上呈现差异。

天主教教堂内部装饰华丽，主要由祭坛、圣像、圣画、色彩斑斓的玻璃等构成，充满神圣感和神秘的宗教气氛。基督教（新教）的教堂，各派教会亦有差异，但总体来看，教堂建筑比较简朴，大多为长方形礼堂；内部由于重视讲道，讲台一般置于显著地位，新教加尔文派的教堂甚至没有圣像、宗教画、彩色玻璃和圣坛。近代以来，欧美各国建筑艺术呈现多样化，宗教建筑也在改变传统风格，出现一些新的式样。

❖ 我国有哪些主要的传统民居形式？

民居建筑是古代建筑出现最早的一种类型。我国幅员辽阔，民族众多，古人因地制宜、因材致用，创造出不同结构方式和不同艺术风格的民居建筑。我国传统民居有不同的分类方法，从大的方面可分为北方民居、南方民居和少数民族民居。

（1）北方民居。一般来说，北方民居墙厚，屋顶厚，院落宽敞，争取日照。北方民居的典型代表是北京四合院和黄土高坡上的窑洞。

四合院，朴实厚拙，是北京传统的住宅形式。因整个建筑东、西、南、北四面都有房子，围合在一起，故称"四合院"。北京四合院采取中轴对称方式布局，居中的正房最为尊崇，各幢房屋都朝向院内，庭院方阔，宁静亲切，是十分理想的生活空间。

西北窑洞，在黄土高坡向阳面挖窑筑洞，在窑洞前部用砖砌成拱形的门洞，阳光容易进入，风沙难以入内。窑洞防火，防噪声，冬暖夏凉，节省土地，经济省工，将自然图景与生活图景有机结合起来，是因地制宜的完美建筑形式。

（2）南方民居。南方地区居民一般屋檐深挑，天井狭小，室内空间高敞，以利通风而屏蔽强烈阳光的辐射。住宅的院落一般较小，四周房屋连成一体，多使用穿斗式结构，房屋组合比较灵活。南方建筑多粉墙黛瓦，颜色淡雅。代表性的传统民居有江苏民居、上海民居、福建民居、皖南民居等。

江苏民居，以苏州为代表，房屋多依水而建，与水、路、桥融合在一起，呈现"小桥、流水、人家"的景象。江苏民居多楼房,以砖瓦结构为主,青砖蓝瓦、玲珑剔透的建筑风格,形成了江南地区纤巧、细腻、温情的水乡民居文化。

上海民居,多为砖瓦结构楼房,建筑工艺质量较好,式样新颖,美观大方,具有独特的"海派"风格。

福建民居,以闽南土楼住宅为典型代表。闽西南地区客家人土楼是一种特殊的农村住宅,土楼外形有方有圆,酷似庞大的碉堡,其外墙用土、石灰、沙、糯米等夯实,厚1米,可达5层高,圆形平面直径最大可达70多米,房间总数最多可达300多间。这种聚族而居可达数百人的堡垒式住宅,是源于历史上来自中原的客家人迁徙到这里为防卫侵袭而采取的方法,历年已久。

皖南民居,以黟县西递、宏村最具代表性。安徽南部徽州地区至今保留了不少明清住宅,其基本形式为苏南、浙江、皖南所习见的楼房建筑,主要景观特点:①马头墙错落有致;②多为三合或四合式楼房布局,所围合的明堂较小,取四水归明堂、肥水不外流之意;③木雕精美,主要分布在天井的栏杆和柱梁的节点上;④彩画色彩淡雅,以改善室内折射亮度。

(3)少数民族民居形式更为多样,有蒙古、哈萨克等民族居住的毡帐式建筑("蒙古包"或毡包),有云南南部傣、佤、苗等少数民族居住的干栏式竹楼,有注重门楼、照壁建筑和门窗雕刻及正墙彩绘装饰的白族民居,还有广东开平碉楼、四川羌族碉和藏区高碉为最具特色的碉楼建筑。

❖ 古代江南有哪三大名楼?

古代江南三大名楼为黄鹤楼、岳阳楼、滕王阁。

黄鹤楼坐落在今湖北长江之滨的武昌,始建于东吴黄武二年(223);南朝时成为大型观赏建筑,历代名士登楼观景赋诗,留下很多诗文名篇,如唐崔颢《黄鹤楼》诗中的名句"黄鹤一去不复返,白云千载空悠悠",唐李白的诗《黄鹤楼送孟浩然之广陵》等。千百年来,黄鹤楼屡建屡毁,仅清代就有七次。20世纪80年代,黄鹤楼重建,楼址退离江岸,楼为五层,高51.4米,平面呈"亚"字形,楼前有双鹤铜雕,西端有迁移来的元代白塔,黄鹤楼已不再是孤立于江边的景观。

岳阳楼,位于湖南岳阳西门城台上,东倚巴陵山,西临洞庭湖,北枕万里长江,南望三湘四水,始建于唐。李白赋诗后,始称岳阳楼。宋代著名文学家范仲淹写了《岳阳楼记》,留下了"先天下之忧而忧,后天下之乐而乐"的名言后,岳阳楼更加闻名遐迩。现存岳阳楼为清同治六年(1867)重建,1983年又进行了大修。

滕王阁,位于江西南昌西沿江北路,紧邻赣江之滨,为唐高祖李渊之子滕王李元婴都督洪州(今江西南昌)时所建,故称滕王阁。滕王阁因王勃的《滕王阁序》而名扬天下,它是历代封建士大夫迎送和宴请宾客之处,朱元璋也曾设宴阁上。此阁历经兴废28次,如今的滕王阁是1989年重建的。

❖ 佛塔是怎么形成的?

佛塔起源于古代印度,原是佛徒膜拜的对象,用以供奉佛祖释迦牟尼遗骨(舍利),其形状为一个半圆形的坟冢。在古印度,佛陀去世后被安葬于一个叫苏堵坡的坟墓中,其形象是一个巨大的覆钵形的陵体。"塔"最初就是苏堵坡的中文音译(也译为塔婆)。传入中国后,先与中国显示尊贵的高楼崇台相结合,形成第一代阁楼式木塔;后来筑塔材料由木材向砖石转变,衍生出第二代密檐式塔;把印度原有的覆钵形式缩小保留在塔顶上,成了塔刹;到了元代,藏传佛教开始在中原传播,佛塔又增加了覆钵式的喇嘛塔和金刚宝座式等类型。

❖ **我国古桥有哪几种类型?**

桥梁是指架在水上或空中以便通行的建筑物。中国古桥既是一种工程建筑,又是一种体现建筑艺术的旅游观赏物。中国古桥按桥梁上部结构的建筑材料分有木桥、石桥、铁桥等;按桥梁主要承重结构分有梁桥(又名平桥)、拱桥(又称曲桥)、索桥(又称吊桥)、浮桥(又称舟桥)四种基本类型或体系。

❖ **我国现存古桥中较著名的是哪"四大古桥"?**

这四大古桥为:江苏苏州宝带桥、河北赵县赵州桥、福建泉州洛阳桥、陕西西安灞桥。

❖ **如何解读中国的宫殿建筑文化?**

宫殿,是中国发展最为成熟、成就最高、规模最大的建筑。可以从以下几个方面来解读宫殿建筑文化:

(1)宫殿一般布局恢宏,特点是深邃、宽阔、高大,这三种因素结合在一起,形成了一种崇高的气势,象征着帝王权力和地位的至高无上。

(2)宫殿是君权神授的地方,处处充分体现出皇帝的神威,如皇帝的宝座与臣子们叩头的地方有11米多的落差,宫殿内外到处是龙的图案。

宫殿内部装修得金光灿烂、华贵非凡,这是皇帝才能拥有的空间,烘托着皇帝的超人性。

大殿内的神秘色彩与殿外明亮的广场形成强烈的对比,强化了皇帝的神秘性和崇高感。

(3)每座或每组大型宫殿及宫门都命以嘉名,如"奉天"、"太和"、"保和"、"中和"等,既体现出宫殿主人的审美层次,又表达了统治者江山永固的心愿。

(4)宫内除了皇帝及其家族外,还有卫兵、工匠、奴仆等群体,因此宫内的建筑从形体上具有明显的等级差别,反映了封建社会强烈的等级观念。

❖ **如何解读中国的陵墓建筑文化?**

陵墓是"死"的生活空间。根据生死一体化的礼教观念,中国古代帝王将相的陵墓大多要依照其生前所处的宫殿或府宅为准则,加以模拟规划,体现出一种视死如生的思想。为了显示死后的象征性权威,陵园占地面积广大,陵冢体量高大,整体空间宏大,但格调已不再是辉煌灿烂,而是混茫、深重、沉郁。陵寝建筑一般都因山为陵,以砖石结构为主,造型色调与自然界的山川融为一体,意味着死后也要与天地共存。

❖ **如何解读中国古代的宗教建筑文化?**

中国历史上最具影响力的宗教是佛教和道教,无论外来的佛教还是本土的道教,它们的建筑形制类似，都是中国的传统，这说明中国文化对外来文化的影响力。中国从来不是一个宗教国家，无论哪种宗教，都必须依靠皇帝的支持才可能得到发展。凡是有帝王踪迹的寺庙道观，都会成为名寺名观，香火旺盛，寺观的建筑等级也很高。宗教建筑的主要功能是供奉崇拜对象，完成宗教仪式，引发宗教情绪，以及供信徒居住生活，因此，它既有神秘的一面，又有实用的一面。建筑只是寺观的躯壳，供奉的佛像神像才是寺观的主角。供奉的对象有等级之分，因此建筑也有等级的差别。

❖ 如何解读我国传统民居的建筑文化？

民居与人们的生活密切相关，中国传统民居的第一个特点就是讲究实用，建筑的格局和形式都要适应当地的自然条件，民居的建造一般就近取材，在建筑结构上要具有防灾抗灾的功能。中国传统民居也具有美感，这种美观主要体现在与自然环境的和谐。因为多为土木建筑，材料本身限制建筑的高度，所以外观高度不大，一般都采用院落式的布局，这种外观和布局很容易与大自然融为一体。"和"是中国传统社会审美追求的理想境界，中国传统民居也不例外。古代民居一般都是一个家族、一个宗教聚居的地方，在中国传统民居中，长幼、男女、尊卑分明，体现出明显的宗法伦理思想。中国传统民居也十分重视风水，注意保护山林和环境绿化，传统的"天人合一"思想体现得最充分。

❖ 古建筑与历史文化和地域文化有什么关系（为什么要保护古建筑）？

建筑文化具有时代性和地域性。建筑的技术水平总是与当时社会生产力的发展水平有关。一个时代有什么样的形态文化，就必然形成什么样的建筑风格，具有什么样的建筑艺术。古建筑中的历史信息越丰富、越重大，保护的价值就越大。建筑除了遮阳、避雨、防寒等实用功能外，还因为各地的气候因素不同而不同程度地打上了地域性的烙印。地域特征越明显或越具典型性的古建筑，其保护价值自然就越大。

❖ 为什么把建筑比喻成凝固的音乐？

建筑具有情绪意境体现的抽象性，它与音乐一样，所表现的不是具体的人和事件能触及的具体情感，而是一种抽象的情感。不同的是，音乐所表现出来的抽象情感是律动的，而建筑是凝固的。这种抽象性使建筑艺术具有跨越时空的优势。它可以通过雄伟壮丽的形式振奋人们的热情，也可以通过粗犷沉重的造型给人以压抑沉闷的心情；它可以通过精致华丽的形式造成高贵的格调，也可以通过对称稳重的构图和相应的色彩渲染出庄重严肃的氛围；它可以通过自由组合和多种色彩形成轻松活泼的气氛，也可以通过灰暗单调和阴森刻板的形式给人带来一种悲凉恐怖的心境。从某种意义上讲，建筑与音乐一样，是一种人类共同的语言。在观赏建筑艺术时，如能把自己的心情与建筑的文化内涵发生交融，同样能陶冶情操、提升思想境界。

❖ 中国传统建筑与西方（欧洲）古代建筑的主要区别在哪里？

中国传统建筑以木结构为主，而欧洲建筑是一种以石结构为主的建筑体系。中国传统建筑强调实践理性，注重现实社会生活，建筑结构一般采用沿中轴线平面铺展，布局匀称，等级分明,严肃庄重且井井有条,符合中国封建礼仪的级差制度。西方的神庙、"罗马风"和"哥特式"建筑追求的是高大、神秘、威严,产生一种震慑效果,体现了弃绝尘寰的宗教出世精神,相对于同类中国古建筑,似乎要拉开和扩大人与建筑的距离,来产生崇敬和仰慕的美感效应。

❖ **欧洲建筑有哪些主要风格?**

欧洲以石结构为主的建筑,兴起于公元前两三千年的爱琴海地区和公元前一千年以来的古希腊,也融合了一些古埃及和古代西亚建筑的某些传统。古埃及建筑以金字塔和神庙为主,古代西亚和伊朗高原建筑以王宫、神庙和观象台为主。公元前2世纪罗马帝国后,欧洲建筑体系长期以意大利半岛为中心,流行于欧洲广大地区,以后又传到南北美洲。欧洲建筑以神庙或教堂为主,还有公共建筑、城堡、府邸、宫殿和园林。在长期的发展过程中,相继出现了许多风格,主要有古希腊、古罗马、拜占廷与俄罗斯、罗马风与哥特式、文艺复兴、巴洛克、古典主义和折中主义等。

❖ **外国建筑中的"柱式"、"券拱"、"穹顶"源于何种建筑?**

柱式,就是在建筑物外廊有一排高大的立柱,立柱有多立克、爱奥尼和科林斯三种,前两种柱式形成于公元前5世纪上半叶,是古希腊建筑的典型风格,如希腊雅典卫城的神庙,反映了处于人类童年时代的希腊人的宇宙观。

券拱结构,是罗马建筑最大的特色、最大的成就之一。罗马人不像希腊人那样理想主义,他们意志坚强而更讲实际,祭祖胜于祭神,运用先进技术修建道路、桥梁、高架输水道、巨大的公共建筑物(如斗兽场)等。由于拱券和混凝土的使用,罗马人舍弃了不必要的柱子,开拓了建筑的新时代。

穹顶,是拜占廷(即东罗马)建筑的主要成就和特征,这是一种把穹顶支撑在独立柱子上的结构方法和与之相应的建筑形制,如美国的国会大厦就采用这种建筑风格。拜占廷建筑,既继承了古罗马的建筑文化遗产,又汲取了西亚的东方文化,形成了自己独特的体系和风格。俄罗斯的拜占廷建筑,是斯拉夫古典民族风格与拜占廷风格的结合,别具一格,如气势雄伟、规模宏大的宫殿和教堂等,这些建筑外墙厚重、窗户面小、增设鼓座;穹顶参差不齐,有的像毡篷,有的像洋葱,有的像在燃烧的火焰。

❖ **什么是"罗马式"建筑?**

罗马式建筑,原意为罗马建筑风格的建筑,又称罗马风建筑、罗曼建筑、似罗马建筑等,是10—12世纪在欧洲基督教地区盛行的一种建筑风格。罗马式建筑多见于修道院和教堂,线条简单明快、造型厚重敦实。公元9世纪时,西罗马帝国灭亡后,古罗马时代的建筑技巧和艺术随之失传。经过数百年的混战后,终于形成了法兰西、意大利、德意志、英格兰和西班牙等十个民族国家,开始发展各自的文化艺术。他们模仿古罗马时期的凯旋门、城堡和城墙等建筑样式,修建一些教堂建筑,因采用了古罗马式的拱券结构,故称"罗马式"。

11世纪晚期,法国南部图卢兹的圣塞尔宁教堂建立,标志着罗马式建筑风格开始形成。罗马式建筑的共同特点是:基本都是教堂;建筑都以拱顶为主;空间构造经常使用石头的曲线结构;建筑物的外观巨大繁复,内部装饰简单粗陋;建筑居于主导地位,其次是绘画、雕塑艺术;等等。

❖ **什么是哥特式建筑风格?**

哥特式建筑是一种以教堂建筑为主的建筑艺术,它发端于11世纪下半叶的法国,主要见于天主教堂。这种建筑风格主要有三个特点:①教堂的平面一般为拉丁十字架式,中厅窄而长,瘦而高,内部结构全部裸露,整个空间弥漫着迷离与幽幻,如同天堂;②大量采用彩色玻璃,并镶成宗教画,用以启导信徒们的心扉;③外部有一对高耸的尖塔。凡此种种,使教堂充满了一种超世脱俗、腾跃迁升的动感和气势。

❖ **什么是巴洛克建筑风格?**

巴洛克建筑是一种于17—18世纪出现在意大利文艺复兴建筑之后的建筑和装饰风格。它的基本特征:①追求外形自由和动感,常采用一些非理性手法以达到反常和惊奇的效果;②注重富丽堂皇的装饰和精雕细琢,强调强烈的色彩;③常使用椭圆形的建筑空间。

"巴洛克"一词源于意大利,原意是"畸形的珍珠",意思就是奇特古怪。巴洛克风格否定僵化的古典建筑形式,追求自由的风格,它对城市广场、园林艺术和整个文学艺术的发展都产生过重大影响,曾在欧洲十分流行。

二、苏州建筑文化遗产

❖ **苏州现有全国重点文物保护单位多少处?**

截至2013年年底,苏州全国重点文物保护单位有54处,其中园林10处、古塔10处、寺观庙宇9处、古宅别墅14处、古桥4处、官署会馆3处、城门遗址2处、近现代建筑2处。

❖ **有哪些苏州园林被列为全国重点文物保护单位?**

截至2013年年底,苏州有10个园林被列为全国重点文物保护单位,分别是拙政园(1961年公布)、留园(1961年公布)、网师园(1982年公布)、环秀山庄(1988年公布)、耦园(2001年公布)、狮子林(2006年公布)、沧浪亭(2006年公布)、艺圃(2006年公布)、退思园(2001年公布)、常熟的燕园(2013年公布)。前4个园林于1997年被联合国教科文组织以"苏州古典园林"的典型例证列入世界文化遗产名录,耦园、狮子林、沧浪亭、艺圃、退思园以"苏州古典园林"的扩展地列入世界文化遗产名录。

❖ **有哪些苏州古塔被列为全国重点文物保护单位?**

截至2013年年底,被列为全国重点文物保护单位的苏州古塔有10处,分别是:云岩寺塔(又名虎丘塔,位于虎丘山上,1961年公布)、瑞光塔(位于盘门景区内,1988年公布)、罗汉院双塔(位于姑苏区,1996年公布)、报恩寺塔(又名北寺塔,位于姑苏区,2006年公布)、崇教兴福寺塔(又名方塔,位于常熟城区,2006年公布)、甲辰巷砖塔(位于姑苏区,2013年公布)、聚沙塔(位于常熟,2013年公布)、万佛石塔(位于高新区,2013年公布)、秦峰塔(位于昆山,2013年公布)、慈云寺塔(位于吴江区,2013年公布)。

❖ **苏州有哪些寺观庙宇被列为全国重点文物保护单位?**

截至2013年年底,苏州共有9处寺观庙宇被列为全国重点文物保护单位,分别是:苏州文庙(即府学,位于姑苏区人民路南段,2001年公布)、玄妙观三清殿(位于姑苏区中心观前街,1982年公布)、保圣寺(位于吴中区甪直镇,1961年公布,单位全名为保圣寺罗汉塑像)、紫金庵(位于东山镇西,2006年公布,全称为紫金庵罗汉塑像)、寂鉴寺(位于天池山,2006年公布,全称为寂鉴寺石殿佛龛及造像)、轩辕宫正殿(又称胥王庙,位于东山杨湾村,2006年公布)、开元寺无梁殿(位于姑苏区,2013年公布)、浏河天妃宫(位于太仓,2013年公布)、先蚕祠(位于吴江区,2013年公布)。

❖ **苏州有哪些古宅别墅被列为全国重点文物保护单位?**

截至2013年年底,被列为全国重点文物保护单位的苏州古宅别墅有14处,分别是:俞樾旧居(位于姑苏区人民路马医科,2006年公布)、东山民居(位于吴中区东山镇,包括明善堂、怀荫堂、凝德堂三处明代建筑,2006年公布)、春在楼(民国建筑,位于吴中区东山光阴村,2006年公布)、綵衣堂(翁同龢旧居,位于常熟城区翁家巷门,1996年公布)、赵用贤宅(明朝高官旧宅,2006年公布)、师俭堂(位于吴江区震泽镇,清代建筑,震泽望族徐氏宅第,2006年公布)、柳亚子故居(位于吴江区黎里镇,2006年公布)、张溥宅第(位于太仓城区新华西路,明代建筑,张溥为明代著名文学家和社会活动家,2006年公布)、顾炎武墓及故居(位于昆山,2013年公布)、玉燕堂(位于昆山,2013年公布)、卫道观前潘宅(位于姑苏区,2013年公布)、杨氏宅第(位于张家港,2013年公布)、敬业堂(位于昆山,2013年公布)、耕乐堂(位于吴江区,2013年公布)。

❖ **苏州有哪几座古桥被列为全国重点文物保护单位?**

2012年前,有宝带桥(位于吴中区大运河西侧,创建于唐代,是一座纤道桥,2001年公布)、太仓石拱桥(位于太仓市城区,包括皋桥、州桥、周泾桥、井亭桥、金鸡桥五座元代古桥,2006年公布)。另外,还有作为京杭大运河苏州段部分的一些桥梁。京杭大运河于2006年被列为全国重点文物保护单位,苏州段原江苏省文保单位的桥有吴门桥、灭(觅)渡桥、运河古纤道以及市级文保的下津桥、上津桥等也包含其中。2013年新增有思本桥(吴江区)、东庙桥(吴江区)。

❖ **苏州有哪些官署会馆遗址被列为全国重点文物保护单位?**

截至2013年年底,苏州有3处官署会馆遗址被列为全国重点文物保护单位,分别是:太平天国忠王府(位于苏州姑苏区东北街,1961年公布)、全晋会馆(又称山西会馆,清乾隆三十年即1765年创建,位于苏州姑苏区平江路中张家巷,2006年公布)、苏州织造署旧址(位于姑苏区带城桥下塘,2013年公布)。苏州太平天国忠王府是保存至今具有代表性的一处太平天国王府旧址,全晋会馆现为苏州戏曲博物馆。

❖ 被列为全国重点文物保护单位的苏州城门建筑遗址在哪里？

一个是位于苏州城区西南隅的盘门，是吴都八门之一，2006年公布；另一个是位于昆山巴城镇的绰墩遗址，东西长500米，南北宽800米，处于阳澄湖与傀儡湖之间的狭长地带。唐玄宗时，宫廷艺人黄番绰擅长演"参军戏"，死后葬在这里，故名绰墩。20世纪80年代，墩内出土了18件良渚文化珍贵文物，发现良渚文化墓葬1座。

❖ 苏州有多少古建筑遗址被列为江苏省文物保护单位？

截至2010年，苏州有106处古建筑遗址被列为江苏省文物保护单位，其中古遗址9处、古墓葬20处、古塔7处、寺庙祠堂12处、园林宅第24处、城关衙驿6处、古桥6处、其他古建筑6处、近现代史迹及建筑7处，还有5处属石刻遗存。2013年，有些古建筑遗址已升为全国文保单位。

❖ 苏州市级文物保护单位有多少？

截至2010年，苏州市级文物保护单位共有550处，市区另外还有289处控制保护建筑。这些文物中有大量的传统民居、名人故居、寺观庙宇、私家园林、古桥古亭，还有一部分官署会馆、学校旧址、近代住宅和工商业建筑。

❖ 苏州还有哪些被列为省级文保单位的古塔？

有楞伽寺塔（即上方塔，位于吴中区石湖景区上方山）、光福寺塔（位于吴中区光福镇龟山）。2013年，甲辰巷砖塔（位于姑苏区干将东路甲辰巷南首）、万佛石塔（位于高新区镇湖街道西京村）、聚沙塔（位于常熟梅李镇）、慈云寺塔（位于吴江区震泽镇）、秦峰塔（位于昆山千灯镇）已升为全国文保单位。

❖ 苏州还有哪些被列为省级和市级文保单位的古桥？

被列为省级的有大堂寺桥（位于吴中区甪直镇车坊）、香花桥（位于吴江区震泽龙降桥村）、垂虹桥遗迹（位于吴江区垂虹路北）、双桥（位于昆山周庄镇）。2013年，东庙桥（位于吴江区七都镇东庙桥村）、思本桥（位于吴江区同里镇辽浜村）已升为全国文保单位。

被列为市级的有行春桥、寿星桥、普安桥、普济桥、越城桥、彩云桥、官太尉桥、甪直镇古桥、西津桥、永安桥、后塘桥、具区风月桥、蠡墅古桥梁、五龙桥、植里古道及桥、里尺桥、凤凰桥、观桥、石家桥、南桥、万安桥、众缘桥。

❖ 苏州还有哪些园林宅第被列为省级文保单位？

有怡园（位于姑苏区人民路乐桥北）、五峰园（位于姑苏区阊门内下塘五峰园弄）、文起堂（位于姑苏区干将东路）、惠荫园（位于姑苏区临顿路南显子巷）、潘世恩宅（位于姑苏区临顿路钮家巷）、吴云宅园（位于姑苏区人民路马医科庆元坊及金太史巷）、瑞云峰（位于姑苏区带城桥下塘织造署旧址，现为苏州市第十中学）、大石头巷吴宅（位于姑苏区人民路大石头巷）、绍德堂（位于吴中区东山镇新义村）、瑞霭堂（位于吴中区东山镇翁巷殿新村）、楠木厅(位于吴中区东山镇莫厘北路)、锦绣堂(位于吴中区西山东村)、务本堂(位于吴中区东山镇施鹏巷光明村)、严讷宅(位于常熟城区周神庙弄)、越园和曾园(位于常熟城区翁府前)、致德堂(位于吴江区震泽镇梅扬街)、玉燕堂(位于昆山周庄镇北市街)、沙溪雕花厅(位于太仓沙溪镇中市街)、榜眼府(位于张家港凤凰镇恬庄村北街)。

❖ **苏州有哪些被列为省级、市级文保单位的官署衙门旧址?**

被列为省级的有江苏巡抚衙门旧址(位于姑苏区人民路书院巷)、江苏按察使署旧址(位于姑苏区道前街)。2013年,苏州织造署旧址(姑苏区带城桥下塘苏州市第十中学西南部)已升为全国文保单位。

被列为市级的官署旧址有万寿宫(位于姑苏区民治路)、日本领事馆旧址(位于姑苏区南门路原第一丝厂内)、侵华日军宪兵司令部旧址(位于姑苏区司前街西善长巷)、苏州关税务司署旧址(位于姑苏区南门路东首)。

❖ **苏州有哪些近现代建筑被列为省级文保单位?**

有苏州美术专科学校旧址(位于姑苏区人民路沧浪亭东)、陈去病故居(位于吴江区同里镇三元街)、丽则女学校址(位于吴江区同里镇新填街)、张应春烈士墓(位于吴江区汾湖镇黎里村)、苏嘉铁路75号日军炮楼(位于吴江区盛泽镇群铁村,即原史家浜村)。东吴大学旧址(位于姑苏区十梓街苏州大学本部南部)、天香小筑(位于姑苏区人民路苏州图书馆内),已升为全国文保单位。

❖ **苏州有哪些被列为市级文保单位的工商业建筑旧址?**

有博习医院旧址、交通部苏州电报电话局旧址、雷允上诵芬堂药铺、万盛米行旧址、苏纶纱厂旧址。

❖ **苏州有哪些教堂建筑被列为市级文保单位?**

有杨家桥天主教堂(位于姑苏区山香路莲香桥北)、东群社会堂(位于姑苏区宫巷)、使徒堂(位于姑苏区养育巷)、圣约翰堂(位于姑苏区十梓街东首,原天赐庄)。

❖ **苏州还有哪些会馆被列为市级文保单位?**

有潮州会馆(位于姑苏区山塘街)、武安会馆(位于姑苏区阊门内天库前舒巷口)、嘉应会馆(位于姑苏区胥门外枣市街)。

❖ **苏州现在有哪些具有地标性的建筑物?**

地标性建筑,对一个城市的旅游文化具有重要的象征意义。虎丘斜塔是古老苏州的见证,北寺塔是千年古城的标志,水陆城门盘门是东方水城的符号,东方之门是新苏州的象征。还有太湖大桥、苏州园林、寒山寺钟楼等,都是打上苏州烙印的建筑。

❖ **吴地传统民居有什么特点?**

归纳起来,吴地传统民居具有以下几个特点:

(1)沿河而居。人家尽枕河,具有"小桥、流水、人家"的水乡特色。(2)坐北朝南。江南有"祖上传下朝北屋,世世代代朝俚哭"的谚语,所以忌朝北,这符合四季天气变化,也利于晒柴谷等。(3)避凶驱邪。吴地人十分注重大门,认为门是一道关卡,要放照妖镜或吉祥物,逢年过节,要贴门神和春联等;门的高低和门的颜色及门前饰物十分讲究,官绅人家都是朱门大户,门上有铜环和门钉,显赫家庭门前还有高大的石狮。(4)灶亮房暗。灶不能与房屋同向,灶台上砌有神龛,供奉灶君;床的摆放要与房间同向,光线忌直射床上。(5)屋脊山墙。瓦房屋脊两头用"哺鸡"、"纹头"等饰物,正脊当中留一空间填放泥土、鸡粪等,并种上"龙头葱",以祈"年年发"和"千年好运来"。(6)备弄窄长。(7)粉墙黛瓦。这种色调与江南淡雅平和的湖光山色融为一体,意境朦胧,使人会联想到黑与白的是非、阴与阳的哲理,甚至会把它比喻成江南女子乌黑的头发和白皙的皮肤。

❖ 苏州"香山帮"建筑文化是怎么发展的?

"香山帮"传统建筑营造技艺2009年9月被列入第四批人类非物质文化遗产代表作名录。

"香山帮",是对以香山为核心的"香山地域"工匠群体的一个特定称谓,包括木匠、泥水匠、石匠、漆匠、堆灰匠、雕塑匠、叠山匠、彩绘匠等。

春秋战国时期,吴王开凿胥溪,伍子胥相土尝水,规划营造阖闾大城;夫差在灵岩山上建造馆娃宫,在香山里建造大型离宫——南宫,在姑苏山上建筑姑苏台,均工程浩大,规模惊人。这些大型建筑的兴建孕育了"香山帮"工匠队伍。汉晋时期,吴地佛道两教空前盛行。南朝时期的道观佛寺之多,更是盛况空前。吴地佛道文化的发展,有力地推动了"香山帮"建筑文化的发展。据《苏州府志》记载,苏州城区明代有园林271座,清代有130座,以及富有江南特色的苏州古民居,这些园林和建筑都留下了"香山帮"建筑艺术的足迹。

皇家建筑是"香山帮"兴盛,并声名远扬的主要原因。明永乐年间(1403—1424),以蒯祥为代表的"香山帮"匠人应征参加营造北京紫禁城,他们的精湛技艺使其成为工匠中的佼佼者。

蒯祥,苏州香山渔帆村人(1398—1481)。明永乐年间(1403—1424),他设计营造了北京故宫、天安门、午门和两宫(乾清宫和坤宁宫);明正统年间(1436—1449),又主持了三大殿、五府、六部衙署的重建和御花园的建造;京城中文武诸司的营建,也大多出于他的擘划,因此在明代故宫的鸟瞰图上,把蒯祥的像都画在了上面。晚年,他还经手建造过明十三陵的裕陵。曾任工部左侍郎,食从一品俸禄。同行叹其技艺如鬼斧神工,而在京城"违其教者,辄不称旨",皇帝也"每每以蒯鲁班呼之"。

清末民初,"香山帮"又出了一个建筑大师姚承祖(1866—1938)。他是香山墅里村人,出生于木工世家,其祖父姚灿庭是一位出色的木匠,曾作《梓业遗书》一卷。他16岁随叔父姚开盛习木作,现存的怡园里的藕香榭、灵岩山寺的大雄宝殿、香雪海的梅花亭都是他的作品。特别是他的一部记述"香山帮"传统做法的专著——《营造法原》,被国人誉为"中国苏派建筑的宝典"。

民国时期,由于西方建筑文化的不断渗透,"香山帮"逐渐衰落。改革开放以来,在政府的大力扶持下,"香山帮"逐渐恢复了生机,先后承建了美国纽约明轩、波特兰市兰苏园、加拿大温哥华逸园等古典建筑。

❖ "香山帮"建筑的特点是什么？

"香山帮"建筑布局机变、结构紧凑、制造精巧、色调和谐。

最能体现"香山帮"建筑特点的首推艳丽多姿的园林建筑。它由山石、水池、花木、亭榭等建筑有机组合而成，且巧妙地运用造园的各种手法和技巧，使其在极有限的空间内步移景换、变化无穷，让人们在狭小的天地里寻访大自然山水的情趣，"虽由人作，宛如天开"。

二是奇巧的梁架结构。在苏沪一带，无论是民间宅院或园林寺庙，其梁架结构基本相同。明清时期的建筑，一般用材都比较粗壮、规范，对于材料的加工制作，亦多精细。凡属民间宅院一类，梁架多系穿斗或抬梁混合硬山做法；而寺庙殿宇，多属抬梁歇山式。

三是精美机变腰檐转角。寺观建筑中最能显示香山帮建筑特点的当推殿宇的转角或塔的腰檐转角部分的戗角。这里戗角上翘度之大为其他地区的塔、殿所不及。

四是民居建筑的朴实典雅，它的屋脊是房屋顶山的一种装饰，一般可分两类：一类是以筒瓦覆盖成浑圆形，俗称"鳗鱼脊"，两端饰以"瓦哺鸡"或"扁担头"，这类都属于明式做法；二类是清代或清代以后的屋脊，多以板瓦直立排列，正中间往往留有一空隙，植以"千年蒕"（即万年青）或"龙头葱"之类，以示吉祥。两端饰以"纹头"、"回纹"、"甘蔗"、"哺鸡"、"鸡毛"等各式各样的图案，使屋面变得活泼自然。它的墙门一般都比较简朴。门堂都设在中轴线上，也有设在轴线两侧，依房屋的檐柱砌墙两垛，往往包以细砖，上面近檐处饰"犀头"。门堂下槛大多做成"金刚腿"（俗称"活络门槛"）。它的仪门设在墙门和厅堂之间，制作都比较精巧。它的门楼多设在厅堂或住楼的正前方，其向外一面，多为石门框结构，中设两扇实拼和合门，门的朝外一面，多附以细砖，坚固朴实，可以防火。

"香山帮"植根于吴文化土壤，是我国著名的古建、园林的建筑流派，2 500多年来，为吴地的民居、宗教、园林等建造了大量的建筑，形成了饮誉中外的"苏派"建筑特色，为苏南建筑的代表，凸显了它的历史文化价值。"香山帮"工匠建造的园林建筑和寺庙建筑是实用与审美相结合的艺术。

"香山帮"工匠建造的苏州旧民居建筑无论是明末清初的挺秀简洁，还是清乾隆、嘉庆时的雄健厚重，抑或是同治、光绪之后的精巧华丽，均以人为本，多为硬山式的砖木结构，用抬梁和穿斗的构架承受屋面和楼面的重量，以空斗墙或实砖墙来围护及分隔空间，轻盈多变、变而不乱，既有一致性，又有灵活性，充分体现了它的科学价值和实用价值。

第五章　千年古城

❀ **苏州现存的古城是什么时候兴建的?**

据史料记载,苏州古城始建于公元前514年。春秋末期,吴国日益兴盛,一度成为春秋五霸之一。阖闾向伍子胥征询治国之道,伍子胥从军事攻防和强国称雄的谋略角度向吴王阖闾建言:"凡欲安君治民,兴霸成王,从近制远,必先立城郭,设守备,实仓廪,治兵库。"阖闾立即采纳了伍子胥的建议,授命伍子胥重筑吴国都城。伍子胥在吴国都城的选址中,"相土尝水,象天法地",勘察环境,选取城址,筑"陆门八,以象天之八风。水门八,以法地之八卦",因地制宜筑起了一座都城,即后人所称"阖闾大城"。历史上的苏州城曾有吴县、吴郡、吴州、平江府等名称。隋开皇九年(589),吴州改名苏州,据传,其名取之于城西姑苏山。苏州古城历经兵燹,屡毁屡建,2 500多年以来,依然坐落在原来的城址上,城市形制基本不变,城市格局基本完整,这在中国乃至世界城市建设史上实属罕见。

❀ **苏州的古城有多大?**

最早记载吴国都城范围及形制的,是成书于战国,经东汉袁康、吴平辑录的《越绝书》。该书详细记载了古代苏州城池的形制和规模尺度:"吴大城,周四十七里二百一十步二尺。陆门八,其二有楼。水门八。南面十里四十二步五尺,西面七里百一十二步三尺,北面八里二百二十六步三尺,东面十一里七十九步一尺。阖庐所造也。吴郭周六十八里六十步。吴小城,周十二里。其下广二丈七尺,高四丈七尺。门三,皆有楼,其二增水门二,其一有楼,一增柴路。""吴大城"即指吴国都城,按古制一里合三百六十步、一步为六尺计算,四面城垣相加周长为三十七里一百零一步,约为今天的16 200米,即16.2公里,与今天苏州古城的城垣遗址基本相符。"吴小城"即指都城中的宫城,又称子城,为城市的中心建筑部分,也是君王统治的政治中心。至今古城中有叫"皇废基"的地名,据传即是吴都子城所在地。"吴郭"即这座都城的外廓,至于是否筑有完整的城垣,还是间有河流山地为屏障,还有待更多的考古和发掘。

❀ **苏州古城原来有几个城门? 城门的名称有何含义?**

春秋末,伍子胥所建的苏州城有八对水陆并列的城门。

阊门　位于城西北。有一说,"城立阊门者,以象天门,通阊阖风也"。阊阖原指天宫之门,古人认为阊阖之风居西方,阊门位于城西北,这是它名字的由来。还有故事说,吴国讨伐楚国,阖闾亲自率领大军,浩浩荡荡从此门出征,一举挫败楚国,因此,阊门又名破楚门。

自2000年始,阊门经多次修缮,城墙总长达465米,水陆城门并列的壮观得以再现。

胥门　位于城西。《吴地记》记载:"本伍子胥宅,因名。"也有文献记载,胥门又名姑胥门,因姑胥山得名。至今,胥门城墙总长达668米,经修复的胥门古朴、苍劲、雄丽。

相门　位于城东。最早称为匠门,据传,干将与莫邪在此为阖闾铸剑,故又名干将门。2012年,相门修复城墙370米,连接城墙遗址,总长650米。新修建的城楼高达24米,飞檐重阁,高大雄伟,与苏州工业园区的东方之门遥相对望,古今对话。

娄门　位于城东北。《吴地记》记载:"娄门,本号疁门。东南,秦时有古疁县。"2013年,娄门修复城墙223米,重辟城门,并在其上建两层高城楼,苏州古城东北再度显现娄门雄姿。

齐门　位于城北。据史书记述,公元前517年,吴王阖闾败楚后,准备攻打齐国。齐景公畏于日益强大的吴国,将女儿嫁与吴国太子波,以求吴齐结盟。齐女年少,思念故土,日夜啼哭成病。为此,阖闾令造北门,上置九层飞阁,以让齐女登阁望乡,故又称"望齐楼"。2013年,齐门段城墙修缮895米,苏州城北的古运河将又有绵延城墙相随相伴。

平门　位于城北。《吴地记》记载:"平门北面,有水陆通毗陵,子胥平齐,大军从此门出。"故称平门。据史料记载,平门又名巫门。2012年,平门重建,城楼高14米,西面修复城墙长346米,东面修景观城墙长266米。巍峨平门挺立在苏州的北大门,象征古城风貌,迎送四方来宾。

蛇门　位于城南。《吴地记》记载:"在巳地,以属蛇,因号蛇门。"古人用天干地支按顺时针方向来表示方位,"巳"指南略偏东方位,蛇门由此得名。另有一说,越国在东南,处在"巳"方位,吴国"欲东并大越",故在筑蛇门时,于门首上制作一条木蛇,其首北向,寓意越国臣服于吴。1998年,苏州古城东南角的古运河畔,修起了一段长200多米的城墙,上置楼阁,古韵浓郁,怀古的苏州人称为蛇门,而历史上的蛇门地理位置还有待考证。

盘门　位于城西南。盘门曾名蟠门,据说当年吴王命在城门上刻木蟠龙为镇物,以示制压和镇服越国。此门又因"水陆萦回,徘徊屈曲",故又称盘门。盘门是苏州古城唯一保存完整的水陆城门,1985年盘门得以全面修缮,几经沧桑,古风依然。

❖ 苏州古城"三横四直"格局指什么?

"三横四直"是指苏州古城主干水道的格局。"三横"是指古城内自西向东的三条主干河道,称为横河;"四直"是指古城内由北向南的四条主干河道,称为直河。今苏州古城"三横四直"河道起止走向为:

第一横河,自西内城河起,经板桥、宝成桥、桃花桥、新善桥、日晖桥、香花桥、张公桥、天后宫桥、临顿桥、园林桥、周通桥、拙政园桥、华阳桥、金粉厂桥、城东桥、水关桥,出娄门入外城河。

第二横河,自第一直河起,经渡子桥、太平桥、芮桥、市曹桥、乐桥、乘鱼桥、言桥、草桥、马津桥、甫桥、双塔桥、白蚬桥、兴市桥、环卫桥、昇龙桥、顾亭桥、相门水关桥,出城入外城河。

第三横河,自第一直河起,经石岩桥、乐村桥、公和桥、吉利桥、福民桥、志成桥、金狮桥、饮马桥、仓桥、帝赐莲桥、福民桥、乌鹊桥、进士桥、船舫桥、南林桥、带城桥、南石桥、星造桥、吴衙桥、砖石桥,出葑门入外城河。

第一直河,自盘门水关起,经幸福村桥、船厂木桥、百花桥、水厂桥、双远桥、歌熏桥、乘骝桥、昇平桥、西城桥、黄鹂坊桥、敦化桥、平安桥、皋桥,至第一横河。

第二直河,自过军桥起,经单家桥、教场桥、钱中桥、平四桥,出城入外城河。

第三直河,自第二横河起,经顾家桥、大郎桥、青龙桥、落瓜桥、醋坊桥、徐贵子桥、悬桥、忠善桥、花桥、白塔子桥、善耕桥、任将桥、跨塘桥、渔郎桥、福星桥、赌带桥、平四桥,出城入外城河。

第四直河,自葑门第三横河起,经望门桥、忠信桥、望星桥、寿星桥、吴王桥、官太尉桥、苑桥、思婆桥、寿安桥、雪糕桥、胜利桥、苏军桥、众安桥、通利桥、胡厢思桥、保吉利桥、庆林桥、潘家桥、长风小桥,至第一横河。

❈ "小桥、流水、人家"有什么出处?

"小桥、流水、人家"最早出自元代马致远著名的散曲《天净沙·秋思》。作者的灵感是否来自特定的地区景观,已无从考证,但作者所勾勒的意境,似乎在苏州古城的每个老街坊、每条水巷里都能让你身临其境。清流上的小桥,小桥旁的人家,是苏州人诗意栖居的环境,也是苏州水城独特的风貌。自古以来,许多文人墨客为这座水城写照:"君到姑苏见,人家尽枕河。古宫闲地少,水巷小桥多。""绿浪东西南北水,红栏三百九十桥。"于是,"小桥、流水、人家"的水城韵致,也就成了苏州的一张名片。

❈ "盘门三景"指哪三景?

苏州古城西南隅的大运河之畔,古朴巍峨的盘门水陆城门,临流照影的瑞光塔,静卧清波的吴门桥,三景遥相呼应,交相辉映,构成了历史景观独特、文化内涵丰富的"盘门三景"名胜区。

盘门是苏州古城唯一保存完整的水陆两门并列的城门。经历代修缮,现存盘门由水陆城门、瓮城、城楼及两侧城垣组成。二道水门,二重陆门,水陆萦回,楼阁重檐,是一座具有江南水城特色的城堡建筑,素有"北看长城雄,南看盘门秀"之美誉。

瑞光塔在盘门内的原瑞光寺中。宝塔前身为东吴孙权所建。原为十三层舍利塔,是苏州最早的宝塔。该塔于北宋景德元年(1004)重建,原塔高53.57米,现存塔高42.44米,七级八面,轮廓秀丽,建筑精美,历史悠久,宝藏丰富。传说因塔屡现"天雨昙花"与"五色舍利光"而得其名。

吴门桥横跨在盘门外大运河上,是一座大型单孔石拱桥,高大伟岸,雄丽古朴,自古有"步入吴门第一桥"之称。登临吴门桥顶,迎面城楼塔影,足下激流风帆,远处绿树浓荫,古风依然,胜景如画。

❈ 苏州有几个历史街区?

苏州古城保留较完整的有五个历史街区。

平江历史街区位于苏州古城东北隅,东临外城河,西起临顿路,南接干将路,北至白塔东路,面积约116.5公顷。

拙政园历史街区位于娄门和齐门之间,北以渔郎桥浜及拙政园路为界,南至狮林巷与东北街河,西以临顿河为界,东至百家巷,面积约24.17公顷。

怡园历史街区位于古城区中心,范围在景德路以南,干将西路以北,新春巷以东,人民路以西,面积约16.08公顷。

山塘历史街区位于古城西北,长约7里。山塘街东起阊门渡僧桥,西至苏州名胜虎丘山的望山桥,核心保护区约136.75公顷。

阊门历史街区位于古城西部。根据苏州市政府新一轮规划方案,阊门历史街区全部纳入桃花坞文化片区之中。片区总面积1.84平方公里。以桃花坞大街为核心,西、北分别至护城河,东至人民路,南到东中市、景德路,约占苏州古城区八分之一面积。

❖ **平江历史街区有什么特色?**

平江历史街区是苏州现存最典型、最完整的古城历史文化保护区,留住了老苏州独特的城市记忆。至今依然保持了水陆并行、河街相邻的水城格局,以及小桥流水、粉墙黛瓦的传统风貌。古巷、古宅、古桥、古井、古树、古牌坊,数量众多,历史悠久。各级文物保护单位和历史遗迹有100多处,荣获联合国教科文组织亚太地区文化遗产保护奖,现为中国历史文化名街和国家4A级旅游景区。该街区内世界文化遗产耦园、中国昆曲博物馆、苏州评弹博物馆、古城墙遗址和重新修复的相门城楼等,展示的是昨日的风物;客栈旅舍、艺苑画廊、琴馆会所、茶楼雅座纷呈的则是今天的精彩。以平江河为中心,连接观前街、拙政园、耦园、东园、相门城墙的水陆旅游线正在沟通。品味如诗似画的水巷神韵,感受底蕴厚重的古城文化,体验优雅闲适的苏式生活,平江历史街区正为越来越多的中外游客所青睐。

❖ **山塘历史街区为何有"姑苏第一名街"之美誉?**

山塘历史街区于2010年被评为"中国历史文化名街"。山塘街素有"姑苏第一名街"之美誉,堪称老苏州的缩影。传统老街店肆林立,商贸繁荣;逶迤水巷幽深宁静,画桥十八;传统民居鳞次栉比,民风醇厚。山塘街聚集着极为丰富的历史遗存,有国家、省、市级文保单位11处,市级控保建筑16处,古牌坊9处,其他古迹40余处;山塘街典藏着许多名人佚事,明代反对阉党魏忠贤而殉难的五义士,明代率领数千织工反税监的葛成名士,民国雅集山塘成立南社的陈去病、柳亚子等先生,我国温病学说的奠基人叶天士等,已成山塘千古美谈。

❖ **阊门历史街区有什么历史文化印记?**

阊门历史街区曾是明清时期我国东南地区的重要商贸集散中心,曹雪芹在《红楼梦》中称阊门为"红尘中一二等富贵风流之地"。阊门至今仍保存着厚重的历史文化感,城墙内街坊成片,城墙外市肆繁华,而历经风雨沧桑的阊门城墙则是一条历史的长廊,在这里人们似乎可以古往今来地随意穿越。阊门地段现已纳入桃花坞文化片区,历史文化印记更丰厚,各级文物保护单位有艺圃、五峰园、唐寅祠、泰伯庙等16处,控保建筑33处,历史建筑55处,古井141处,古树49处,古桥11处,砖雕门楼13处,古牌坊3处,古墙550米,古城墙遗迹205米,另有非物质文化遗产项目25个。文化旅游是该历史片区的新亮点。

❈ 怡园历史街区的原真性表现在哪里？

怡园历史街区，是处在古城繁华地段的一方清静地。街区内有怡园里、庆元坊、神道街、韩家巷、马医科、永定寺弄等十几条传统街巷，其空间格局和历史风貌保存完好；颐寿堂、自德斋、过云楼、思义庄等许多名人故居藏匿其中，文化底蕴非常深厚；街区内的怡园、曲园、鹤园、听枫园等古典园林，别有一番远离尘嚣的闲情与逸趣。历史上，许多文人雅士、达官贵人曾生活于此，至今，这里的老苏州人还延续着传统的生活方式，保留着纯正的吴侬软语。怡园历史街区以它的原真性，吸引着许多慕名而来的探古访幽者。

❈ 拙政园历史街区有哪些高知名度的建筑群？

拙政园历史街区拥有两座名园——拙政园、狮子林，它们分别于1997年、2000年被列入世界文化遗产名录。与拙政园相邻的太平天国忠王府，保存基本完整，今属苏州博物馆，为国家级重点文物保护单位。在其西边，由世界级建筑大师贝聿铭主持设计建造的苏州博物馆新馆，是一座融传统建筑元素与现代建筑技艺于一体的经典建筑。街区内除了这些知名度很高的建筑群，背街幽巷里的深宅，小桥流水旁的人家，更为这片街区增添了特有的神韵和风情。

❈ 最早的吴地始祖泰伯之庙在哪里？

泰伯庙位于古城区阊门内下塘街，是奉祀古吴国始祖泰伯之祠庙。泰伯庙又名至德庙，东汉永兴二年（154），郡守麋豹初建于阊门外。五代后梁乾化四年（914），吴越王钱镠为避兵乱徙庙于今所。北宋元祐七年（1092），诏号至德庙。南宋建炎四年（1130）庙毁。乾道元年（1165）重建，咸丰十年（1860）又毁，同治六年（1867）增修。自古以来，人们认为吴县（即苏州）为泰伯奔吴所在之故都，吴县在汉代曾改名为"泰德"，意为"泰伯让国之德"。因而这座建造在东汉时期的吴地第一座祭祀泰伯的庙宇，虽经毁建数度，却仍然保存到了今天。在经明清之际多次修复后，民国时期亦曾修缮，2013年，泰伯庙得到全面重修。庙中有康熙、光绪及民国时重修记碑石可考。现尚存清代建筑至德桥、至德坊、大殿三间、东西两庑各三间等。

❈ 桃花坞与唐伯虎有什么关系？

苏州"明四家"之一的唐寅（1470—1523），字伯虎，是一个足以让千年桃花坞光耀的人物。至今，桃花坞还有唐寅故居遗址和唐寅祠等历史建筑及文物古迹。唐寅早先家居苏州皋桥南堍吴趋里。"吴中四才子"之一文徵明有诗佐证："君家在皋桥，喧阗井市区。何以掩市声，充楼古今书。左陈四五册，右倾三二壶。"与其说居在桃花坞是唐寅绝意仕途大隐隐于市的选择，不如说这是他难舍的桑梓情结。唐寅自命"江南第一风流才子"，但"唐伯虎点秋香"只是冯梦龙的戏说。现实生活中的唐伯虎在30岁赴京考试时遭到"科场行贿案"的连累，最佳年华蒙受冤狱，仕途受挫。从此唐寅"宠辱皆无剩有狂"，"四海资身笔一枝"。明弘治十三年（1500），唐寅开始千里壮游，名山大川激发了唐寅的创作灵感，更激扬了他的不羁本性。9个月之后，桃花坞迎回了"依旧骑驴向翠微，满面风霜尘土气"的游子。唐寅36

岁那年,用卖文鬻画所得,在桃花坞购地建屋。筑陋室数间,栽桃树数亩,雅名为"桃花庵、学圃堂、梦墨亭、竹溪亭、蛺蝶斋"等,自号桃花庵主。在桃花坞,他创作了大量诗词书画,其中不乏传世珍品。嘉靖二年(1523),唐伯虎逝世于桃花坞,原墓葬在桃花坞附近,现有巷名"唐寅坟"。桃花坞现存唐寅祠,是清嘉庆五年(1800),由吴县知县唐仲冕辟准提庵东别室所建,以祀唐伯虎、祝允明、文徵明三君像,题额"桃花仙馆"。据史料记载,清康熙年间(1662—1722)在此疏浚池塘时,发现唐寅《桃花庵歌》石刻,有名句流传至今:"桃花坞里桃花庵,桃花庵下桃花仙。桃花仙人种桃树,又摘桃花换酒钱。酒醒只在花前坐,酒醉还来花下眠,半醉半醒日复日,花落花开年复年。但愿老死花酒间,不愿鞠躬车马前……"桃花坞因有了这位"江南第一风流才子",也从此风雅了起来。

❖ **苏州的街、巷、弄有什么区别?**

据宋代《平江图》刻录统计,苏州府城内有街20条,巷246条,里弄24条。清代《姑苏城图》绘出城内街巷多达560条。"直街横巷"是苏州古城的特色,形状似鱼骨,布局十分规正。所谓"直街",大多是南北走向,具有陆道交通与商业街市的双重功能;"横巷"则排列在大街的东西两侧,与横河并行,成东西走向,以民居住宅为主,幽雅僻静,合乎古人"居之安"之境地;"弄"相似于北京古城中的"胡同",老苏州人称为"弄堂",一些有入口、无出口的里弄,苏州人称为"实仄弄堂",类同老北京所称之"死胡同"。

❖ **苏州古城的格局为什么称为"双棋盘"?**

苏州自古是水乡泽国。古代苏州人善于治水理水,精于开发利用,水道与陆路相邻,街巷沿着河道自然布局,水道陆衢,河街并行,形状如同双棋盘。所谓"水道脉分棹鳞次,里闾棋布成册方",这就是苏州城2 500多年来的城市格局。苏州古城因水成街、河街相辅的常见景观有三类:

背街水巷景观:小河两岸的房屋建筑,面街背河,紧贴水面。如果是人流、物流的主要通道,往往会集聚许多商肆店铺,形成前街后河的商业街市;如是民宅居多的僻静小巷,河两侧的临水建筑沿驳岸线向纵深延伸,在水面上方形成带状空间,深邃幽静,旖旎逶迤,这就是风韵独特的水巷。"君到姑苏见,人家尽枕河"即是此种景致。站在苏州山塘河的古桥上,水巷的韵致往往会让人平添几分思古之悠情来。

一街临一河景观:河道的一侧为空畅街面,临河常设河埠,但无房屋建筑;另一侧临水起屋,房屋建筑有侧立面、背立面。如古城区平江河,一河一街南北并行,小水巷、石板街、拱形桥以及古树名木、临水民居等,高低错落,构景丰富,犹如天成的江南水墨画卷,引人入胜。

两街夹一河景观:河道的两侧留出空畅路面不建房屋,民居建筑都在路的外侧。岸畔桃柳相间,空间舒展疏朗。河两侧的街巷通常分为上塘与下塘。上塘街较宽,也较热闹,常有商铺店面;下塘街较窄,相对清静,一般多民居。苏州古城区的盛家带即是典型的两街一河景观。"春城三百七十桥,两岸朱楼夹柳条",刘禹锡诗中的古城景致,当春暖花开时分,今人并非不可遇。

❖ 阊门有什么历史记忆？

阊门的历史记录着昔日的繁华，也刻录着曾经的战争创伤。

自古阊门水陆通衢，因水而兴。明代江南第一才子唐伯虎作有《阊门即事》盛赞阊门："世间乐土是吴中，中有阊门更擅雄。翠袖三千楼上下，黄金百万水西东。五更市买何曾绝，四远方言总不同。若使画师描作画，画师应道画难工。"清代徐扬作长卷《姑苏繁华图》，绘出了阊门地段"居货山积，行人流水，列肆招牌，灿若云锦，语其繁华，都门不逮"的一派繁华景象。

然而，阊门也见证了苏州历史上最惨烈的战争。清顺治二年(1645)，清兵入关南下攻占苏州，阊门外的繁荣之地，顷刻间俱成灰烬。一位已佚名的作者在《吴城日志》中记载了当日所见："至是步出阊门，只见纷华喧闹之地，但败瓦颓垣，市廛烧尽，无橡仅存。"阊门第一次遭受战争的重创是在清咸丰十年(1860)，太平军进攻苏州，江苏巡抚徐有壬下令箭三道，"首令民装裹，次令迁徙，三令纵火"。阊门顿时烈焰腾空，烧了三日三夜，居民哭号声震天，南北濠两条本是繁华的街坊尽为灰烬，阊门至胥门一带房屋全部夷为平地。阊门再次毁于战乱是在同治二年(1863)，李鸿章镇压太平天国忠王李秀成，洋枪队攻占苏州城，包括阊门在内的多处城门毁于战火。太平军退出苏州城后，各城门逐年修复，阊门瓮城从此未再恢复。阊门还见证了日军侵略苏州的历史。1937年8月16日，日本战机在古城上空扔下第一颗炸弹，此后短短一个多月，轰炸苏州的日机竟达130余架次。苏州城内城外到处瓦砾焦土、血肉横飞。与阊门近在咫尺的石路，尤为惨烈。苏州人胡觉民先生在《抗战时期苏州见闻》中记载了苏州沦陷后的实况，日本鬼子"进城后即到处杀人放火，三天中烧杀最厉害，从接驾桥、东西中市到阊门石路，日夜火光烛天"。阊门难忘这段国耻。

❖ 据南宋的平江图苏州那时究竟有多大？

南宋绍定二年(1229)，由郡守李寿朋主持碑刻《平江图》(现保存在苏州碑刻博物馆内)。从南宋《平江图》看苏州古城的形制和规模，宋时的苏州古城有子城与大城二重城垣。子城为统治者的行政中心，中轴线略偏于东南。以子城为中心，65个街坊以及6大营寨均衡地分布在东西南北界，共有坊表65座，桥梁314座，主要河道南北方向6条，东西方向14条。主要干道南北7条，东西4条。大城开启5个城门，西有阊门，南是盘门，北为齐门，东则分置娄、葑两门，皆为水陆两门并列。据《平江图》所绘水道测算，宋代平江城内外护城河长约32里。对应《平江图》，以今天保留完整的外城河以及古城墙遗址为依据测量，苏州古城面积为14.2平方公里。

❖ 白居易开通"七里山塘"有什么好处？

"七里山塘"始建于唐代宝历年间(825—827)，为唐代大诗人白居易所建，距今已有1 100余年。公元825年，白居易任苏州刺史，在任期间，他下令开凿山塘河，筑起七里长堤，连接虎丘名胜，东起阊门渡僧桥，西至虎丘望山桥，长约3 600米，故有"七里山塘到虎丘"的说法。山塘河的开凿和山塘街的修建，清除了河道淤泥，沟通了水道和陆路，大大便利了灌溉和交通。山塘河与大运河相接后，这一带逐渐形成了热闹繁华的市井。白居易的举措让苏州百姓得益匪浅,苏州百姓不忘白居易的功德,在他离任之后,修建了白公祠,并称山塘街为白公堤。自古以来,山塘街长盛不衰,保持着浓厚的民俗风情,展示着水城的历史文化。

❖ **山塘街展示的是苏州什么时期的文化?**

山塘街是唐代白居易留下的手笔,时有"塘上红槛碧树,河中碧波画舫"之美景,为"吴中第一名胜"。至明清时期,山塘街成了中国东南商贸、文化最为发达的街区之一。而今,七里山塘依然"景幽市廛",明清遗风犹存。现存老宅、会馆、戏台、牌坊、寺庙、祠堂、名墓、古桥等名胜,展示的是明清以来的建筑文化,其中留有明代建筑构件的玉涵堂,实属我国古代建筑之瑰宝;山塘街历史上还是举行龙舟赛会以及各种庙会、花会、灯会等节庆活动的集聚地,这些节会展示的是明清以来丰富多彩的民俗文化;山塘街更有许多美味的传统名吃、特色佳肴,展示的则是明清以来的饮食文化。

❖ **苏州老城区现在还有哪些有名的古桥?**

据1985年所编《苏州市志》记载,苏州城至今还保存着161座桥梁,其中许多是自古以来的名构。仅举数例。

吴门桥 在盘门外,横跨古运河(南护城河),为苏州市文物保护单位。始建于北宋元丰七年(1084),原是一座联体桥,时称"三条桥"。南宋绍定年间(1228—1233),拆三桥建成三孔石拱桥。清同治十一年(1872),桥改建成单孔,全长约66米,高约10米,跨度16米,南北两坡各有石阶50级。高大挺秀,气势雄伟,为古城所存最高的单孔石拱桥梁,是盘门三景之一。

万年桥 在胥门外城河上。清乾隆五年(1740)建,时为三跨石碶木梁桥。桥成之日,万民欢腾,问津者希望告别"待船以济"的时日,愿此桥世代永存,于是命桥名为"万年桥"。嘉庆二十五年至同治九年(1820—1870),桥有三次大修。2003年,万年桥改建成三孔拱桥,造型优美,古韵依旧,为江南水乡典型的石拱桥梁。2004年,万年桥畔迎来了第28届世遗会,它向世界展示了自己的历史和风采。

渡僧桥 位于阊门外北濠弄南端,跨上塘河(古运河段)。自宋以来,几度重建,今为单孔板梁平桥,宽12.4米,长6.08米,跨度11.4米。相传三国孙吴时,此地仅有渡船送往过客。某日一僧人呼叫渡船,船工未作答理。僧人便折了杨柳枝浮水而过。后发誓建桥,桥建成,得名"渡僧桥"。

觅渡桥 位于葑门外,斜跨古运河。始建于元代大德二年(1298)。桥建成时,初名"灭渡"。传说此地无桥时,渡船船主横行霸道,甚至颠越取货。乡人愤而发起募捐建此桥,志在平横暴。该桥为双曲拱结构,桥长75米,宽15米,工艺精巧,气势不凡。2002年被列为江苏省文物保护单位。

上津桥 位于阊门外广济桥西,跨上塘河(古运河段)。始建年代已无从考证。现桥重修于20世纪80年代,全长42.45米,矢高5.9米。石柱石条,青砖砌栏,单孔拱形,古典质朴。为苏州市文物保护单位。

下津桥 又名通津桥。位于阊门外枫桥路,跨上塘河(古运河段),始建于明成化十八年(1482)。今桥为半圆拱单孔石桥,全长36.70米,矢高6米。花岗石桥台,条石栏板,两坡铺设条石踏步,南为27级,北为32级。它是江南水乡500年的一笔点缀。1982年被列为苏州市文物保护单位。

普济桥　位于山塘街西段,跨山塘河,为苏州市文物保护单位。明弘治七年(1494)始建,因桥侧原有普济堂而得名。今桥全长38.69米,矢高4.37米,为三孔石拱桥,花岗石砌筑,南踏步30级,北踏步26级。东西两边桥柱刻有桥联,桥东为"东望鸿城,水绕山塘连七里;西瞻虎阜,云藏塔影立孤峰"。桥西为"北发塘桥,水驿往来通陆墓;南临路轨,云车咫尺到梁溪"。苏州的桥文化由此可窥一斑。

寿星桥　位于十梓街望星桥北,跨第四直河。始建于南宋淳熙五年(1178),曾名营桥、延寿桥,据说因浚河时于桥下得瓷寿星而更名。单孔石拱桥,桥身长18米,拱跨4.70米,矢高2.60米。该桥保留了较多的宋代构件,具有极高的文物价值。桥面栏板为1965年从附近被拆的百狮子桥移建,武康石桥栏浮雕舞狮与花鹿,或蹲或舞,生动活泼,栩栩如生。体量不大,造型凝重,色调拙朴,与周围垂柳、塔影构成古城一景,为苏州小型古桥梁中的佳例。1982年被列为苏州市文物保护单位。

普安桥　位于阊门外上塘街,跨上塘河支流鸭蛋桥浜,东西走向,为古城桥宽之最。始建于明弘治十四年(1501),重修于清嘉庆十九年(1814)。桥全长30米,矢高3.60米,中宽达21.2米,为马蹄孔单孔石桥,桥身用武康石,石色紫褐。上有清同治五年(1866)重建的关帝庙。原有古戏台与之隔河相对。苏州自古有民彦:"普安桥,二桥合一桥,庙蹲桥,桥载庙,庙门对河道。"现为苏州市文物保护单位。

胡厢使桥　位于曹胡徐巷东端,跨平江河,为花岗石拱桥。胡厢使桥紧依另一石梁平桥,即唐家桥。两桥丁字形相连,呈九十度直角,桥型一拱一平,桥洞一圆一方,形似老式钥匙,苏州人称为"钥匙桥",是江南水乡典型的"双桥"。两座桥畔有亭翼然,形六角,名"三吴",景观更胜一筹。

※ **为什么将宝带桥比作"美丽长虹"?**

宝带桥为我国现存古桥中最长的多孔石拱桥,桥总长317米,缀连53孔,横跨于大运河与澹台湖之间,犹如长虹卧波,其桥身之长,桥孔之多,工艺之精,造型之美,堪称中外造桥史上的杰作。

宝带桥始建于唐元和十一至十四年(816—819),由苏州刺史王仲舒捐出束身宝带筹得桥资而建成,桥名也由此而得。自古以来,文人墨客为宝带桥题咏无数。清康熙年间(1662—1722),江苏巡抚宋荦游宝带桥赞美有加:"维舟步桥上,时日将落……余霞散绮,映带其间。顷之,圆月东上,烂如银盘,与波荡漾,俨然金碧图画。"

据说,每逢中秋,皓月当空时,月影投入桥孔下的水面,每个桥洞里都会倒映出一轮明月,连成一串,奇妙无比。每年农历八月十五去观宝带串月,是苏州人延续了几百年的雅兴。

※ **苏州城区有多少文保单位和控保建筑?**

苏州于1982年经国务院批准为首批历史文化名城和重点风景旅游城市。全市有国家、省、市各级文物保护单位 539 处,控制保护古建筑 500 处,古构筑物 790 处。苏州至今保存完好或基本完整的古典园林有 60 余处。其中拙政园、狮子林、网师园、留园、耦园等 9 座园林被列入世界文化遗产。

❈ 苏州古城的传统建筑有什么特色?

苏州古城传统的建筑风格以清、雅、素、淡著称。苏州人在建造自己的家园时,调和大自然中最原色的黑、白、灰三种色彩,这就有了粉墙黛瓦的人家,有了水墨素描的古城。自秦砖汉瓦以来,民居建筑的屋面即以小青瓦盖铺,"全吴缥瓦十万户",说的是唐时的姑苏人家。民居建造用瓦考究,屋檐口常用造型古朴、曲线优美的瓦当加以装饰。古朴雅致的民居建筑,色调和谐,贴近环境,融合自然,给人以素雅清丽的视觉效果与平静清宁的心理感受,也让这座水城本色无华。而苏州园林建筑的翘脊、飞檐、云墙、花窗等标志性构筑元素,风格传统,古朴典雅,更令苏州古城的风貌有别于其他历史文化名城。

❈ 苏州城区还有哪些府宅遗址?

历史上的苏州曾是郡、县、州、府等的设治所在,苏州古城至今还有多处官府衙署的遗址。

巡抚都御史台 俗称抚台衙门,今位于书院巷 20 号。旧址为宋代的鹤山书院,明永乐年间(1403—1424)改为衙署。原规模甚大,门前有旗杆大斗、吹鼓亭,建有来鹤楼、澄清海甸牌坊等。现尚存清同治五年(1866)重建的大门、仪门、后堂、后楼等建筑。巡抚为明代始设的地方最高长官,清代相当于省级地方长官,总揽一省军事、吏治、刑狱等。自明宣德年间(1426—1435)设巡抚到清末,不少名臣治事其中,林则徐任江苏巡抚等职驻苏治事前后有五年之久。该旧址现为苏州卫生学校校址。

江苏按察使署 俗称臬台衙门,今位于道前街 170 号。雍正八年(1730),下江按察使自江宁(南京)移驻苏州,后改江苏提刑按察使,衙署设于明代兵巡道署旧址,主管省刑名按劾之事。"道前街"也由此而得名。旧址毁于兵燹,同治六年(1867)重建。现存建筑群南起道前街,北至瓣莲巷,东连养育巷,西接剪金桥巷。主轴线上有门厅、北部二堂,内宅和东面的二路建筑各四进。民国时改为江苏高等法院。1936—1937 年,轰动一时的救国会"七君子",曾在此与国民党展开激烈的斗争。

苏州织造府 位于带城桥下塘 17-1 号,在今苏州市第十中学内。自宋代开始苏州就设有皇室掌握的官府织造。始建于清顺治三年(1646)的苏州织造署,是专为皇室督造和采办绸缎织品的衙门。咸丰十年(1860)织造署毁于兵火,同治十年(1871)重建,但未能恢复旧观。康熙帝、乾隆帝下江南必经苏州,均下榻于织造署行宫。1928 年,苏州市第十中学的前身苏州振华女子学校搬迁至苏州织造署旧址。苏州织造署旧址现存的南大门头门、仪门、石狮,以及瑞云峰、多祉轩等历史遗存保存完好,均已被列为江苏省文物保护单位。同时保存的还有清顺治《织造经制记》及顺治、乾隆、同治年间修建的碑记五方。织造署南大门前的织造桥也已恢复如故。

元和县衙 在今元和路苏州市第一中学内。清雍正二年(1724),苏州分长洲地,置元和县,建元和衙署。至今,原县衙的厅、轩、亭、廊保留基本完好。院内有宋代紫藤一株,距今已有800余年。藤躯蟠曲如虬,花绽紫气如云。据测,该古紫藤干径周长达290厘米,株身高5米,树冠遮阴达234.93平方米,主干分9枝。为苏州最古老且保护最好的古木名花之一,堪称"中华第一藤"。

❖ **苏州城曾有哪些名门望族?**

泰伯、仲雍为吴国历史的开创者,后裔"吴氏"堪称"吴中第一世家"。自此,苏州城从三国时期的"朱、张、顾、陆",唐宋元明时的"归、范、文、王",到清代时的"彭、宋、潘、韩",名门望族代有辈出。苏州历史上曾经的豪族高门或魁士名人,为今天的苏州古城留下了不少人文景观和逸闻。已为人熟知的苏州古典园林,皆是他们昔日的私家园林;而更多的人文遗迹则深藏幽巷,鲜为人知。仅就目前已修缮或正待修缮的名人故居列举几例:

吴一鹏 官至明代南京吏部尚书。故居玉涵堂,在山塘街,占地面积约5 000平方米,建筑面积6 000平方米,主要房屋建筑三落五进。第三进为主厅,保存了珍稀的明代原构件,轩敞宽深,古韵十足,今已修复,游人无数。

潘麟兆 清代苏州有名的徽商,被称为苏城的"富潘"。故居"礼耕堂",在今平江路卫道观前,是苏州占地最大的古民居。五落六进,深广至极,重门叠户,规模庞大,占地8 100平方米,房屋建筑面积7 500平方米。全宅有五座砖雕门楼,精雕细凿,每座门楼各具特色,彰显出苏式砖雕的精湛技艺。

潘世恩 清乾隆年间(1736—1795)状元,官至武英殿大学士、军机大臣(宰相),在苏城有"贵潘"之称。故居留余堂,今在钮家巷3号。今留存住宅部分,三落四进,占地2 135平方米,建筑面积1 825平方米。中落有三座雕刻精细的砖雕门楼,落有康熙年款,第三进大厅即"余留堂"。西落第三进为花厅,装饰精致,俗称纱帽厅。此宅曾是太平天国英王陈玉成的寓所。1963年被列为苏州市文物保护单位,现为省级文物保护单位。

沈德潜 清代诗坛一代宗师。故居教忠堂,在带城桥路阔家头巷26号。原有三落五进,花园在东落。今仅存中落,前有照壁,按中轴线,建筑依次为门厅、轿厅和大厅。大厅额书"教忠堂"。沈德潜一生得乾隆皇帝赐御诗40余首,其中有诗将他与文徵明作比照:"书画虽输诗胜彼,功名已过寿如他。"

叶天士 世代业医。清代温病学说的主要创始人和奠基者,吴门医派的杰出代表。故居眉寿堂,今在渡僧桥下塘48号。宅前有10余米小河连接阊门运河,河边设有水码头,方便病家上门求医或叶天士以舟楫代步出诊。住宅坐北朝南,三落七进。此宅在太平天国时,曾被纳王郜永宽用作王府。

❖ **苏州城还有哪些知名的会馆遗址?**

明清时期,苏州商贸繁荣,成为四方商贾会集之地。旅苏同乡或同业商人纷纷办了各种会馆和公所,为其存货、居住和议事提供方便。苏州会馆最兴盛时有60余所。至今苏州古城中的一些会馆建筑作为文物被保留下来,其中知名度较高的有全晋会馆、安徽会馆、嘉应会馆、岭南会馆和武安会馆等。

全晋会馆 位于平江路中张家巷14号。清乾隆三十年(1765),由山西钱业商人创建于阊门外山塘街半塘桥畔,后毁于兵火。光绪五年(1879),山西丝茶商人重建于今址。占地6 000平方米,兼具山西建筑风格和苏式庭园风味。1986年,全晋会馆作为苏州戏曲博物馆正式对外开放,辟有昆剧、评弹、苏剧、民族乐器等陈列馆,复原古典戏台和清式茶园书场,兼陈列与演出场所。全晋会馆为一处完整的典型会馆建筑群,馆内古戏台是苏州现存古典舞台中最为精美的一座。1963年,该馆被列为苏州市文物保护单位;1982年,被列为江苏省文物保护单位。

安徽会馆 位于临顿路南显子巷。会馆前身为明代的洽隐山房和清代的皖山别墅。太平军驻苏时曾做过听王陈炳文的府邸。同治三年(1864),李鸿章任江苏巡抚时,改建为安徽会馆,名惠荫园。后又经扩建和重整,成"惠荫园八景"。1963年被列为苏州市文物保护单位。现为苏州市第一初级中学校址。

嘉应会馆 位于胥门外枣市街22号。由广东嘉应州(今广东梅州)所属程乡、兴宁、平远、长乐、镇平五县商贾集资建造,建成于嘉庆十八年(1813)。会馆主要建筑有头门、戏台和大殿。现存的砖雕门楼、厅堂楼阁、明瓦长窗,仍透显出昔日的风韵和富丽。会馆隔枣市街临胥江,沿河砌有船埠踏步,可以想象旧时水上货运一派繁忙景象。1982年被列为苏州市文物保护单位。现为台湾地区佛光山于大陆的第一座美术馆。

岭南会馆 位于山塘街136号,邻近通贵桥。建于明万历年间(1573—1619),是苏州最早设置的会馆之一。由广州商人创建,重修于清代。占地面积3 145平方米,建筑面积2 158平方米,现存古建筑三间头门、五山屏风墙,还可看出当年曾经的风光。现为苏州市控保建筑。

武安会馆 位于阊门内天库前10号。系清光绪十二年(1886)河南武安(今属河北)旅苏绸缎业商人集资创建。会馆坐北朝南,占地仅106.33平方米。中轴线上依次为照壁、头门、戏台、正殿。整体布局因地制宜,原有建筑尚属完整。戏台与头门相连,北向正对正殿,殿檐镂雕贴金,浮雕龙首祥云。殿柱雕花石柱础,浮雕龙凤呈祥,足可以让人想象当年的气派与富贵。1982年被列为苏州市文物保护单位。

❖ 清代康熙帝、乾隆帝到过苏州几次?

清代康熙帝、乾隆帝南巡各有6次,苏州每次都是两位皇帝选定的必经之地。

为了加强对南方的统治,从康熙二十三年(1684)起,康熙帝先后六次南巡,每次来回都驻跸苏州,其行程为:二十三年,停留两天;二十八年(1689),停留七天;三十八年(1699),停留九天;四十二年(1703),停留五天;四十四年(1705),停留十二天;四十六年(1707),停留十一天。

乾隆帝仿效其祖父六下江南,每次来回也都驻跸苏州,其行程为:十六年(1751),停留十一天;二十二年(1757),停留十一天;二十七年(1762),停留十一天;三十年(1765),停留十四天;四十五年(1780),停留十天;四十九年(1784),停留八天。

康熙帝、乾隆帝在苏州有专门的行宫。康熙年间(1662—1722),苏州织造署的主管曹寅,按照京城皇宫的格局,在织造署内大兴土木,专为皇帝建造了行宫。行宫建有大宫门、二宫门。中有大殿,是地方官员朝拜皇帝的地方;后有正寝宫、后寝宫,是皇帝居住之处;再后面是戏台与戏厅。两边分设书房、随侍房、御茶房、御膳房等。行宫内还建有花园,亭台楼阁、假山池水、古树名花一应俱全。今织造署遗址内尚存"瑞云峰",即当年行宫中的一奇石。

康熙帝、乾隆帝十分喜爱苏州风光。穹窿山、天平山、上方山、花山等古御道均留下了帝王们的足迹。乾隆帝第四次南巡（1765），正月十六日从北京启程，二月二十五日，驻跸苏州府，在苏州游览各处园林及灵岩山，前后八天。闰二月二十三日从杭州返回苏州府，游兴未尽，又停留六天继续游览。

康熙帝、乾隆帝在苏州留有许多遗迹。胥门皇亭街有三块清康熙、乾隆年间传下来的御碑。这三块碑耸立在高1米的台基上。三碑中，中间的一碑最高，达5.1米，左右两碑各高3米。原先的碑额、碑身虽已缺损，碑文也已模糊，但中间一块碑的碑帽上"圣旨"两字仍清晰可见。苏州古典园林狮子林，康熙帝巡游至此，曾赐额"狮林寺第"。后乾隆皇帝六游狮子林，先后赐"镜智圆照"、"画禅寺"等额匾。现存"真趣"额匾，即为乾隆帝御笔。坐落在古城中心的玄妙观，乾隆帝南巡时三次到此行香，曾手书"清虚静妙"四字赐给三清殿，题对联："圆筦叶三元仁宣囊龠，妙机含万有寿溥垓埏。"与"太初阐教"、"梵籁清机"两块匾额，均赐给玄妙观正殿。

"上有天堂，下有苏杭"，昔日帝王青睐的苏州，今日仍以她独特的神韵吸引着四海来宾。

第六章 水乡古镇

一、相关基础知识

❖ 什么是古镇？

关于古镇的具体概念，说法不一。一般而言，古镇是指有着百年以上历史的、供人类集中居住的建筑群。通常所指的旅游古镇，泛指如今保存较完整的古建民居、古村、古乡镇、古城堡和建筑古旧的少数民族村寨等。

❖ 中国古镇大体上可分为哪些类型？

中国有许多历史悠久、文化底蕴深厚的古镇，依据文化背景和历史区域的划分，大体上可分为以下八类：

1. 水乡古村镇

水乡古村镇主要分布在江苏、浙江，典型代表有周庄、乌镇等。这些古镇基本上盛于明清时期，风格多是朴素恬淡，表现为借景为虚，造景为实，既要求空间的开阔，又注重充实的文化氛围。在建筑上，强调修饰乡镇的外部景观，修筑道路、书院、祠堂、牌坊、桥梁等，以达到环境的优美。主要特点是小巧精致。

2. 徽派古村镇

徽派古村镇主要分布在安徽、江西，典型代表有西递、宏村、婺源等。徽派建筑的特色主要表现在村落民居、祠堂庙宇、牌坊和园林等建筑实体中，其风格自然古朴、低调典雅。这些村镇以大自然为依托，崇奉风水，不矫饰造作，不务时兴，信守传统，具有大家风范。

3. 岭南古村镇

岭南古村镇主要分布在福建、广东，典型代表有永定、开平等。这类古村镇注重实用功能，建筑风格复杂多样，在空间形式、艺术风格、民族传统方面具有鲜明的地方特色和个性特征。

4. 湘黔古村镇

湘黔古村镇主要分布在湖南、贵州，代表性的有凤凰、镇远等。这类古村镇的建筑屋顶坡度陡峻，翼角高翘，装饰精美，显现一种秀丽轻巧之美。建筑多为就地取材，较为密集，整体布局因受地形水势的影响而各具特色。这类古镇中的住宅、会馆、店铺、祠堂、寺庙等建筑较多。

5. 西南古村镇

西南古村镇主要分布在四川、重庆,代表性的有黄龙溪、龚滩等。这类古村镇大多依山而建,整体布局没有一定规则,建筑形式多样,做工精巧,与当地少数民族风俗紧密相连,体现出巴蜀文化的博大精深。

6. 南诏古村镇

这类古村镇分布在云南,如和顺古镇等。云南是一个多民族地区,有许多壮、傣、瑶、苗等少数民族聚居的村寨,这些村寨与云南的自然背景相映成趣,别有一番风情。

7. 北方大院建筑群

北方大院建筑群主要分布在山西,大多为四合院式庭院,结构严谨,高大华贵,气势威严,粗犷中又不失细腻,具有四平八稳的气度。这些建筑处处体现以"礼"为本的传统观念,在形式上还融进了西北的窑洞风格。常家大院、乔家大院等是典型代表。

8. 西北古村镇

西北古村镇主要分布在陕西,房屋多为土木建筑,屋身低矮,屋顶坡度平缓,建筑风格朴实无华,院落的封闭性很强,院中有院,有的地方还有窑洞建筑,村落布局严谨,以宗祠为中心,聚族而居。在陕西榆林地区这类村镇最具代表性。

❈ 中国古镇主要有哪些古建筑?

古镇古建筑主要类型除了民居外,还有祠堂、牌坊、寺庙、村楼、会馆、戏楼、塔、桥等。

❈ 什么是祠堂?

祠堂就是族人祭祀祖先或先贤的场所。"祠堂"这个名称最早出现在汉代。长期以来,民间不得立祠,直到清代才允许百姓建祠祭祖。祠堂还是族长行使族权的地方,同时也是家族的社交场所,有的还兼作私塾学堂等。因此,祠堂建筑通常要比民宅规模大、质量好,越是名门望族就越讲究。

❈ 什么是牌坊?

牌坊又名牌楼,为门洞式纪念性建筑物,早在周朝已存在,是中华文化的一种象征。它是封建社会为表彰功勋、科第、德政及忠、孝、节、义所设立的,也有一些寺庙宫观将其作为山门,还有用牌坊来标明地名。牌坊的形式多种多样,所用的材料也各有不同。

❈ 古村镇中的戏台一般设在什么地方?

中国古代戏台基本为木结构建筑,通常独立高耸,屋角向四面挑起,雕梁画栋,十分华丽讲究。古村镇中的戏台,一般设在步行街闹市口或村镇口,台前有广场。

二、苏州历史文化名镇

❈ 苏州有哪些国家级历史文化名镇?

中国历史文化名镇名村,是由建设部和国家文物局从2003年起共同组织评选的,保存文物特别丰富且具有重大历史价值或纪念意义的、能较完整地反映一些历史时期传统风貌和地方民族特色的镇和村。这些村镇分布在全国25个省份,包括太湖流域的水乡古镇群、皖南古村落群、川黔渝交界古村镇群、晋中南古村镇群、粤中古村镇群,既有乡土民俗型、传统文化型、革命历史型,又有民族特色型、商贸交通型,基本反映了中国不同地域历史文化村镇的传统风貌。

中国历史文化名镇名村的评选与公布工作,以不定期的方式进行。建设部和国家文物局以部际联席会议形式对专家委员会的评议的意见进行审定后,以建设部、国家文物局的名义进行公布。中国历史文化名镇名村实行动态管理。省级建设行政主管部门负责本省(自治区,直辖市)已获中国历史文化名镇名村称号的镇保护规划的实施情况进行监督,对违反保护规划进行建设的行为要及时查处。建设部会同国家文物局将不定期组织专家对已经取得中国历史文化名镇名村称号的镇进行检查。对于已经不具备条件者,将取消中国历史文化名镇名村称号。

截至2018年8月底,苏州市拥有各级历史文化名镇21个,占50个建制镇(不含城关镇或街道)总量的42%。其中国家级历史文化名镇13个,它们是昆山周庄镇(2003年命名,第一批)、吴中区甪直镇(2003年命名,第一批)、吴江区同里镇(2003年命名,第一批)、吴中区木渎镇(2005年命名,第二批)、太仓沙溪镇(2005年命名,第二批)、昆山千灯镇(2007年命名,第三批)、昆山锦溪镇(2008年命名,第四批)、常熟沙家浜镇(2008年命名,第四批)、吴中区东山镇(2011年命名,第五批)、张家港凤凰镇(2011年命名,第五批)、吴江区黎里镇(2014年命名,第六批)、吴江震泽镇(2014年命名,第六批)、常熟古里镇(2014年命名,第六批)。

❖ *苏州有哪些省级历史文化名镇?*

截至2018年8月底,苏州市被命名为江苏省历史文化名镇的有5个,它们是吴中区金庭镇(2001年命名)、吴中区光福镇(2001年命名)、吴江区平望镇(2017年命名)、吴江区桃源镇(2017年命名)、昆山巴城镇(2017年命名)。

❖ *苏州有哪些市级历史文化名镇?*

被命名为苏州市历史文化名镇的有:常熟梅李镇(2008年命名)、常熟尚湖镇(2008年命名)、太仓浏河镇(2008年命名)。

❖ *苏州有哪些国家级历史文化名村?*

苏州国家级历史文化名村有5个,也是江苏省仅有的。2014年1月之前,苏州国家级历史文化名村有2个,即坐落于东洞庭山的陆巷村和位于西山岛南端的明月湾村,它们在2005年被苏州市人民政府公布为苏州市首批控制保护的古村落(共有14个),2006年被列为江苏省历史文化名村,2007年晋升为中国历史文化名村(第三批)。其中陆巷古村在1986年就被当时吴县人民政府公布为吴县文物保护单位。

2014年3月,第六批中国历史文化名村公布,苏州东山镇杨湾村、金庭镇东村和东山镇三山村入选。截至2018年8月底,苏州国家级历史文化名村增至5个。

❖ 苏州市首批控制保护的古村落有哪些？

在2005年6月20日召开的苏州市文化遗产保护工作会议上，苏州市公布了首批控制保护古村落，共14个，它们是：东山镇陆巷、东山镇杨湾、东山镇三山村、金庭镇明月湾、金庭镇东村、金庭镇堂里、金庭镇甪里、金庭镇东西蔡、太湖旅游度假区叶山岛徐湾、金庭镇植里、金庭镇后埠、张家港恬庄、张家港塘桥金村、吴江区松陵南厍。

❖ 苏州拥有哪些省级旅游风情小镇创建单位？

截至2018年8月底，苏州拥有3个省级旅游风情小镇，它们是：张家港永联江南田园风情小镇、吴江区震泽丝绸风情小镇、吴中区旺山文旅风情小镇。

❖ 周庄的镇名有什么由来？与沈万三有什么关系？

周庄历史悠久，春秋战国时期谓摇城，隋唐改称贞丰里。北宋元祐元年（1086），周迪功郎信奉佛教，将庄田200亩捐赠给全福寺作为庙产，渐成集镇，百姓感其恩改名为周庄。元朝中叶，江南首富沈万三之父沈祐从浙江南浔迁来，经商发迹，使周庄逐步繁荣。明代镇廓扩大，已衍变为江南大镇，但仍名贞丰里，直到清康熙初年才更名为周庄镇。经明清两代发展，周庄逐渐发展成粮食、丝绸、陶瓷、手工艺品等货物的集散地，成为商贸重镇。

❖ 周庄古镇风貌为什么能保存得这么完好？

周庄处在澄湖、白蚬湖、淀山湖、长白荡和南湖的怀抱之中，是"岛中之镇"，"镇为泽国，四面环水，咫尺往来，皆须舟楫"。河湖的阻隔使周庄避开了战祸，较完整地保存了原有建筑及其独特的格局，保持着古时的水乡特色。街道依水而筑，全镇纵横井字形的四条河道形成了八条长街，河道上保存着元、明、清各代的古桥14座。全镇近千户住宅大多数是明清时代的建筑，至今仍存砖雕门楼60余座，构成了一幅美妙的"小桥、流水、人家"的水乡风景画。著名画家吴冠中写道："黄山集中中国山川之美，周庄集中中国水乡之美。"1998年，周庄被联合国列入世界文化遗产预备名单。周庄古有八景：全福晓钟、指归春望、钵亭夕照、蚬江渔唱、南湖秋月、庄田落雁、急水扬帆、东庄残雪，随着岁月的变迁，有的已被历史风尘湮没，有的陈迹依旧，并增添了新的光彩。

❖ 周庄古镇旅游怎么会兴起来的？

1984年，画家陈逸飞将双桥绘成油画并题名为《故乡的回忆》在美国展出，后由美国人阿曼德·哈默购买来赠送给邓小平，引起轰动。1985年被联合国选为首日封图案，周庄由此走向世界，在国内外的影响逐步扩大，被誉为"中国第一水乡"。20世纪80年代末，苏州市旅游公司（局）开始策划对周庄、同里等古镇进行旅游开发。周庄率先发展旅游，1988年成立全国少有的镇办旅游公司，当年在珠海国际旅游展销会上以大幅背景宣传画展示。1992年，苏州市旅游局正式推出江南古镇游，周庄在国内外旅游市场上的影响迅速扩大，成为知名景点。1996年，开始每年举办国际旅游节，吸引了大量中外游客。

※ **周庄有哪些主要游览点？**

周庄古镇是苏州市最早发展古镇旅游、极具代表性的景点。主要游览点有：沈厅，为江苏省重点文物保护单位；张厅，原名怡顺堂；双桥，建于明朝万历年间（1573—1619）；蚬江渔唱，展现渔船满载而归、晾网卖鱼、饮酒高歌的场景；夜周庄，夜色中租小船悠然穿行于周庄水巷中，令人陶醉。

沈厅 明代江南首富沈万三后代沈本仁于清乾隆七年（1742）所建，位于富安桥东堍南侧的南市街上，坐北朝南，七进五门楼，大小房屋100多间，分布在100米长的中轴线两旁，占地2 000多平方米，为江苏省重点文物保护单位。

张厅 位于北街双桥之南。明代中山王徐达之弟徐逵后裔于明正统年间（1436—1449）所建，清初卖给张姓人家，改为玉燕堂，俗称张厅。前后六进，具有"轿从前门进，船从家中过"的特有建筑风格。

双桥 俗称钥匙桥，位于镇东北，由一座石拱桥——世德桥和一座石梁桥——永安桥组成。银子浜和南北市河在镇区东北交汇成十字，河上的石桥联袂筑就，显得十分别致。因为桥面一横一竖，桥洞一方一圆，样子很像古时候人们使用的钥匙，当地人便称为"钥匙桥"。

富安桥 位于中市街东端，横跨南北市河，通南北市街，建于元至正十五年（1355）。相传桥旁有总管庙，原名总管桥。

贞丰桥 位于中市河西口，连接贞丰弄和西湾街，单孔石拱桥，由于周庄古名贞丰里，以里得名，为贞丰桥。

蚬江渔唱 周庄镇白蚬江盛产江南水产名品——白蚬。每日傍晚渔船满载而归，平静的港湾立即沸腾起来，船头上渔民扣弦高歌，互相应答，历史上此情曾被誉为"蚬江渔唱"。周庄将这一情景浓缩，建立"蚬江渔唱"的渔家生活馆，让游客在领略小桥、流水、人家秀美风光的同时，感受江南水乡的文化魅力。

夜周庄 华灯初上，夜色迷人，租一小船悠然穿行在周庄街河水巷中，看灯光倒映在河中，水面波光潋滟，似人间仙景；听岸上人家由窗中传出的吴侬软语，悟人生真谛；去古戏台听戏，聆听百戏之祖昆曲和由其延伸出的各种地方戏曲的风采，丰富的戏文化令人陶醉。

※ **甪直镇的"甪"有什么由来？**

甪直镇位于苏州城东南25公里，古镇区面积为1.04平方公里。据《甫里志》载：甪直原名甫里，因镇西有"甫里塘"而得名。后因镇东有直港，通向六处，水流形如"甪"字，故改名为"甪直"。又传古代独角神兽"甪端"巡察神州大地，路经甪直，见这里是一块风水宝地，因此就长期落在甪直。明末，甫里镇为长洲县五镇之一，清代改称甪直，设甪直镇，属元和县。

※ **甪直古镇历史有多悠久？**

古镇历史悠久，可追溯到距今约5 000年被称为"吴前文化"的张陵山遗址文化，有文字记载的历史起自春秋战国时期，至今已2 500多年，吴王阖闾建离宫于南，吴王夫差建林苑于北,宋代已成为建制镇。镇外湖荡星罗棋布,河网交织,素有"五湖之厅"、"六泽之冲"之称,著名社会学家费孝通将甪直誉为"神州水乡第一镇"。2001年,古镇被联合国教科文组织列入文化遗产预备名单,2003年国家建设部和国家文物局将甪直命名为"中国十大历史文化名镇"。

❖ 甪直古镇现存多少座桥?

甪直以桥多闻名,有"桥梁博物馆"之称,鼎盛时期1平方公里的古镇区有宋至清代各式古桥"七十二座半",现存41座。桥造型各异,古色古香,有多孔的大石桥、独孔的小石桥、宽敞的拱形桥、狭窄的平顶桥,也有装饰性很强的双桥。古镇区内环绕古桥有许多旅游项目,如古镇水上坐船游览、水上迎亲表演、水乡歌舞表演等。

❖ 甪直古镇旅游有哪些主要游览点?

甪直是中国十大历史文化名镇之一,又以桥多而闻名,有"桥梁博物馆"之称,现存宋、元、明、清时代的石拱桥41座,造型各异,古色古香。甪直水乡服饰被列为中国首批非物质文化遗产名录项目,至今保持着数百年前的风貌,被称为"苏州的少数民族",是古镇一道亮丽的风景线。主要景点有保圣寺、叶圣陶纪念馆、沈宅、萧芳芳影视艺术馆、王韬纪念馆、万盛米行、农具博物馆等。

1. 古镇旅游区

原有莲阜渔灯、长虹漾月、浮图夕照、分署清泉、吴淞雪浪、海藏钟声、鸭沼清风、西汇晓市"甫里八景",至今仍可见遗韵。镇区许多民居前门临街、后门沿河,一幅"水巷小桥多、人家尽枕河"的水乡风情画。

2. 保圣寺(雕塑艺术详见戏曲艺术部分)

国家4A级景区、首批全国重点文物保护单位,是历史悠久的著名寺院。原名保圣教寺,创建于南朝梁天监二年(503),是"南朝四百八十寺"之一。唐会昌五年(845)遭毁,北宋大中祥符六年(1013)重建,最盛时殿宇达5 000多间,僧众千人,范围达半个镇,时称江南四大寺院之一。大雄宝殿内藏唐代塑圣杨惠之的罗汉塑壁艺术瑰宝,后在原址建造保圣寺古物馆。馆内罗汉塑像为圣手杨惠之所摹,现仅存一半,仍为古典艺术瑰宝。

3. 叶圣陶纪念馆

坐落在保圣寺西,是文学家、教育家、出版家和社会活动家叶圣陶工作过的地方。1917年春至1921年夏,叶圣陶与夫人胡墨林在吴县县立第五高等小学(今甪直小学)任教,自编教材,进行了一系列教育改革实践。甪直人民为表示崇敬和怀念,将当年叶圣陶执教的几处旧址重建,设为叶圣陶纪念馆。

4. 王韬纪念馆

位于古镇中市下塘街。为纪念近代思想家王韬,镇政府于1998年重建,占地面积800平方米,分王韬生平事迹陈列室、王韬故居和韬园三部分。王韬,原名利宾,1828年出生于甪直镇书香门第,自幼遍读群经,博学多才,17岁以第一名考入县学成为秀才,1849年到上海墨海书馆从事编译西学书籍达13年。后因上书太平军出谋划策,被清政府指为"通贼",被迫远走香港地区、欧洲,流亡生活长达23年。1873年,在香港地区创办《循环日报》,积极传播西方文化,呼吁改革开放,提出"振兴中国",被誉为"中国改革的先驱者",其思想对洋务运动、维新变法和立宪运动都产生过重大影响。

5. 沈宅·甪直水乡妇女服饰展览

位于西汇上塘街,苏州市文物保护单位,建于清同治九年(1870)。沈家原为富豪,房产广布,有沈半镇之称。其精华部分是乐善堂,高大宽敞,冬暖夏凉,雕饰琳琅满目,富家气派十足。现设甪直水乡妇女服饰展览,陈列各式服饰和有关图片。甪直水乡服饰被列入中国首批非物质文化遗产名录,至今保持着数百年前的风貌,被称为"苏州的少数民族",是古镇一道亮丽的风景线。

6. 萧宅·萧芳芳影视艺术馆

苏州市文物保护单位,原是南朝梁武帝萧衍后裔萧冰黎的府宅,建于清光绪十八年(1892),宅主是柏林电影节影后、香港著名电影演员萧芳芳的祖父。萧宅共三进,从外向里一进比一进高,寓意"步步高升"。木结构全靠榫卯结合,墙壁不承重,体现了古建筑的一大特点。楼上是起居之处,现为萧芳芳生平事迹和影视创作的展厅,展出的照片、图片、实物等均为萧芳芳本人提供。

其他景点还有万盛米行、农具博物馆、澄湖出土文物馆、张陵山遗址·张陵公园、海藏梅花墅等。

❖ 同里古镇镇名有何来历?

同里古镇位于吴江市东部,国家4A级景区,中国十大魅力名镇,是以"小桥、流水、人家"为特色的人文景观名镇,享有东方威尼斯、明清建筑群、天然摄影棚的美誉。

古镇区面积约1平方公里,由15条河流分割成7个小岛,被49座古桥相连接。唐初称"富土",因太俗改为"铜里"。宋代,又将旧名"富土"两字相叠,上去点,中横断,拆字为"同里"。"同里",史有"民丰物阜,商贩骈集"之称,形成明清建筑多、水乡小桥多、名人志士多、深宅大院多的居住和人文格局。

❖ 同里古镇有什么特点和主要游览点?

同里的特点是明清建筑多、水乡小桥多、名人志士多。镇内有明清两代园宅38处、寺观祠宇47座,有士绅豪富住宅和名人故居数百处之多。镇内自古崇尚读书,宋代以来出过状元1名,进士42名,文武举人93名,史称"儒绅大夫彬彬辈出"、"多名家盛族",还是辛亥革命风云人物陈去病等名人的家乡,锡剧《珍珠塔》故事发源地。主要游览点有罗星洲、陈去病故居、五鹤门楼、南埭东埭老街、南市晓烟、串心弄、丁字河、计成亭、耕乐堂、三桥、务本堂、嘉荫堂、崇本堂、文物馆、三谢堂、珍珠塔景园、丽则女校、退思园等。

1. 退思园(详见园林部分)
2. 珍珠塔景园

位于古镇侧,主人陈王道为明万历年间(1573—1619)南京监察御史,因嫁女引出《珍珠塔》故事,在江、浙、沪广为传唱。2001—2003年,苏州凯达房产公司和同里镇政府共同投资2 000万元,在原址基础上重修,形成集住宅、花园、祠堂于一体,自然山林、池塘主景融合在一起的新景点。

3. 罗星洲

位于古镇东首同里湖中，元后历代均有营建。1938年4月被日军焚毁，1996年重建并开放，为佛、儒、道三教合一圣地。

4. 三桥

位于古镇游览中心，是太平桥、吉利桥、长庆桥的总称。三座石桥呈"品"字鼎立，小巧玲珑。古镇百姓在结婚、小孩满月、寿庆之日，有"走三桥"遗风。

5. 耕乐堂

明代处士朱祥所筑。朱祥，字廷瑞，号耕乐，明正统年间（1436—1449），庐陵周忱以工部右侍郎巡抚苏州，与苏州知府及吴县、长洲知县商议重建宝带桥，朱祥协助重建宝带桥有功，本应授予官职，但其不愿为官，辞请归隐同里。耕乐堂始建年代不详，后数度易主，迭经兴废，现存建筑系清乾隆及咸丰年间所建。因年久失修，本已破败，1998—2001年全面修复，并有所扩大，2002年被列为江苏省文物保护单位。

6. 务本堂

建于明代，前后五进，分轿厅、茶厅、正厅、堂楼及下房。正厅面阔五间，高大宽敞数同里首家，其中船厅造型别致，走马楼既有明代旧构，又有清代建筑。

7. 嘉荫堂和崇本堂

嘉荫堂旧称柳宅，建于1922年，为商人柳炳南经商发迹后买地营造，共四进，32间，建筑雕刻精细，名目繁多，具有一定的艺术价值。崇本堂与嘉荫堂一河之隔，1911年钱幼琴购得顾氏西宅别业的部分旧宅翻建而成，前后五进共25间。建筑体量不大，但布局紧凑，尤以雕梁画栋著名，《红楼梦》浮雕令人称绝，从正厅到后楼呈前低后高结构，民间称为"连升三级"，这有利于通风与采光。

❖ **木渎古镇的镇名有何由来？**

木渎是中国历史文化名镇、著名园林古镇，已有2 500多年历史。相传，春秋末年越国战败，吴王得越国贡木为美女西施在灵岩山营造馆娃宫，在紫石山筑姑苏台，"积材三年，木塞于渎"，木渎之名由此而来。

❖ **为什么木渎古镇有"园林古镇"的美誉？**

镇内因水就市，临水成街，江南水乡风情浓郁。因环境清幽，许多文人雅士、达官显贵纷纷到木渎建园定居。明清时期镇上有私家园林30余处，造就了"园林古镇"的美誉，迄今仍保存有10余处。木渎人才辈出，北宋至清末出进士25人、举人30余人，其中状元2名、榜眼1名。著名人物有清代著名诗人沈德潜，清末政论家冯桂芬，近现代刺绣皇后沈寿等。1759年徐扬绘制的《盛世滋生图》长卷，竟有一半画了木渎。木渎原有十景，现斜桥分水、虹桥晚照、姜潭渔火、西津望月、灵岩晚钟、南山晴雪、下塘落雁诸景仍见遗韵。现还举办多项民俗表演："姑苏十二娘"风情街、"考状元"、观赏皇家婚典——"虹饮格格招亲"、看皇家社戏、乾隆巡游等。

❖ **木渎古镇有哪些主要景点？**

木渎是中国历史文化名镇、著名园林古镇，位于苏州西郊灵岩山麓。古镇依山而筑，傍水而居,其独特格局为江南诸多古镇少有,是苏州近郊旅游、休闲、度假首选地之一。主要景点有严家花园、虹饮山房、灵岩山馆、古松园、榜眼府第等。其中严家花园为江南名园,是台湾地区政要严家淦故居;虹饮山房是乾隆帝民间行宫,内设清代圣旨展,弥足珍贵。

严家花园(羡园) 位于木渎镇山塘街五家桥畔,始建于清雍正年间(1723—1735)。第一任主人是清乾隆年间(1736—1795)苏州名士、《古诗源》编者沈德潜。道光八年(1828)售予诗人钱端溪。1902年,台湾地区政要严家淦祖父、木渎首富严国馨买下后重葺一新,更名"羡园",当地人称"严家花园"。现经镇政府组织修复,于2000年7月开放。花园占地16亩,中路为五进主体建筑,依次为门厅、怡宾厅、尚贤堂、明是楼和眺农楼。尚贤堂为明式楠木门厅,楼前有清代砖雕门楼。眺农楼、见山楼、环山草庐、宜人亭、延青阁地处高旷,凭栏极目,园中景致尽收眼底,还可看到田野风光和灵岩山景。园内巧妙栽植四季花木,构成春夏秋冬四个各具特色的小景区。

虹饮山房 著名山水园林,建筑大气,"溪山风月之美,池亭花木之胜",远胜其他园林,是乾隆帝六下江南必游之处,有乾隆帝"民间行宫"之称,门前有御码头和御碑亭。园主徐士元是落第秀才,常和朋友在园中以诗酒为乐,酒量极大,号称"虹饮"。又因宅邻虹桥,虹饮山房之名即由此而来。全园由秀野园和小隐园两座明代园林联袂而成,中路为门厅、花厅和古戏馆,既有江南园林的秀气,又兼北方皇家园林之大气。东园为沈寿儿时住所,她随外祖母和姐姐沈立学习女红,用功不辍,终成一代"刺绣皇后"。西园原是明代东林党人王心一的别墅,建成于明崇祯四年(1631),有秀野草堂、桐桂山房、乐饥斋诸胜,现为木渎圣旨珍藏馆和科举制度馆,陈列着清代顺治、康熙等十位皇帝的20道圣旨及科举试题、答卷等。

古松园 位于木渎镇山塘街鹭飞桥东,苏州市文物保护单位,为清末富翁蔡少渔所建。古松园布局紧凑、结构精巧,前宅后园,是典型的宅第园林。1999年3月修复竣工开放。后园有一株明代罗汉松,苍翠遒劲,姿态优美,树龄已500多年,古松园因此而名。砖雕门楼,刻有"老子西游入关"、"将相和"、"张羽传书"等历史故事,雕刻技艺精妙。大厅名古松堂,仿明建筑,梁架正中一根方椽上刻有8把琵琶,名为"八音联欢",寓意喜庆欢乐。楼厅檐枋下端雕有16只倒挂花篮,楼上轩梁雕有16只凤凰,人称"花篮楼"、"凤凰楼"。此园由清末民初苏州著名艺人赵子康雕刻,此后赵子康又雕刻了东山雕花大楼,人称这两座楼为"南北姐妹雕花楼"。园内设有古建木雕私人收藏馆,陈列着数百件古建木雕珍品。

榜眼府第 位于木渎镇下塘街,清代宅第园林,苏州市文物保护单位。此宅为林则徐弟子、著名政论家冯桂芬故居,因其曾中一甲二名进士而被称为"榜眼府第"。1999年3月修复竣工开放。前宅有门厅、大厅、楼厅、花篮厅和书楼,花园以池为中心,亭、轩、廊、桥和黄石假山散落其间,高低错落,绿树掩映,充满诗情画意。镇园之宝为"江南三雕",即砖雕门楼、木雕花篮厅、石雕《盛世滋生图》,精美绝伦。

明月寺 位于严家花园东侧,建于后唐清泰二年(935),僧明智所创,明洪武初归并普贤寺。清光绪十六年(1890),僧道要重修。建筑颇具特色,寺内曲廊幽深,花枝繁茂,颇具园林之胜。

❖ *沙溪古镇有多久历史?*

沙溪位于太仓市中部,古时沙溪称沙头,又名印溪、团溪、七溪,早在唐宋时期已成村落,距今已有 1 300 多年历史。明代开建直通长江的七浦河后,沙溪成为苏州府与崇明县必经通道的重要商埠。明清时期,大批商人应运而生,临水建筑拔地而起,富商龚宅堪称江南一绝。沙溪素有"东乡十八镇,沙头第一镇"的说法。

❋ 沙溪古镇有哪三大特色?

一是独具特色的临水建筑,沙溪老七浦河两岸的古宅民居错落有致,鳞次栉比,绵延 1.5 公里。二是古朴雄浑的石拱桥。三是古民居密集的老街,至今还保留有 1.5 公里长。

❋ 沙溪古镇现有哪些主要景观?

乐荫园 坐落于白云东路东侧,又称乐隐园,原为元代晚期隐士瞿孝祯所筑私人花园。旧时园址已湮没无存,仅留湖池一潭,1982 年在原址重建,更名乐荫园。全园分中、东、西三部分,建筑物临池而建,四周环以假山、长廊、水榭、花厅、六角亭、通津桥。西部主屋雕花厅为瞿孝祯读书处,前有琴台,梁上雕花精致。东部筑一茶室,为园中之园。

吴晓邦故居 坐落在西市街,建于 20 世纪 20 年代,是一座设计奇巧、建筑精致、外观漂亮、相对独立的西洋式小楼,俗称"小洋楼"、"小白楼"(外墙白色)。内设吴晓邦生前事迹展,有汉白玉石雕吴晓邦头像、吴晓邦绘国画《山花烂漫》、吴晓邦舞蹈生涯的 73 幅照片等。吴晓邦(1906—1995)被誉为"当代中华舞蹈第一人"、"中国现代舞开拓者、奠基人"、"舞坛泰斗"。

龚氏雕花厅 位于中市街 60 号,为清乾隆年间(1736—1795)富商龚氏所建宅院。建筑具有浓厚的明代风格,雕花工艺不亚于苏州东山雕花楼。该厅为宅之东厅,取名"京兆余堂",其西尚有一座大厅,取名"承德堂"。2000 年整修开放。

清代古弄 俗称邱家弄,地处中市街北侧,窄弄,相向两人需侧身而过,呈"一线天"特色。古弄两旁均为清代建筑,墙面由一米高的花岗岩砌成,古朴苍然。

庵桥 位于长寿路(旧名新弄)东侧,原为木桥,初建于宋代,清康熙四十四年(1705)镇民捐资改建,题名为"聚福桥"。老街进口处有一过街楼,使其较为隐蔽,人称"桥从门前进",入内可见一桥门洞。桥北塊原有一座长寿庵,即灵宝长寿禅寺,庵内僧侣在青灯黄卷之中吃斋念佛,即为沙溪古八景之一的"长寿钟声"。后桥以庵名,称"庵桥",沿用至今。庵桥长 15.3 米,宽 2 米,可关闭桥门,具备防盗功能,在江南古桥中颇为少见。

❋ 千灯古镇的得名有何来历?

千灯古镇位于昆山市东南 15 公里处,全国爱国主义教育基地、中国魅力名镇、国家农业综合开发现代化示范区,是历史悠久的文化古镇和现代生态农业区。

古镇原名"千墩",公元前 750 年,吴王寿梦自吴都向东沿吴淞江两岸筑土墩作瞭望烽火台,因至此是第一个千故而得名"千墩"。公元前 210 年,秦始皇东巡登此祭祀,故称"秦望山"。自宋室南迁后逐步繁华,成为昆山市南部的中心镇。清宣统二年(1910)更名为茜墩,1966 年更名为千灯,现为国家级文物保护单位。

❋ 千灯古镇有哪些主要游览点?

古镇内有明、清及民国建筑 8 万平方米,保留着水陆并行、河街相邻式格局和小桥、流水、人家的水乡风貌，石板街、古民居、秦峰塔令人注目。1984年发掘出一批良渚文化时期的古玉器，是具有5 000年历史的珍贵文物，秦峰塔、顾炎武墓、少卿山新石器遗址称为千灯"三宝"。千灯古镇自古名人辈出，是思想家、爱国学者顾炎武的故乡，昆曲鼻祖顾坚的故里，昆曲发源地。张浦、大市、千灯三镇国家农业综合开发现代化示范区，是集现代农业科技开发、农业结构调整示范、发展农业观光和休闲旅游于一体的综合性农业旅游示范区。

秦峰塔　相传，南朝梁天监二年（503），从义和尚建波若寺并建七级浮屠，即秦峰塔，现存为北宋大中祥符年间（1108—1016）重建。

延福寺　供奉的一座全部由玉石雕成的大卧佛，佛上嵌着诸多红宝石。据称，此玉佛为今世界第一大玉卧佛，已申报吉尼斯世界纪录。

顾炎武故居　顾炎武诞生在此，现有住宅古建筑群前后五进，环境静谧优美。著名的是明代楠木梁柱"贻安堂"，还有清初龙凤砖雕门楼，工艺十分精细。各厅内陈列顾炎武塑像、手迹、著作和生平事迹，还有国内外对顾炎武及其作品的研究成果。

顾炎武墓　2005年被中宣部命名为爱国主义教育基地，是苏州市继沙家浜革命历史纪念馆之后第二个全国爱国主义教育基地。顾炎武曾在千灯居住39年，为保护历史遗存，2002年千灯镇政府对其进行修缮，在原墓地边建了一座顾园，建筑面积450平方米，富有江南园林建筑特色，内分顾炎武故居和亭林祠、墓及顾园三个区域。

余氏典当　是徽派明清古建筑群，以"立三堂"为中心，前后五进六座楼房，相互贯通，呈"亚"字形走马楼，宅后还有更楼。

石板街　全长1.5公里，由2 072块石条铺成，始建于南宋，经明、清两代多次修缮，至今仍保持着"足踩青石板，头顶一线天"的独特风貌。

❖ **锦溪古镇最大的特色是什么？**

锦溪古镇位于昆山市西南隅，国家4A级景区，江南水乡型自然风景区，2000年5月1日开放。该地相传古名陈溪、锦溪，因宋孝宗迁都南下途中葬陈妃于五保湖中，御名为陈墓。吴越春秋时此地已成集镇，南宋时成为苏州城外的政治文化和经济重镇。镇内河道纵横，街巷逶迤，家家临水，户户通舟，古有"三十六座桥，七十二只窑"之说，制砖烧窑历史可追溯到吴越春秋。

博物馆群是该镇一大特色，有紫砂馆、美术馆、篆刻馆、奇石馆、根雕馆、华夏天文馆、江南古家具馆等13家收藏馆，被誉为中国民间博物馆之乡，成为新的旅游区。2000年，锦溪向国内外游客开放后，不断优化旅游环境，完善配套设施，先后修复了莲池禅院、文昌古阁、御书牌坊、陈妃水冢、古井风亭、烟雨长廊等人文自然景观，投入了手摇船等方便游客的游览设施。每年4月中下旬举办古镇旅游文化节，春节黄金周、五一黄金周、十一黄金周、"三八节"、"九九重阳节"、"元旦"和周末双休日都有丰富多彩的民俗风情表演和鱼鹰捕鱼、丝弦宣卷等民间文化活动。其特产"袜底酥"、"云片糕"、"定胜糕"、"酒酿饼"，是江南一带人们争相品尝的传统美食。

莲池禅院　南宋隆兴二年（1164），孝宗皇帝敕建，后毁，1996年重建。现存宋孝宗手植罗汉松、龙柏各一株，陈妃水冢、文昌阁为宋元时期遗物。

中国古砖瓦博物馆　陈列有华夏古国上下五千年各类古砖瓦、瓦当、铭文砖、祭祀砖等,共14大类、2 300多件,珍藏最早的一块砖距今已有5 000余年历史,"铜雀台瓦当"乃建安十六年(211)曹操在河北临漳建造的金凤、冰井、铜雀三台之遗器。这里一片瓦就是一个故事,一块砖就是一段历史。

古董馆 有"华夏第一馆"之称,19个展室、4 500余件藏品,有唐三彩、古战车、宋代花轿、南北朝猛兽尊等,琳琅满目。

中华历代古钱币馆 由民间职业收藏家黄风子和锦溪镇政府共同开设。馆内万余件展品,创下了四个"全国之最",即个人收藏品最多最全,全国唯一一枚"阴阳神鬼"币,最原始的中华纸币"交子"。馆内珍藏一张抗日战争最艰苦岁月时期1944年春由淮北苏区人民政府发行的"一元张",是最早使用毛泽东肖像作图案的纸币,据称此币仅存5张。

❈ **沙家浜是什么时候建镇的?**

沙家浜位于常熟市东南部,地处阳澄湖与昆承湖之间,1986年撤乡建镇,2003年原唐市镇与原沙家浜镇合并为新的沙家浜镇。唐代,常熟已有区域划分,唐市镇境从唐到宋元一直属常熟县,明代形成集市,唐氏居功以名,称为唐市。民国以后,唐市隶属关系历有变动。

❈ **沙家浜为什么会成为苏州的红色旅游景区?**

沙家浜风景区位于常熟市的阳澄湖畔,抗日战争时期这里是一望无边的芦苇荡,曾作为新四军伤员疗伤的秘密基地,因京剧《沙家浜》而闻名全国。现经多年开发,已建成全国爱国主义教育基地、国家4A级旅游区、全国百家红色旅游经典景区和华东地区最大的生态湿地之一。近年来,当地政府充分发挥传统教育、芦荡生态、江南水乡特色、地方民俗风情等旅游资源优势,统一规划,加大投入,形成了以革命传统教育为内涵、江南水乡田园风光为主调、大自然生态游为主要内容、水乡民俗风情为补充、运动休闲度假相配套的沙家浜风景区,成为"江南风情游"的一个重要景区。

区内的沙家浜革命历史纪念馆,自1998年7月建馆以来,在上级领导、部队首长、革命老前辈的关怀和支持下,经过十多年的建设,两次易地重建、四次改版,展馆面积不断扩大,馆藏内容不断丰富,一个兼具绿色生态和红色内涵、展览手段新颖、展览内容丰富的革命历史纪念馆已屹立在阳澄湖畔沙家浜。其社会声誉不断提升,2001年被中宣部命名为"全国爱国主义教育示范基地"。

现在,沙家浜已成为众多旅游者参观、游览的热点景区。2005年举办"红色旅游年"中,江、浙、沪三省市联合举办"共走红色路、同游江浙沪"红色旅游活动,在沙家浜举行启动仪式。

❈ **东山镇为何被誉为"教授院士之乡"?**

东山镇历史文化底蕴深厚,1万年前就有先民在此生活繁衍。春秋时,此处为吴、越两国养殖、游猎、采食之地,居民养蚕种果,因有"花果山、鱼米乡"之誉,今存望越台、演武墩、虎山等遗址遗迹。宋代时,东山已形成较大规模的集镇,有大量的明清民居古建筑群,现有省、市文物保护单位和名胜古迹50多处。此处人文荟萃,出现了一大批政治、军事、科技、教育人才,明清时期东山籍状元、进士达44名,当代名人更是层出不穷,有王守武、王守觉、王大珩、何泽慧、程庆国等中科院院士5人,被誉为"教授院士之乡"。

❖ 东山古镇有哪些主要游览点?

主要景点有莫厘峰、杨湾、灵源寺、龙头山、雕花楼、雨花台、不云亭、御道、王鏊故居、明代一条街、轩辕宫、明善堂、凝德堂、怀荫堂、蒋山禅院、紫金庵、启园、三山岛、雨花胜境、陆巷古村落等。近年来,开辟了湖岛农家休闲游、访古探幽乡村游、湖岛自然风光游等特色旅游线路,每年3月、9月分别举办"碧螺春茶文化节"和"民俗风情节"。

1、紫金庵(详见宗教文化部分,雕塑艺术详见戏曲艺术部分)

2. 雕花楼

位于东山镇松园弄,原名春在楼,又称雕花大楼,建于民国初期的1922—1924年。当时楼主金锡之耗黄金3 741两,雇250多名工匠昼夜施工,历时三年建成一座具有江南风格、集现代雕刻艺术大成的民间住宅,是苏州"香山帮"工匠的代表作之一。该楼占地5 500平方米,房屋百间,主体建筑有砖雕门楼、前楼、后楼和花园等。全楼建筑砖雕、木雕、金雕、石雕、彩绘、泥塑巧夺天工,雕刻精细,有独特的艺术风格,享有"江南第一名楼"美誉,现为全国重点文物保护单位。东大门是一座清水砖雕门楼,有"独占鳌头"、"招财利市"等塑像,内侧是"八仙上寿图"、"鹿十景"、"尧舜禅让"、"文王访贤"图砖雕,雕刻十分精细,透雕达四层之深。前楼单檐两层,厅柱通体雕刻,梁两端雕86对凤凰,故称"凤凰厅",包头梁有黄杨木雕,共48幅《三国演义》中的故事,檐口窗上雕《二十四孝图》,前厢房夹堂板和长窗的裙板上浮雕"二十八贤"故事,前厅承重大梁雕9幅"八仙过海"故事,后厅承重大梁通体雕刻25幅《西厢记》故事。雕花楼名闻遐迩,至今已有82部影视剧在此拍摄,被称为"影视楼"。

3. 启园

又名席家花园,位于太湖之滨,依山傍水,是著名的江南山麓湖滨园林,市级文物保护单位。御码头、古柳毅井、古杨梅树为园内三宝。园始建于1933年,因园主席启荪而得名。至抗战胜利时,园已破败不堪。1986年将工厂迁出,国家拨款整修,增筑曲桥、亭榭,遍植名木、名花,1990年元旦对外开放。1996年吴县市又投资400多万元,新筑10余座堂、馆、亭、榭,疏浚河道,新辟竹园、牡丹园、杜鹃园、月季园,增植花木106种,整修沿湖石驳岸等。

园内四面厅为主要建筑,名"镜湖厅",雄峙于层林山水之间,与大自然融为一体。厅前水池四周堆砌假山,状态各异,细视形如各种动物。园内有一棵1699年栽植的古杨梅树,传说当年康熙皇帝上岸时曾在此小憩。园中还有东山方志名人馆、御码头、湖心亭等。御码头、湖心亭为1997年兴建的新景点。在傍湖置石柱牌坊,坊额"光焰万丈"为康熙皇帝手迹。牌坊前石砌长堤为康熙皇帝御道,亭内青石碑上有刘墉书写的"御码头"三字。湖边停七桅古船一艘,据说是由当年岳飞水兵战船演变而来,船长25米,载重60多吨。

4. 轩辕宫

位于杨湾古街西北端黄家山麓,创建于唐贞观二年(628)。原名灵顺宫、胥王庙(祭祀伍子胥),后易名显灵宫,俗称杨湾庙,江苏省文物保护单位。"文化大革命"时庙被毁,唯轩辕宫正殿保存完好,殿内柱础、菱形"四金柱"、有"卷刹"的檐柱大部分梁、斗拱等木结构,都是元代遗物。现殿内有花岗石雕轩辕像,殿前碑刻陈列室内有唐颜鲁公《大唐中兴颂》、宋苏东坡《祭黄几道文》、明王鏊《洞庭两山赋》、明文徵明《东西两山图》等碑刻。

5. 明善堂

位于杨湾上湾村,是明代后期的民间住宅,江苏省文物保护单位。古院四进,东首有大厅、花厅、住楼、书房及左右备弄、厢房,西侧有墙门、耳房、客堂、佛堂及花园等。该宅融砖雕、木刻、彩绘、石刻艺术于一体,西墙上砖雕"百寿"图,集汉、古、六书、钟鼎等百"寿"字。

6. 凝德堂

位于翁巷,是明朝晚期的民居建筑,雕梁画栋,彩画艺术极精,江苏省文物保护单位。现存门屋、仪门和大厅三座建筑,有彩画88幅,专家认为是明代苏式彩画的典型作品,有"江南彩画第一堂"之称。

7. 怀荫堂

位于杨湾,江苏省文物保护单位,现为杨湾书场。现存有门楼、住宅楼和厢屋等。楼屋是古宅的精华,明间、暗间之间施金柱两根,设有"山雾云"护脊。整个结构非常稳固,外砌砖搏风山墙,体现了明代中期的建筑风格。

8. 三山岛(详见山水文化部分)

9. 雨花胜境(详见山水文化部分)

❖ 张家港凤凰镇主要有哪些旅游文化资源?

凤凰镇因境内凤凰山而得名,2003年由原凤凰、西张、港口三镇合并组成,镇域面积78.8平方公里。凤凰镇文化底蕴深厚,名人辈出,历史上共有36位进士、4位状元,保存有千年古街、红豆树等一批历史遗存。有6 000年历史的河阳山歌也被列入首批国家非物质文化遗产名录。现有恬庄古街、河阳山歌馆、永庆寺、千亩桃园、温泉度假村等旅游景点,初步形成了"听山歌、泡温泉、赏桃花、逛古街、游古寺"的旅游文化特色。

❖ 凤凰镇的恬庄古街有什么文化遗存?

恬庄,又叫田庄,明代奚浦钱氏创建,乾隆、嘉庆年间(1736—1820)达到鼎盛,是当时常熟境内四大名镇之一,故旧有金顾山、银恬庄之说。恬庄古镇共有历史名人65位,其中状元4位,榜眼1位,进士32位。这些文人雅士留下了丰厚的历史遗产,现存的榜眼府、杨氏孝坊、杨氏南宅、蒋宅都是他们流传后世的珍贵古建筑。榜眼府,建筑面积1 948平方米,共有五进,是清乾隆年间(1736—1795)杨岱所建,后因其曾孙杨泗孙考中榜眼,故有此称。杨氏孝坊是朝廷为表彰孝子杨岱而建,据记载,杨岱为减轻父亲的病痛,曾口对口将父亲喉中的痰吸出来。杨氏南宅也是杨岱所建,属典型的仿明建筑。蒋宅,始建于明末清初,是名人蒋廷锡故居,宅内有保存基本完好的青砖围墙和后花园。恬庄北街现存长度280米,遗留阶石481块。

❖ 西山古镇有什么特色?

西山位于太湖之中,是以历史文化名镇风貌、花果茶园和湖光山色为景观特色的国家级风景名胜区。景区由"太湖第一大岛"西洞庭山和20多个岛屿及湖面组成,面积235.48平方公里,湖岸线逶迤曲折,长达50余公里。岛上80%以上是山地,重冈复岭,深谷幽静,港湾屈曲,有山回水绕之趣。全岛有41峰,缥缈主峰耸立于岛的中部,为太湖七十二峰的最高峰。西山是洞庭西山的简称,古时以四面为水包围而称包山。区内现存历史文化古迹100多处,其中省、市级文物保护单位14处,苏州市控制保护古村落7个、古建筑26处,明月湾古村为国家级历史文化名村。开放景点9个:石公山、林屋洞、西山梅园、包山寺、禹王庙、罗汉寺、古樟园、西山高科技农业园和明月湾古村。还有很多具有丰富历史文化底蕴的景点和历史遗迹,如古东村、水月坞、春熙堂等。

西山历史悠久。相传夏禹曾在此治水,吴王夫差在此避暑,今尚存消夏湾、避暑宫、西施画眉池等遗址。唐宋以来,许多文人名士,如白居易、皮日休、陆龟蒙、范仲淹、苏舜钦、赵孟頫、王鏊、袁中郎等都曾来此访古寻幽,山崖上留有30多处石刻古迹。古人把这里富有诗情画意的景色,概括为鸡笼梅雪、甪里梨云、消夏渔歌、石公秋月、缥缈晴岚、西湖夕照、龙渚归帆、玄阳稻浪、毛公积雪、林屋晚烟十大胜景。

全岛梅树种植面积超过万亩,林屋梅海已成为全国最大的赏梅胜地和梅文化研究基地,如今,每年早春时节都在林屋洞(梅园)举办"太湖梅花节"。西山物产丰富,有"月月有花,季季有果,一年十八熟,天天有鱼虾"之称,盛产碧螺春茶、杨梅、枇杷、白果、桃子、石榴、梅子、柑橘、板栗等名茶鲜果和"太湖三宝"(银鱼、白虾、梅鲚)、"太湖三白"(银鱼、白虾、鲌鱼)、清水大闸蟹、莼菜、鳜鱼等水产。

❖ 光福古镇有什么特色?

光福位于苏州西部、太湖东畔,以植物奇观、湖湾渔港和宗教文化为特色。镇内有3处省级文物保护单位,1处省级自然保护区,有太湖风光、千年名胜、渔村风貌和渔家风味,是太湖风光与名胜古迹融为一体的风景区。早春香雪海探梅,六月观赏木荷花,金秋十月2 000亩古桂园香飘十里。春梅、夏荷、秋桂是游人最喜欢的时景,每年都举办"太湖梅花节"、"渔民开捕节"、"桂花节"。光福是玉雕基地和中国最大的内湖渔港,各类玉器、佛雕、微雕、红木雕和水产品十分丰富。

光福由凸入湖中的半岛和小岛将湖面分割成大小不等的水湾,历代文人多以"湖光山色"和"洞天福地"加以吟咏,光福之名由此而来。光福镇历史古远,曾出土新石器时代的石钵、石斧等文物,镇北虎山相传为春秋吴王夫差养虎之地。明、清时,光福为吴县六大名镇之一。

❖ 震泽古镇有什么胜迹?

震泽古镇位于吴江区西部,唐开元二十九年(741)设镇,因濒临太湖故得名于太湖别称"震泽"。古镇历史悠久,夏禹治水留下过足迹,清雍正二年(1724)曾设县,是清代"学究天人"王锡阐、中国红十字会创始人施则敬和"两弹一星"功勋杨嘉墀的家乡,篮坛"巨人"姚明的祖籍。盛产辑里丝,清光绪年间(1875—1908)产量占全国十分之一。有慈云塔、禹迹桥、师俭堂、王锡阐纪念馆等胜迹23处。

慈云寺塔 寺始建于南宋咸淳(1265—1274)中,旧名广济,明天顺年间(1457—1464)改今名。慈云寺塔是寺中唯一遗存的建筑,始建于三国东吴赤乌年间(238—250),距今已有1 700多年历史,江苏省文物保护单位。塔为砖身木檐楼阁式,总高38.44米,六面五级,外观翼角轻举,玲珑挺拔,塔内置有楼梯可登临,"慈云夕照"为吴江八景之一。东南隅有纪念大禹治水、清乾隆时建造的单孔拱形石桥——禹迹桥,与宝塔互成呼应,构成"拱桥塔影"景观。

师俭堂　徐汝福建于清同治三年(1684),全国重点文物保护单位。面阔五间,六进高墙深宅,集河埠、行栈、商铺、街道、厅堂、内宅、花园、下房于一体,街上建宅,宅内含街。建筑分三条轴线,营造出凝重古朴的传统中式风格,兼具官、儒、商三重使用功能,为近代江南民间建筑所罕见,堪称水乡大宅门。中轴南临塘河,前沿为石驳岸,双向河埠伸入水中。第一进和第二进为双层楼房,第二进和第三进之间为宝塔街,山墙开有券门。第四进是高大的正厅,官府厅堂式格局,极具官宦气派,显示出房主当年的显赫。第五进、第六进俱是楼房,上下环通。第六进是内宅,楼上也是石库门,东北贴墙建有更楼,雇更夫巡更守夜。其砖雕门楼高大挺秀,图案造型精巧,形神有致。东轴为花园"钿经园",园北为佛楼,西叠假山,上筑倚墙半亭,堪称江南最小的园林。

❖ **吴江黎里古镇有哪些特点?**

黎里古镇位于吴江西南部。唐时,黎里东西两头各是较大的村落。南宋初年,北方人口大量南迁,黎里迅速发展为集市、集镇。明初成镇,以后发展为江南大镇。至20世纪80年代,黎里仍是吴江的十大乡镇之一。

黎里古镇东起中立阁,西至望平桥,南自新桥南路,北至禊湖道院后的寺后荡,面积0.52平方公里。古镇以东西向市河为轴,街道在市河两岸。街旁房屋面水而筑,古宅鳞次栉比,其中明清建筑占75%,最具代表性的为柳亚子故居和洛雅草堂。这些古建筑典雅精致,砖、石、木雕随处可见,是研究明末清初江南民居的范例。古镇东西向市河长达数里,沿河长街上密布着近百条与主街垂直的弄堂,有的藏于街道店铺旁,有的走堂跨楼,有的两弄紧依,还有的弄中有弄。南北向平行的巷弄与东西向的市河及主街构成了古镇的主要交通空间,河上横卧23座不同结构和造型的古石拱桥,河道驳岸及形状多样的缆船石保存较为完整。沿河街道多建有廊棚,廊下为街,成为古镇的重要特色之一。

黎里人文荟萃,历史上曾出状元1名,进士26名,举人61人,贡生43名,影响最大的人物为爱国诗人、南社创始人柳亚子。现主要文物古迹有:柳亚子旧居、张应春烈士墓、瑞本园、鸿寿堂及洛雅草堂、周公博祠、徐达源故居、东圣堂、张曜故居等。

❖ **常熟古里镇有什么历史文化遗存?**

常熟古里镇文化底蕴深厚。我国清代四大藏书楼之一的"铁琴铜剑楼"位于古里镇中心,修葺一新后向世人开放。被誉为虞山十八景之一的"红豆山庄",因文学巨匠钱谦益和柳如是的传奇姻缘而更负盛名。国家级非物质文化遗产"白茆山歌"至今已有数千年历史,源远流长,传唱至今。

❖ **苏州现有哪些已成为旅游景点的古村落?**

1. 陆巷古村

位于吴中区东山半岛西北,相传因南宋移民在坞中建造了6条街巷的山村而得名。古村始建于南宋建炎年间(1127—1130),是明代宰相王鏊的故里,王家状元、进士、翰林、太守、知县多达上百人,留有数以百计的厅堂宅第。至今保存完好的明清建筑有惠和堂、粹和堂、怀古堂、怀德堂、宝俭堂、双桂楼、春庆第、遂高堂、晚三堂、见三堂等30余处,是吴中区建筑群中数量最多、保存最完整的古村之一,堪称环太湖古建筑文化的代表、"香山帮"建筑的经典之作。此外,还有寒谷山、化龙池、王鏊墓等景物景观。

2. 明月湾古村

位于吴中区太湖西山岛南端,是岛上最古老的村落。因"湖堤环抱,形如新月之湾",又因春秋时期吴王夫差与西施在此赏月而得名。2004年,西山镇政府斥巨资修缮、开发,恢复了古村风貌。

南宋金兵南侵时,大批高官贵族到此定居,清乾隆、嘉庆年间(1736—1820)修建了大批精美宅第,成为富商云集的村落。现存古居有礼和堂、裕耕堂、瞻瑞堂、瞻禄堂、汉三房、薛家厅、金家厅、邓氏宗祠、吴氏宗祠、黄氏宗祠、秦氏宗祠等,一幢幢深宅大院,古风犹存。村内有堪称江南一绝的石板街,修筑于清乾隆三十五年(1770),全长1 146米,由4 568块花岗石铺成,上可行人,下为排水沟。

村内有明月禅寺,俗称明月寺,相传明正德年间(1506—1521)从西侧庙山嘴搬迁而来。院前有古码头,清乾隆年间(1736—1795)所建,全长58米,用256块条石筑成,延伸至太湖中,为村民和商人出入的水陆交通要道。

自古以来,这里就是令人神往的好去处。唐代白居易《夜泛阳坞入明月湾即事寄崔湖州》诗曰:"湖山处处好淹留,最爱东湾北坞头。掩映橘林千点火,泓澄潭水一盆油。龙头画舸衔明月,鹊脚红旗蘸碧流。为报茶山崔太守,与君各是一家游。"

3. 金庭镇东村

位于吴中区西山岛北端,有2 000多年的历史。村内街道东西走向,路面用花岗石板铺设,下为泄水沟。古街蜿蜒逶迤,两侧小巷深深,高墙四起,层楼叠院,尽显山村特有的质朴气息。村内现存明清建筑10多处,较完整的有锦绣堂、延圣堂、学圃堂、栖贤巷门等,其中两处为省级文物保护单位。民居多为深宅大院,画栋雕梁,规模宏大,以锦绣堂、萃秀堂为最,均为一路六进的高墙深院群体建筑。

4. 窑上村

位于吴中区光福镇西南,明代在此设窑烧制城墙砖块,皇城完工,窑渐废弃,"窑上"名称却流传至今。此地以传统花果林木经营为主,以刺绣、盆景、红木雕刻等家庭手工艺制作为辅,是以春花、夏荷、秋桂、冬梅为环境特色的小山村。村内花木成片,有千亩桂花林,是全国四大桂花基地之一。金秋时节,各种桂花陆续开放,香飘十里,形成两千亩桂花园环绕太湖十华里的壮丽景观。村内官山岭是一片常绿阔叶林,夏日橙黄色的木荷花竞相开放,形成独特景观。

❖ **苏州古镇旅游是什么时候正式推出的?**

苏州"江南古镇游",于1992年"中国旅游观光年"中正式推出,初期有周庄、同里、甪直三个古镇游览点,之后又开发木渎、锦溪、千灯古镇游,6处古镇旅游点各具不同特色。苏州的江南水乡古镇游,不仅可以尽情领略充满诗情画意的水乡风光,亦可体验当地民风民俗。风土清嘉、"山温水软似名姝"的江南古镇,给旅游者留下了深刻而又美好的印象。

第七章 古典园林

一、古典园林基础知识

❖ **中国古典园林是怎样形成和发展的？**

我国古代园林建造历史可上溯到3 000多年前的商周时期。最早的园林萌芽形式称囿。春秋战国时期，已有成组的园林风景，称为"宫苑"或"苑囿"，处于自然山水园林萌芽阶段。秦汉时期，出现以宫室建筑为中心的宫苑。秦始皇建兰池宫，并在池中筑蓬莱山；汉武帝在上林苑建章宫的太液池中造蓬莱、方丈、瀛洲三岛，首开"一池三山"模式之先河。魏晋南北朝时期，社会动荡，佛教传入，老庄哲学流行，玄学盛行，文人崇尚清谈，寄情山水成为风尚，使园林转向崇尚自然，园林造景手法由写实趋向于写实与写意相结合，反映隐逸文化的文人写意山水园开始显现。

隋唐五代时期，文人参与造园和文人园林的涌现，把造园艺术与山水诗、山水画相联系，创造出诗情画意的写意山水园。皇家园林极为兴盛，私家园林也日趋繁荣，以类型、数量、质量与艺术风格的全面发展而形成造园高潮。

宋元时期，进入造园成熟时期。私家园林大量修建，文人雅士自建或参与造园，将诗画融入造园中。北宋园林主要集中于东京开封、西京洛阳，其中开封有艮岳、金明池、琼林苑等，洛阳为历代名园荟萃之地，《洛阳名园记》一书中就重点介绍了19处园林；南宋造园之风盛于临安、吴兴和苏州，西湖开发，扬州、苏州、吴兴私家园林兴盛，岭南园林开始出现。

明清时期，园林艺术进入精深发展的鼎盛阶段，在设计和建造上均达到了前所未有的高峰，形成以北京为中心的北方园林、以苏州为中心的江南园林、以广州为中心的岭南园林等不同风格。明末计成的《园冶》是我国的造园名著。现存的园林大多属于明清时代。

❖ **中国古典园林分哪几种类型？各有什么特点？**

中国古典园林基本上有两种分类标准，一种是按园林所属者的身份划分，另一种是按气候带划分的。

（一）按园林所属者的身份划分

园林所属者的身份较复杂，主要可分为：

1. 皇家园林

是专供帝王休憩享乐的园林。其特点是整体色彩富丽堂皇，规模宏大，常包罗真山真水景观,充分显示皇家气派和皇权的至尊,如河北承德避暑山庄、北京颐和园等。

2. 私家园林

是供王公官吏、富商大贾、文人雅士等休闲的园林。根据其位置和功能,有宅园、游憩园和别墅园之分。特点是规模较小,常用假山假水,建筑小巧玲珑,色彩淡雅,如苏州的拙政园、留园、沧浪亭,上海的豫园等。

3. 寺观园林

寺观园林,又称宗教园林,即佛寺和道观的附属园林。一般有两种类型:位于城镇的模仿自然的寺观山水园与位于大自然的自然风景式寺观园,后者逐渐成为主流。

园主身份地位的不同,其园林的种类也不同。不同的园主所要表现的思想自然不同,体现在园林中,则表现出不同的意境。皇家园林看真境,私家园林看静境,寺观园林看虚境。

(二)按气候带划分

有温带园林、亚热带园林、热带园林,即通常所说的北方园林、江南园林、岭南园林。其分界线为秦岭—淮河—南岭。

1. 温带园林

即通常所说的北方园林。与北国风光的博大崇高、磅礴气势及皇家的富丽堂皇有关,范围较大,建筑形象稳重敦实,色调浓墨重彩。风格粗犷,委婉不足,总的特点是"雄"。大多集中在北京、承德、西安、洛阳、开封,其中尤以北京为代表。

2. 亚热带园林

即江南园林。多为私家宅第园林,具有柔媚的气质。色调素净淡雅,规模较小,道路回环曲折,多奇石秀水,翼角轻灵高翘,给人以活泼的运动感。构景仿效自然,造景以小见大,叠石多采用太湖石。总的特点是"秀"。大多集中于上海、无锡、苏州、杭州、扬州等地,其中尤以苏州园林为代表。

3. 热带园林

即岭南园林。岭南处于热带,造园自然条件较北方、江南都好,具有明显的热带特征。造园艺术水平较高,集中于广州一带,如顺德的清晖园、东莞的可园、番禺的余荫山房、佛山的梁园等。这类园林一般规模较小,多数是宅园,建筑的比重较大,布局紧凑,装修精美,色调艳丽多彩,风格纤巧繁缛。因地处通商港埠,受外来影响较大。

❖ 苏州古典园林有哪些构景要素?

游赏园林,自然离不开景。那么什么是景呢?凡是能引起人们美感的各种风物、环境都可称为景。构成园林的主要物质叫构景要素。概括起来讲,山、水、植物、动物、建筑、匾额等都是苏州古典园林的构景要素。人们将山、水、花木、建筑称为造园四要素。

山水是园林的基本要素,是人工自然的直接体现。花木是构成自然景致必不可少的要素,最能体现园林自然灵性的素材。园林建筑既有使用功能,又是一种可供观赏的景物,是自然环境中人的形象及其生活理想和力量的物化象征。匾额、楹联和题刻是古典园林中不可或缺的重要点缀品,它们能导出游人本身的审美感受。

古人把山石比喻成园林的骨架,水系比喻成园林的血脉,花木比喻成园林的衣帽与毛发,建筑比喻成园林的眉目(也有比喻成佩饰),题刻比喻成园林的五官,是一种形象化的表述。

❖ 何为"假山"?

假山来自真山,为了免受长途跋涉之苦,而能欣赏山岳美景,众多造园家便把假山引入庭园。造园者叠山的依据和标准是大自然中的真山。叠山的要求是俨然真山,尺幅千里,达到"虽由人作,宛自天开"的境地。

假山可分为土山、石山和土石混合三种类型。土石混合的叠山分为"土包石"和"石包土"。土包石,又称石山戴土,以石为山的骨架,上覆以土,适当露出石的峰头。土壤填嵌在石骨框架内外,土上可种植树木花草。石包土,又称为土山戴石,以土为基础,外面适当以石覆盖,是运用最广的叠山方法,如拙政园中部花园池中的两岛即为石包土的代表。

❖ 好的太湖石峰的标准是什么?

好的太湖石峰,可用瘦、皱、漏、透来概括。瘦指石峰整体形象苗条多姿,风骨凛凛;皱指石身起伏不平,能看出有节奏的明暗变化;漏指石身里边有孔穴上下相通,脉络连贯;透指玲珑多孔穴,前后能透过光线。此外,另有四字:清、丑、顽、拙,是品评石峰抽象风格的依据之一,侧重于对峰石整体气势的品评。清者,具有阴柔的秀丽之美;丑者,富有奇特的滑稽感;顽者,指有坚实浑厚的阳刚之美;拙者,富有质朴、宏阔之感。这八字标准,并不是绝对的,彼此常常渗透和交叉。在好的石峰身上,它们往往协调融合在一起,从而形成石的整体审美特性。历经沧桑保留下来的名峰,多经古代文士题咏镌刻,蕴涵着古人浓厚的情思。

❖ "叠山"有什么讲究?

"叠山"也称"掇山",是园林造景要素之一,以造景供游览为主要目的,充分结合各种功能,用土、石等材料,以自然山体为摹本,堆筑假山及叠置山石的总称。叠山讲究形神兼备,以少许石头便能将自然景象概括出来。"峦峰秀而古","蹊径盘且长","峭壁贵于直立,悬崖使其后坚",路则"崎岖石路,似壅而通,峥嵘涧道,盘纡复直",高、低、曲、直、阻、通,以及路边叠石的峥嵘嶙峋,都要讲究章法,总体感觉是追求山林野趣之意味。除神态精准外,还须将园主的思想品格、意趣追求融会进去,才可称为上品。要追求"片山有致,寸石生情"。独立的叠石往往是园林中的点题之作,用以点明不同的园景并引发不同的情绪,堪称绝妙。北京画家郭熙有诗描述四时的叠石:"春山艳冶而如笑,夏山苍翠而如滴,秋山明净而如妆,冬山惨淡而如睡。"有的园林是以叠石出名的。这些奇石具有高度的形式美感,其造型清瘦挺峻,不以体积取胜,而要求线条清晰,褶皱明显,上大下小,有飞舞飘荡的动感,恰似站于广川之上的墨客侠士,袖带当风,气度非凡。

❖ "叠山"一般选用什么样的石品?

俗话说,庭院中可以无山,但不可无石。石有天然的轮廓造型,质地粗实而纯净,是园林建筑与自然环境相联系的一种美好的中间介质。

中国人所欣赏的"石",非一般之石,不但要怪,还要丑。"怪石以丑为美,丑到极处,便是美到极处,丑字中丘壑未尽言。"

选石要就地取材,突出地方特色。可选择方正端庄、圆润浑厚、峭立挺拔、纹理奇特、形象仿生等天然石种,以及利用废旧园林的古石、名石,既可减少山石资源和资金的浪费,又可避免各地掇山千篇一律的弊病。

掇山常用的石品有:(1)湖石类,体态玲珑通透,表面多弹子窝洞,形态婀娜多姿,多数为石灰岩类;(2)黄石类,体态方正刚劲,解理棱角分明,无孔洞,呈黄、褐、紫色等;(3)卵石类或圆石类,体态圆浑,质地坚硬,表面风化呈环状蚀状;(4)剑石类,利用山石单向解理而形成的直立型峰石类。

假山平处见高低,直中求曲折,大处着眼,小处入手。黄石山起脚易,收顶难;湖石山起脚难,收顶易。黄石山要浑厚中见空灵;湖石山要空灵中寓浑厚。叠黄石山能做到面面有情,多转折;叠湖石山能达到宛转多姿,少做作。

❖ "理水"有什么讲究?

水面与山石一样,是园林中必不可少的构成要素。水面不在大小,关键是将自然景致的意味表达出来。水与山相比,属于"活性元素",利用不同的形态处理,既可表现博大壮阔,又能流露含蓄柔情。宋代画家郭熙曾在《林泉高致》中指出:"水,活物也。其形欲深静,欲柔滑,欲汪洋,欲回环,欲肥腻,欲喷薄……"描述了水体可以塑造的多种情态。理水讲究聚分有致,既要有湖面池泽,也不可忽略小河渠沟,还可结合地势落差巧妙安排瀑布落水。在感觉上,应充分展示水体的活性,强调源头深远,尽端无限,注意利用曲流,"泉水纤徐如浪峭"。较大园林的水池,则通过"曲沼环堂"的处理,使有限的水面不能一眼望尽。突出水体的自然之美是理水的重要原则,绝对不能出现死水淤流的情况。

理水,一要注重水源,因水成景,源头是园林"血脉"的由来,同时要有纵深感,使人感到层次丰富、景观深远。二要以地势作形,开合聚散,有静有动,静水给人以平静亲切感,动水能造成活泼与欢快的气氛。

❖ 园林里的水体有哪几种类型?

(1)湖泊池沼,水体面积较大,大多是因天然水而略加人工或依地势形成;(2)瀑布,有线状、帘状、分流、叠落等形式,这种人造瀑布虽无自然瀑布的气势,但只要形神具备,也能有自然之趣;(3)溪涧,属线形水型,水面狭而曲长,两向延伸,多弯曲以增长流程,显示源远流长、绵延不尽;(4)河流,是一种带状的水系,一般忌宽而求窄,忌直而求曲,有收有放,两岸配置适当的植物,从而使景色富于变化;(5)渊潭,一般为小而深的水体,往往有水面紧缩、空间狭隘的特征,而一个"渊"字更是其主导性格。潭一般在泉水的积聚处和瀑布的承受处,其概念往往和龙、蛟联系在一起,使人感到它不仅深不可测,而且藏龙潜蛟、疑有灵异;(6)泉源,泉来自山麓或地下,包括山泉和地泉、动泉和静泉。动泉中又有流泉、涌泉之分。泉源的处理,一般都成石窦之类的景象,望之深邃黝黯。在众多的水体类型中,泉主要表现为奇谲诡异、活泼好动而不定型。

类型多样的水体,千变万化,构成了园林水体景观之美。

❖ 花木在园林中具有什么作用？

花木是构成自然景致必不可少的要素。花木随四季而变化，最显自然界循环变化的本质，发人深省。花木色泽丰富，形体优美，是塑造园林自然灵性的绝好素材，故最为造园者所推崇。花木绿化讲究与环境结合，平地是"高林巨树"，绿化成为景色的主角；山崖处，"悬葛垂萝"，绿化作为山石的点缀；脚下则是"烟花露草，散满阶墀"，使花草从台阶的缝隙里钻出头来，尽显野趣，十分别致。

园景以花木为主题的非常多，从楹联题名即可看出，如古木交柯、万壑松风、青风绿屿、梨花伴月、曲水荷香、金莲映日等。园中的建筑也经常因花木景致而得名，像苏州拙政园中的枇杷园、玉兰堂、远香堂、海棠春坞，网师园中的小山丛桂轩、看松读画轩、竹外一枝轩，沧浪亭中的翠玲珑等，以题名与景致相呼应，借以调动游人访客的观景情绪。

花木还可塑造动态景致。如与风结合可以有疾风劲草，与雨结合可有雨打芭蕉、残荷听雨，与光结合可有竹影映墙、月动影移，让人充分领略到花木的动态和天籁之声。

因花木的香气而成景的也不胜枚举，如闻木樨香轩（留园）、暗香疏影楼（狮子林）、闻妙香室（沧浪亭）等。"花气袭人知骤暖"、"灯影照无睡，心清闻妙香"，园中有了花木，就显得生机盎然了。

❖ 园林里的花木有什么寓意？

中国传统园林对花木的选择标准有四：姿美、色美、味香、寓意。要求四季常有绿、月月有花香，根据时令变化进行种植。

植物在园林中不仅具有遮阴的功能和丰富景色的作用，而且还象征性地代表了园主的文化背景或个人品格。造园者在选择品种时，往往充分注意到花木的寓意，这是一个民族文化传统的体现。下面以竹、松、梅为例分析一下花木的寓意。

竹，挺拔，虚心有节，终年常绿，不畏严寒，这些形象上的特征和古代士大夫文人所追求的刚直脱俗的高尚品德非常巧妙地统一了起来，"未出土时先有节，纵凌云处也虚心"，积淀了千年园林文化中竹的情思。园林植竹，既可以是大片竹林，以渲染气氛，也可以数竿散植，配合石峰和其他花木，成为庭院的主题。

松，"岁寒知松柏之后凋也"。先圣孔子的这句话，对后人的影响不小，古代文士常将松柏比作君子、大夫，寓以常青和正直的景仰之情。一般江南文人园林松柏多作孤赏单枝。园主喜在松径漫步品玩，在这些青松身上寄寓自己的情操理想。它那苍老遒劲、嵯峨挺拔的姿态，那阅尽沧桑却依然郁郁葱葱的气势，正是中华民族源远流长而又青春永在的生动写照。

梅，凌寒韵高，"疏影横斜水清浅，暗香浮动月黄昏"，写尽梅之体态。园林古梅姿态多奇拙，枝丫横斜，根节盘曲，尤其是那些植于粉墙前的老梅，投影于墙，堪称天然水墨古梅画。随着月光的转换，梅影也在移动，很能引发游赏者的情思。

还有，如荷花，出污泥而不染；兰，幽居品逸；菊，傲霜晚节；海棠，风姿艳质；山茶，潇洒高贵；石榴，多子多孙；水仙，淡雅飘逸；红豆，相思寄情等；都是园林植物配置中丰富的君子品德和民俗寓意。

❖ **苏州古典园林在对花木种类的选用上有什么特点？**

过去苏州古典园林对花木种类的选用,和园主们的意识形态与艺术标准密切关系。例如,对于花木讲究近玩细赏,因而比较重视枝叶扶疏、体态潇洒、色香清雅的花木;对树木的选择常以"古"、"奇"、"雅"为追求的标准。对花木种类的选择也有许多民俗寓意,如认为栽植紫薇、榉树象征高官厚禄,玉兰、牡丹谐音玉堂富贵,石榴取其多子,萱草可以忘忧等。

此外,花台、花架、盆景、盆花等起到充分利用空间和植物配置的弥补作用,都具有传统的艺术形式。盆景、盆花把绿化引到室内,起装饰和点缀作用。盆景更是专门艺术,被誉为"无声的诗,立体的画",成为苏州园林艺术中的一颗明珠。

❖ **苏州园林建筑有什么功能和艺术特征？**

古典园林,尤其是私家园林中的庭园建筑,往往构成中心景点,常用来分割园林空间,使有限变无限。

苏州园林建筑,布局灵活多变,高低曲折,层叠错落,巧于因借;手法多种多样,外部自然物与室内空间互相渗透、互相交融,形成有如明暗、开闭、大小、高低等对比,在风景建筑中采取一些遮挡、封闭、压抑、分隔、收拢等手法,给游览程序的过渡和景物有层次的展现准备条件,游览时就好像看中国画的长卷一样,观之不尽。

在建筑色彩上,苏州园林多柔和淡雅。苏南居住建筑的色彩,梁枋柱头用栗色,挂落用朱红。有时柱头用黑色退光,都是一些冷色调,与白色墙面形成强烈的对比,而花影扶疏又适当地冲淡了墙面的强白,形成良好的过渡。灰白的江南天色,秀茂的花木,玲珑的山石,柔媚的流水,都能相互配合调和,给人的感觉是淡雅幽静。总之,苏州园林建筑的特点可归纳为:布局自由、类型众多、造型轻巧、色彩淡雅。

❖ **苏州园林建筑有哪些基本单元(或形式)？**

苏州园林建筑种类繁多,形式多样,并具有不同的功能,较常见的有厅、堂、楼、阁、馆、轩、斋、室、房、榭、舫、亭、廊、桥等。这些建筑本身既是景观,又是观景处,各自具有独特的风格,从而达到物我交融、情景合一的目的。

❖ **为什么说厅堂是私家园林中最主要的建筑物？**

厅堂为房屋的大堂,习惯上把厅、堂并称,在建筑结构上,梁架扁的作为厅,圆的作为堂。厅堂是私家园林中最主要的建筑物,常为全园的布局中心,是全园精华之地、众景会聚之所。厅堂依惯例总是坐南朝北。从堂向北望,是全园最主要的景观面,通常是水池和池北叠山所组成的山水景观。观赏面朝南,使主景处在阳光之下,光影多变,景色明朗。厅堂与叠山分居水池之南北,遥遥相对,一边人工,一边天然,真是绝妙的对比。厅的功能多作聚会、宴请、赏景之用,其集多种功能于一身。厅的特点:造型高大、空间宽敞、装修精美、陈设富丽,一般前后或四周都开设门窗,可以在厅中静观园外美景。厅又有普通大厅、四面厅、鸳鸯厅、花篮厅之分。四面厅往往四面设落地长窗,也可前后两面设落地长窗,左右设半窗。鸳鸯厅是用屏风或罩将内部一分为二,分成前后两部分,前后的装修、陈设也各具特色。鸳鸯厅的优点是一厅同时可作两用,如前作庆典、后作待客之用,或随季节的变化,选择恰当的位置待客、起坐。花篮厅的梁式形式别致,室内当心庭柱不落地,下端雕镂成花篮形,既扩大了室内空间,又增强了装饰性。

❈ **楼与阁的区别在哪里?**

楼、阁是指两层或两层以上的高层建筑。"重屋曰楼",楼多设在园的边侧或后部。阁与楼相似,是可登临的建筑,四面开窗,造型较楼轻盈。楼与阁可以通用,楼的上层可称为阁,但单层的阁不可称楼。在古典园林中,楼阁建筑体量较大,造型丰富,四周开窗,每层设围廊,有挑出的平座。由于体量、高度远超过周围的一般建筑,因此是园林中最重要的主体和点景建筑,主要用于观景,也可供佛、贮藏书画等。皇家园林多大型楼阁;江南园林楼阁小巧,一般为歇山或硬山顶。按功能分,园林中有观景楼、藏楼、钟楼、鼓楼、戏楼等。

❈ **馆有什么特点?**

馆,"散寄之居曰馆,可以通别馆者"。规模大小不一,朝向不定,布置随意,和一小组建筑群连在一起,且馆前有宽大的庭院。如拙政园的玲珑馆、留园的五峰仙馆和网师园的蹈和馆。馆的名称与建筑的形式不一定一致。

❈ **轩和斋是什么样的建筑?**

轩原是车的一种称呼,后来工匠将房屋出廊部分顶上的卷棚叫轩,指人们在这种廊前仰视也很有些气势开敞的意思,轩让人有一种轻灵欲动、轩昂高举的联想。

斋在建筑上是指燕居之室,学舍书屋也叫斋。大凡斋的建筑多是指专心进修的场所而言,任何式样的建筑能达到这个目的的都可以叫斋。为了达到静修的目的,斋往往被选在幽深、偏僻、宁静的场所。

园林中一般将馆、轩、斋、室、房称为偏副型建筑。它们的共同特征是:体量较小,其布局方式、建筑形式比较自由活泼,一般布置在次要的地位,注重与环境的协调,形成多样的园林。

❈ **榭是什么?**

榭是建于水边的敞屋,在园林中除具有供人游憩的功能外,主要起观景和点景的作用。

水榭大多是一半建在池岸上,一半建在水池上。跨水部分以水面延伸至建筑下面,使水面有不尽之意,建筑也显得轻盈。临水围绕低平的栏杆,或鹅颈靠椅供坐憩凭依,能提供身临水面之上的开阔视野。较大的水榭还可结合茶室,兼作水上音乐厅或舞厅等。

❈ **舫是什么?**

舫,又称旱船,是指园林中的仿船形建筑,登临其上能产生泛舟于水上的联想。舫的形式有写实、写意、抽象三种。写实型的舫完全模仿现实中的船,四面临水,如狮子林的石舫。写意型的舫三面临水,由平台、亭、榭、楼阁、石桥五种建筑形式构成船头、前舱、中舱、后舱和跳板,集萃而成,在舫型建筑中占大部分,如拙政园的香洲。抽象型的舫可以两面、一面临水,也可以不临水,一般由平台、船舱构成,也可仅有船舱,如退思园的旱船等。

❖ 亭有几种形式？它的最大特点是什么？

亭是一种只有屋顶没有墙的小型建筑物。东汉许慎曾说:"亭者,停也,人所停集也。"是可眺览、休息、遮阳、避雨的点景建筑,常与山、水、绿化结合起来组景。

亭形式多样,从其位置而言,有山亭、半山亭、沿水亭、靠山亭、廊亭、路亭、桥亭,还有专门为碑而设的亭。从平面上分有圆形、长方形、正方形、三角形、四角形、六角形、八角形、扇形等。从屋顶形式分有单檐、重檐、三重檐、攒尖顶、单坡顶等。

亭的最大特点是独立自由,富有灵活性。它体量不大,具有丰富多变的屋顶形象和轻巧空灵的屋身。布局多考虑与周围环境的有机结合,功能也更为多样化。

❖ 廊分哪几种？主要功能是什么？

廊,在园林中被广泛应用,能够遮阳防雨、休息。此外,还有分隔空间和导游的功能,使空间景观富于变化,起到廊引人随、移步换景的作用。有覆盖的通道都称为廊,它的特点是狭长而通畅、弯曲而空透,用来连接景点,是一种既"引"且"观"的建筑。

廊从位置分,有爬山廊、廊桥、水廊、堤廊等;依结构分,有空廊、半廊、复廊及楼廊;依平面分,有直廊、曲廊和围廊等。沧浪亭中有一著名复廊,是两条半廊和一道墙的集萃组合,使得园外景色从漏窗中投入,园内园外,似隔非隔,山崖水际,欲断还连。

廊体量小巧,是比较隐蔽的建筑,布置随环境地势和功能需要而定。其曲长的连续形体和简朴的造型,具有一般建筑所没有的曲线美和朴素美。

❖ 园林里的桥有什么功能？

水是中国园林的一个重要组成部分,如何组织水景,桥起着独特的作用,故几乎每园必有桥。桥是指横跨水面的建筑,是园林水景中重要的组成要素之一。其主要功能是分隔水面空间、点缀水景、联系景点之间的水陆交通等。桥在园林中的常用手法是:架桥隔水,在平静的水面上架一桥,使水面顿显生气、层次,大大丰富了园景;或以桥配景,善于点缀;或以桥为景,形成主景。桥分为水桥、山桥、旱桥。著名的园林桥有颐和园的玉带桥、瘦西湖的五亭桥、拙政园的小飞虹廊桥等。

❖ 台的主要功能是什么？

台是一种露天、表面较为平整的开放性建筑。其上可以没有屋宇建筑,也可以有屋宇建筑,边缘多有短墙、矮栏,主要用于休憩、眺望、娱乐等。建在山顶高处的台称天台,建在山坡的台称叠落台,建在悬崖陡壁或突出巨石上的台称挑台,建在水边的台称飘台。台常与亭、榭、楼等结合在一起,形成一种比较高耸的组合性建筑,因而有亭台、楼台、台榭等名称。在园林构景上,讲究高台临水,台水相映。

❖ 园林里的墙有哪些种类和功能？

园林中的墙多用来分隔空间,衬托景物,或遮蔽视线,是空间结构中的一个重要因素。

墙,有云墙、梯级形墙、漏明墙、平墙等形式,墙面色彩以白色为主。迎风摇曳的竹,参差高下的树,窈窕玲珑的湖石,被日光或月光映在粉墙之上,就是一幅绝妙的构图。拙政园枇杷园的云墙,呈现出弯弯的弧曲形,横穿于黄石绿树之间,使得游客不论从哪一个角度品赏,都感到云墙达到了柔和、婉曲的极致。

围墙的设置多与地形相结合,因地制宜,就地取材,产竹地区常用竹编围墙。

❖ **园林里的漏窗有哪些式样？其功能是什么？**

漏窗,又称花窗、花墙洞。它不但使平淡的墙面产生变化,而且在分隔空间时,似隔非隔,景物若隐若现,更引起人的游兴。框中构图,十分精致,同一漏窗,因日光转移,其形状判若两物,光与影的效果,尤增意趣。功能上既可分隔院落,又可内外观景。如沧浪亭进口左侧复廊上的漏窗将园内土山与园外池水有机地连成一气,怡园东、西部间所隔一条复廊将建筑与景隔开,所置漏窗又两面沟通,作为分景,加以过渡。漏窗还起障景作用,用以掩蔽(隐藏)园内主景。如留园的古木交柯,是进留园东西两部的枢纽,在迎面白墙上开一排漏窗,略透园景又不一览无遗,含蓄而有艺术性。在园林小角落上点缀漏窗,可透露一枝半叶花光竹影,以免呆滞。

苏州漏窗,式样众多,方圆互用,有竹节、锦葵、席纹、菱花、回纹、海棠、冰裂及自由构图的花卉树木、飞禽走兽图案,以及搭成金钱、鱼鳞、定胜、海棠、破月、水浪诸式瓦花墙(用于住宅围墙高处),共有数百种。一般来说,直线组成的图案简洁大方,曲线组成的图案生动活泼,组合形式需以一种为主。

❖ **什么叫地穴？月洞有哪些式样？**

地穴,又称门洞,是指院墙走廊、亭榭墙壁上不装门扇的门宕。形式有圆、长方、圭形、长六角、长八角、定胜、海棠、葫芦、秋叶、汉瓶等式,以沟通建筑物,连接景区,使建筑外观更为精致。如狮子林进口的"入胜"、"探幽"等。

月洞,是指不装窗格的空宕,式样有方、横长、直长、六角形、圆形、扇形、葫芦、秋叶、汉瓶等式。如怡园的面壁亭,拙政园扇亭内的月洞。

地穴、月洞的边框通常用青灰色的细磨方砖贴砌。

❖ **铺地一般用什么材料？有哪些图案？**

厅、堂、亭、榭的室内方砖铺地有实铺、空铺两种。室外庭院多用以砖为骨,以石填心,碎石间作深浅色,组成图案精美、色彩丰富的地纹,称花街铺地。纯用砖瓦的有席纹、人字纹、间方、斗纹。以砖瓦为界线,镶以卵石、碎瓷片的有六角、套六角、套八方。以砖瓦、石片、卵石混合砌的有海棠、十字灯景、冰裂纹。以卵石与瓦混合砌的有套钱、球门、芝花等。也有以瓷片、缸片砌成动植物图案。还有只用大小不整齐的石片铺成冰梅片形的冰裂地。在湖石假山附近铺青石皮,如留园的涵碧山房、五峰仙馆前面。在黄石假山附近铺黄石皮,如拙政园的远香堂前面。可见铺地是用平淡无奇之瓦砾造成的佳境。铺地图案也常寓民俗吉祥之意,如"五福捧寿"、"暗八仙"等。

❖ 书条石在园林中有什么功效？碑碣一般设在何处？

苏州园林以建筑结构见长，通常用长廊联络贯穿，廊中除了设置各式优美的漏窗，还有很多粉墙素壁。因风吹雨打又不宜张挂字画，因此书条石便成为美化墙壁的建筑装饰。

"书条石"旨在介绍书法，主要内容是园主收藏的历代名人法帖的拓本、园记、名人卷册书札真迹，以及当时游园的名流雅集唱和的诗赋国画等。它们都是由著名书画家写画，名工高匠摹刻，称为"双绝"。书条石在建筑艺术上占有一定位置，是文化艺术宝库中的珍宝，也是研究园林的历史变革的重要文字史料，以留园、怡园、狮子林较为丰富。

碑碣，一般陈设在亭内，如沧浪亭和狮子林中的"御碑亭"。

❖ 楹联、书画在园林中起到什么作用？

自文人山水园产生之初，诗画与园林就结成了密不可分的有机整体，这使得传统园林本身就是绝妙的形象诗文、立体书画。造园名家计成、文学家曹雪芹都曾以"天然图画"来比喻园林，这是因为古典园林追求的意境与诗情画意完全吻合。现代教育家叶圣陶一语说中关键："（古典园林的）设计者和匠师们一致追求是：务必使游览者无论站在哪个点上，眼前总是一幅完美的图画。"

在古典园林中，善以书画、楹联等来点明景致的主题，用书画、楹联为园景画龙点睛，营造意境，使书画、楹联的意趣与园林空间的气氛相得益彰。置身于传统园林当中，书画、楹联随处可见，俯拾皆是，佳作不胜枚举。"秋月春风常得句，山容水态自成图"，点明了书画与园林完美的结合关系。

❖ 什么叫装折？

装折，是建筑上内外装修的俗称，是古典园林建筑的重要细部构件，犹如为屋宇点睛。装折式样繁多，构图精巧，不仅能使内外空间处于又分又合的境界，层次分明，变化多端，而且能使轮廓简单的建筑，近看丰盛绚丽，远望整洁朴素。

❖ 园林建筑的外檐装修有哪些？

园林建筑的外檐装修包括各种形状的窗、景、栏杆、挂落和插角。窗有长窗、短窗、半窗、横风窗、和合窗、方窗；景有六角景和八角景，一般作为后窗或侧窗，还有梅花圆镜状的筛景；栏杆是一种建筑小品，一般在园林建筑物前崖侧、池岸桥边装置，不仅有安全功能，且可凭倚观景；挂落是悬挂屋宇檐下及廊柱间枋子下的镂空花纹网格状的装饰物；插角则是在空廊檐下廊柱两边的点缀物。

❖ 园林建筑的内檐装修有哪些？

园林建筑的内檐装修包括屏门、纱隔、屏风窗、飞罩、地罩、挂落等。屏门一般放在厅堂中，以间隔前后；纱隔俗称幅扇、围屏纱窗，装置在厅、榭、斋、馆、楼和阁等建筑中，分隔前后或左右，式样与长窗相似；飞罩与挂落相似，两端下垂如拱门；地罩又称落地罩，飞罩两端落地。

❖ 苏州古典园林有哪些构景手法？

"景"是园林的灵魂，无论是山水花木，还是建筑书画，都必须组成一定的"景"才有生命力。

苏州古典园林的构景，十分注重人与自然的协调和谐，运用多种构景手法表现自然之美，以求达到最佳境界。园林构景的基本手法有借景、框景、漏景、对景、抑景、添景、障景等，其手法依据园林的性质、规模，因地、因时制宜。

❖ 什么是借景？景有几种借法？

借景是远景的一种处理手法。借景就是把园外或远处的景，组合到园内或景观画面中来，使空间推展极远，从而突破有限的空间而达到无限。

"园林巧于因借，精在体宜"，是计成在《园冶》中着重提出的艺术原则，对我国园林艺术有着深远的影响。经过园林艺术数千年的积累，借景主要有远借、近借、邻借、实借、虚借、镜借及应时而借等。

远借，由于田野水汽蒸腾和空气透视而会现出某些若隐若现、飘忽迷离的虚幻感。近借，有一种明朗和亲近感。同园相邻或者相对的不同景区也可以通过花窗、洞门进行互对互借，也是一种近借。"开窗莫妙于借景"，园林借景、对景，少不了变幻多姿门窗的接引联络。邻借，拙政园宜两亭，登亭可饱览中花园柔美绮丽的风光，而在中花园隔墙西望宜两亭，也邻借到山上亭阁高耸的一番景色。因借景而即因时因地巧妙地将空间引申出去，组入更多的景致为我所用。借景于远山近水、竹树萧森的自然风光，使园内景色与外边的山水林泉、田野村舍融合在一起，现出一种自然质朴的风格。借景，并非一定要借自然之景，有时城墙楼宇也是很好的景致。

❖ 抑景手法能起到什么效果？

抑景是弱化景观的一种景观组织手法。中国传统艺术讲究含蓄，所以园林造景也绝不会让游客一走进门口就看到最好的景色。最好的景色往往藏在后面，这叫做"欲扬先抑"、"先藏后露"、"山重水复疑无路，柳暗花明又一村"，采取抑景的手法，才能使园林显得更有艺术魅力。苏州留园从大门进去到古木交柯的一段两面高墙的夹道长达50余米，原来只是留园的一条便道，并不是留园宅第进入后花园的主道，这是"抑景"。之后，豁然开朗，又是一番景致。

❖ 对景有哪几种形式？

对景是强化景观的一种景观组织手法。凡是与观景点相对的景称为对景。古典园林中的对景形式也多种多样，有正对、侧对、单对与互对之分。正对是指视线对着景物的正面，取得端庄匀称的效果；侧对是指视点与景物侧面相对，取得"犹抱琵琶半遮面"的艺术效果；正对与侧对都是单对。互对是指视线两端都是景物，同时也是视点所在，即两个景物互为对景。拙政园西部景区的倒影楼和宜两亭就是这样，透过倒影楼的窗口可以看到宜两亭；反之，透过宜两亭的窗口也可以看到倒影楼。

城市园林中,门窗的近距离对景作用更为突出,如网师园从小山丛桂轩透过北边圆形花窗看云冈黄石假山,由竹外一枝轩西跨方形漏明窗(空窗)对水池连通的一株奇木,就是古典园林中对景的佳例。

建筑物四周对景,若是小空间近景,则其画面或是竹石、花木、叠石小泉,或为靠壁山。对景如为开敞远景,则其画面就舍去竹石和花木小景,而代之以山水中堂或山水横幅,不但有峰峦丘壑、深溪绝涧、竹树云烟,还有亭台楼榭。

对景在古典园林中运用得较普遍,如用框景或借景作对景,那往往更引人入胜。

❖ **框景能比作一幅画吗?**

框景是前景的一种处理手法。框景就是把围墙或建筑的门窗框架作为画框看,把门窗外面的真实山水风景或是竹石小景,纳入画框,当作挂在墙上的中堂或尺幅画。

成功的框景,离不开门窗框架的透漏空灵和造型的玲珑精美。苏州留园揖峰轩厅中正墙上开了三个尺幅窗,俨然挂了三个尺幅竹石图。石林小屋两旁的六角形小窗,收入窗外的芭蕉竹石,好似两幅六角形的宫扇画面。网师园内,有一列花窗,窗框四周都饰有乱纹图案,非常美观,透过中间的玻璃,可见北面狭长天井内,黄石叠山,错落有致,山间竹丛,婆娑有情,是一幅不可多得的静中带有动态的立体画。

除了框景之外,漏景、添景、夹景等也是前景的处理手法。

❖ **隔景和障景起到什么效果?**

为增加景致的层次,往往用"隔景"的办法。隔景即将景致用隔扇、漏窗、矮墙、栅栏以及植物等相隔开,取得半遮半露的艺术效果手法。这恰如"犹抱琵琶半遮面"一般,给景致增添了朦胧美。

当然,好的景致需要借来增色,不利的因素则应排除在视线之外。故而在借景的同时,也必须注意"障景"。《园冶》中说"极目所至,俗则屏之,佳则收之",就是这个道理。

❖ **中国古典园林的基本特征和艺术手法是什么?**

关于中国古典园林的基本特征和艺术手法,有多种概括和表述,下面列举几个:

1. 概括为

(1) 顺应自然的指导思想——中国园林的景物主要是模仿自然,用人工力量来建造天然景色,让人的肉体与心灵融合到山水林泉之中,追求天人合一的境界。

(2) 诗情画意的艺术风格——中国古典园林充满着诗的情味,富含画的意趣,诗人、画家把对现实的感悟融于创作中,在构思里倾注了巧妙的想法。

(3) 以小见大的含蓄手法——中国古代园林多封闭、面积小,通过空间分隔、虚实对比、深藏含蓄等造园手法,以有限面积营造无限空间,小中见大,含蓄不尽。

2. 概括为

(1) 虽由人作,宛自天开,中国传统园林崇尚表现自然美。

(2) 巧于因借,精于体宜,使景物与人的活动流线密切结合,对人的感官始终保持新鲜的刺激。

（3）寄情于景，托物言志，园主借助"景"的塑造，达到抒发情怀的效果，使自己的心绪与外界达到和谐。

3. 概括为

（1）中国古典园林的艺术特征是：曲径通幽，自然天成，诗情画意。

（2）中国古典园林的艺术手法是：拨露见藏，小中见大，园外有景，景外有景。

❖ **中、西方园林的不同在哪里？**

对中、西方园林进行比较，有助于理解园林艺术的本质特征。

世界各民族都有自己的造园活动，各成体系，并具有不同的艺术风格，如法国古典主义园林、希腊和意大利的文艺复兴园林、英国的自然风景园林、伊斯兰园林、日本园林等。总体上，中国古典园林和法国古典主义园林可作为中、西方园林艺术风格的代表。

法国古典主义造园艺术的特点是：（1）几何图案式的对称布置，即轴线对称、分行列队；（2）花木都呈现为各种规范整齐的几何形状；（3）强调人工美、几何美，认为人工美高于自然美，因此各种园景均纳入严格的几何制约关系之中。这种园林风格主要受当时哲学美学思想的影响，他们认为："艺术结构要像数学一样清晰和明确，要合乎逻辑。"

中国古典园林强调的是：散点布局，自由灵活，不拘一格，着重显示自然之美以及人与自然的亲近和融合，表现一种顺应自然风景构成规律的缩移与模拟。在中国封建社会多数时段中，战乱频繁，社会动荡，即使在相对稳定的时期里，官场相互倾轧，君权制度僵化，一些士大夫自信心崩溃，理想幻灭。为了躲避人世间的争斗，转而向自然追求一种恬静优雅的风格、潇洒飘逸的风度、质朴无华的气质和淡泊高远的情操。中国士大夫的这种审美心理，在中国古典园林中得到充分体现，他们在社会中得不到满足的审美情感，在"自然美"中得到满足。

二、苏州著名古典园林

❖ **苏州有哪几座园林列入《世界遗产名录》？**

苏州是园林之城。"苏州园林甲天下"，已广为世人共识。现存建于宋代至清代的古典园林有60多处，绝大多数是国家级、省级、市级的文物保护单位，拙政园、留园、网师园、环秀山庄、耦园、狮子林、沧浪亭、艺圃、退思园被联合国教科文组织列入《世界遗产名录》。

❖ **拙政园园名有何含意？有怎样的兴废过程？**

拙政园位于东北街178号，是江南古典园林的代表，中国四大名园之一。

该园所在一带，曾为唐代诗人陆龟蒙、北宋山阴簿胡稷言宅第，元代为大弘寺。明正德四年（1509），御史王献臣官场失意弃官归隐，在此拓建宅院，取晋代潘岳《闲居赋》中"灌园鬻蔬，以供朝夕之膳；是亦拙者之为政也"之意名"拙政园"。当时，园"广袤二百余亩，茂树曲池，胜甲吴下"。嘉靖十二年（1533），文徵明依园实物绘图31幅，各系以诗，并作《王氏拙政园记》。王献臣死后，其子一夜赌博将园输给徐氏，后几易其主，几经修筑，屡经兴废。清咸丰十年（1860），太平天国忠王李秀成在此建忠王府，相传，园内见山楼为其治事之处。同治二年（1863），李鸿章占领苏州后，作为江苏巡抚行辕。同治十一年（1872），园中部为八旗奉直会馆。光绪三年（1877），园西部为吴县富商张履谦补园。抗战胜利后，国立社会教育学院又曾借为校舍。新中国成立后收归国有，1952年11月向公众开放。

❖ 拙政园有什么特色？有哪些游览点？

拙政园是苏州最大的古典园林，占地78亩，整体布局南北窄、东西长，以水景见胜，凸显江南水乡风貌。全园布局以水池为中心，各式建筑多临水而筑，错落有致，保持了池广树茂、旷远名瑟的明代风范，既具江湖之情，又有山林之趣，给人以闲适、旷远、雅逸和平静之感。建筑形式，平淡开阔，明窗宽畅，尽收山水佳景。用水面串联各个空间，既变化又统一，山林幽静，且春花、夏蕉、秋桂、冬梅，四时之景余味不尽。

全园为东、中、西三部分，景区布局各具特色。东部以平冈草地为主，配以山池亭阁，主要景点有兰雪堂、缀云峰、涵青亭、芙蓉榭、天泉亭、秫香馆、放眼亭等。中部花园为全园精华之处，有倚虹亭、远香堂、梧竹幽居、待霜亭、雪香云蔚亭、荷风四面亭、绿漪亭、听雨轩、香洲、枇杷园、见山楼等，从倚虹亭远眺北寺塔，是园林借景的佳例。西花园主要有卅六鸳鸯馆、十八曼陀罗馆、留听阁、塔影亭、浮翠阁、倒影楼、扇亭、笠亭等景点，还有苏州最早建立的专业盆景园，荟萃了许多苏派盆景的精品。

❖ 如何解读拙政园主要游览点的含意？

1. 兰雪堂——清香高洁之堂，寓意园主道德品行超凡脱俗，如兰花幽香、雪色洁白，取自李白诗："独立天地间，清风洒兰雪。"

2. 芙蓉榭——荷花榭，是一种即景式题名，古人将荷花称为水芙蓉，榭前池中植荷，为赏荷佳处。东西方向各设一副落地罩，暗喻天圆地方。

3. 天泉亭——天赐之泉。亭中的天泉古井，系元代遗物。

4. 秫香馆——稻谷飘香的馆所，以虚景题名。馆北围墙外原为农田，丰收季节，稻、稷飘香。秫，古指有黏性的谷物。

5. 倚虹亭——半倚卧虹，此亭是位于长廊上的半亭，倚墙而筑。此处把蜿蜒的长廊喻为彩虹。

6. 香洲——拙政园的标志性建筑，意即香草所生之洲。"舫"式结构，形若古代官船，是五种建筑物的综合体：跳板为桥，船头是台，前舱为亭，中舱若轩，船尾有阁，阁上起楼。其妙在神似，是园林石舫中造型最优美的一个。题名取唐代徐元固"香飘杜若洲"诗意，杜若是香草，这里把荷花比作香草，因此为名。

7. 远香堂——中花园主厅堂，取名于周敦颐《爱莲说》"香远益清"，指莲花香远益清，喻主人"与荷同洁"。面水而筑，四面厅形式，堂内无柱，四周皆落地明罩，玲珑透漏。南对假山，北为平台，为夏季赏荷最佳处。

8. 荷风四面亭——"四壁荷花三面柳，半潭秋水一房山"，意为荷花作四壁，柳枝垂三面，秋水半潭，山形一池。柳为春色，荷花夏景，半潭秋水是秋天，房山则指树叶凋零、山形倒映于池中的冬景，描绘了四季之景。

9. 雪香云蔚亭 ——雪香云蔚,即白梅飘香树木葱茏。山花野鸟之间,是一种富有山林野趣的花香鸟语境界;亭中楹联"蝉噪林愈静,鸟鸣山更幽",这种以声显静的艺术手法,成功地表现了一种静态美的意境。

10. 绣绮亭 ——湖光山色烂漫如锦绣之亭。亭下植有牡丹,宜赏春景。

11. 玲珑馆 ——竹林青翠玲珑之馆,横额"玉壶冰",古人常用冰来比拟人心态之纯洁,如"一片冰心在玉壶"、"诗似冰壶见底清"等,均写高尚纯洁的人品,此处显示园主的清高超脱,也显示环境的出静雅洁。

12. 嘉实亭 ——美好的果实之亭。隶书对联"春秋多佳日,山水有清音",意即春秋季节多天朗气清的日子,山水奏出清美的乐曲。全联寄寓了对大自然的热爱之情,亦表达了对栖遁山林清高生活的向往之情。

13. 小飞虹 ——桥身中段较高,两端斜搁池岸,其形若虹。以天空的彩虹来喻凌跨碧水的桥梁,是一种象形比喻式题咏。

14. 玉兰堂 ——以玉兰花名室,以突出此处赏景的主题。这是一处独立封闭的花厅,院内花木主植玉兰,早春怒放,素艳多姿。匾额"笔花堂",即梦笔生花之堂。据传,此处曾是明代画家文徵明作画的地方,以唤起人们对这位艺术大师的怀念倾慕之情。

15. 别有洞天亭 ——洞天,本指道家所称仙境,也用于喻人间美景。亭位于分隔中、西部花园的走廊上,亭中一洞窈然,沟通两园,别有一番优美境界。

16. 波形水廊 ——一半凌驾水上,连接西花园南、北两端,逶迤水池,线条优美,曲折起伏,富有韵律,似长虹卧波,气势不凡。其中有一段两边凌空,称"钓台",为园林游廊之佳构。

17. 卅六鸳鸯馆 ——西花园主体建筑,和十八曼陀罗花馆采用鸳鸯厅形式:南北两部分用料、陈设、功能等皆有不同,北部赏鸳鸯戏荷,南部观山茶花开,并可宴友、会客、拍曲、休憩,极富艺术性和实用性。十八曼陀罗花,即十八棵山茶花。山茶花"常共松杉守岁寒,独能深月占春风"。鸳鸯雌雄偶居不离,是一种爱情忠贞之鸟。

18. 留听阁 ——静听雨打残荷之阁,取自李商隐诗:"秋阴不散霜飞晚,留得枯荷听雨声。"这既是一曲大自然的美妙乐章,又别有一种冷清萧瑟的诗情。

19. 与谁同坐轩 ——轩本身与轩内门窗、台凳、匾额均为扇形,取苏轼"与谁同坐?明月、清风、我"词意命名,表现出流连山水、希求超脱的孤高气质。

❖ **留园园名为何取"留"字?其主要特色是什么?**

留园位于留园路338号,中国四大名园之一。

该园原为"富甲三吴"的徐履祥宅基,其子太仆寺少卿徐泰时辞官归里后于明万历二十一年(1593)"益治园圃",建东西两园。东园即留园前身,西园由其子徐溶舍园为寺,即今戒幢律寺(西园寺)。明末逐渐衰败,清乾隆五十九年(1794)归曾任广西右江兵备道的吴县东山人刘恕(号蓉峰)后,进行修葺扩建,嘉庆三年(1798)完工,更名为寒碧山庄,俗称刘园。同治十二年(1873),常州人盛康从浙江按察使任上退休,购得刘氏旧园,扩址重修。太平天国时期,周围民居建筑均化为灰烬,唯此园独存,园主谓此天意,取刘、留谐音易名留园,寄托着此园能长留天地间的美好愿望。也有人解读为要留住客人。后历经战火,日趋荒芜,面目全非。1953年政府拨款整修,1954年元旦对外开放。

留园占地2公顷,集住宅、祠堂、家庵、庭院于一体,是苏州大型古典园林之一,代表清代风格。留园以其独创一格、收放自然的精湛建筑艺术而享有盛名。层层相属的建筑群组、变化无穷的建筑空间,藏露互引,疏密有致,虚实相间,整个园景划分为许多各具特色的大小庭园,以曲折长廊为脉络,园中有园,迂回曲折,随形而变,这是留园的一大特色。泉石之胜留以登涉,亭榭幽深留以游憩,达到"虽居城市而有山林之趣"的艺术效果。

❈ 留园分几个部分？有哪些游览点？

留园用建筑划分空间,分为中、东、西、北四个部分。中部是精华部分,以山水见长,有绿荫轩、明瑟楼、涵碧山房、小蓬莱、闻木樨香轩、可亭、远翠阁、濠濮亭、曲溪楼、清风池馆等。东部以峰石、建筑取胜,有五峰仙馆、林泉耆硕之馆、还我读书斋、揖峰轩、石林小院、冠云亭、冠云楼、亦不二亭、冠云峰等。北部具田园风光,陈列数百盆朴拙苍奇的盆景,清秀古雅,风姿万千。西部林木高耸,有山林野趣,是园内赏秋色之佳处,有"不出城郭而获山林之趣"。园内670多米长的走廊把全园联成一体,又起到划分空间、增加层次的作用,即使雨天游人照样可以游遍全园。园内还存有373块晋、唐、宋、元、明、清诸家名贤的名帖书条石,镶嵌于长廊粉墙之上,蔚为大观。

❈ 如何解读留园主要游览点的含意？

园内砖额"留园",有两重含意:一是虽几经兵乱,却独留此园;二是这边风景独美,游人于此,可流连忘返。

1. 涵碧山房——硬山式建筑,取宋代朱熹诗"一水方涵碧,千林已变红"之意,为夏日观荷而设,俗称荷花厅,厅高大宽敞,陈设朴素。

2. 闻木樨香轩——闻丹桂逸香而悟禅之轩,因此处桂花丛生,桂花又称木樨。让人体会生命的根本之道就如同木樨花香自然飘溢一样,无处不在,自然而永恒。

3. 可亭——可停留观赏之亭。

4. 远翠阁——饱览遥远翠色之阁,青翠之色是自然美的具体形态。

5. 小蓬莱——位于中部水池中,曲桥相连,上置紫藤,周围碧水如镜,景色如诗如画。其意取自《史记》,称:海中有三神山,名曰蓬莱、方丈、瀛洲,仙人居之。

6. 濠濮亭——垂钓观鱼之亭,取庄子濮水钓鱼和庄子与惠子濠梁问答之意,垂钓观鱼唤起了一种超越人间世事烦恼痛苦的自由感,表现出超然高远的情志。这是一种哲理性的题咏。

7. 曲溪楼——古时,好友列坐在曲溪(曲水)旁,吟诗作咏,成为文人一大时尚。此借清流曲水以畅叙幽情。

8. 清风池馆——意为清和之风徐徐吹起,池馆生凉,清凉爽人。古人常用"清风"喻太平盛世。

9. 揖峰轩——揖拜秀峰之轩,"揖"字将湖石人情化,人与湖石宾主相对,发生感情交流,妙趣陡生。

10. 五峰仙馆——意为五座秀峰突兀、象征庐山五老峰的仙馆。因大厅梁柱及陈设家具均以楠木制作,又称楠木厅。馆名取自李白"庐山东南五老峰,青天秀出金芙蓉"诗意。大厅高深宏丽,陈设古雅,为园内最大、最豪华的建筑,有"江南第一厅堂"之誉。馆北部西侧所置大理石圆形座屏,将明月、青风、野山、飞瀑集于一面,构成一幅天然"雨霁图",为留园三宝之一。

11. 林泉耆硕之馆——为典型的鸳鸯厅形制,分南北两厅,装饰精美,陈设豪华,雕刻玲珑剔透,富丽堂皇,为江南厅堂建筑中的典型代表。林泉,本指山林和泉石,此作隐遁之所,因幽静远离尘俗;耆硕,指年高而有德望的人,意此为老人和隐士名流游憩之所。

12. 冠云峰——太湖石之上品,有"瘦、透、漏、皱"的典型特点,高6.5米,其名取自《水经注》卷十一"燕王仙台东台有三峰,甚为崇峻,腾云冠峰,高霞翼岭"之句,为江南园林中现存最高者,系宋代花石纲遗物,被誉为江南名峰。为烘托主峰,两旁屏立配峰,一名"瑞云峰",即如祥瑞云彩之峰,系沿袭织造署内瑞云峰旧名;一名"岫云峰",即峰峦入云之峰;都有比喻夸张的题名手法。

❈ 网师园园名有何由来?

网师园位于带城桥路阔家头巷11号,属典型府宅园林,是江南中小型古典园林的代表作。

南宋侍郎史正志罢官后流寓苏州,南宋淳熙初年在此筑府宅园林,因府中藏书万卷,故名"万卷堂",对门造花圃,号"渔隐"。清乾隆三十年(1765)左右,光禄寺少卿宋宗元购万卷堂故址重治别业,以网师自号,兼取"渔隐"旧意,又与所在王思巷谐音,取名网师园。乾隆末,太仓富商瞿远村买下此园,添置建筑,遂成现在布局,因园主姓瞿又称"瞿园"。后几经易主,辛亥革命后东北军阀张作霖买得赠予其师张锡銮,易名"逸园",其间张善孖、张大千兄弟曾借寓于此,养幼虎一只,常以虎姿入画。1940年,文物鉴赏家和收藏家何亚农买下此园,1950年其后裔将该园捐献给国家。1958年全面整修,当年10月对外开放。

❈ 网师园的特色在哪里?有哪些游览点?

网师园是保存完整的典型私家园林,面积仅8亩多,但恰到好处地处理了空间尺度,建筑以造型秀丽、精致小巧见长,取得了较好的艺术效果,古建专家陈从周将之誉为"小园极则"、"以少胜多"的典范。

全园分三个部分:东部是府第宅院区,由照壁广场、大门、门厅、轿厅、大厅万卷堂、楼厅撷秀楼,以及内院云窟、梯云室组成。中部是山水景物区,由网师小筑、铁石山房、琴室、蹈和馆、小山丛桂轩、濯缨水阁、彩霞池、月到风来亭、看松读画轩、竹外一枝轩、集虚斋、小姐楼、五峰书屋、射鸭廊、引静桥组成。西部是内园,即园中园,由露华馆、涵碧泉、冷泉亭、殿春簃组成。

❈ 如何解读网师园主要游览点的含意?

1. 大门进口左右天井门框砖额:
   锁云——锁住风云　　　钮月——带月荷锄
   梦楼——梦境仙楼　　　桂芬——桂花芬芳

"锁云、钼月"意即自然美为我所有;"桂芬"馨香,可喻指洒脱风流的品德。

2. 砖雕门楼　　位于门厅与大厅之间,门楼顶部是一座飞角半亭,中间为字碑,刻有"藻耀高翔"四字,意喻文采绚丽、展翅高飞。藻即水草,古人用作彩饰,这里用来标志国家的祥瑞;高翔,含有祝福或升官的意思。两端是倒挂砖柱花篮头,透空雕有"郭子仪拜寿"、"文王访贤"等戏文图案。上枋、下枋、两侧雕饰寿字、蝙蝠、狮子滚绣球以及各种花卉图案,堪称江南第一门楼。大厅匾额之一"清能早达",意清廉公正而有能力,早年发达;匾额之二"万卷堂",意藏书万卷之堂。

3. 月到风来亭　　筑于彩霞池中,六角攒尖,三面环水,戗角高翘,黛瓦覆盖,青砖宝顶,线条流畅。取宋人邵雍诗句"月到天心处,风来水面时"之意而名,有"风月为我所有"这样一种大畅情怀。内设"鹅颈靠",供人坐憩,是临风赏月的佳处。

4. 引静桥　　在彩霞池东南水湾处,呈弓形,石栏、石级、拱洞一应俱全。体态小巧,长2.4米,宽不足1米,俗称"一步桥"。桥顶刻有圆形牡丹浮雕,桥身藤萝缠身,是苏州园林中最小的拱形石桥。

5. 小山丛桂轩　　小山上桂树丛生之轩,取北朝庾信《枯树赋》中"小山则丛桂留人"之句,寓迎接款留宾客之意,也含山野气息和隐逸色彩,耐人寻味。

6. 濯缨水阁　　洗帽带之阁,取意《楚辞·渔文》歌"沧浪之水清兮,可以濯我缨"。沧浪水清,俗尘尽涤,寓清高自守之意。槛联"曾三颜四,禹寸陶分"意为:曾参(孔子弟子)每日三省吾身,颜渊(孔子弟子)恪守"四勿"信条(即"非礼勿视,非礼勿听,非礼勿言,非礼勿动")。大禹惜寸阴,陶侃(东晋名人)惜分阴。全联字少意深,修身励德,颇有教益。

7. 樵风径　　打柴归家顺风之路,此地为高低蜿蜒的爬山走廊,用汉太尉郑弘上山打柴遇到仙人的典故,寓隐居之意。

8. 殿春簃　　芍药小屋,取自苏东坡诗句"尚留芍药殿春风"。殿,指排列在最后,芍药开在春末殿后,阁边小屋称簃。芍药,花色纷繁,花形各异,姿色可与牡丹并提,为历代文人所喜爱。

9. 撷秀楼　　摘采或能收取秀色的楼所,是园主起居的地方。秀色可览,丰富了园景,增添了园趣。

❖ **环秀山庄的建造有什么样的历史?**

环秀山庄位于市区景德路274号,意为秀色环抱的山庄。

其建造历史可追溯到晋代。王珣、王珉兄弟在此建宅,后舍宅为景德寺,明万历年间(1573—1619)为大学士申时行宅第。清乾隆年间(1736—1795),刑部员外郎蒋楫、尚书毕沅、大学士孙士毅三家先后居于此处,掘地为池,叠石为山,造屋筑亭于其间。孙士毅后人孙均于嘉庆十一年(1806)请叠山名家戈裕良在园中叠假山一座,从此以假山名扬天下。道光二十九年(1849),工部郎中汪藻、吏部主事汪堃购之,成为汪氏宗祠"耕荫义庄"的一部分,偏东为园,署额"颐园",山南有堂名"环秀山庄",北有"补秋山房"。新中国建立后,政府数次修复,成今面貌。

❖ **环秀山庄"绝"在何处?**

因有清代大师戈裕良堆叠的湖石假山而闻名于世。假山占地约500平方米,峰高仅7

米多,但峰峦、出谷、崖通、曲洄、洞窟、飞梁、绝壁、危径等毕现,曲尽变化,俨然真山,尺幅千里,独步江南,被公认为是中国园林假山中的第一佳构。

❈ 耦园园名有什么含意？

耦园是著名的清代名园,意为夫妇并耕归隐田园。

耦园始建于清初,原为保宁知府陆锦所筑,名涉园,咸丰年间(1851—1861)毁于兵燹。同治十三年(1874),按察使沈秉成购得,大事扩建,聘请著名画家顾沄策划设计,辟为东西两园,更名耦园,寓花园成双、夫妇偕隐之意。1940年,常州实业家刘国钧购得耦园,1961年归园林管理处,开始全面整修。1965年5月1日东花园先对游人开放,1995年西花园整修完毕一并开放。

❈ 耦园特色在哪里？主要游览点的含意是什么？

耦园面积近12亩,建筑面积4 496平方米,三面临河,一面通街,前后设有河埠。粉墙黛瓦,映衬着小桥流水,颇得江南神韵。整体布局住宅居中,东、西花园分列左右,走马楼将宅园连成一体,这在苏州众多园林中独树一帜。从正门经轿厅到中部主厅载酒堂,系主人宴客之所。其后为主人起居的后宅,楼高两层。前有砖雕门楼,刻工精细、人物生动。东花园是耦园的精华部分,山池主序列中,周边环以亭廊楼榭,主景黄石假山气势雄伟,属苏州园林中黄石假山之冠。西花园有织帘老屋、藏书楼、鹤寿亭等景点,后有一院落,点缀峰石,栽植牡丹、芍药,幽雅宁静,具有苏州书斋花园的特色。

黄石假山 据传为明末清初叠山大师张南阳堆叠,假山立意体现峻峰高耸、深潭临下之景观。用黄石叠置,营造出了巨大浑厚、苍老竖直、气势雄伟的感觉。石刻"邃谷",意为深奥幽邃的峡谷,是对自然界峡谷抒情写意的艺术再现。

载酒堂 耦园主厅,是园主接待宴客的主要场所。1993年重建时,王西野教授撰一联悬挂中堂:"东园载酒西园醉,南陌寻花北陌归。"取南宋陆放翁《沁园春》词中"载酒园林,寻花巷陌"意,是园主夫妇隐逸生活的真实写照。

织帘老屋 西花园主建筑,呈鸳鸯厅结构。匾额由清末大家何绍基撰写,取南朝高士沈驎士"著述课徒,织帘谋生"故事,意为织帘读书的老屋,寓隐逸之意。

山水间 水榭建筑。在水池的南端,挑水而建。四角飞檐高翘,轻盈欲飞。四周置美人靠,可小息观景。园主夫妇在此吟诗酬唱,抚琴度曲,情投意合,符合"耦园住佳偶"本意。

城曲草堂 意为城边清贫之屋,是东花园主体建筑,高大宏敞,重楼复道,曲廊环抱,系园主会客之所。堂名取唐代李贺诗"女牛渡天河,柳烟满城曲"句意。红木陈设按厅堂传统布局,匾额为清代书法家梁同书所题。

❈ 狮子林的大型湖石假山群是哪个朝代叠造的？

狮子林位于古城东北角园林路23号,是以元代假山群为代表、誉称"假山王国"、充分体现禅宗与儒家思想相融合的园林。

此地宋代时为官员花园旧址,遗有大批太湖石。元代至正二年(1342),禅宗高僧天如禅师惟则的弟子"相率出资,买地结屋,以居其师而择胜于斯焉"。为了纪念师父中峰禅师得法于浙江天目山狮子岩,并见园中有太湖石峰,形如狮子,佛经中又将佛论说法称"狮子吼",其座称"狮子座",因此将其命名为"狮子林"。清乾隆初,衡州知府黄兴祖购得,名为"涉园",自此寺与园分隔,变为私家花园。康熙皇帝于1703年游狮子林,并赐"狮林寺"匾。乾隆皇帝六游狮子林,题诗10首,赐匾3块,其中"真趣"匾额至今悬挂园中。1917年,富商贝润生(仁元)买下狮子林,浚水池,植花木,重建厅堂,增建燕誉堂、九狮峰等景点。新中国建立后,贝氏后裔将其捐给政府,1954年整修后开放。

古园完整保存着国内仅存的元代大型湖石假山群,具有较高的文化价值、历史价值和观赏价值。池西亭阁,暗香疏影,飞瀑流泉,富有"咫尺山林"意境,有动静并存之态。狮子林既有苏州古典园林亭、台、楼、阁之人文景观,更以湖石奇峰、洞壑深邃而称名于世。主要游览点有贝氏祠堂、燕誉堂、九狮峰、指柏轩、假山群、真趣亭、石舫、飞瀑亭、问梅阁、文天祥诗碑亭、乾隆诗碑亭等。

❖ **如何解读狮子林主要游览点的含意?**

1. **燕誉堂**——是园主宴客的地方,即宴饮欢乐之堂。堂名取自《诗经》"式燕且誉,好尔无射",意即酒宴洋溢着欢乐,而不会餍足。该堂建筑高敞宏丽,属鸳鸯厅式,梁架一面扁作,一面用圆料,装饰图案、家具陈设各不相同。

2. **指柏轩**——为园内正厅,两层楼阁,高爽轩昂。轩内悬王同愈所书匾额"揖峰指柏",取自朱熹诗句"前揖庐山,一峰独秀"和高启诗句"人来问不应,笑指庭前柏",富有禅宗意象。意为"拱手礼对奇峰,笑指庭前古柏",表达对山石的热爱和崇敬之情。

3. **假山**——大型元代假山群,占地1.73亩,全部用湖石堆叠,洞壑盘旋,曲折迷离,像一座叠石迷宫,所叠山石形态如狮,神形兼备,形成奇趣无穷的石狮之林,具有岩壑曲折之幽、峰回路转之趣,有山洞21个、曲径9条,纵横交叉,使人如入迷宫,素有"桃园十八景"、"假山王国"之称。

4. **真趣亭**——为卷棚歇山顶结构,傍池而建,取宋代王禹偁"忘机得真趣,怀古生远思"诗意而得名,清帝乾隆游狮子林时曾即景挥毫题"真趣"二字,匾额悬于亭中。亭内装饰金碧辉煌,富有皇家气派,意"悟得山林真正意趣之亭"。

5. **问梅阁**——建在土石山上,意为问梅花开未之阁,写对梅花挚爱关切之情。阁中悬"绮窗春讯"匾额,室外梅花数株,阁内窗格、家具均装饰梅花纹样,八扇屏风亦布置以梅为主题的书画,以符"问梅"之意。

6. **古五松园**——意即五棵大古松之园。狮子林曾名"五松园",今五松已无,唯悬一幅五松图,发人遐思。据传,秦始皇曾封泰山五松为"五大夫",因松树岁寒不凋,具有高洁坚毅的品格。

7. **卧云室**——即安卧在峰石间的禅室。

8. **荷花厅**——又名花篮厅,厅南一池,夏日荷花凌波,清香飘溢。匾额"水殿风来",意即临水的堂室吹来阵阵清香。砖额"襟袭取芳",意为襟怀盈溢芳香;砖额"缘溪",即沿着溪水;砖额"开径",即开辟小路。

9. **暗香疏影楼**——梅花清幽的香气、疏朗的枝影。用暗香疏影歌颂梅花,写尽了梅花独特之美。

其他一些砖刻的含意:

入胜——渐入佳境;	通幽——通向幽胜之境;
听香——闻香气;	读画——观赏天然画本;
胜赏——尽情观赏胜景;	幽观——幽美的景观;
涉趣——游历成趣;	探幽——探寻幽胜之境。

❖ **沧浪亭园名有何含意?该园的主要特色是什么?**

沧浪亭位于城南沧浪亭街3号,是苏州现存最古老的园林。该园原为五代吴越国广陵王钱镠妻弟、中吴军节度使孙承祐的池馆,建于北宋开宝二年(969)。北宋庆历四年(1044),诗人苏舜钦购得,傍水建亭,因感《孟子》"沧浪之水清兮,可以濯吾缨;沧浪之水浊兮,可以濯吾足"之意,取名"沧浪亭"。后园主屡易,南宋绍兴初年,园为抗金名将韩世忠所得,改名"韩园"。清康熙三十五年(1696),巡抚宋荦重修,乾隆帝南巡屡驻此园,园南部曾筑拱门和御道。清咸丰十年(1860)毁于兵火,同治十二年(1873)巡抚张树声再次重建,并构明道堂、看山楼等建筑,遂成今日面貌。1954年政府拨款整修,1955年春节对外开放。

沧浪亭巧于因借,将园外潆洄之葑溪纳入园景,临水处建复廊,以漏窗通透内外景物,使内外山水融为一体,有未入园先得景、引人入胜之妙,其手法在众多园林中独树一帜。入园有横亘东西之土丘,堂馆轩榭环山而筑,与水辉映,自成院落,别具一格。有花窗108式,图纹各异,形式活泼。该园保持了建园时"草树郁然,崇阜广水"之特色,景色自然,建筑朴实简雅,园林专家将其誉为典型之"城市山林"。

❖ **如何解读沧浪亭主要游览点的含意?**

该园主要游览点有沧浪亭、闻妙香室、明道堂、看山楼、瑶华境界、翠玲珑、清香馆、面水轩、步碕亭、御碑亭、观鱼处、五百名贤祠等。

1. 沧浪亭 ——沧浪碧水洄绕的景点,表达江湖隐逸的特定内涵。
2. 清风明月本无价,近水远山皆有情 ——自然美景是大自然赏赐给人类的无价之宝,近处的水、远处的山都含有深情。
3. 闻妙香室 ——闻奇妙香气之屋。
4. 明道堂 ——阐明思想学说的厅堂。
5. 看山楼 ——悠闲自在眺望远山的楼。
6. 瑶华境界 ——纯洁宽广的境界;瑶华,本为传说中的仙花,色白似碧玉,花香,服用后可以长寿,为仙界之人所用食物,此处借喻园主纯洁宽广的心境。
7. 翠玲珑 ——苍翠欲滴,玲珑可爱。
8. 清香馆 ——桂花清香怡神的馆所。
9. 面水轩 ——面临水流的轩昂高爽之屋。
10. 步碕亭 ——宜于漫步徐行的曲岸之亭。
11. 御碑亭 ——内置清康熙帝所书御碑之亭,亭内楹联"膏雨足时农户喜,县花明处长官清",系康熙皇帝南巡时书赠给当时江苏巡抚的,意思是:滋润土地的及时雨充足的时候,农家喜悦;桃柳遍植的县里,长官清廉。

12. 观鱼处 ——自由自在垂钓观赏游鱼的地方。
13. 五百名贤祠 ——三面墙上嵌有自周至清 2 500 年间与苏州历史有关的名人石刻像 594 尊。祠内悬匾"作之师",即为人师表之意。

❖ 艺圃是哪个朝代的宅第园林?

艺圃位于阊门内文衙弄 5 号,意为种植香草的君子之园,为明代宅第园林。

明代嘉靖十二年(1533)进士、礼科副使袁祖庚弃官归隐,在此构屋以居,称"醉颖堂"。万历十八年(1590),袁氏过世,园归明代文坛领袖文徵明曾孙文震孟。文震孟与其弟文震亨一起精心构筑,改名"药圃"。清初,为名士姜埰购得,又重予修缮,改为"颐圃",又名敬亭山房。康熙十二年(1673),姜埰逝世,其子姜实节改园名为"艺圃"。此后屡屡易主,民国初期出租为民宅,抗战时一度为日伪占用,亭榭坍塌。1982 年政府出资修缮,1984 年 10 月开放,2001 年 5 月又把东部住宅部分收归艺圃。

艺圃西部是园林,东部为宅院。西部花园以水池为中心,池北延光阁横跨水面,东西有厢房旸谷书堂。思敬居水阁往北为主厅博雅堂,池南有太湖石假山和乳鱼亭,为明代遗构。池西南有浴鸥别院,筑有南斋、鹤砦、香草居。东部住宅构造精美,有世纶堂、东莱草堂、馎饦斋、小姐楼等,曲折通幽,富于变化,别有情趣。

❖ 艺圃有什么景观?为何给人以世外桃源的感觉?

艺圃面积约 5.7 亩,进园如入世外桃源。全园总体风貌自然朴素,布局简约开朗,保存了明代园林的布局和风格。园因历代名人的业绩,文化内涵丰富,体现出文人园林风格,具有"居之者忘忧,寓之者忘归,游之者忘倦"的艺术意境。清汪琬有诗赞曰:"隔断尘西市语哗,幽栖绝似野人家。屋头枣结离离实,池面萍浮艳艳花。"

延光阁 位于花园中部水池北,临水单体建筑,坐北朝南,阁为卷棚顶,面宽五间,长约 15.5 米,进深 6.27 米,是苏州古典园林中规模最大的一座水榭,也是艺圃的主要建筑之一,意为延纳日月水光之阁。

博雅堂 意为渊博典雅之堂,为延光阁北面的大厅,也是艺圃的主厅。坐北朝南,高大宽敞,门户重叠,气宇轩昂,是典型的明式建筑。堂内有情调高雅、意境深邃的楹联可赏。

乳鱼亭 位于花园中部水池之东南,为四角方亭,四面临水,幼鱼戏水,为人鱼相乐之亭。在桁枋、搭角梁等处均有早期彩绘痕迹,为明代遗物,是目前苏州园林中难得保存下来的明代木亭。

假山 位于花园中部水池南,为太湖石叠成的悬崖峭壁及危径,层次丰富,低回盘曲,上下探幽。此山并非常见的普通假山,特别是青瑶屿及绝壁,其下浸于水中,诚若《园冶》所言:"池上理山,园中第一胜也。"山上有亭名"朝爽",为全园最高处,可俯视花园全景。

浴鸥别院 位于花园西南部,为园中园,在有限的空间里,创建多个幽静的环境,有庭院、房屋、小桥、水池,实属难能可贵。额名"浴鸥池",寓园主以隐居自乐、不以世事为怀的情愫。

❖ 退思园的"退思"有何含意?

退思园位于同里古镇中心,始建于清光绪十一年(1885),园主任兰生为三品武官,曾在安徽凤阳等地任兵备道,解职回乡后,请著名画家袁龙设计,花银十万两,历时两年建成,占地9.8亩,取《左传》中"进思尽忠,退思补过"之意名"退思园"。其弟任艾生哭兄诗有"题取退思期补过,平泉草木漫同春"之句。园内布局分外室、内宅、中庭、内园四部分,诸景围绕水面展开,被誉为江南"贴水园",有移步换景的美感。

❖ 为什么退思园的建筑格局突破常规改纵向为横向?

该园简朴无华,素净淡雅,具晚清江南园林建筑风格。布局独特,亭、台、楼、阁、廊、坊、桥、榭、厅、堂、房、轩一应俱全,并以水池为中心,建筑如浮水上,因以"贴水园"而闻名遐迩。布局紧凑自然,结合植物配置,点缀四时景色,给人以清澈、幽静、明快之感。因地形所限,更因园主不愿露富,建筑格局突破常规改纵向为横向,自西向东分别为西宅、中庭、东园,住宅又分外宅与内宅。

❖ 退思园的住宅部分有哪些看点?

外宅有轿厅、茶厅、正厅三进,仅在婚丧之事及官员往来时开正厅,以示隆重。轿厅两侧,原有"钦赐内阁学士"、"凤颖六泗兵备道"、"肃静"、"回避"四块执事牌,威武森严,厅内上悬沈鹏书"荫余堂"额。东侧为内宅,建有南北两幢、各五楼五底的"畹芗楼",名取左思《魏都赋》中"右则疏圃曲池,下畹高堂"之句和元虞集《画马》诗中"春风十里闻芗泽"之句,这里泛指退隐归田的绝佳之处。楼与楼之间,由东西两重廊与之贯通,廊下设楼梯,俗称"走马楼"。两侧设石库门,均用清水方砖构置,尚属原物,既防火,又防盗。住宅布局紧凑,分则各成院落,合则浑然一体,可谓匠心独运。

❖ 退思园的中庭有哪些看点?

中庭是入园之序幕。中庭内园以高墙相隔,中置旱船,虽似锦屏障目,但隔而不断。庭中香樟树荫如盖,玉兰飘香,清雅幽邃。北乃坐春望月楼,每当春暖花开之时,乘月白风清之夜独步楼前,踏月吟咏,令人陶醉。登楼进览胜阁,满园春色一览无余。楼南迎宾居,是以文会友、吟咏舞墨之处。旁侧岁寒居是观赏冬景之所,岁暮风雪之时,于此围炉品茗,透过窗景静观,一幅由罗汉松、天竺、腊梅组成的别具一格"岁寒三友"图画,盎然成趣。

❖ 退思园的东园有哪些看点?

中庭与东园之间,有月洞门相通。园内以水池为中心,亭台楼阁,紧贴水面,花木泉石,布局得体。

入园,进水香榭,其下池水清澈,游鱼历历可数,白云蓝天倒映水中,宛然如画。隔池相望,对面重重叠叠的假山,一亭翼然山巅。出水香榭,沿九曲回廊缓步前行,廊南设九扇漏窗,窗心分砌唐李白《襄阳歌》中"清风明月不须一钱"八个大字;廊北侧,嵌清初书画家恽南田的十二方书法刻石,勾勒精致。往南是"闹红一舸",取自南宋姜夔《念奴娇》"闹红一舸,记来时,尝与鸳鸯为侣,三十六陂人未到,水佩风裳无数"句。石舫突兀池中,由湖石托出,似船非船,半浸碧波,别具情趣。

沿廊轩向北折东,是主体建筑退思草堂,面阔三间,上悬张辛稼书"退思草堂"额。草堂古朴素雅,系鸳鸯厅结构。厅有《归去来兮辞》碑拓,为元代书画家赵孟頫所书,是存世名品。堂前四周由琴房、三曲桥、眠云亭、菰雨生凉轩、天桥、辛台、九曲回廊、闹红一舸、水香榭及览胜阁,围成旷远舒适、彼此对应的立体景观,如一幅水墨山水长卷,浓淡相宜,清明静谧。出草堂往东,三曲桥平卧水面,桥上架有紫藤棚。桥南水涯山坞边有一琴房,掩映在花木之间,于此焚香操琴,领略"高山流水"之音韵。桥前假山,山巅筑眠云亭,亭周古木藤蔓缠衬,为全园山水之主景。此处铺地,有以鹅卵石镶嵌而成的"瓶生三戟"图案,与"平升三级"谐音,又寓任兰生曾为武官,祈愿子孙"代代平升"之意。向南至菰雨生凉轩,屏前对联"种竹养鱼安乐法,读书织布吉祥声",据说是园主友人、时任兵部尚书的彭玉麟相赠,是对任兰生的劝诫。轩内,屏隔南北两室,为鸳鸯厅格局,隔屏正中置一大镜,镜前设香妃榻,炎夏卧榻于镜中赏景,一派凉意。自轩登天桥,视野豁然开朗,上为桥,下为廊,模拟阿房宫修复,连接菰雨生凉轩与辛台为一体。上、下重廊的天桥,堪称园中一绝。天桥北侧矗立一独体太湖巨石,形若垂垂老者,因称"老人峰",峰巅有一灵璧石,近看似长寿老龟。

园西南,门楣题金风玉露亭,俗称"桂花厅"。庭园遍植丛桂,每当桂花飘香之时,馥郁芬芳,乃"天香秋满"的意境所在。

❀ 怡园集锦式的特点表现在哪里?

怡园位于苏州市人民路1 256号,是兼容各园林之长、闹中取静的古典园林,园名含意为"怡养之园"。

怡园始建于清同治十三年(1874),历时九载方才建成,是浙江宁绍台道顾文彬所筑宅第花园,取《论语》"兄弟怡怡"之意而名。抗日战争时期,园中遭破坏,古玩字画被劫掠一空。1953年12月怡园被献于国家,向公众开放。园分东、西两部分,东以建筑为主,西以山水见长。东部建筑以坡仙琴馆(又名石听琴室)为中心,还有玉延亭、拜石轩、玉虹亭等,周围植竹,体现"清雅脱俗,潇洒自如"意境。西部以水池为中心,有南雪亭、藕香榭、画舫斋等。假山临池而筑,山形似螺,高处以螺髻亭结顶,亭下为慈云洞。

怡园是花园、住宅、义庄和祠堂相组合的典型宅园,因建造年代较晚,摄取了苏州诸园林之长。复廊采取沧浪亭的部分格局,假山参照环秀山庄,荷花池与网师园水池相仿,旱船取法拙政园的香洲,使怡园具有集锦式的艺术特点。园内山、池、亭、馆保持了当时的格局,西部亭、榭、廊、舫精巧玲珑,山林苍翠,体现了中国山水画的意境,具有深厚的文化底蕴。

坡仙琴馆 "坡仙"指宋代文学家苏东坡,此室原藏园主所得东坡"玉涧流泉"古琴,并供奉苏东坡像,以示敬仰。馆中有清代吴云所书隶书额和跋。

藕香榭 为西部主体建筑,鸳鸯厅结构。南半厅名锄月轩,又名梅农厅,厅前植梅。北房前有平台,面山临池,池中原植有台莲,红白相间,色彩绚丽,是夏日赏荷佳处,故又名荷花厅,厅中匾额为现代书法家顾廷龙书。

画舫斋 在园西端,是模仿拙政园香洲的旱船。旱船三面临水,轻巧玲珑,线条明快,如轻舟徐徐穿行在岩壑水涧之间。

❀ 曲园是清末哪位名人的故居?

曲园位于苏州市马医科43号,全国重点文物保护单位,意为一曲之园。

曲园为清末学者俞樾的故居,于同治十三年(1874)在清道光时大学士潘世恩旧西宅废址上建造。因庭院地形与篆文曲字相似,且园小仅"一曲而已",取老子"曲则全"之意,名曲园。1954年,俞樾曾孙俞平伯将园献给国家,1982年整修后开放。

进门,为门厅、轿厅、大厅乐知堂。西去到春在堂,是会友、讲学之处。春在堂北面便是曲尺形的后花园,园中堆砌假山,有曲水亭、回峰阁、小竹里馆。小园简洁雅致,是典型的江南书斋庭院。

❖ 五峰园因何著名?

五峰园位于苏州市阊门西街下塘五峰园弄15号,以太湖石峰著名。园始建于明代嘉靖年间(1522—1566),尚书杨成所筑,俗称杨家园(一说为明代画家文伯仁所筑)。园内有五座太湖石峰,高者达3米,颇极皱瘦玲珑之致,并峙高阜间,分别为丈人峰、观音峰、三老峰、庆云峰、擎云峰。五峰为五老拱主,故又名五老峰,仅次于留园的瑞云峰。园之东南角有土墩,此山顶上有柳毅亭,亭下土冈俗传为唐柳毅墓。全园五峰高耸于园南,假山之北辅以水池,湖面驳岸、汀步、石级自然曲折,水中游鱼可数。园中还有五峰山房、柱石舫。

❖ 历史上苏州什么时候园林最多?

苏州园林溯源于春秋,发展于晋唐五代,繁荣于两宋,全盛于明清,与建城2 500余年的苏州古城历史基本同步。历代地方文献记载的园林约千处,广泛分布于苏州城乡。

园林见于记载最多的是明清两代,分别为270余处、300余处。当时苏州半城园亭,园林艺术达到顶峰。

❖ 私家园林主人为何追求的是"静"?

在古代传统艺术中,静境一直是文人追求的最高境界。园林是艺术创造的理想生活环境,自然也会反映古人对静的追求。文人私家园林一般较小,宜于静观。坐石观水、倚栏远眺、亭中小憩、山巅临风,都是静观。但实际上静中有动,如行云变幻、泉流淙淙、鸟飞蝶舞、疏竹弄影等,为以静观动;再如漫步曲径,观山石、涧溪、花木、建筑等,则为以动观静。留园的静中观、网师园的引静桥等景点题名,都是强调园林意境的静美。

当然,园主追求的"静",有时是一种漠然无奈,是一种脱离社会、追求内心安适、寻找世外桃源的心态。

❖ 从苏州古典园林中应该继承什么?

古典园林是珍贵的文化遗产,其艺术手法、哲理蕴涵、尊重自然等,都是中国优秀传统文化的精华,要努力传承弘扬。同时要认识到,这些古典园林形成发展于农耕时代,其主人多为帝王和文人士大夫,追求的境界多为宁静、避世、脱俗、淡泊,在精神面貌上表现为老成持重、封闭保守、消极厌世,对此,要带有正确全面的眼光去观赏。

苏州古典园林以其精雕细琢的设计,在咫尺之内再造乾坤,其艺术、自然与哲理的完美结合,创造出了惊人的美和宁静的和谐、人与自然的和谐。

❖ **一些建筑学家是如何评价苏州园林的?**

中国古典园林精华萃于江南,重点则在苏州,大小园墅数量之多,艺术造诣之精,乃今天世界上任何地区所少见。

——杨廷宝　童寯《苏州古典园林》序

苏州古典园林是我国南方私家园林的代表,现存的这些园林是古代文化遗产中的珍品。

——刘敦桢《苏州古典园林·绪论》

园有静观、动观之分……小园应以静观为主,动观为辅。庭院则专主静观。大园则以动观为主,静观为辅。前者如苏州网师园,后者则苏州拙政园差可似之。

郊园多野趣,宅园贵清新。野趣接近自然,清新不落常套。无锡蠡园为庸俗无野趣之例,网师园属清新典范。前者虽大,好评无多;后者虽小,赞辞不已。

——陈从周《说园》

第八章 工艺美术

❖ 中国传统工艺美术主要有哪几大类？

历史悠久的中国传统工艺美术，包括物质类文化产品和非物质类文化艺术。民国初期被艺术家称为"美术工艺"，1949年后定名为"工艺美术"。中国传统工艺美术，主要品种类别有工艺雕塑、刺绣和染织、织毯、抽纱花边和编结、艺术陶瓷、工艺玻璃、编织工艺、漆器、工艺家具、金属工艺和首饰、其他工艺美术十一大类，品种繁多，技艺精湛，形成了当代中国工艺美术鲜明的民族风格和传统艺术特色，闻名中外。

❖ 苏州有多少种工艺美术被列入省级以上非物质文化遗产名录？

国家级非遗项目有：桃花坞木版年画、苏绣、核雕、苏州玉雕、苏州泥塑、苏州盆景技艺（传统美术类）；宋锦织造技艺、苏州缂丝织造技艺、香山帮传统建筑营造技艺、苏州御窑金砖制作技艺、明式家具制作技艺、制扇技艺、剧装戏具制作技艺、苏州灯彩、苏州民族乐器制作技艺、苏州姜思序堂国画颜料制作技艺、苏州书画装裱修复技艺、绿茶（碧螺春）制作技艺（传统技艺类）。

省级非遗项目有：苏州金山石雕、苏州藏书澄泥石雕、虞山派篆刻艺术、草编、砖雕、苏派砚雕等（传统美术类）；苏州碑刻技艺、陆慕蟋蟀盆制作技艺、常熟花边制作技艺、沙洲哨口板式类风筝制作技艺、苏州仿古铜器制作技艺、渭塘淡水珍珠加工工艺、苏州漆器制作技艺、后塍竹编、双凤新湖龙狮制作技艺、苏钟制作与修理技艺、假山制作技艺、苏州漳缎织造技艺、苏州水乡木船制作技艺、苏州花线制作技艺、苏州竹刻、苏式红木小件制作技艺、苏州金银丝镶嵌、金属凿刻、苏派鸟笼制作技艺、古砖瓦制作技艺（传统技艺类）等。

❖ 中国不同历史时期的主要工艺美术标志性器物是什么？

中国人民在劳动中创造了自己的民族文化，其中包括工艺美术。中国工艺美术历史悠久，技艺精湛，不同历史时期都有工艺美术的标志性器物。史前时代（旧石器时代和新石器时代）：洞窟壁画、石雕、彩陶、玉器以及骨、贝、石制成的小装饰品，都带有浓厚的原始宗教——巫术色彩。夏商周时代：青铜器、陶器、玉器、漆器等。秦汉时代：除了陶器之外，还有铁器、铜器、漆器、瓷器、金银器、刺绣、织锦等。隋唐时代：唐三彩陶器、泥塑、石雕、织锦、首饰、金银器皿、铜镜、民族乐器等。宋元时代：宋瓷、宋锦、云锦、壮锦、缂丝、玉器、漆雕、竹刻、泥塑等。明清时代：刺绣、景泰蓝、宣德炉、木版年画、竹刻、紫砂陶、瓷器、玉器、铜器、牙器、角器、铁画、金银饰品、制扇等。

一、陶瓷部分

❋ **陶器与瓷器的主要区别在哪里？**

陶器和瓷器统称陶瓷，二者的主要区别有：一是陶与瓷的质地不同，性质各异。陶是以黏性和可塑性较强的黏土为主要原料制成的，不透明，有细微气孔和微弱的吸水性，抗腐蚀，胎质坚硬紧密，叩之声脆；瓷器是在陶器的基础上制成的器物，瓷器以高岭土、长石、石英作为原料，瓷态烧结后，胎色白，质地致密，胎体吸水率不足1%，具有透明或不透明性，叩之发出清脆悦耳之声。二是烧制的火候有差异。陶器只需要1 000度高温就能烧成，一般用于制作家用器皿等；瓷器需要1 300度以上高温才能烧成，一般用于制作日用器皿、电器绝缘体、化学仪器和器皿装饰用瓷。

❋ **为什么陶器是鉴别文化遗存年代的重要实证？**

人类文化的"童年时代"是考古学所称的新石器时代。早在六七千年之前，在中国这块广大土地上，人们已经开始定居生活，发明了农业和畜牧业，并且从事制陶和纺织。当时的纺织品今天已无法看到实物，但在新石器时代遗址中，我们能清楚地看到印在陶器上的各个时期的不同图案，丰富多彩，穷极变化。比如，有螺纹、旋纹、涡纹和蛙纹、壁虎纹，还有鱼、石斧纹等，陶器上的这些图案是远古人们智慧的结晶，亦是艺术的创造。只要通过陶器的造型和图案的鉴别，就能得出文化遗存年代。所以，陶器是鉴别文化遗存年代的重要实证。

❋ **中国什么时候开始出现瓷器？**

中国的瓷器，按其釉色分为青瓷、白瓷和彩瓷三大系统。国际上称中国为"瓷器之国"。中国瓷器，历史悠久，是中国古代的伟大发明之一。它以"薄如纸，声如磬，明如镜"而著称于世。早在商周时代，已烧造出原始形态的青瓷，至魏（220—265）晋（265—419）时期已趋向成熟。

❋ **宋代瓷器有什么特点？**

宋代瓷器闻名中外。瓷釉色以青色见长，又名青瓷。青瓷有钧窑、汝窑、官窑、哥窑、定窑为五大名瓷齐名。其特点为胎薄质坚、釉彩饱满、图案生动、装饰美丽、线条流畅、冰纹自然等。产品有碗、盘、碟、瓶等，古色古香，具有多种传统艺术风格。

❋ **什么是青花瓷？**

青花瓷是中国传统的美术名瓷之一，也是江西景德镇的一种珍贵瓷器。它始于元代，到了明清时期已有很高造诣。青花瓷用高质青料在瓷胎上描绘纹样，覆以透明的白釉，经高温一次烧成。青花瓷色白花青，因此而得名。它素静雅致、纹饰生动、光泽明亮、永不褪色，且年代越久越青翠，这种色调长期受到国内外人士的欣赏和喜爱。例如，青花酒具，造型典雅、纹饰美观,深受用户赞赏。当代的青花瓷继承了历史上青花瓷"釉面白中泛青,色彩青翠欲滴"的特色,品种繁多、装饰丰富,青花日用瓷产品曾荣获国家金质奖,产品畅销国内外。

❖ 珐琅彩瓷有什么艺术特点和制作工序?

珐琅彩瓷,又叫烧瓷,它与景泰蓝称为姐妹工艺品,也是中国传统手工艺品。珐琅彩瓷历史悠久,远在唐宋就有生产,到清代已很盛行。珐琅彩瓷的艺术特点为造型庄重、色彩典雅、图案严谨、风格清新、民族特色鲜明,行销世界各地。

珐琅彩瓷与景泰蓝源于一派,都是铜胎。烧瓷的制作需要经过制胎、筛料、烧蓝、绘画、打磨、抛光等工序。在铜胎的素面上,运用各种图案、花样组成锦地开光,在开光里画上山水人物、飞禽走兽、花鸟鱼虫,由于烧瓷的花纹、绘画与色釉和合在一起,相互烘托,图案就显得光彩夺目,与錾花工艺相结合,更增加了名贵华丽之感,其色泽经久不变,不褪色。品种有花瓶、盘、碗、缸、酒具、烟具、薰炉和首饰盒等,人见人爱。

❖ 如何欣赏紫砂壶?

紫砂壶是我国人民喜爱的茶具,它不仅具有造型别致、古朴典雅的艺术特色,还具有良好的保味功能,用来泡茶香味特别醇浓,即使时在盛暑,茶也不易变馊。使用年代越久器身色泽就越光润、雅致,而且壶壁饱含茶味,如在久用的空壶里注入开水便可泡出一杯芳香的茶,犹如用新鲜茶泡出的一样。因此,寸柄之壶,盈握之杯,往往被人视若珍宝,多少年来成了海内外人们青睐的收藏品。

江苏宜兴紫砂陶器,始于宋而盛于明清。这里的丁蜀镇享有中国"陶都"之称。丁蜀镇的陶土蕴藏量十分丰富,主要有朱砂、绿泥和紫泥三种,统称紫砂泥。人们形容其泥色为:紫而不姹,红而不嫣,黄而不娇,黑而不墨。泥料质地优良,可塑性好,收缩率小,烧成范围宽,不易变形。紫砂壶造型千姿百态,大致可分为三大类:一是自然型,如梅花壶、竹型壶、松壶、柿子壶和莲子壶等;二是几何形,如方形壶、圆形壶、直筒壶和菱形壶等;三是仿古型,如仿照青铜器、玉器和秦汉瓦等造型制作的茶壶,其造型质朴雅致,古趣盎然。紫砂壶充分利用泥沙的单一色感,不轻易附加装饰,以素雅为其主要特色。制作技艺十分考究,"方圆非一,器型各异",特别是集文学、书法、绘画、篆刻艺术于一体的紫砂器物,更为人们誉为"神品"。

❖ 如何选择紫砂壶?

选择紫砂壶,一般要从年代、泥质、艺术方面考虑。年代,是指老壶与新壶的区分,一般说,老壶历经数十年乃至百年,具有很高的研究、收藏价值。同时,存世日久,表面形成分布自然的"包浆",便于玩赏,因此,在同样的情况下,老壶的价值自然高于新壶。如今,随着紫砂壶在国内外市场上日益升温,老壶"一壶千金"并不鲜见。紫砂壶的泥质分朱砂、绿泥、紫泥等多种。朱砂质地最好,所制作出的壶,壶盖轻敲壶把,能发出清脆铿锵的金属碰撞声,声音越脆,泥质就越纯。艺术,是指工艺水准。大凡高手制的壶,造型优美,轮廓周正,线条流畅,比例恰当。壶面光洁,壶口、壶把、壶嘴在同一水平上,壶流、壶把成一直线,壶口、壶嘴、壶盖、圈足宽窄一致;壶盖紧密,对壶吹气,壶盖能轻轻跳动,整体不见瑕疵,壶嘴断水功能好;高档紫砂壶用印多为两方,一为底印,盖在壶底,多为四方姓名章;一为盖印,用在盖内,多为形体小的名号印。达到这种工艺水准的称得上壶中上品。当代名家壶的落款大多在3个部位:壶底,姓名款;壶盖内,姓款或名款;把梢,姓款。因此,收藏紫砂壶时须仔细欣赏识别真伪,才能获得珍品。

二、金属部分

❈ 青铜器在中国古代是如何发展的?

中国的青铜器主要流行于奴隶社会和封建社会初期。奴隶主贵族过着"钟鸣鼎食"的生活,钟鼎不仅用作乐器和食器,并且用来祀神、祭祖,或是将文字刻在上面,铭记重大的事件。除了各种方、圆等基本形态的器物之外,还有用青铜铸造成动物形状的器物,如牺尊等。商代的器物雄厚庄严,西周时的器物浑重凝练,到了春秋时代,其器物的造型就趋向于工整细巧了。如著名的"莲鹤方壶",整个器物有1米多高,壶身方中带圆,以蟠龙为耳;盖周并列莲瓣向外翻卷,中间站立一鹤,展翅欲飞,引颈欲鸣,意匠清新、富有巧思,充分表现了劳动者的天才智慧。到了战国时代,已进入封建社会,青铜器已失去了以往的显赫地位,后来青铜器被漆器所替代,慢慢地退出历史舞台。

❈ 青铜器在古代有哪些主要工艺技术?

青铜器在古代的主要工艺技术为:刻模版、塑泥坯、贴蜡、形制、纹饰、铭文等,尤其是刻模板和贴蜡这两种传统工艺更具特色,但今已失传。

❈ 苏州仿古铜器有哪些独特的制作工艺?

苏州青铜器的制作历史可追溯到2 500年以前,而仿古铜器制作则始于明代。当时苏州已是我国仿古铜器的主要产区之一,俗称"苏铸"。"苏铸"具有独特的制作工艺,闻名中外。仿古铜器的主要制作工艺为:(1)制模;(2)刻样板;(3)捏坯形;(4)剥蜡;(5)敷泥型;(6)浇铸;(7)修整;(8)接色,用陈醋、黄泥和细沙拌在一起,涂在器物上使它生锈变绿,然后用树叶打磨掉再涂色,经过反复涂擦层层加厚,形成包浆,以达到乱真的效果。至此,作品才完成。

❈ 冶铁术是什么时候传入中国的?

据考证,在今土耳其境内的赫梯,是世界上古代最早发明冶铁和用铁的民族。据文献记载,赫梯人用铁大约开始于公元前19世纪,而全世界范围是在公元前1 000年左右才进入铁器时代。

冶铁术什么年代传入中国目前尚无定论。中国、埃及和印度也是世界上最早炼铁和使用铁的国家。中国在春秋时代晚期(公元前6世纪)已出现用高温液态还原法炼出可供浇铸的生铁。最初的时候用木炭炼铁,木炭不完全燃烧产生一氧化碳,把铁矿石中的氧化铁还原成金属铁。铁被广泛应用于制造农具和铁鼎、兵器等器物。到了南北朝出现了灌钢法,中国古代冶炼技术体系才基本建立。

❈ **金是怎么产生的?**

黄金主要以岩金、沙金两种形态蕴藏于地下,此外还有伴生金。根据科学家分析,宇宙中超行星爆炸时,金以小颗粒形式射到早期的太阳系。地球上的黄金是从古老的山脉岩石中开采出来的。岩石受风化作用,沉积在河床的沙石中,就成了沙金。在地球上,金子主要分布在澳大利亚南部、南非、中国、秘鲁和美国西部,40%来自南非。迄今为止,人类发现的最大的金块重达280公斤,它产于美国的加利福尼亚州。黄金很少与其他元素结成化合物,因此能成为国际金融货币的基础之一。

❈ **银是怎么产生的?**

银这个元素是在几十亿年前的宇宙大爆炸时形成的。那时的宇宙大爆炸形成了现在元素周期表中所有的非人工合成的元素,共94个。第95个及以后的为人造元素。地球上的银矿是在不断的地壳运动过程中富集形成的。地球外壳的含银量,只占一千万分之一;而白金和黄金含量更少,只占十亿分之五。

❈ **何为铜镜?**

中国人"以铜鉴人"一直延续了3 000多年。铜镜的铸造从战国始,到汉、唐进入鼎盛时期。当时出现了大量铸造精美、装饰考究的铜镜,常见的有云雷地纹镜、花叶纹镜、山字纹镜、菱形纹镜、禽兽纹镜、连弧纹镜和蟠螭纹镜等。铜镜是中国古代的一种生活用品,用以照面。制作一面铜镜,一般要经过浇铸、热处理、打磨和开光等多道工序。铜镜的正面平滑光泽,背面一般都铸有各种花纹图案和字铭,文饰精美。明朝,苏州的制镜业已相当发达。到了清代,由于外国的玻璃镜传入中国,青铜镜慢慢淡出市场,传统的制镜工艺逐渐消亡。

三、漆器部分

❈ **中国有哪三大漆器最著名?**

我国的漆器在国际上享有很高的声誉,当代漆器主要分布在北京、福建、上海、江苏扬州、四川成都、重庆、山西平遥、贵州大方、甘肃天水、江西宜春、陕西凤翔等,其中北京金漆镶嵌、福州脱胎漆器、扬州剔红雕漆和点螺漆器三大漆器最著名。

北京金漆镶嵌是以木胎成型后髹漆,再在漆底上运用镶嵌、雕填、刻漆、彩绘、描金、罩漆等髹饰技法制成的。产品华丽富贵,庄重古雅,画面色调既艳丽夺目,又和谐统一。产品有屏风、插屏、挂屏、桌、柜、箱、几、架、盘等,约3 000多个花色品种,曾荣获中国工艺美术百花奖金杯奖。

福州脱胎漆器的制作方法十分独特,纯手工制作。一般分为木坯脱胎和石膏模脱胎两种。木坯脱胎是用手将薄绸或夏布裱糊在木坯模型外面,经过反复数十次,乃至数百次涂漆,使其阴干后,把木坯脱出来,留下来的就是已上漆和成型的脱胎漆器,称为"阳脱";石膏模脱胎,制作方法与木坯脱胎相似,称为"阴脱"。脱胎后的裱器还要继续上漆,然后放在地窖或橱里,让它与灰尘隔绝,促其慢慢阴干。之后,还要经过抹油、定型、描绘、漆画、上油、磨光、过蜡等20多道工序,方可制成漆器。产品质地轻巧坚牢,造型古朴大方,色泽鲜艳,光亮如镜,具有独特的民族风格和地方特色。

江苏扬州漆器早在西汉时期就达到了相当高的工艺水平。唐代,这里创造了"剔红雕漆"。到了明代,有了镶嵌工艺,将玉石、象牙、珍珠、金银等珍贵材料与漆器工艺相结合,成为"古来未有之奇玩",名扬四海。扬州的点螺漆器工艺难度极大,一件点螺工艺品,往往要用几十万块螺片、点丝,它工艺精湛、画面优美、瑰丽多姿,在中国漆器中独树一帜。

四、雕塑部分

❖ **苏州有哪些雕塑工艺品被列入省级非物质文化遗产项目名录?**

苏州雕塑工艺列入省级非物质文化遗产项目名录的有:苏州玉雕、苏州泥塑、苏州金山石雕、苏州藏书澄泥石雕、虞山派篆刻艺术、砖雕、核雕、苏派砚雕、苏州碑刻技艺、苏州漆器雕刻、苏州竹刻、苏式红木件制作技艺、金属凿刻等。

❖ **苏州砖雕在历史上为何如此兴旺?**

苏州砖雕历史悠久,宋代以后,不少官宦人家及文人墨客聚居苏州,纷纷建造私家花园。苏州古典私家园林,以及富有江南特色的苏州古民居的建造,几乎是"无雕不成屋,有刻斯为贵"。分布在苏州全市各处的古建筑装饰住宅大门上的门罩、门楼以及宋代以来的官邸及祠庙的八字墙,是苏州砖雕技艺精湛的最典型的体现。清代是苏州砖雕门楼的兴盛时期,从这些砖雕门楼足可窥见苏州砖雕的精湛技艺之洋洋大观。清康熙年间(1662—1722),钮家巷潘家,其门楼题为"含章庆誉怀德维宁",门楼雕刻极其精致。东花桥巷中和里汪宅门楼以高浮雕手法雕有状元游街和鲤鱼跳龙门,状元出巡前呼后拥,场面宏大。雍正年间(1723—1735)有滚绣坊顾宅门楼,反映戏文故事,刀法圆润、细腻,门额题"'玉山嗣美'韩翁年书,雍正辛亥清和"。乾隆年间(1736—1795)有盛家带一门楼为石赟玉状元所题所刻,花卉细腻繁复,垂柱为花篮,门额为"景星庆云"。卫道观前民生里潘宅除檐头外,翘角昂起,雕刻四季花卉,垂柱为倒挂蟾蜍口衔香草。当时苏州一府三县(长洲、元和、吴县)共出了17个状元,他们衣锦回乡之时往往不惜巨资营造气势宏大的深宅大院,精雕细刻的砖雕门楼就成为其门庭显赫的象征。

❖ **苏州现存最早的砖雕门楼在哪座园林?**

苏州现存最早的砖雕门楼当数网师园万卷堂的砖雕门楼。它建于宋代,精美绝伦的门楼上刻有"藻耀高翔"四字,寓意文采飞扬、展翅高飞。右侧雕刻周文王访贤图,描绘的是西周时期周文王在渭河边请姜子牙辅助朝政的故事;左侧是寓意福寿双全的郭子仪上寿图。门楼以平雕、浮雕、透雕、镂雕等多种雕刻手法显示出鬼斧神工般的高超技艺。

❖ 苏州砖雕的材质有何特点？

砖雕，即在烧制好的青砖上雕琢各种图案，砖雕用料与制作极为考究，一般采用经特殊技艺烧制的掷地有声、色泽清纯的青砖为材料。苏州的砖雕均采用明代永乐皇帝赐封的陆慕御窑"金砖"，其基础材料来自苏州阳澄湖底的湿泥，它的制作工艺也极为严格，须经过1 300度高温烧制，且颗粒细腻、质地密实，断之无孔，敲之有金石之声，它可以安装在露天墙上，冰霜雨雪不能侵蚀，具有千年不腐的特点。

❖ 中国有哪几个玉雕工艺品的主要产地？

中国玉器（亦称玉雕）在世界上享有"东方艺术之最"的美誉，是中国工艺美术百花园中一枝富有生命力的奇葩。我国玉器的主要产地有：北京、上海、广州三市以及河南、辽宁、新疆、苏州、扬州等地。中国玉雕艺术流派很多，风格各异，独具特色，在艺术风格上有"北玉"和"南玉"之分。即北京的玉器是"北玉"的代表。北京玉器的艺术风格特点是浑厚、雅丽、端庄，富有浓郁的民族风格。北京玉雕艺人以刻画人物见长。无论是神佛、罗汉、老翁，还是文人、仕女、仙姑、幼童，无不神形兼备，栩栩如生。代表作品有《西厢记人物》《珊瑚飞佛》《珊瑚百鸟朝凤瓶》《仙鹤》《绶带鸟》等，作品风格高雅，新颖奇夺，引人入胜，美不胜收。江南玉器，又称"南玉"。主要产地为苏州、扬州、上海、广州、杭州、云南腾冲等地。江南玉雕多是花卉雕琢，力求写实，疏密得当，富有层次感。尤其是表现江南水乡景色的玉雕艺术品更具独特的艺术风格和地方特色。苏州玉雕的代表作品有《留园冠云峰》《虎丘全景》《龙顶三足炉》《白玉龙顶炉》《洛神》《珊瑚释迦降生》等。扬州玉雕的代表作品有《大禹治水图》《会昌九老图》《月下朝圣》等。

❖ 江南玉雕的特点是什么？

苏州刻玉，工于浮雕，在平面的玉料上刻出精巧复杂的图案，花纹线条细如毫发，圆转自如，一丝不爽。苏州的立雕别具特色，尤其是仿古之作，可以乱真，人物花鸟更是巧丽绝伦。因此，明代的《天工开物》记载："良玉虽集京师，工巧则推苏郡。"扬州玉雕则以玲珑剔透、典雅秀丽的艺术特色而闻名中外。扬州的"山子雕"技艺更富有特色。江南玉器中上海玉雕以造型别致、构思新奇而誉名四海；广州玉雕则以高超的镂空技艺举世叫绝。当今，江南玉器又有新的发展。尤其是近年来，他们在继承传统的基础上，不断创造了清新的艺术风格，玉雕作品更具艺术魅力。

❖ 从古到今中国玉雕技艺制作有何不同？

中国玉雕技艺制作，从古以来，因时代不同，使用的材料、工具、设备各异，故采用的工艺也不一。最早古人治玉，席地而坐，靠手力旋转砣具，砣具由石材、兽牙或兽筋、木材等构成，在玉石上钻圆孔，往往运用两面对钻穿通。后渐渐发展，艺人垂足而坐，用脚踏旋动砣轮。直到20世纪70年代，方使用"钻粉磨头高速玉雕机"。这种玉雕机可作0～1 200转/分的无级变速；操作工具可自由升降；尤其是工具头的改进，加速了琢磨进度。全国同行业中最先使用这种高速玉雕机的是苏州玉石雕刻厂。

❈ 玉雕的基本工艺是什么？

玉雕有其特殊的技艺，"琢"和"磨"是玉器加工的基本工艺手段。琢、磨方法的优劣，涉及玉器产品质量的好坏。所谓琢，即是对玉料进行切、挖、斩等工艺加工。其中切，是分割、切开，常用在开料、去料；挖，是保留两边，除去中间部分；斩，是指切棱去角。所谓磨，是指用不同形状及大小规格不等的钻粉磨具，在玉料上反复磨制。各种磨具有：杠棒、压砣、钓眼、尖杠棒等。因此有"玉不琢、不成器"的谚语。

一般玉器的制作技艺过程：首先要经过选料、开料、设计、制作、抛光等工序。制作阶段的琢磨离不开水，故称"水作"。抛光就是在水作完成后进行表面加工，抛光采用火漆砣子以及抛光粉（玛瑙粉）进行，然后把产品上的污垢洗清掉，经上蜡、浸油、擦拭等辅助工艺，使产品达到光亮，尽善尽美。因此，抛光工艺的磨细"去糙"是琢磨的继续，具有特殊的要求。

❈ 中国玉石的主要产地有哪些？

中国的玉石种类繁多，翡翠、白玉、碧玉、黑白玉籽料产于新疆和田；绿松产于湖北陨县；岫岩玉产于辽宁；噶巴石（现称酒泉玉）产于祁连山；碧玉产于青海；等等。

❈ 中国玉器发现的年代有多久？

中国史前时代已创造了玉器工艺。从旧石器后期出现磨制石器，即细石器后，石工们在石料的质地方面积累了丰富的知识，逐步认识了玉石的特殊价值。细石器选用的石料，有石英、玛瑙、碧玉、黑砾石等，都是光亮、半透明、色泽美丽的矿物。现代矿物学把玉分为软玉和硬玉（又称翡翠）两类。史前考古常见的是软玉，硬度为六度到七度半，不易受磨蚀，有红、黄、绿、青、黑、乳白等色，手感冷而柔和，叩击声音清脆。先民们把好的矿石即坚硬而色泽亮丽的称为"美石"（现称玉石），作为琢制玉器的原料，一直流传至今。新石器时代后期，良渚文化玉器是中国玉器史上最辉煌的典范，它和同时期红山文化、齐家文化、山东龙山文化出土的玉器一起，创造了一个玉器时代。

❈ 古代苏州玉雕生产主要集中在什么地方？

清代，苏州玉雕生产都集中在阊门内的专诸巷、天库前、周王庙弄、宝林寺前，向南诸如王枢密巷、石塔头、回龙阁、梵门桥弄、学士街直到剪金桥巷，到处可闻一片"沙沙"的车玉声；而阊门吊桥两侧的玉市更是担摊鳞次，铺肆栉比，至今老年人还习惯把吊桥叫做"玉器桥"。位于专诸巷内的周王庙是琢玉行业的行会所在地，玉工们将庙内的周宣灵王奉为神灵，每年农历九月十三至十六，全城大小近千家作坊都要拿自己最精心的杰作作为祭祀的供品去陈列。届时，同业相互观摩，各路客商云集，市民争相观看，一派热闹景象。

❈ 苏州玉雕有什么特点？

苏州玉雕工艺，不管平面、立体、浅刻、挖花，概括起来具有"空、飘、细、巧"的艺术特点。空，就是虚实相称，疏密得宜，玲珑剔透，使人不觉繁琐，而有空灵之感；飘，就是造型生动，线条流畅，使人不觉呆滞，而有飘逸之感；细，就是琢磨工细，精益求精；巧，就是运用各类玉石的天然形状和不同色泽,因材施艺,采用巧色巧雕,更是构思精巧,回味无穷,具有巧夺天工之美。

❖ 哪些是属于常见的宝石?

鉴别宝石是一种专门的学问。它不仅需要有一定的历史知识和矿物学的知识,而且还必须具备相当的经验。宝石的美丽色彩和它那特有的光泽,以及细腻而坚硬的质地,是容易使欣赏宝石的人惊叹的,这是因为"色彩的感觉是一般美感中最大众化的形式"。然而,若把所有的宝石讲得清楚,可就不是一般欣赏宝石的人所能做到的。

现代一般称为宝石(正宝石)的有:金刚石(亦称金刚钻、钻石)、刚玉(蓝色者叫蓝宝石,红色者叫红宝石)、黄晶(亦称黄玉、黄宝石)、绿宝石(亦称翠玉、祖母绿)、金绿石(亦称猫睛石、猫儿眼)等。其次称为饰石(亦称半宝石)的有:水晶、玉髓(亦称石髓、佛头石)、玛瑙、碧玉、孔雀石(亦称石绿、石青)、松绿石(亦称土耳其玉)、玉石(分硬玉、软玉。硬玉绿色者称翡翠)等。

❖ 苏州金山石雕为什么如此出名?

苏州金山石雕是集精神与物质为一体的文化形态和艺术产品。据《吴县志》记载:"金山在天平山东南,初为茶坞山,晋宋年间,凿石得金易今名,山高50余丈,多美石……"史称"金山石"。这类花岗石色泽为青灰色或青白色,晶粒细密、质地坚硬,不易风化,耐酸耐腐蚀,抗压力强,为我国首屈一指的建筑石料。1949年后,苏州石料公司成立,形成了金山、藏书和枫桥三大石料产区。当时,木渎金山及其周边地区的石匠,最多时达2万余人,其中专事精细加工和雕刻的细石匠逾4 000人。

金山石雕,经历代能工巧匠的辛勤创造,形成了自己独特的石艺风格。运用塑、刻、凿、雕、磨、钻、镂、削、切、接等技法,生产传统佛像、建筑装饰、石艺桥梁、陵墓供器等产品。金山石匠曾三次派遣细石匠赴京支援人民英雄纪念碑、人民大会堂、军事博物馆等北京十大建筑工程,并参与了人民英雄纪念碑"鸦片战争"浮雕图案的雕刻。进入20世纪80年代,金山石雕的艺术作品逐步增多,石狮威严有加,石马引颈长嘶,石灯镂空剔透,观音笑容可掬,深受日本、美国、新加坡、澳大利亚等国和香港地区、台湾地区客商的青睐。

❖ 藏书澄泥石砚雕与其他石砚雕有什么区别?

藏书澄泥石砚雕历史悠久,据记载始于三国。早期制砚区域在现藏书镇东部山蕢村,采用灵岩山太湖水域特有的澄泥页岩制作砚瓦和砚台,所制砚台称山蕢村砚,亦称灵岩石砚。因其砚质与山西绛县等地所产的陶制澄泥砚相仿,又称仿澄泥砚。

藏书澄泥石砚雕与其他石砚雕的区别是:一是石砚的色泽与纹理不同。藏书澄泥石砚采用天然岩石,主要为鳝鱼黄、蟹壳青、虾头红等自然色石。二是质地不同。其石质细腻、坚而不脆、润而不滑,具有发墨快、贮水数日不干等特点。三是石砚造型不同。其造型古朴,图案简洁,线条挺括、精工考究。无论是古朴大方的九棱砚、古瓶砚、长方回纹砚、香瓜含露砚,形象逼真的古钱砚、蘑菇砚、竹节砚、树桩砚,还是形神兼备的九龟荷叶砚、兰亭砚、蟹砚、牧牛砚等,均体现出文化内涵深厚、技艺精工细作的苏州地域特色。

❖ 核雕主要分布在苏州什么地方？

坐落于苏州光福香山的舟山村，是近代中国最著名的核雕制作基地。目前，舟山村从事核雕人员达 3 000 多名，各级各类工艺美术师 60 余名，核雕已成了舟山村的支柱产业。

❖ 苏州泥塑主要有哪两大类？

苏州泥塑历史悠久，尤其是神佛塑像，素有"苏帮"之美称。它与潮州浮洋泥塑、天津泥人张、无锡惠山泥人，并称我国"四大泥塑"，名扬四海。苏州泥塑可分两类：一类是神佛塑像，另一类为"苏捏"，有"捏相"和"耍货"（婴戏泥人）两种。

神佛塑像，如苏州甪直保圣寺泥塑罗汉和东山紫金庵重彩泥塑罗汉群塑佛像，可称为典型的苏州泥塑代表作。保圣寺罗汉彩塑，据传系唐代圣手杨惠之所塑，原有 18 尊，现尚存 9 尊。东山紫金庵大殿左右两壁 16 尊泥塑彩绘罗汉像，相传为南宋民间雕塑名手雷潮夫妇的作品。

"苏捏"是指虎丘泥人，分"捏相"和"耍货"。"捏相"亦称"塑真"。唐至明清时期，苏州泥人的生产和销售多在虎丘、山塘一带。至清末，苏州"捏相"逐渐冷落，后由于战乱，各店难以支撑，全部歇业停产，"捏相"技艺也随之失传。"耍货"虽为孩童玩物，却源于宋代的民间雕塑小品。明清时期，虎丘、山塘一带便成为制卖泥人者的集结之地。虎丘之所以出泥人，因虎丘泥人的制作材料取之于虎丘周边的黏土，叫滋泥，这种土黑、细、黏，适宜捏泥塑小品。清代，苏州山塘街制售戏文泥塑的耍货店肆有"老荣兴"、"老荣泰"、"金合成"、"汪春记"四家，一般为八出或十六出一堂，供节日陈列。城中玄妙观有"吴记"、"周记"等三家。苏州博物馆藏有艺人沈万丰所制的《四郎探母》《打龙袍》《打金枝》《四杰村》等作品，生旦净末丑各式人物栩栩如生。

五、木版年画、灯彩、苏扇

❖ 中国四大木版年画有何不同？

中国木版年画是年画中的一朵鲜艳夺目的奇葩。苏州桃花坞年画、天津杨柳青年画、山东潍县杨家埠年画、四川绵竹年画，并称我国四大木版年画，久负盛名。四大木版年画各具特点，其具体情况如下：

苏州桃花坞木版年画始于明代，发展于清代雍正、乾隆年间（1723—1795），明末清初为鼎盛时期。当时年画作坊多达 50 多家，主要分布在苏州城外山塘街和城内桃花坞一带。桃花坞年画其特点是一版一色的水印套色方法，既有版味，又有木味。色彩为大红、桃红、黄、绿、紫、淡墨和墨线版七种，且构图丰满、色彩鲜艳、线条流畅，富有装饰性和朴实感。其代表作品有《一团和气》《苏州阊门图》《三百六十行》《姑苏万年桥》《花开富贵》《百子图》《端阳喜庆》和门画《赵公明》《燃灯道人》《秦叔宝》《尉迟恭》以及戏文《西厢记》《珍珠塔》《白蛇传》等，闻名中外。

天津杨柳青木版年画因在天津市西南杨柳青镇生产而得名。始创于明代万历年间

(1573—1619)，盛于清代雍正、乾隆至光绪初年。杨柳青年画的特点是采用木版套印和手工彩绘相结合的方法，年画分"春版"和"秋版"两种，春天因时间充裕，套版多，印制精良；秋天，因需求量增大，刻制粗糙。作品构图饱满、造型简练、色彩鲜明而优雅。其代表作品有《渔妇》《连生贵子》《孟母择邻》《竹报平安图》《士不闲》等，在国内外享有盛誉。

山东潍县杨家埠木版年画约始于明代中后期，盛于清乾隆初年至咸丰末年。杨家埠年画，又称潍坊年画。杨家埠年画的特点是表现手法粗犷，不拘小节，形象简化，构图饱满热烈，色彩鲜艳明快，线条简洁有力，有诗有画，富有浓厚的装饰趣味。尤其是点缀窗户的"窗旁"、"窗顶"，掩饰壁洞的"毛方子"，贴于猪圈的"拦门画"，贴于牛车的"牛子"等，最具特色。印刷以木版套印为主。其代表作品有《男十忙》《女十忙》《大春牛》和《民子山》《二月二》等。

四川绵竹木版年画历史悠久，明末清初为鼎盛时期。它产于四川省绵竹县，绵竹因其地产竹，濒临绵水，因而得名。四川绵竹年画品种分红货和黑货两种。红货先刻印墨线，后填色彩绘。年画构图画面饱满、色彩对比强烈、色泽艳丽明快、刻版线条流畅；造型夸张、象征、寓意，更具诙谐活泼之感。代表作品有《鞭锏门神》《秦琼》《尉迟恭》《穆桂英和梁红玉》《清装武生》《连环记》《双旗门》和《三猴烫猪》《狗咬财神》等。黑货是指以烟墨或朱砂拓印的木版拓片，多为山水、花鸟、神像及名人字画等。代表作品有《寿天百禄》《麻姑献寿》等。

❈ **苏州桃花坞木版年画的主要工序由哪几部分组合而成？**

桃花坞年画的制作技艺是一版一色的水印套印方法。一幅年画作品，从构思、创作到完成，必须经过画稿、刻版、套印三道主要工序。

画稿，是决定年画作品的风格和刻版、套印工序的基础。画师要根据年画的特点和题材内容择优选择，进行创作设计构思，先要设计黑白小稿，涂上色彩效果图，再放成大稿（正式稿）。若要多色套印，还需要绘制多张单色色稿，以供刻分色版之用。

刻版，是年画制作的关键。刻出来的版子必须忠实于画稿原作，不能有丝毫走样。若是多色套印，则根据画稿的不同色彩，刻出若干套印版（三合版、五合版均可用于套印木版）。

套印，是最后一道工序，也是前两道工序成败的保证。一版一色分版水色套印。传统年画通常用色为大红、桃红、黄、绿、紫和淡墨等5～6种套色，无论套色版多少，每版一色，不分浓淡，平刷印出，但可用"环色"，即两种套色重叠造成复色，可丰富色彩的变化。工序繁多复杂，精致的年画一天只能套印二三十幅。

❈ **苏州桃花坞木版年画的主要内容和形式是什么？**

百年来，人们用桃花坞木版年画美化生活环境，增添节日气氛，反映思想情趣，追求美好未来；年画成为家家户户新春佳节的缀美之物。桃花坞年画，内容丰富多彩，大体可分为以下十种：

（1）神像年画：多表现为年节"驱凶辟邪，增福添寿"的心愿。（2）故事戏文年画：既适应了年节的娱乐性，又起到传播历史知识和民间传说的作用。（3）农事年画：表现男耕女织，勤俭致富。（4）节令风俗年画：多表现年节的欢乐生活。（5）风景年画：多描绘地方古迹胜景。(6)花卉装饰年画：其搭配多为"口彩"，以迎合人们"画中寓吉利,财得人满意"的心理。(7)飞禽走兽年画：大多象征吉祥幸福,如意美满。(8)时事新闻年画：流行于鸦片战争之后,大多记载当时发生的事件。(9)喜庆吉利、娃娃年画：反映对后代健康成长的美好愿望。(10)装饰性年画：以装饰图案为主,又称"口采花"纸。

苏州桃花坞木版年画的尺幅规格形式多样,常根据民众的生活习俗和居住环境而定。

❖ 中国的灯彩知多少？

中国民间有在农历正月十五观灯、赏灯、买灯、赛灯的习俗。

灯彩,人称"花灯",是中国民间工艺品之一。它起源于汉,盛行于隋唐,到了宋代更加兴旺。在各地的灯彩中,南通的《鸟灯》,潇洒生动；上海的《花篮灯》,既有传统风格,又有现代特点,新颖、实用；安徽的《铁画花灯》,饶有情趣,黑白分明,清新爽目；福建的《多角灯》独树一帜,整个花灯为彩球型,美不胜收；北京的宫灯称《红纱灯》,透光不透风,华丽、端庄,适于门廊和宴会厅堂使用；浙江的《硖石灯彩》为浙江花灯之最；四川自贡的瓷器灯,采用碗、盆、碟等瓷器扎成龙、凤、宫灯等各种艺术造型,别具一格,美不胜收。近年来,北京、上海、广州、浙江、四川、南京和苏州等地的灯节、灯市都相继恢复,为美化人民的精神文化生活、增添节日气氛起到了积极的推动作用。

❖ 苏州灯彩有什么特点？

苏州灯彩是中国四大灯彩(苏、闽、粤、京)之一,占有极其重要的地位。苏州灯彩,史称"苏灯"。它可追溯到南北朝,迄今已有1 500多年历史。苏州灯彩是纯传统手工工艺,通过扎、糊、剪、绘、装饰五道工序,采用绢、绸、布、纸、竹等材料,以苏州古典园林亭台楼阁为范本的造型灯体,以苏州上乘丝绸面料制作的灯身,以吴门画派技法绘制的灯面,加上以唐代"华胜"再现的苏州套色剪纸的灯花为一体的苏州灯彩,具有强烈的民族风格和地方特色。苏州灯彩,门类齐全、品种丰富、色彩雅丽、造型独特、工艺细致、制作精良,在全国久负盛名。品种有挂灯类、壁灯类、座灯类、大型艺术灯彩、人物组合景灯彩五大类120多种,其中《亭台楼阁走马灯》最具代表性,苏州人称这种走马灯为"有来哉"灯。灯彩规格尺寸,小到10厘米,大到30多米不等。2008年,苏州灯彩被列入第一批国家级非物质文化遗产名录扩展项目。

❖ 扇子是怎么来的？

扇子在我国有3 000多年的历史。据晋人崔豹的《古今注》记载,最早的扇子出现于殷代,用雄雉尾制成,称为"翟扇"。当时的扇子不是用来纳凉的,而是为帝王"示威仪"的仪仗装饰品,又叫"仪仗扇"。后来扇子由大变小,到了汉代,有了绢制纨扇,称"宫扇",作为拂凉工具,人们才普遍使用。宋、元时代,纨扇仍然是我国扇子的主流且式样更为丰富多彩。同时,亦出现了新的品种"折叠扇"。折扇大约在北宋宣和年间(1119—1125)从日本、高丽进贡而传入中国的。到了明代永乐年间(1403—1424),明成祖朱棣非常喜爱折扇,并把它作为恩赐大臣的赏品,强令能工巧匠大量制作精美华丽的折扇。浙江、四川、广东和江苏等地,由于盛产毛竹、鸟羽、绫罗、纸张等,因而出现了专门制作扇子的作坊,并一直影响到清代。

❖ **中国的扇子知多少？**

我国的扇子千姿百态，各具特色，品种不下四五百种。苏州的绢宫扇、檀香扇、水磨竹骨扇；杭州的黑纸扇、绢面扇；广东的葵扇、火画扇和牛骨扇；福建的印花纸扇、蒲扇；山东的麦秆扇；四川的竹丝扇、龚扇、黑制扇；湖州的羽毛扇；绍兴的全棕折扇等，无不精美风雅，独具风采，人见人爱。

❖ **苏州的扇子有多久历史？**

苏州的制扇历史悠久，技艺精湛，品种繁多。明清两代，可说是苏州制扇生产的鼎盛时期。明代宣德年间（1426—1435），苏州城郊陆慕（墓）遍布制扇作坊，名匠辈出。王鏊《故苏志》记载，明代折扇扇骨产于姑苏陆慕（墓），制扇骨的名匠有马勋、马福、柳玉台、蒋苏台，称为绝技，"蒋骨"一柄值三四金，尚且争购不得。苏州民间精于制扇面的艺人方氏，技艺高超。据传，明代唐伯虎一定要蒋苏台的扇骨与之相配，文徵明非"方氏扇面"不书。清代，苏州制扇工艺已形成了自己独特的艺术风格和地方特色，苏州折扇成为进呈皇家的贡品。太平天国后，制扇作坊由陆慕（墓）进城发展，集中在苏州阊门山塘街、桃花坞、韩衙庄一带，扇子作坊盛行，制扇工匠百余人，并建立了折扇公所。扇子生意兴隆，产品遍及大江南北。

❖ **苏扇分为哪三大类？**

苏州生产的扇子可归纳为三大类：折扇、檀香扇、绢宫扇，统称"苏扇"。"制扇技艺"，2006年认定为第一批国家级非物质文化遗产名录项目。

折扇：苏州折扇，南宋时便可自制，明代著名的"乌竹骨泥金扇"就是苏州所制。明代沈德符《万历野获编》记载："吴中折扇，凡紫檀、象牙、乌木作股为俗制，惟棕竹、毛竹为之，称怀袖雅物。"尤其是苏州竹折扇，做工讲究、造型优美、竹色玉润、边直轮齐、折叠紧凑、开合自如、人见人爱。扇面则是"市矾扇面"，厚薄均匀、平正牢固、久用不裂，书画后有丰富的"韵味"，与历代文人墨客结下了不解之缘。

檀香扇：苏州檀香扇由折扇演变而来，以名贵的檀香木为料，故取名为"檀香扇"。它以造型优美、扇面高雅、纤巧玲珑、芬芳馥郁，散出天然香味，深受人们喜爱，尤其是制扇的拉花、烫花、画花、雕花工艺素负盛名。

绢宫扇：绢宫扇历史悠久，可追溯到宋代。古时称宫扇。以绫、罗、绢为面，故又名"纨扇"、"绢扇"。除了有扇凉的功能之外，亦为闺女遮面之用，有"便面"、"障面"的别称，尤为妇女青睐。

❖ **檀香扇的"四花"工艺是什么？**

檀香扇制作技艺独特，尤其是制扇的"四花"工艺素负盛名：拉花，即在扇骨上用镂拉工艺制成千变万化的图案，透空灵巧，轻盈如纱。烫花，又称烙画。是用特殊的电笔在扇骨上画出深浅浓淡枯黄焦色的图画。旧时烫花，技艺更神，要在铁笔中穿上一块烧红的炭，利用传导至铁笔上的火温烫画。著名烫花老艺人龚福祺就是一例。画花，即在扇子的绢面上绘画山水、花鸟、鱼虫、仕女等。雕花,在檀香扇大骨上雕刻出山水、花鸟、博古等。

❖ 檀香木主要产自哪里?

檀香扇用的材料主要是檀香木,它是一种极为名贵的品种,主要产地印度、印度尼西亚、澳大利亚、夏威夷群岛和南太平洋岛国等,产于印度的迈索尔东部的"老山香"是檀香木中的极品,老山香色带赭褐,长势缓慢,喜温湿,质坚而细腻,含油多,具有浓厚的天然檀香气,为其他材种不可比拟,但檀香木又和其他材种一样有其共同点,即均有较为明显的纹理(俗称丝缕),具有一定的收缩性。

❖ 什么是绢宫扇?

绢宫扇扇面洁白无瑕,宜于书画,为历代文人墨客所推崇。绢宫扇造型质朴大方,除圆形外,还有六角形、八角形、鸡心、宫灯、金钟、海棠及燕尾、凤尾等多种造型。绢宫扇品种繁多,产品可分为高、中、低三档。高档绢宫扇制作精良,选料讲究,以象牙、湘妃竹、桃丝竹、红木为主要制作材料,并加以雕刻、镶嵌和髹漆,扇坠亦极考究,再配上名家书画,典雅高贵。有湘妃宫扇、象牙柄大包边宫扇、桃丝竹柄大包边和红木柄大包边宫扇等,富有艺术性和装饰美。中档产品主要在画面及扇柄上变化,有红木柄单(双)面宫扇、凤尾柄宫扇等。低档产品一般是采用铁丝做圈,花竹为柄,有大小宫扇不等规格品种,为常见的旅游品宫扇,色彩鲜艳夺目,雅俗共赏,成为当今畅销的旅游工艺品之一。

❖ 苏扇具有哪些特定的价值?

苏扇在漫长的历史演变过程中,具有特定的历史价值、艺术价值、实用价值和收藏价值。第一,苏州的折扇生产始于南宋,到了明代,苏州已成为江南制扇中心。苏扇制作精良、品种繁多,尤其是繁杂的制扇工艺程序,经历代能工巧匠的辛勤耕耘,苏扇形成了自身特有的地方风格。无论是扇骨的造型艺术,还是扇面的制作绝技以及扇面的绘画技巧,都构成了苏扇文化,驰名中外。第二,扇子与文学创作、书画艺术、戏曲文化和舞蹈、园林等艺术处处相关、紧密结合。如中国古典名著《红楼梦》《西游记》《三国演义》中都有扇子的描述。历代文人墨客无不喜欢在扇面上绘画赋诗,并发展成为中国书画家的一大特色。第三,扇子在戏曲艺术中被称为"万能道具"。折扇,在苏州评弹艺人手中除了运用扇子表演角色外,还用来当作各种兵器道具,使表演更为逼真动人。第四,苏扇,由于制作精良,品种繁多,深得人们的喜爱,产品畅销国内外,为国家创汇做出了贡献。第五,苏扇除了用作纳凉驱暑外,高档的艺术品扇颇有赏玩和收藏价值,这是苏扇的最大特色,与其他扇不同。

六、编结部分

❖ 编织工艺品有哪些?

编织工艺品是我国传统工艺美术品的一大门类。编织的原料都采用各种天然野生植物或农作物的茎、叶、皮。按其植物原料分,我国的编织工艺品有草编、柳编、竹编、藤编、棕编和葵编六大类。在我国幅员辽阔的土地上,有多种竹、藤、棕、草、玉米皮和麦秸等。这些丰富的原材料,为广大艺人提供了可供编织的条件。他们凭借灵巧的双手,因材施艺,巧妙地编织出风格各异、造型优美的篮、盘、帽、鞋、席、手提包、玩具和各种动物等。这些工艺品既有欣赏价值,又可实用,深受中外游客和用户的青睐。

❖ 中国的编织工艺品有多久历史?

我国的编织工艺品有着久远的历史渊源。我国考古学证明,原始社会新石器时代陶器的起源,就是由更早的编织工艺演变而来的。在许多地方,陶器是用黏土涂在编织或木制的容器上而制成的。从仰韶文化时期陶器底部的各种编织痕迹分析,约6 000年前,我国先民们已经成熟地掌握了现代仍然沿用的几种基本编织方法,如人字纹编织法、山字纹编织法和棋盘编织法等。

在草编工艺中,山东的草编、玉米皮编,福建的马蔺草编,四川的棕编,广东的藤编、葵编,江苏、河南、河北的柳编等最为有名。

❖ 后塍竹编有哪些民间喜爱收集的珍品?

后塍(现属苏州市张家港)"家家种竹,户户笋香"。近千年来,利用本地丰富的竹资源,生产各种竹编制品,技艺精湛、品种繁多、质量上乘,受到人们的喜爱和收集。收集的珍品有:农业生产的工具,如稻床、晒篮、花笼盘篮、簸箕、畚箕、苗篮、篓子等;渔猎工具,如各种渔具、竹弓、竹箭、竹夹等;日常生活用品,如淘米篮、果品盆、橱柜箱、坐卧躺类等;时令用品,如各种凉席、竹扇、斗笠、竹伞等;工艺摆设类,如花架、屏风、拦床席、花轿、灯笼等;文房用品类,如笔筒、笔架、台座等;游艺玩具类,如风筝、龙灯、狮子、走马灯、各式鸟笼、各类手提、各类花灯和各种竹编动物等。品种丰富多彩,造型千姿百态。

七、织绣部分

❖ 中国的织绣工艺是指哪些?

中国以"丝绸之国"闻名世界,织绣工艺具有悠久的历史和优秀的传统。中国织绣工艺品的产地分布很广,主要在江苏、浙江、广东、湖南、四川、上海和宁夏、西藏、青海等地以及汕头、潮州、烟台等商埠。我国的织绣工艺主要有刺绣、织锦、缂丝、抽丝、花边、绒绣、机绣、手工编织、珠绣、戏衣、地毯、工艺鞋等。

❖ 中国有哪四大名绣?

中国刺绣历史悠久,春秋时期《左传》中便有"衣以文绣"的记载。汉代,刺绣已开始专业生产。东汉时的王充在《论衡》一书中说:"刺绣之师,能缝帷裳。"唐代,刺绣已很兴盛,刺绣除了用于丝绸服饰加工之外,已广泛用于宗教中的绣经、绣佛像。宋代刺绣进一步发展,从刺绣日用品发展到刺绣欣赏;明代刺绣更加繁荣。朝廷专门下设织染所、文思院、巾帽局、针工局等。在官办刺绣作坊内,绣工们专为朝廷绣制官服和日用品。清代各地的民间绣,特别是商品绣的发展,推动了刺绣技艺的提高。在清中、后期,刺绣艺坛以江苏(苏绣)、湖南(湘绣)、广东(粤绣)、四川(蜀绣)为主,称为中国的"四大名绣",如今还有山东(鲁绣)、上海(顾绣),以及浙江温州(瓯绣)、河南开封(汴绣)、湖北武汉(汉绣)等。

❖ 苏绣的历史有多久?

苏绣历史悠久,早在2 500多年前的春秋时期的吴国,吴人已使用刺绣服饰和刺绣日用品了。三国时期,孙权的赵夫人擅长刺绣,她能在方帛上绣出五岳、河海、城邑、行阵等图案,有绣"万国于一锦"之说。当时被人称为"针绝"。宋代,苏绣已初具规模,朝廷在苏州设立了"绣局"。城内形成了刺绣与丝线生产集中的"绣线巷"、"滚绣坊"、"绣花弄"等不少刺绣坊巷。明代,苏绣有了长足的发展,受到明四家书画艺术对刺绣的影响,同时在原料、针法上开始形成了自己的独特风格。在《姑苏志》中已有"精细雅洁,称苏州绣"的记载。到了清代,苏州已被誉为"绣市",享有织绣同工之说。"家家有绣绷,户户在刺绣"。苏绣成为苏城内外一项群众性的家庭副业。

❖ 苏绣的技艺特点是什么?

苏绣自古以来以精细雅洁著称。其技艺特点可概括为"平、齐、细、密、匀、光、和、顺"八个字。而这八个字又是相辅相成、互相联系的。"平"是指绣面平服熨帖;"齐"是图案边缘齐整;"细"是用针细巧,绣线纤细;"密"是线条排列紧凑,不露针迹;"匀"是线条精细均匀,疏密一致;"光"是光彩夺目,色泽高雅;"和"色彩调和,浓淡相宜;"顺"是丝理圆转自如。

❖ 苏绣主要有哪些针法和绣种?

苏绣以丝线刺绣为主,经常使用的色线有千余种,艺人们在刺绣的时候,往往根据图案纹样的需要加以配色使用,有时要把丝线一分为二股、四股、十二股,甚至四十八股不等,细丝如游。苏绣不仅线细,而且针法繁多,技艺复杂。主要有:齐针、缠针、抢针、套针、撒扣针、施针、乱针、虚实针、接针、滚针、切针、平针和盘金、打籽、打点、戮纱等,共九大类四十多种。刺绣艺人要善于根据不同的图案施针,因景赋艺,针法各展所长,效果才各有其神。

苏绣主要分为平绣、乱针绣、虚实乱针绣、双面绣、双面三异绣、发绣六种。"平绣"是指线条平排绣成的整幅绣品,线条纤细,故又称细绣。"乱针绣"又名正则绣,是采用线条长短不一,交叉重叠成形,分层加色的技法表现刺绣对象,针法活泼,线条流畅,富有立体感。"虚实乱针绣"是在乱针绣的基础上,采用中国画的虚实留白,西洋画素描的明暗融合在一起,具有运针洒脱、紧密有致、借底留白、线条简洁的特独艺术风格,是源于乱针绣又区别于乱针绣的一种新绣种。"双面绣"是在同一块刺绣底料上,在一次刺绣过程中完成针法、色彩,达到绣面图案正反如一的艺术效果。"双面三异绣"是指在同一块底料上绣制完成后,正反两面呈现出异色、异样、异针的艺术效果,亦称双面全异绣。"发绣"是以人的头发替代丝线所作的绣品。它利用人的头发黑、白、棕自然色和细光、柔软的特性,在素色绸缎上刺绣。画面素静、线条流畅、别具一格,富有中国画的白描效果。

❖ 当代苏绣有哪些创新?

当代,苏绣艺术有了很大的提高和发展。苏绣针法从原来的10多种发展到了40多种,在继承传统的基础上,又创新发展了双面绣、双面异色绣、双面三异绣(异样、异色、异针),更为苏绣增色。苏绣艺术精品屡次在国内外获得殊荣:1982年苏绣精品荣获中国工艺美术百花奖金杯奖;1984年双面绣《金鱼》荣获第五十六届波兹南国际博览会金质奖;2007年肖像绣《父亲》荣获第八届中国民间文艺山花奖等。尤其在2001年,由著名科学家李政道创意,苏州刺绣研究所所长张美芳指导下成功研制的绣品《金核子对撞科学图像》,实现了"艺术与科学"的完美结合,被专家称为"神品"。还有研制的敦煌系列刺绣精品《藻井》《华盖》等,以及刺绣精品《风动的树》《荷花》《万花筒》等,这些作品受到中外艺术家的高度赞扬和好评,部分作品被文化部中国工艺美术馆收藏。

❖ 苏州"刺绣艺术之乡"在哪里?

苏州"刺绣艺术之乡"在镇湖,镇湖又是"中国刺绣基地镇"。刺绣从业人员达11 000多人,占全镇人口的一半以上,其中绣娘8 000多人,从事刺绣配套服务和销售经营者有3 000多人。一条长1 700多米的刺绣街,汇集了300多家刺绣经营作坊和工作室,并有150多个刺绣销售点遍及大江南北。镇上拥有一支雄厚的刺绣技术队伍,还有两个大型公益性展示馆:中国刺绣艺术馆和镇湖刺绣艺术展示中心。

❖ 中国有哪三大织锦最著名?

中国织锦主要有苏州宋锦、南京云锦、四川蜀锦,并称为中国三大名锦。在织造技艺上、图案设计上、使用范围上,都具有东方民族艺术特点和地方风格特色,驰名中外。

宋锦,顾名思义,是宋代形成和发展起来的织锦。主要产于苏州,故又称苏州宋锦。宋锦的特点为彩纬显色、平整挺括、古色古香、质地坚柔,以三枚斜纹组织、两种经丝、三种纬丝组成,其织造工艺考究,经丝有面经和底经两重,故又称"重锦"。它在众多的苏州织锦中,是一种质地极薄的装潢锦,最适合装裱字画和礼品包装盒等,名扬四海。

云锦是南京传统提花丝织品的总称。它是在缎纹底上再织花纹图案的"织锦缎",而云锦正是织锦缎中名扬大江南北的一种。云锦织造工艺高超精细,夹金织银是云锦的一大特色。织物显得雍容华贵、金碧辉煌。云锦主要有"金织"、"库锦"、"库缎"、"妆花"四大品种。在明、清两代,宫廷为制作"龙衣"、"蟒袍"的需要而大征"锦匹"、"缎匹"等。历年来,由于云锦适于服饰,一直流传至今。

蜀锦以成都为主要产地,成都因此以"锦城"而著称于世。现在,四川南中、乐山、绵阳等地也生产蜀锦。蜀锦的传统特色是经线起花,而且经线呈彩条状排列,利用彩经条纹与彩纬条纹交织,彩条起彩,彩条添花,形成织地紧密厚实,色彩艳丽光洁的效果。产品丰富多彩,有各种富有特色的锦缎、锦江缎、浣花锦和多色蜀锦衣料、手织仿古蜀锦等一批图案新颖的产品。蜀锦以图案丰富、织纹精细、色彩艳丽、别具一格,闻名中外。

❖ 缂丝起源于何时,又盛于何时?

我国出土了唐代缂丝残片,由此可以确认,中国在唐代已有了缂丝。宋代最负盛名,无论包首、装裱、还是缂丝艺术品已达到相当水平。靖康以后,宋王朝迁都临安(今杭州),很多名工巧匠也被带到了南方,江南缂丝就在这个时期得到发展。其时女画家朱克柔和沈子蕃、吴煦都是南宋的缂丝名工巧匠。他们的作品多以宫廷院画为范本,缂丝技艺十分精巧,对以后缂丝技艺的发展产生了深远的影响。明代张应文在《清秘藏》中评价说:"宋人缂丝不论山水、人物、花鸟每痕剜断,所以生意浑成,不为机经掣制。"朱克柔的《莲塘乳鸭图》(现藏上海博物馆)、沈子蕃的《梅鹊》《清碧山水》(现藏北京故宫博物院),都是传世缂丝名作。

❀ 缂丝织造与其他织锦织造有什么区别?

缂丝是一门古老的手工艺术,"通经断纬"的织造技艺独特,而织造工具却比较简单,只需一台木机,几十个装有各色纬线的竹形小梭子和一把竹制的拨子。织造时,艺人坐在木机前,按预选设计勾绘在经面上的图案,不停地换着梭子来回穿梭织纬,然后用拨子把纬线排紧。织造一幅作品,往往需要换数以万计的梭子,其费时之长、功夫之深、织造之精,可想而知。由于织造的作品在图案与素地接合处微显高低,呈现出一丝裂痕,犹如镂刻而成,故称"缂丝"。其成品正反如一,与苏绣双面绣有异曲同工之妙,堪称"织中之圣"。其他织锦的织造技艺均为"通经通纬"。

❀ 新中国建立后苏州缂丝有什么名作?

1949年新中国建立后,苏州缂丝工艺枯木逢春。缂丝艺人王茂仙、沈金水、张玉明、徐祥山等先后缂织了《玉兰黄鹂》《牡丹双鸽》《博古图》和《双鹅戏水》(现藏南京博物院)一批缂丝艺术品。1962年,苏州刺绣研究所艺人俞家荣创作了缂丝《北京天坛》,整幅作品轮廓精确、线条挺括,富有光感、质感和立体感。20世纪90年代初,苏州刺绣研究所大胆探索、积极创新,将东方的缂丝艺术与西方的绘画艺术、摄影艺术相结合,先后缂织了一批艺术新作《静物》《孩童》《大卫人像》等,给缂丝工艺注入了新的活力。苏州缂丝制作技艺国家级传承人、中国工艺美术大师王金山,先后复制了宋代缂丝名家沈子蕃的《梅鹊》《清碧山水》和缂丝名家朱克柔的《牡丹》《蝴蝶》《山茶》等缂丝作品,达到以假乱真的境地。后又研制、创新了大型缂丝艺术精品《西江月·井冈山》毛主席诗词手迹、双面异色异样缂丝《蝴蝶·牡丹·山茶》和双面三异缂丝《寿星图》等佳作。这些佳作分别陈列和收藏在毛主席纪念堂和北京故宫博物院以及中国工艺美术珍宝馆。

❀ 常熟花边有哪些特点和工艺类型及针法?

常熟花边是我国传统的出口工艺品之一,它是19世纪中叶中国劳动人民在刺绣艺术的基础上吸收西方抽纱技艺的精华,经过百年的充实、提高、创新,发展而成的具有地方特色的名贵工艺品。

常熟花边植根于江南水乡灵秀宝地,发扬了刺绣、编结文化传统,包容了欧洲民间抽纱工艺,并以"雕"见长,通过"雕扣"产生艺术效果;通过"抽丝"针法,丰富镂空层次;运用"包针"、"游茎"等工艺,还能达到微微隆起的"浮雕"效果,形成了鲜明独特的地方风格和艺术特色。传统刺绣一般都在绷架上绣制,而常熟花边则是绣女们直接用手捏布进行绣制,所以常熟花边也称"手捏雕绣"。常熟花边所用底布,大多以白色、米黄色为主,故而又称"黄白台布",给人以素雅高贵、安适明快之感。产品有绣花服装、台布、盘布、窗帘、床罩、枕套和围裙等数十种。

常熟花边的工艺可分四大类：雕绣类、影绣类、贴布类、手编品与绣花混合类。花边的针法十分丰富，主要有扣针、包针、切针、游针、打籽针、影针、掺针和十字针等。作为花边的主要种类之一，万缕丝属编结针工技法，其运用钩针，勾出变化万千的花样，别具一格。

八、服饰部分

❖ 中国历代服饰有什么变化？

中国服饰可追溯至约18 000年前的远古时期。服饰形制最早出现在商代，即上衣下裳制。当时的服饰不分男女，全部分成两截：一截穿在上身，称为"衣"，一截穿在下身，称为"裳"。周朝是重"礼"的朝代，出现了冠服制度。如祭祀有祭服、朝会有朝服、婚嫁有吉服、从戎有军服、治丧有丧服等。到了春秋战国时期，出现了上衣下裳相连的流行服饰，称为"深衣"，为宽袖的交长袍，不分男女。汉代，普通男子穿曲裾深衣，妇女穿襦裙；官吏则穿袍服，作为礼服；皇帝穿冕服。

隋唐时期，政治、经济、文化高度发展，并建立了衣冠制度。对皇帝、皇后、君臣百官、命妇、士庶等穿着都作了明确的规定。当时士庶、官宦男子普遍穿着圆领袍、衫。宋代服饰一改唐朝服饰的高贵华丽、恢弘大气的特点，服装造型封闭保守，色泽淡雅，颜色单一。当时女子上身穿窄袖短衣，下身穿长裙，通常在上衣外面再穿一件对襟的长袖小褙子，褙子的领口和前襟都绣上有图案的花边；男性服饰，一般百姓多穿交领或圆领的长袍，衣服都是黑白两种颜色；皇帝朝服大袖、衣宽、色泽大红并有花纹图案，袖口、领口和衣上都镶上黑色边，腰上部系着两条飘带。元代服饰以长袍为主，官员和士庶的日常服装多为窄袖长袍。在元代大宴活动中，天子百官要穿统一颜色的"质孙服"，它是一种较短身的长袍，又紧又窄，便于上下骑马。

到了明代，制定了新服饰制度，恢复了汉人的衣冠礼仪。服装主要为袍衫，而官员以"补服"（补子）为常服，并以颜色和图案区分官阶品位。所谓"补服"（补子），是指在袍服前胸和后背分别缝有一块方形刺绣图案，文官图为飞禽，武官图为走兽。儒生都穿镶黑边的蓝色直身，戴黑色垂带，有软巾，又称儒巾。皂隶穿青色布衣，市井富民商人虽然能穿绫罗绸缎，但是只许用青色或黑色。

清代服饰是历代最为繁杂的，既保留了满族的民族特色，又加入了汉族的服饰特点，沿用了明代补服的特征。清代服饰有长袍、马褂和马甲。清代袍服的最大特点是袖口形状似马蹄。"褂"是穿在袍外的衣服，不分男女都可穿着，是一种礼服。"马甲"又称"背心"，造型多样，有刺绣装饰。满族妇女的主要服饰是旗袍。早期的旗袍是丝绸绣花的，式样宽松，腰身为筒式，不像现在的旗袍紧身。

民国时期，主要服饰是旗袍和中山装。新中国成立后，随着改革开放的不断深入，人民生活水平的提高，人们对于服饰的穿着更体现了个性化和民族化。今后服饰的发展必将迎来更加丰富多彩的时代。总之，历代服饰是人类社会发展的镜子，又是中华民族文化艺术的重要组成部分。

❖ 中国传统服饰有什么特点？

中国传统服饰的主要特点可归纳为五个方面：一是式样，中国传统服饰的主体是前开型的大襟和对襟式样。中国几千年来一直使用上衣下裳的形制。女子穿上衣下裳式样，男子穿上下连属（上衣下裳相连）的袍、衫。二是外形特征，外形都是纵向感觉，采用纵向装饰手段，使着装人体显得修长，尤其是使四肢有拔长感。无论男女都穿着修长的服饰，使男性显得清秀、女性显得窈窕。三是结构特征，中式服装，如袍、衫、襦、褂等一般都采用传统的平面直线裁剪方法，结构简单舒展。四是装饰，由于中式服装是平面直线裁剪，装饰都采用绣、镶、嵌、盘、滚等制作工艺，使服饰简中有繁，色泽和谐，美不胜收。五是面料和色彩图案，中国最早的衣裳使用是的苎麻布，又称"汉麻"，欧洲人称为"中国草"。随着时代的发展，中国在世界上最早采用丝绸作为服装的面料，后来又普遍采用棉布作为衣料。传统服饰的色彩图案也非常讲究，在上古时代以黑色为主。黑色被中国的先人认为是支配万物的天帝色彩。后来又以黄色为贵，黄色成为帝王的专用色，象征着统治者至高无上的地位。在服饰上，无论采用红、黄、绿、白、青、蓝、紫、黑还是金、银等色彩配色方法，都能使柔和的色彩产生对比强烈的艺术效果，再加上服饰上运用的各种图案，如飞禽走兽、山水风景、花鸟鱼虫等，使服装富丽堂皇，美观大方，富有人性化，具有中国东方民族文化特色之美。

❖ 中国传统服饰有什么功能？

中国传统服饰的主要功能：一是为了护身和御寒；二是从道德角度来讲是为了遮羞和礼貌；三是追求美是人的天性，衣冠于人，其作用不仅在遮身暖体，而且是为了穿着好看，能吸引异性，具有美化的功能。总之，中国传统服饰文化具有物质文明和精神文明的双重内涵。

❖ 苏州水乡妇女服饰主要分布在什么地方？

苏州水乡妇女服饰是江南水乡地区特有的一种民俗服饰，产生于苏州古城东部的水乡地区甪直、胜浦、车坊一带。

❖ 苏州水乡服饰主要包括哪些内容？

苏州水乡妇女服饰，有着洁静素雅、色泽艳丽的特点，是中华民族服饰文化中的一朵奇葩。水乡服饰主要由包头巾、肚兜、大襟拼接衫、绣裥襦裙、襦腰带、拼裆裤、卷膀和百纳绣花鞋八件组成。在甪直这个"神州水乡第一镇"，这套服饰还有个美名，被人称为"青莲衫子藕荷裳"。

❖ 不同朝代的帽子有什么区别？

不同朝代帽子的区别主要在于颜色和装饰。例如，清朝的帽子主要看帽上的珠子和红线的区别，能分出官的职位高低。

❖ 不同朝代的"乌纱帽"有什么区别？

乌纱帽原是民间常见的一种便帽，官员头戴乌纱帽起源于东晋，但作为正式"官服"的一个组成部分,却缘自隋朝。为适应封建社会的等级制度,隋朝用乌纱帽上的玉饰多少来显示官职的大小,一品有九块,二品有八块,三品有七块,四品有六块,五品有五块,六品以下就不准装饰玉块了。宋代,在乌纱帽的两边各加一个翅,并在乌纱帽上装饰不同的花纹,以区别官位的高低。到了明代,凡文武百官上朝和办公时,一律要戴乌纱帽,穿圆领衫,束腰带。另外,取得功名而未授予官职的状元、进士,也可戴乌纱帽。清代,官员的乌纱帽改换成红缨帽。但至今人们仍习惯将"乌纱帽"作为官员的标志,"丢掉乌纱帽"就意味着削职为民。

❀ 裙子是怎么来的?

裙子,在我国可谓源远流长。早在远古时代,先祖为御寒冷,用树叶或兽皮连在一起,便成了裙子的雏形。据东汉末年刘熙撰的《释名》中记载:"裙,下裳也。裙,群也,联结群幅也。"即把许多小片树叶和兽皮连接起来。随着时代的变迁和发展,各个时期有各种不同的裙子出现,裙子的色彩也在不断变化。到了清代后期,穿裙渐少。古代人穿裙子,一是为掩体,二是与礼节有关,并有严格规定。无论是老太太和少奶奶,即使日常家居也要整整齐齐,否则被认为轻薄无礼。在家一般穿黑色的裙子,式样为褶裥裙。红色裙子是一种礼服,要夫妇双全者可以穿。姨太太亦不可以穿红裙。到了近代,西方裙子传入我国,成为人们日常穿着的重要服装,于是,裙子质地种类日益增多,裙子式样也日渐丰富多彩。

❀ 旗袍经历了一些什么变化?

我国历史悠久,旗袍经历了漫长的历史演变,已成为我国流行的时装,也是中华民族文化的象征。中国旗袍源于满族女旗袍,清满族妇女所穿的旗袍,下摆不开衩,衣袖八寸至一尺,袍不显露形体,特别是后期,宽大平直;面料厚重,多提花,装饰繁杂;等级分明。20世纪20年代,旗袍吸收了西方女装元素的特点,一改清旗袍式样,旗袍的特征为:向右侧捻襟,立领、盘扣,下摆两侧开衩,单片衣料、贴身设计、衣身连袖、平面裁剪等。20世纪30—40年代是旗袍的全盛时期。辛亥革命后,汉族妇女亦普遍穿着旗袍。此时的旗袍流行中心早已由苏州、扬州移至上海。商埠开放的上海华洋并处,五方杂居,成为十里洋场奢靡繁华之地。受西方服饰的影响,上海妇女为寻求解放,追求新的生活,大胆弃旧服换新装,体现东方女性之美,普遍穿着旗袍,成为上海的一大特色。民国时期,旗袍制作更讲究、式样更丰富。有高领、也有低领,有宽袖、也有窄袖,下摆有长有短,开衩有高有低,充分显示人体轮廓的曲线之美;面料轻薄,多印花,装饰简单;旗袍穿着已趋向平民百姓。总之,旗袍是中西合璧的产物,虽说旗袍的雏形来源于清代旗人之袍,但经过漫长的历史演变,旗袍已成为独立的时装,与旗人之袍有着迥然不同的风格韵味。同时亦见证了满族妇女之袍与旗袍代表了两个截然不同的年代,一个迂缓封闭,一个躁动不安。

九、家具部分

❀ 为什么明式家具也可称"苏式家具"?

明式家具是我国传统家具发展史上的典型,其发展一直延续到清代早期。明代中叶以来,江南地区的能工巧匠们主要采用坚硬致密、色泽高雅、花纹华美的珍贵木材——黄花梨、紫檀(大叶檀、小叶檀、红檀、黑檀、金星檀和鸡血紫檀等)、老红木、榉木、酸枝木和枸梓木、花梨木等进口木材制作的硬木家具,被誉为"明式家具"。因明式家具以苏州为代表,故也可称"苏式家具"。

❖ **明式家具的主要生产工艺过程是什么?**

明式家具的主要生产工艺过程为设计、木工、雕刻、漆工等四大工艺流程。

设计是头道工序,包括家具的造型、结构、材质和雕花板的纹样等图样。

木工将原材料加工为不同的板材或木方,然后经过配料、画线、理线、锯料、刨平、出榫、凿眼、雕刻、装配、打磨等环节,制作成各种家具。

雕刻与产品艺术的好坏有直接关系。一是上样,必须先按设计图样贴在花板上;二是雕刻,艺人运用各种雕刻工具根据不同的图案进行雕刻,雕刻的方法有皮雕、浅浮雕、深浮雕、镂空雕、立体雕等;刻有浅刻、深刻、阴刻、阳刻等。雕刻的图案要层次清晰、富有立体感;三是铲底,把雕刻好的图案底板,深浅一致铲平,无水浪;四是撒边线,把花板四面边线理直,跟脚清等。

漆工采用传统生漆(中国大漆)工艺,共十六道工序。

❖ **成套明式家具的制成品主要有哪些种类?**

明式家具的制成品种类繁多,大体可分为五大类:椅凳类、桌案类、床榻类、柜架类和其他类。椅凳类:小灯挂椅、大灯挂椅、靠背椅、官帽椅、圈椅、靠背圈椅、托泥圈椅、大宝座和长凳、方凳、束腰大方凳、圆凳、五开光坐凳、折式交机等。桌案类:方炕桌、条炕桌、三足香几、茶几、贡桌、酒桌、琴桌、方桌、八仙桌、画桌和平头案、翘头案、大画案、小画案等。床榻类:束腰直足榻、六足折叠式榻和曲尺罗汉床、架子床等。柜架类:三层架格、透空后背架格、顶箱柜、双层亮格柜、博古架等。其他类:小座屏风、龙纹联二橱、药箱、提盒、折叠式镜台、凤纹衣架、面盆架等。

❖ **明式家具的艺术特征主要体现在什么地方?**

明式家具的艺术特征:造型简练、榫卯紧密、结构严谨、风格典雅、漆泽柔和,具有艺术格调高、气韵雅重的特点,给使用者以舒适、舒畅之感。

❖ **明式家具与清代家具的主要区别在哪里?**

明式家具和清代家具是中国古典家具发展史上两朵最灿烂的奇葩,各有各的风格和特色,代表了古典家具的文化,它们是不可分割的整体。清代家具,以豪华繁缛为风格,充分发挥了雕刻艺术手法,并吸收了外来文化的长处,变肃穆为流畅,化简素为雍美,一改明代风格,从乾隆时期(1736—1795)形成了"清代家具"风格。清代家具,在皇宫以及皇族宫廷中主要使用黄花梨、紫檀木和老红木三种优质硬木。在选料用料方面就体现着皇家"至高无上,唯我独尊"的宫廷文化。另外,在装饰手法和纹饰上亦存在很大差异。一般来说,明式家具以精致但不淫巧、质朴而不粗俗、厚实却不沉滞见长,它特有的美学个性与清代家具形成鲜明的对比。清代家具以雕刻繁杂、绚烂华丽见长,纹饰图案十分丰富多彩,有"梅兰竹菊"、"龙凤麒麟"、"高山流水"和"十八学士"等吉祥图案,具有造型大气的艺术风格和雍容华贵的皇家风范。清代家具的制造产区为北京、苏州和广州,因各有自己的特长和地方风格,于是又分别被称为"京式家具"、"苏式家具"、"广式家具",成为中国古典家具的三大流派,一直流传至今。

❖ **中国历史上不同时期的"床"是怎样的?**

中国床的历史悠久,其造型特征与时代背景息息相关。古代的床,又叫榻。如汉代的榻为长方形,四腿,又大又矮,适合人们席地而坐的习惯。唐代,从出土的实物来看,"壶门床、榻"的造型特点雍容华贵、厚重、丰满华丽,充分体现博大繁盛的大唐风格。宋代的床一改唐代床榻的风格。床的造型大多无围子,以框架结构为主体,称为"四面床"。到了明代,家具逐渐成熟,造型丰富多彩。明代的卧具主要由床与榻两大类组成。其中榻类又分平榻、杨妃榻和弥勒榻三种。床类又分成儿童床、架子床和拔步床三个系列。其中架子床是中国古床中最主要的形式。床体多为棕藤软屉,通常的做法是四角安立柱,床顶安盖,俗谓"承尘",因为床有顶架,故称架子床。总之,床随着时代的变迁,在风格上、功能上和工艺上都在不断变化、更新和完善,这是中国床具设计的发展方向。

❖ **椅子是什么时候开始出现的?**

椅子的名称始见于唐代,而椅子的形象则要上溯到汉魏时期传入的北方"胡床"。敦煌285窟壁画就有两人分坐在椅子上的图像;龙门莲花洞石雕中有坐圆凳的妇女。这些图像生动地再现了南北朝时期椅、凳在仕宦贵族家庭中使用的情况。尽管当时的坐具已具备了椅子、凳子的形状,但因其时没有椅、凳的称谓,人们还习惯称为"胡床",在寺庙内,常用于坐禅,故又称禅床。唐代以后,椅子的使用逐渐增多。

❖ **什么叫"太师椅"?**

清代扶手椅中,凡体型较大、庄严而华贵的款式都可称为"太师椅"。太师椅的形式特征和装饰意匠在清代家具中成为突出的典型,也是清代扶手椅的代表。太师椅用料厚实,雕饰繁多,制作精细,特别是椅背中间用一圆形尺壁做装饰,气派很大,非一般人家使用。

十、寓意象征

❖ **不同颜色给人的感觉是什么?**

不同颜色能使人产生各种感觉,并可陶冶人的情操。例如,红色表示快乐、热烈、喜庆;黄色表示光辉、庄重、忠诚;绿色表示健康、温和、恬静;青色表示朴实、乐观、柔和;蓝色表示幽静、凉爽、舒适;紫色表示神秘、高贵、脱俗;白色表示单调、纯洁、朴素;黑色表示沉默、恐怖、高贵;灰色表示和谐、浑厚、静止……总之,在不同颜色环境的影响下,不同性别、不同年龄的男女老少和孩子可诱发出不同的情感。所谓"颜色是感情的语言"这句话一点也不错。

❖ **一些花木在中国人传统观念中有什么寓意？**

中国人用花木来寓意吉祥字句丰富多彩、层出不穷。
(1) 松柏——常青、正直、高洁、坚毅,比作"君子"、"丈夫";
(2) 竹——挺拔、弯而不折,象征刚柔相济、忠义、有气节;
(3) 冬梅——姿态奇拙、不畏严寒、玉洁冰清,象征一种气节;
(4) 荷花——出污泥而不染,资质高洁悠逸;
(5) 玉兰——色如玉,品质高洁;
(6) 牡丹——雍容、富贵,同玉兰一起谐音玉堂富贵;
(7) 紫薇、榉树——高官厚禄;
(8) 石榴——果内结子甚多,寓意多子多孙;
(9) 萱草——可以忘忧;
(10) 玫瑰——爱情;
(11) 梧桐——圣洁,取"桐"、"同"同音,配上喜鹊,称"同喜",为喜事临门;
(12) 桂花——与"贵"同音,喻义"贵子"。桂花是苏州市市花;
(13) 百合——取一个"百"字,称"百事大吉";
(14) 柿——"柿"与"事"同音,称"事事如意";
(15) 橘——与"吉"谐音,寓意"大吉大利";
(16) 山茶——叶子卵形,有光泽,比喻春光。配上绶带鸟,取"绶"、"寿"同音,"春光长寿"寓意青春不老,健康长寿。

❖ **一些动物图案有什么象征意义？**

龙 中华民族一向将龙作为民族的象征,以"龙的传人"而自视,以"东方巨龙"而喻国。龙甚至成为世界华人心目中共同的感情维系和象征。如"龙凤呈祥"图案,象征高贵、华丽、祥瑞、夫荣妻贵、吉祥幸福,多用于结婚喜庆之时;"二龙戏珠"图案,象征国泰民安、国运昌隆、蒸蒸日上。

凤 是一种神化了的民族图腾,凤的形象是人的一种艺术创造,如"凤穿牡丹"。通过牡丹与凤的结合,作为性爱的象征,寓意夫妻生活幸福美满。"丹凤朝阳",图案多以太阳、梧桐、凤凰组成,寓意完美、吉祥、光明。

象 象寿命极长,被人称为瑞兽。"象"谐音"祥"取其谐音而来,象征着吉祥。如"万象更新"图案,意为一切都开始变为新面貌、新气象。

马 马是野性动物本能的象征。马力大无比,精力充沛、旺盛,象征"张扬"。它英姿勃勃、潇洒、帅气。如"马上封猴"猴取谐音"侯",侯为中国古代爵位之一,隐喻即刻就要受封爵位做大官。此外,还有"挂印封侯"、"辈辈封侯"等。

鱼 鱼的形象为装饰纹样,早已见于原始社会的彩陶上。民间在年节艺术中大量使用鱼的形象。如"连年有余",以莲花和游鱼组成的图案,"鱼"与"余"同音,"莲"取谐音"连",比喻生活富裕,家境厚实,表达人们追求年年幸福美满的富裕生活的愿望。

蝙蝠 蝙蝠常取谐音"福"。"福"指洪福、福气、福运。如"五福捧寿"图案,以五只蝙蝠环绕一团寿或寿桃，以"五蝠"象征"五福"，即"寿、富、康宁、攸好德、考终命"。这五福中，"唯寿为重"，寓意福运拱寿、多福多寿之意。

❖ 一些器物有什么传统寓意？

平平安安　由瓶和案桌组成。"瓶"谐音"平"，案桌的"案"谐音"安"，瓶放在案桌上，寓意平平安安。

如意　如意由灵芝图形演变而来。如意是一种摆设器物，作为吉祥的玩赏物。清代，为高官进入宫廷的标识，在皇室贵族之间也是一种馈赠品。

吉祥如意　在民间图案中，常常画一童子或美人手持如意，在象背上戏玩；或象背上安放一宝瓶，瓶中插戟或如意等。

暗八仙　传统寓意图案。用八仙手中各人所持的八种物品，即扇子、宝剑、渔鼓、玉板、葫芦、洞箫、花篮、荷花等组成纹饰图案，称为暗八仙，又称道家八宝。

戟　戟是一种古时的兵器。"戟"谐音"级"，在花瓶里插上三戟，寓意为"连升三级"，图个吉利。

鞋　木质漆绘鞋。因"鞋"与"偕"同音，于婚典时佩戴，寓意"同偕到老"。旧时风俗，单只鞋为求婚配，一双鞋则为"偕老"祝仪。

❖ 一些神仙佛像象征什么？

八仙　道教中的八位神仙，总称八仙，指铁拐李、汉钟离、蓝采和、张果老、吕洞宾、何仙姑、韩湘子和曹国舅八个仙人。吉祥图案中，八仙或与寿星相伴，或以古松仙鹤相衬，象征祝颂高寿之意。

和合二仙　和合是中国民间传说中象征吉祥如意之神。二神叫寒山与拾得，世人称"和合二仙"。二仙，蓬头笑脸，分别着红衣绿衣，一手持荷花，一手捧宝盒，满盒金银珠宝。有两种寓意：一是象征财富丰厚，取之不尽；二寓夫妻恩爱，和好合一。

观音　观音菩萨在中国民间受到最普遍、最广泛的信仰，在一般人心目中是妙相庄严的女神，民间称"观音"为慈祥可亲的菩萨，能保佑百姓过上平安的生活。特别是"送子观音"流行于全国各地，江南尤盛。民间以送子观音可保佑人们生子有嗣，并能庇佑产儿、育女顺利无灾。

文殊　四大菩萨之一，智慧的化身。

普贤　四大菩萨之一，道德的化身。

嫦娥　图案为嫦娥奔月，象征对美好未来的追求。

刘海　图案为刘海戏金蟾，寓意财源兴旺、幸福美满等。

第九章 戏曲艺术

一、戏　曲

❖ **昆剧是怎么形成的？**

昆剧发源于昆山、太仓一带，又名昆曲、昆山腔，2001 年 5 月被联合国教科文组织列为人类口述和非物质遗产名录。

元末明初，我国南方戏曲有四大声腔，即海盐腔、弋阳腔、余姚腔和昆山腔。其中昆山腔是由昆山地区的小调、民歌等组成的地方声腔，流行于吴地。昆山千灯顾坚，由于"擅发南曲之奥"（魏良辅《南词引正》），推动了昆山腔的流播，故昆山的地方声腔早在明初就有了"昆山腔"的冠名。

明代嘉靖年间（1522—1566），以太仓魏良辅为首的曲家群体对南曲进行了大规模的改革，以"苏州—中州音"（即苏州官话）为舞台语音，引进了北曲和先进的北曲乐理以及传统的声韵学说，改良了昆山腔。因其婉转流丽，又被称为"水磨腔"。明代嘉靖末至隆庆初，昆山剧作家梁辰鱼依照昆曲音律填写了《浣纱记》传奇，把限于清唱的昆曲运用于舞台表演艺术。《浣纱记》的成功，标志了一个新的剧种——昆剧的诞生。

《浣纱记》上演后，产生了"梨园子弟喜歌之"的轰动效应，影响扩大，昆山腔才成为戏曲声腔剧种，成为与余姚腔、海盐腔、弋阳腔相并列的明代四大声腔之一。昆剧的特点是动作细腻，抒情意味极浓，表演有强烈的舞蹈性，形成"载歌载舞"的表演形式。明天启初到清康熙末的 100 多年，是昆剧的黄金时期，传奇作家迭出，戏班竞演新作，表演艺术日趋成熟。乾隆年间（1736—1795）以后，昆剧逐渐衰落，清代末年专业昆曲班社已所剩无几。

❖ **昆剧由哪四个艺术要素构成？**

昆剧由四个艺术要素组成其基本内容，即歌、舞、表演和故事。"歌"，是指昆剧的音乐唱腔部分；昆剧属于曲牌体戏曲，舞台语音是"苏州官话"，所以只有苏州籍艺人的歌唱才能保持最正宗的昆剧韵味；昆曲伴奏以曲笛为主乐曲，由拉弦乐、吹管乐、弹拨乐和打击乐四部分组成。"舞"，一般是指身段。"表演"，是指叙事或代言过程中的唱、念、做、打，用以塑造人物性格。昆剧以载歌载舞为专长，唱念多配有幽雅美观的身段动作，以抒发心理或诠释词义。"故事"，是指情节，以传奇文本为载体，融诗词赋赞于一体，唱词必须按照曲牌固定的声韵格律填写。

❖ **苏州在中国昆剧史上的地位和影响如何?**

苏州是昆剧的发源地,哺育了很多艺术家群体,除以魏良辅为首的昆剧音乐家群体外,还有以李玉为首的苏州派剧作家群体,以沈璟为首的吴江派昆剧理论家群体等,在昆剧史上有着重要的地位。

❖ **昆剧为什么是明代之后中国戏曲的"百戏之祖"?**

中国戏剧成熟于宋元南戏和元曲(北杂剧),但南戏和杂剧已在明代渐次消亡。昆剧直接继承了宋元南戏和元代杂剧的戏曲舞台样式,同时创新了自身的艺术风格,完成了昆剧文学、音乐、表演和舞台美术等各个领域的程式积累,奠定了中国戏曲艺术体系的基础。近代以来,昆剧已经衰落,然而其数以千计的传奇剧本成了京剧和诸多地方戏曲改编演出的宝库;其表演程式也为其后出现的戏曲所大量移植。昆剧虚拟和大写意方式一统了中国地方戏曲的舞台呈现样式,造就了中国戏曲的总体风貌。可以说,昆曲之后中国数以百计的地方戏曲无不汲取了或仍在汲取昆曲的营养,昆剧已当之无愧地成为明代以后中国戏曲的"百戏之祖"。昆剧留给我们的丰厚艺术遗产,已成为我国戏剧文化发展的重要学术研究和实践对象。

❖ **党和政府为什么要扶持昆剧?**

昆剧已有600年的历史,是世界古典戏剧之一。由昆剧奠基的中国戏曲表演体系与苏联斯坦尼斯拉夫斯基体系、德国布莱希特体系,同被称为世界三大表演艺术体系。因而,中国昆剧艺术是人类艺术大家庭中的重要组成部分。昆曲剧本文字高雅,直接继承了古典诗、词、赋的文学传统,在中国文学史和中国戏剧史上都具有重要的地位。昆曲保持了中国古代戏曲的曲牌体系,这在国内也属罕见。其曲律、腔律、套式、宫调以及伴奏,内蕴了中国古代音乐理论的丰富信息。

新中国成立后,党和政府对昆剧的扶持,使昆剧这一古老剧种获得了新生。1956年,浙江昆苏剧团成功演出《十五贯》,被赞誉为"一出戏救活了一个剧种"。此后,在苏州、南京、上海等地举办了多项重大的昆剧演出活动和纪念活动,推动了昆剧的拯救、继承、发展,使昆剧这朵兰花重放光彩。

❖ **苏州评弹是怎么形成和发展起来的?**

苏州评弹是用吴语方言讲故事的说唱艺术,包括苏州评话和苏州弹词两个曲种,又称说书,评话为大书,弹词为小书。其渊源可上溯到唐宋时期的讲史、说话、小说和陶真、词话等,明末清初演变成用吴语说唱的苏州评话和苏州弹词。早期知名的弹词艺人王周士为清乾隆时人,其总结的艺术经验《书品》《书忌》传到如今。嘉庆(1796—1820)以后,知名的评弹艺人增多,出现了"前四名家"和"后四名家",如陈遇乾、姚御章、俞秀山、陆瑞庭、马如飞、姚士章、赵湘舟、王石泉等人。道光、同治以后,评弹进入了大城市,逐渐兴盛,遍布于江苏南部、上海和浙江北部。20世纪上半叶,江南村镇桥浜凡有茶馆的地方就有书场,就有评弹演出。中华人民共和国成立后,苏州评弹作为文艺事业的一部分,在党和政府的扶持下得到发展,传统书目经过整理,思想性和文学性都有了提高,创编了新书目,艺术上更丰富。苏州市现办有评弹团和评弹学校、评弹研究室,演员人数和艺术力量为江、浙、沪评弹界的劲旅。

❖ **苏州评话与苏州弹词有什么区别?**

苏州评话只说不唱,通常为一人表演,注重说、噱、口技、起角色。苏州弹词既说又唱,通常为两人合作的双档,以说表为主,讲究语音、语气、语调的变化运用。评话以散文为主,韵文是吟诵的赋赞和诗词。评话历史悠久,积累了100多部传统书目,从《列国》《西汉》《东汉》到《三国》《隋唐》,从《金枪传》《岳传》到《英烈传》《封神榜》等。20世纪50年代以后,评弹书目的题材开始拓宽,有了反映现代生活的新长篇和新编历史题材的故事。

❖ **苏州评弹的艺术特色是什么?**

评弹是说唱艺术,以叙事为主,既说又唱,接近于小说但不同于戏曲,主要用语言创造表象和想象的形象,不受视觉形象的限制,经历代艺人传唱,形成了以"说、噱、弹、唱"为主要表现手法的艺术特色。演员通过说表、做功(动作表情)、八技(口技)、弹唱等手段来交代情节、塑造人物。苏州评弹时空转换异常方便,大到千军万马、前朝后代,小到人物内心、稍纵即逝,都可以任意扬厉、抽丝剥茧,既可以传达出舞台剧能展示的内容,也可以传达出舞台剧无法展示的时空。

❖ **苏州评弹特有的说表有哪"六白"?**

苏州评弹特有的说表有:(1)表白,即演员以第三人称来叙述故事内容,故称叙事体;(2)衬白,即演员以说书人的身份,对语意含蓄或不易理解的内容予以解释与强调;(3)托白,即演员以说书人的身份对人物的言行进行补充与评说;(4)官白,故事中人物所说的话,由演员代言,故称代言体;(5)私白,即人物的内心独白;(6)咕白,即人物的自言自语。

❖ **中国传统戏曲的主要艺术特征是什么?**

中国传统戏曲的主要艺术特征是综合性、写意性、程式性。

戏曲是一种综合性的艺术,包含剧本、音乐、化妆、服装、道具、布景等多种因素,而这些因素必须通过演员的表演才能构成一出完整的戏。中国传统戏曲集中体现了这种综合性特点。它不同于以歌唱为主要表演手段的歌剧,也不同于主要用舞蹈语汇来叙事或抒情的舞剧和以对话为主的话剧。

中国戏曲的美学原则,讲究的是虚拟,即不追求生活原始形态的真实,而是从生活出发,经过提炼、夸张乃至变形,以演员的表演唤起观众的联想和想象;而西方戏剧讲究忠实于生活形态的写实。中国传统戏曲的写意性,即虚拟,有许多种运用方法,如时间、空间、自然环境、人物、动物、物体等的虚拟。

中国戏曲中的程式,有广义和狭义两种。广义的程式无所不在,如剧本、音乐、脸谱、行头等,都有程式。狭义的程式专指表演程式,即从生活中提炼的节奏化、规范化的表演动作,如走路、骑马、写字、饮茶、打仗等。

二、吴 歌

❖ 什么是吴歌？

吴歌是吴语地区的民间歌谣,古称吴歈,口口相传,代代相袭,具有浓厚的地方特色,在中国文学史上具有一定的地位。苏州是吴歌产生和发展的中心地区,传说殷商末年周太王之子泰伯从黄土高原来到江南水乡,建勾吴国并"以歌为教",至今已有 3 200 多年历史。《楚辞·招魂》有"吴歈蔡讴……奏大吕些"的记载,宋代郭茂倩编《乐府诗集》将吴歌编入《清商曲辞》的《吴声曲》,明代冯梦龙辑录成《山歌》《挂枝儿》,"五四运动"前后顾颉刚编写《吴歌甲集》,新中国建立后钱静人编《江苏南部歌谣简论》,大量吴歌得到了搜集、整理。在漫长的历史过程中,吴歌在劳动人民中口头流传,被理论界、文学界所重视,成为中国文学史上一笔宝贵的财富。

20 世纪 80 年代,江苏、浙江、上海两省一市民间文学吴语协作区,掀起了搜集、整理、研究吴歌的热潮,1981—1991 年相继在苏州等地召开了五次吴歌学术讨论会。长篇叙事吴歌《五姑娘》《沈七哥》等被发掘出来,以后又陆续在吴江、吴县等地发现长歌线索 30 余部,有《孟姜女》《魏二郎》《花子街》《薛六郎》《鲍六姐》《赵圣关》等,每部均在千行以上。长篇叙事吴歌的发现,打破了汉族没有长篇民间叙事诗的说法,填补了民间文学史上的空白。

❖ 吴歌有哪些类型？

吴歌起源于劳动,这与苏南水乡稻作文化和舟楫文化是密不可分的。依据其内容,可将吴歌分为十大类:(1)引歌,即起头山歌;(2)盘歌,又称"问答山歌",两人或多人对唱;(3)劳动歌,包括农事歌、摇船歌、工匠歌;(4)时政歌,劳动人民用山歌形式对时政进行评说;(5)仪式歌,包括民俗节庆、婚丧寿事等;(6)情歌,俗称"私情山歌";(7)生活歌,以日常生活为题材自编自唱或对唱;(8)历史传说歌,大多是以历史名人为题材的歌;(9)儿歌,有摇篮曲、游戏歌、绕口令等;(10)长篇叙事吴歌,如《五姑娘》《孟姜女》等。其中情歌是吴歌中数量最多、抒情最浓、语言最为丰富的一类。

❖ 苏州地区有哪些吴歌列入第一批国家级非物质文化遗产？

有白茆山歌(流传于常熟东南白茆塘地域)、芦墟山歌(流传于江、浙、沪三地交汇地区,芦墟是吴江的古镇)、河阳山歌(流传于张家港南部河阳山一带,曾是旧石器时代先民们的聚居地)、胜浦山歌(流传于苏州市胜浦镇,处于太湖水网平原区,是典型的江南"鱼米之乡")、双凤山歌(流传于太仓西部双凤镇)。

❖ 吴歌有何重要价值？

吴歌历史悠久,影响甚大,在中国文学史上也有一定的地位,就其内容来说,有极为重要的价值。

一是历史价值。吴歌自诞生以来,每个朝代都有演唱,并与每个朝代的历史现实相联系,从帝王统治到平民百姓的生活现状,都有所反映,且内容丰富,涉及面广,有时代真实感,这在正史上是见不到的,因而,对于研究历史具有参考价值。

二是社会价值。吴歌的内容,涉及社会的方方面面,有歌唱农民生活的,有歌唱风俗民情的,有歌唱造房、结婚、庆寿以及丧礼的等,反映了特定历史时期的社会生活风貌、社会生活的原生态,是极为宝贵的资料。

三是艺术价值。吴歌语言丰富,运用赋、比、兴等手法,进行渲染、铺陈,用词造句十分朴素。吴歌的句式灵活多变,字数不受限制,除有短句外,为了强化感情色彩,也较多地使用长句。吴歌的曲调柔和流畅,委婉起伏,高亢舒缓,犹如行云流水,优美动听。艺术家创作歌词和音乐艺术,都能从其中吸收营养,得到借鉴。

四是娱乐价值。在没有电影电视的时代,农村文化生活相当贫乏,唱山歌是一种最好、最普遍的娱乐活动。在农闲或喜庆节日,农民们都要聚会唱歌,共同欢乐。

吴歌是我国重要的文化遗产之一,极其珍贵,在国际上也受到重视。

三、民 乐

❖ 虞山琴派为什么能成为最有影响的古琴艺术流派之一?

古琴艺术已被联合国教科文组织列为"人类口述与非物质遗产代表作"。汉唐以来,苏州一直是全国古琴家的活动中心之一,有"琴川"之称的常熟与古琴渊源更为深厚。孔子唯一的南方弟子言偃就是常熟人,他回到故里后开创了吴地以乐教化的历史。明末清初,常熟人严天池与太仓人徐青山创建了中国第一个有代表人物、代表琴谱、理论纲领和地域特色的琴派——虞山琴派,以其"博大平和、清微淡远"的琴风和杰出的理论建树,影响了国内许多琴派及日本古琴艺术的产生和发展。从明至今,虞山琴派名家辈出,琴谱、琴论不断丰富,成为中国最有影响的古琴艺术流派之一。

❖ 古琴艺术为什么能成为世界级非物质文化遗产?

古琴艺术追求琴乐的精神实质,要求气韵生动,完美地融合了儒家的"中和之音"和道家"大音希声"的音乐观。古琴艺术具有重要的文化艺术价值、历史价值和社会价值,符合"人类口述与非物质遗产代表作"的标准。其中虞山琴派独具风格,具有重要影响。虞山琴派既有南方特有的抒情清润、柔婉流利的特点,又有北方雄奇浑厚、豪宕宏廊的特点,从而形成了飞腾绮丽、气象浑雄的古琴艺术风格。

古琴是我国最古老的音乐,保留了许多古代音乐的曲谱和演奏技巧,是研究中华民族古典音乐极其重要的资料,可称为古代音乐的活化石。其中虞山琴派不仅影响了国内乃至日本的各种琴派和古琴音乐,而且至今还在古琴艺术界起着重要作用。中央音乐学校、中国艺术研究院、中国音乐学院、中国琴会的博导、教授大多出自虞山琴派。

"乐"是"六艺"中重要的组成部分,是古代培养全面素质人才的重要内容,古琴在"乐"中具有特殊地位,四项"精艺"(琴、棋、书、画)中为首的"琴"就是指古琴。学习古琴要求"琴如其人",强调"德艺并重";弹奏古琴要掌握人与自然的和谐关系。虞山琴派的活动一贯渗透于当地的人文环境,扎根于群众的文化生活。虞山琴派至今仍为陶冶人们的精神情操、为人们修身养性、为建设和谐社会发挥其独特作用。

❖ 七根弦的古琴为什么有如此宽的音域？

古琴是我国历史最悠久的弹拨类乐器,有3 000多年的历史,传说为伏羲或神农等氏族领袖所造。

古琴琴身以独木所成,琴面系有七根弦,故古称"七弦琴"。琴弦由丝绒绳系住,拴绕于弦轴上,属弹拨乐类的"无马乐器"。古琴虽只有七根弦,但一弦多音,其音域宽达四个多八度,借助面板上的十三个"琴徽",可以弹奏出许许多多的泛音和按音。古琴的音色含蓄而深沉,古朴而典雅,表现力富有内涵,异常丰富,故古时被文人雅士列为"琴、棋、书、画"之首。

古琴的代表曲目最古远的是《碣石调幽兰》一曲,描写孔子不得志以空谷幽兰自喻,距今已有1 400多年。还有《广陵散》《潇洒云水》《梅花三弄》等,现存琴谱有数千首之多。

❖ 苏州玄妙观道教音乐是怎样形成的？

道教音乐是苏州第一批国家级非物质文化遗产名录项目。自汉魏道教传入吴地以来,苏州玄妙观成为正一派在江南的重要宫观,被称为"正一丛林"。明代,"正一派"进入鼎盛时期,斋醮音乐随之产生。吴地民间的原始宗教和荆楚巫俗,对苏州道教音乐产生过很大的影响。以玄妙观为中心的苏州道教音乐,继承了古代"巫以歌舞降神"的传统,保留了唐代庙堂祀典、宫廷乐舞的遗韵,至今法事活动仍以明末清初苏州道士施亮生所辑的《科书》为规范。苏州玄妙观道教音乐,广泛吸收了吴歌、昆曲、丝竹等吴地民间曲调的营养,在道教音乐固有的基本风格基础上,融进了吴地音乐色彩,形成了自己的特色。其法事音乐结构的完整性、对比性、乐汇、风格的民族性、典型性、统一性,都达到了高度的艺术成就,是民族古典音乐的杰作之一。

❖ 苏州玄妙观道教音乐有什么价值？

苏州玄妙观道教音乐具有重要的文化价值、历史价值和社会价值。

玄妙观道教音乐,在继承"巫以歌舞降神"的古代传统的基础上,吸收了十番锣鼓、十番吹打、江南丝竹、昆曲、吴歌等艺术的熏陶,形成吴音典雅、委婉、细腻、飘逸的韵味,形成了全国道教音乐中独树一帜的风格。

玄妙观道教音乐在宗教严格仪规的要求下,受心授口传的限制,所以至今还可从中领略到明清时期民族民间音乐的遗韵和古典音乐的信息。

明清以来,玄妙观的重大醮事活动,曾是苏州民众从事经济、文化、娱乐等活动的盛大节日。改革开放后,我国港、澳、台地区慕名而来的香客日益频繁,成为展示我们宗教政策的窗口。近年来,玄妙观道教音乐在国内外参加了许多重大醮事活动及演出,影响广泛。

❖ 什么是江南丝竹？

江南丝竹是苏州第一批国家级非物质文化遗产名录项目,太仓为江南丝竹的重要发源地之一。明代张野塘协助魏良辅在改革昆山腔的过程中,组建起含有管乐、弦乐、打击乐三类乐器,规模完整的丝竹乐队,随着伴奏昆曲流传到各地。江南丝竹乐器丰富,以曲笛、弦子、提琴等特色乐器为主,具有昆曲韵味,在演奏风格上有绚丽、华彩、轻巧、细腻的曲趣,入门简单,组合形式灵活,重"合"而不用领奏,以能者为长。演奏旋律性强,有突出的即兴特点,与民俗活动联系密切,曾经广泛用于婚丧喜庆、宴宾娱客、庙会社火、迎神赛会等场合,深受群众的欢迎,是中国江南民间音乐的瑰宝。

❈ 江南丝竹的"丝"和"竹"代表什么乐器?

江南丝竹的"丝"代表丝弦类乐器,"竹"代表竹管类乐器。

所用乐器有:丝弦类(二胡、中胡、大胡、琵琶、扬琴、阮,现在有的还用低音乐器革胡等)、竹管类(曲笛、箫、笙)、打击类(檀板、小木鱼、碰铃等)。

传统代表曲目有"八大曲"(《三六》《行街》《欢乐歌》《慢六板》《慢三六》《云庆》《四合如意》),还有《老六板》《快六板》《柳青娘》《鹧鸪飞》等流传曲目。

❈ 江南丝竹的主要艺术特征是什么?

江南丝竹调式丰富,结构多样,风格欢快明朗。其主要艺术特征可概括为四个字:"小",即小型灵活;"轻",即轻盈明快;"细",即精致细腻;"雅",即优美雅致。它的产生和延绵,对民族音乐、戏曲艺术、群众文化等产生了重大影响。

❈ 苏州民族乐器制作为什么如此兴盛?

苏州民族乐器制作的渊源可追溯到春秋时期。盛唐时,苏州还出了制琴高手张越,到宋代,苏州生产乐器集中在"乐鼓巷",即今史家巷一带。

明清两代是苏州民族乐器制作的高峰时期。明代昆曲的繁荣促进了苏州乐器行业的大发展,苏州西城附廓一带是响器及各种乐器的生产集中区域。当时名人辈出,产品不断翻新。明代的苏州乐器已闻名遐迩,所生产的锣、鼓、笛、笙,分别被时人称为"苏锣"、"苏鼓"、"苏笛"和"苏笙"。

清代,苏州民族乐器的生产又因江南评弹、曲艺的昌盛而达到鼎盛时期。乾隆年间(1736—1795),苏州乐器业已"金石丝竹,无不具备"。又因京剧的兴起,京胡、京板鼓的生产也开始发展起来。当时,朝廷在苏州设置织造署的同时也承办宫廷需要的各种乐器,还曾征集制作乐器的名匠名师进京,从事宫廷乐器的制造。至嘉庆年间(1796—1820),苏州已发展成江浙一带乐器的主要产地和销售中心。太平天国时期,苏州乐器生产受到严重破坏。

辛亥革命后,上海的城市发展给苏州乐器生产带来了生机,乐器店逐渐增多。至20世纪30年代已发展到20多家,并形成了具有不同经营方式和生产品种的阊门、观前两大中心。

❈ 什么是琵琶?

琵琶又称"枇杷",最早见于史载的是汉代刘熙《释名》:"枇杷本出于胡中,马上所鼓也。推手前曰枇,引手却曰杷,像其鼓时,因以为名也。"意即枇杷是骑在马上弹奏的乐器,向前弹出称做枇,向后挑进称做杷;根据它演奏的特点而命名为"枇杷"。古代,敲、击、弹、奏都称为鼓。当时的游牧人骑在马上好弹琵琶,因此为"马上所鼓也"。大约在魏晋时期,正式称为"琵琶"。

琵琶由历史上的直项琵琶及曲项琵琶演变而来,据史料记载,直项琵琶在我国出现得较早,秦汉时期的"秦汉子"就是直项琵琶(共鸣箱两面蒙皮)。"阮"是直柄木制圆形共鸣箱,四弦十二柱,竖抱用手弹奏的琵琶。晋代阮咸善奏此乐器,故以其姓相称,即今天的阮。

南北朝时,人们通过丝绸之路与西域进行文化交流,曲项琵琶由波斯经今新疆传入我国。曲项琵琶为四弦、四相(无柱)梨形,横抱用拨子弹奏。它盛行于北朝,并在公元6世纪上半叶传到南方长江流域一带。

在隋唐九、十部乐中,曲项琵琶已成为主要乐器,对盛唐歌舞艺术的发展起了重要作用。从敦煌壁画和云冈石刻中,仍能见到它在当时乐队中的地位。

❖ 二胡有多久的历史?源于何地?

二胡始于唐朝,已有1 000多年的历史。它最早发源于我国古代北部地区的一个少数民族,那里叫"奚琴"。

到了宋代,又将胡琴取名为"嵇琴"。在北宋时已有马尾所制的胡琴。

元朝《元史·礼乐志》所载"胡琴制如火不思,卷顾龙首,二弦用弓捩之,弓之弦以马尾",进一步阐述了胡琴的制作原理。到了明清时代,胡琴已传遍大江南北,开始成为民间戏曲伴奏和乐器合奏的主要演奏乐器。

到了近代,胡琴才更名为二胡。刘天华先生是二胡现代派的始祖,他借鉴了西方乐器的演奏手法和技巧,大胆、科学地将二胡定位为五个把位,从而扩充了二胡的音域范围,丰富了表现力,确立了新的艺术内涵。由此,二胡从民间伴奏中脱颖而出,成为独特的独奏乐器,也为其以后走进大雅之堂的音乐厅和音乐院校奠定了基础。

❖ 筝与古代乐器中的"筑"、"瑟"是什么关系?

筝是我国最古老的弹拨乐器之一。据考证,筝在春秋战国时期广泛流传,至今已有2 500多年的历史。筝,通常又被人们叫做古筝,和琴之被称为古琴一样,这恐怕与它具有古老的历史渊源、浓郁的民族特色,以及丰富的传统筝曲给人们留下的古朴雅致的情趣有关。在古代,筝还被称为秦筝、瑶筝、银筝、云筝、素筝等。

我国的乐器发展史是先有打击乐器,后有弹拨乐器。"筑"的右手奏法,以竹尺击之,沿用了打击乐器的奏法,这与筝用指弹奏相比简单得多。筝与"筑"有着一定的渊源关系,筝是由"筑"发展而来的,"筑"之源可能即筝之源。

筝很可能来源于一种大竹筒制作的五弦或少于五弦的简单乐器。年代当在春秋战国时期或春秋战国之前。筝、"筑"、"瑟"的关系,既不是分"瑟"为筝,也不是由"筑"演变为筝,而很可能是筝、"筑"同源,筝、"瑟"并存。五弦竹制筝演变为十二弦木制筝,"筑"身筒状共鸣结构演变为"瑟"身长匣形共鸣结构,也有可能是"筑"参照了"瑟"的结构而改革的。

❖ 笛和箫有什么区别？

汉代前，中国的笛是竖吹的，横吹的笛是由西域传入的。笛是中国最古老的乐器之一，秦汉后，原竖吹的笛称为"箫"，笛是竖吹的箫和横吹的笛的共同名称。

笛是中国最具特色的吹奏乐器之一。1986年5月，在河南舞阳县贾湖村东新石器时代早期遗址中发掘出16支竖吹骨笛（用鸟禽肢骨制成），根据测定，其距今已有8 000余年历史。音孔由五孔至八孔不等，其中以七孔笛居多，具有与现在我们所熟悉的中国传统大致相同的音阶。骨笛音孔旁刻有等分符号，有些音孔旁还加打了小孔，与今天的中国音调完全一致，仍可用其吹奏现在的民间乐曲。

黄帝时期，即距今大约4 000年前，黄河流域生长着大量竹子，开始选竹为材料制笛，《太平御览》卷五八〇引《史记》曰："黄帝使伶伦伐竹于昆溪、斩而作笛，吹之作凤鸣。"以竹为材料是笛制的一大进步，一者竹比骨振动性好，发音清脆；二者竹便于取材和加工。秦汉时期已有了七孔竹笛，并发明了两头笛，蔡邕、荀勖、梁武帝都曾制作十二律笛，即一笛一律。

笛和箫在音色上才有明显区别，笛声清脆，如清晨的鸟声；箫声悠远，如月夜下缓缓的清风，会激起人们的思乡情。

四、绘　画

❖ 何谓吴门画派？其代表人物是哪些人？

苏州是文苑艺林的渊薮之区、吴门画派的发祥地。国画中的人物画起步于三国时吴人曹弗兴，山水画的远祖当推晋代吴人顾恺之，花鸟画的远祖应是南朝吴人顾野王。

苏州是历代画家辈出之地，在中国绘画史上占有重要地位。南朝陆控微、张僧繇，唐代张璪、张洽，五代腾昌祐，宋代丁谓，元代黄公望等，名列画史的著名画家就有1 200余人。其中，在明代中叶崛起的"吴门画派"，更是声震中国画坛，影响海外。1987年上海辞书出版社出版的《中国美术辞典》收明代画家共293人，其中苏州籍画家竟有109人之多。

吴门画派的开创者及其代表人物是沈周、文徵明、唐寅、仇英，被后人誉为"明四家"。他们在山水画上卓有成就，既得晋唐神韵，又继承发扬了元代四家（吴镇、倪瓒、黄公望、王蒙）的绘画风格。他们文才卓绝，常自作题画诗，以点睛画面主题或寄寓思想感情。在落墨上，用笔刚柔并举，创造了淡雅、秀丽、明快、清新，以及健笔写柔情的艺术特点，把中国山水画从疏狂空泛的自然主义倾向中扭转过来，开创了一代新风。吴门画派的艺术思想和绘画风格影响了明清400年的画风，也影响到亚洲各国，尤其是朝、韩、越和日本，使之在绘画技法上得到迅速发展。

❖ 何谓虞山画派？

元代大画家黄公望，居虞山之麓，泛舟湖桥之下，观虞山朝暮之变，独创浅绛山水，为后人所崇尚。

王翚（1632—1717），字石谷，号耕烟散人、乌目山人。早年跟画家张珂习画，后又师事娄东王时敏、王鉴两先生，继而力追宋元诸大家，熔南北两宋为一炉，取虞山风景入画，自成一格，形成纤丽、清新、俊逸的艺术特色。清康熙三十年（1691），王石谷被聘进京主绘《康熙南巡图》，康熙皇帝特赐"山水清晖"额，以此名扬天下，被尊为"画圣"。王石谷弟子甚多，蔚然成派，后人称其为"虞山画派"，对清代画坛影响很大。

现代，常熟城乡画者不下千人，被誉为"画乡"。常熟市遂成立书画院，坐落在风景秀丽的虞山东南麓书台公园内。创办20年来，已形成一支专业队伍，作品在国家级、省级展览会上多次获奖，众多作品还分赴美国、日本、澳大利亚等国和我国港台地区展示，出版专著和画册20余种，在国内外享有很高的声誉。

❋ 何谓娄东画派？与清代六大家有什么关系？

娄东画派形成于清代早中期，在中国美术史上具有重要的地位和深远的影响。代表人物为太仓籍山水画家王时敏、王鉴、王原祁及常熟画家王翚，合称"四王"，加上恽南田和吴渔山，称为"清代六大家"。他们有着师承或亲属关系，一脉相承的艺术精神和艺术风格，形成了"娄东画派"。在艺术上重传统、重笔墨、重技法，通过摹古摸索和掌握传统技法，形成独特的艺术风格，作品艺术成就较高。但因偏重摹古，作品往往缺乏生活气息和创新精神。

❋ 黄公望的绘画有什么艺术特色？他有哪些传世作品？

黄公望（1269—1354），元代画家，书法家，元四家之一，最擅画虞山、富春山的风景。

黄公望50岁后始画山水，师法赵孟頫、董源、巨然、荆浩、关仝、李成等，晚年大变其法，自成一家。其画注重师法造化，常携带纸笔描绘虞山、三泖、九峰、富春江等地的自然胜景。以书法中的草籀笔法入画，有水墨、浅绛两种面貌，笔墨简远逸迈，风格苍劲高旷，气势雄秀。黄公望的绘画在元末明清及近代影响极大，画史将他与吴镇、倪瓒、王蒙合称元四家。著《山水诀》，阐述画理、画法及布局、意境等，有《富春山居图》《九峰雪霁图》《丹崖玉树图》《天池石壁图》《溪山雨意图》《剡溪访戴图》《富春大岭图》等传世作品。

❋ 黄公望的《富春山居图》为什么会变成两段？

《富春山居图》，纵33厘米，横636.9厘米，纸本，始画于元至正七年（1347），于至正十年（1350）完成。该画于清代顺治年间曾遭火焚，断为两段，前半卷被另行装裱，重新定名为《剩山图》，现藏浙江省博物馆。

此画在明成化年间（1465—1487）为著名画家沈周所得。至明万历年间（1573—1619），又归大书画家董其昌所有。但不久就转手为宜兴吴之矩所藏。吴又传给其子吴洪裕。吴洪裕特意在家中建富春轩藏之。吴洪裕爱此画若宝，临终之际，竟想仿唐太宗以《兰亭集序》殉葬之例，嘱人将此画投入火中，焚以为殉。幸得其侄子吴子文眼明手快，以另一卷画易之，将《富春山居图》从火中抢出，才免遭"火殉"。但画的前段已烧去寸许，从此分为长短两段。

❋ 沈周的绘画有什么艺术特色？他有哪些传世作品？

沈周是明代中期的著名画家，吴门画派的创始人，他在元明以来文人画领域起了承前启后的作用。他以山水画和花鸟画见长,成就突出,且也能画人物。他的山水画大多是描写南方山水及园林景物,表现了当时文人生活的悠闲意趣。他也描写高山大川,表现传统山水画的三远之景。沈周的绘画发展了文人水墨写意山水画、花鸟画的表现技法,成为吴门画派的领袖。

沈周的作品,见于各类书籍中的画目和影印,合计存数超过千幅,现存作品有些藏在北京故宫博物院,如《京江送别图》《访倪瓒山水图》《西山雨观图》《枇杷图》等;有的藏在"台湾故宫博物院",如《庐山高》《吴中山水全景图》;有的藏在上海博物馆,如《吴中山水》卷、《西山纪游图》卷、《两江名胜》册等,还有一些藏在其他博物馆、美术馆、文物商店等。

❖ **文徵明的绘画有什么艺术特色?他有哪些传世作品?**

文徵明博学多才,诗、书、画、印,皆有所长。在绘画方面,山水、人物、花鸟都有成就,尤其擅长山水。他的山水画,有的用笔苍劲,构图简洁,重墨韵和气韵,有沈周和元四家的风格;有的雍容华贵、细密工整,颇有赵孟𫖯之风。他的画具有博采众长的特点,且早年精细、中年粗放、晚年醇正。

文徵明的传世作品,见于书籍记载的有近千幅,存世作品也有300多幅,著名的如《湘君夫人图》轴、《洛原草堂图》卷、《东市图》卷、《山水图》册、《兰竹图》卷等,这些都藏在北京故宫博物院。藏在苏州博物馆的有《九月江深图》轴。

❖ **唐寅的绘画有什么艺术特色?他有哪些传世作品?**

唐寅早期绘画,拜吴门画派创始人沈周为师。沈周和周臣都是当时的苏州名画家,唐寅兼其所长,在南宋风格中融元人笔法,一时突飞猛进,以至超越老师,名声大振。唐寅画得最多也最有成就的是山水画。他的山水画大多表现雄伟险峻的重山复岭、楼阁溪桥、四时朝暮的江山胜景,有的描写亭榭园林、文人逸士悠闲的生活。他的山水人物画,大幅气势磅礴,小幅清隽潇洒,题材丰富多样。唐寅在拜周臣为师后,主要是宗南宋院体,但其画有时也有与沈、文画风相近的作品,如《南游图》。这是唐寅36岁那年琴士杨季静离开苏州时,唐寅作了赠送给他的。唐寅擅长写意花鸟,活泼洒脱、生趣盎然而又富于真实感。传说唐寅所作的《鸦阵图》挂在家中,有一天有数千只乌鸦纵横盘旋在屋顶,恍若酣战,堪称奇绝。唐寅花鸟画的代表作是《枯槎鸲鹆图》。其构图用折枝法,枯木枝干由右下方弯曲多姿地向上伸展,以枯笔浓墨画之,苍老挺拔。以积墨法画一只栖于枝头的八哥,正引吭高鸣,树枝似乎都在应节微动,从而显现出自然界生命律动的和谐美。秃笔点叶,一两条细藤、数笔野竹与枯树上的老叶画在一起,增添了雨后空山幽旷恬静与清新的气氛。这幅画在画法上属小写意,一路运腕灵便,以写代描,笔力雄健,造型优美。全画笔墨疏简精当,行笔挺秀洒脱,形象饶有韵度,从中可以窥见唐寅在探讨写意技法和开拓花鸟画新境界方面的卓越见树。

唐寅的水墨花鸟画基本上是以水墨提炼形象,墨韵明净、生趣盎然。其著名的还有《雨竹图》,画面以两组浓叶为主枝,后出淡叶,再出叶数笔以相呼应,叶均向下急趋,一派雨打竹叶之势。

唐寅的人物画,大体上分为两种,一种是线条劲细,敷色妍丽,气象高华,出自南宋院体画。如《王蜀宫妓图》，画家以传统的工笔重彩手法，以"三白法"染仕女的面部，突出了宫女的浓施艳抹；衣纹用细劲流畅的铁线描，服饰施以浓艳的色彩，显得绮罗绚烂；把宫妓们竞相装扮、斗绿争绯的情态刻画得生动入微，不愧为唐寅仕女画的优秀之作。另一种是从南宋的院体画脱胎而出，笔墨流动爽利，转笔方劲，线条抑扬起伏，代表作品有《秋风纨扇图》以及《李端端落籍图》等，画风由工丽变为简逸高雅。

唐寅的存世作品很多，仅由上海人民美术出版社出版的《唐寅画集》就收集了他的绘画作品36幅，扇画4帧，其中有《山路松声图》轴、《抱琴归去图》轴、《落霞孤鹜图》轴、《看卷听风图》轴、《石间上清吟图》轴、《东方朔图》轴、《骑驴归思图》轴、《秋风纨扇图》轴等，这些都藏在上海博物馆。藏在北京故宫博物院的有《沛台实景图》《风木图》卷、《王鏊出山图》《桐山图》卷、《幽人燕坐图》轴、《桐阴清梦图》轴、《王蜀宫妓图》轴、《墨梅图》轴等。

❖ **仇英在绘画上有什么成就？他的代表作《汉宫春晓图》有什么艺术特色？**

在"吴门四家"中，沈周、文徵明、唐寅皆系一代文人，唯仇英出身工匠，早年为漆工，兼为人彩绘栋宇，后从事业画。年轻时以善画结识了许多当代名家，为文徵明、唐寅所器重。他的创作态度十分认真，一丝不苟，每幅画都是严谨周密、刻画入微。

仇英擅长画人物、山水、花鸟、楼阁界画，尤长于临摹。他功力精湛，以临仿唐宋名家稿本为多，如《临宋人画册》和《临萧照高宗中兴瑞应图》，前册若与原作对照，几乎难辨真假。画法主要师承赵伯驹和南宋院体画，青绿山水和人物故事画，形象精确，工细雅秀，含蓄蕴藉，色调淡雅清丽，融入了文人画所崇尚的主题和笔墨情趣。

《汉宫春晓图》是他的代表作，用手卷的形式描述初春时节宫闱之中的日常琐事：装扮、浇灌、折枝、插花、饲养、歌舞、弹唱、围炉、下棋、读书、斗草、对镜、观画、戏婴、送食、挥扇，画后妃、宫娥、皇子、太监、画师凡一百一十五人，个个衣着鲜丽，姿态各异，既无所事事又忙忙碌碌，显示了画家过人的观察能力与精湛的写实功力。人物皆着唐代以来的衣饰，取名汉宫，是当时对宫室的泛指。

全画构景繁复，用笔清劲而赋色妍雅，林木、奇石与华丽的宫阙穿插掩映，铺陈出宛如仙境般的瑰丽景象。除却美女群像之外，复融入琴棋书画、鉴古、莳花等文人式的休闲活动，成为仇英历史故事画中的精彩之作。

仇英以自己的天赋和勤奋，在广宗各家的基础上，博采众长，自成风格，又善于从灯画、扇画、版画等民间美术中吸收营养。他的山水画以青绿山水见长，笔墨细润，风骨劲峭，色彩浓丽，如《剑阁图》。他的工笔人物造型准确，形神兼备，色彩明艳绚烂。

仇英存世作品有《人物故事图》册、《临溪水阁图》《职贡图》卷、《玉洞仙源图》轴、《归汾图》卷、《摹萧照高宗临图》卷、《莲溪渔隐图》轴、《桃村草堂图》轴等，这些藏在北京故宫博物院。还有如《独乐图》《琵琶行》《九成宫图》卷等藏在美国、日本等美术馆。

❖ **国画按题材内容可分为哪几类？**

按画的题材可分为：

1. **人物画** 人物画是以人物形象为主体的绘画，内容以描绘人物为主。因绘画的侧重点不同，又可分为人物肖像画和人物故事画、风俗画。人物画一直是中国传统绘画最主要的画科,而山水、花鸟等直到隋唐时才形成独立画科。

2. 山水画　山水画是以描写山川自然景色为主体的绘画。在魏晋六朝时开始发展,到隋唐时期逐渐兴盛,至五代、北宋时期,日趋成熟,从此成为中国画中的一大画科。中国山水画依技法和设色可分为水墨、青绿、金碧、浅绛、淡彩、没骨等形式,在艺术表现上讲究山水层次和意境表达。

3. 花鸟画　花鸟画是以描写花卉、瓜果、竹石、鸟兽、虫鱼等为主题的绘画。花鸟画的肇始很早,新石器时代的彩陶上、殷周时代的青铜器上,就有许多花草、虫鱼和龙凤之类的图案纹饰。传统花鸟画依题材可分为花卉、瓜果、翎毛(禽鸟)、走兽、虫鱼等类型。

4. 界画　界画是指以宫室、屋宇、亭台楼阁等建筑物为题材,用界笔直尺画线的绘画,也称"宫室画"、"台阁画"或"屋木画"。界画始创于隋代,到了宋代渐渐成为一个专门的画科。元代后,界画被视为工匠之画,明末清初已渐消失。清代画家袁江、袁耀的创作又使界画重放光彩。

❖ **国画按表现手段和技法可分哪几类?**

按画的表现手段和技法可分为:

1. 泼墨　泼墨是中国画的一种技法。相传唐人王洽每于酒酣作泼墨画。后世泛指笔势豪放、墨如泼出的画法为"泼墨"。

2. 工笔　工笔是属于中国画中工整细致一类的画法,与"写意"对称,是以精谨细腻的笔法描绘景物的中国画表现方式,具体是用粗细匀致的线条来勾勒所描绘的形体与结构。

3. 写意　写意是相对于"工笔画"而言的,要求通过简练的笔墨,写出物象的形神,来表达作者的意境。写意画要求有高度的概括能力,有以少胜多的含蓄意境,落笔要准确,运笔要熟练,要能得心应手,意到笔随。写意画较工笔画更能体现所描绘景物的神韵,也更能直接抒发画者的感情。

4. 写生　写生是直接面对对象进行描绘的一种绘画方法,需要在自然山川中观察体验。根据描绘对象的不同,有"风景写生"、"静物写生"和"人像写生"等多种分类。

5. 皴法　皴法是中国画的一种技法,用以表现石和树皮的纹理。山石的皴法主要有线皴(以披麻皴为主)、点皴(以雨点皴、豆瓣为主)、面皴(以斧劈为主)三大类。表现树身表皮的,则有鳞皴、绳皴、横皴等,都是以其各自的形状而命名的。

6. 白描　白描也是中国画技法名之一,源于古代的"白画",是以墨线描绘物体、不着颜色的画法。有时完全用线条来表现物象,有时也可渲染淡墨。宜以中锋为主,用笔的压度和速度要均匀,勾出的画线要有"外柔内刚"的效果,力量要含蓄在内,不宜显露于外。有单勾和复勾两种。

7. 没骨　没骨是用彩色直接绘出形象而不用墨色线条勾描的画法。没骨,就是不用墨笔勾勒,只用颜色来点戳。

另外,按画的形式或颜色来分类,主要有水墨、青绿、金碧和浅绛等;按绘画的幅面样式来分类,可以分为立轴、横卷、册页、扇面等款式;按绘画的载体来分类,可分为水墨画、壁画、版画等。

❖ *中国画的基本特点是什么？*

中国画以墨为主、以色为辅，是其基本特点。笔墨二字几乎成了中国画的代名词。如果说西画是体、面和色彩的交响，那么，中国画就是点、线与水墨的协奏。墨分五色，为焦墨、浓墨、重墨、淡墨、清墨五大色阶，并由五种色阶之间（加水量多少）形成无数细微的渐变。墨不仅能决定形象，争出明暗，拉开距离，代替色彩，还能制造画面的气氛。中国画家深谙绘画要旨，认为画面太枯则有燥气，画面太湿则无生气，墨无变化则僵滞死板。因而数块浓墨必以淡墨破之；一片淡墨必以浓墨破之；一片枯墨必以湿墨润之；一块湿墨必以枯墨提醒。观其面目时往往尚未看清具象形态，就已被画面上笔墨所溢出的抽象意韵感染。人们在欣赏中国画时往往也从这里入手。

❖ *如何欣赏中国画？*

中国画欣赏需要经过审美感知、审美理解和审美创造三个阶段。

1. 审美感知　审美感知就是要人们直观地去感知审美对象，即绘画作品本身，可以去感知作品上画的是什么，画得像或是不像，色彩是鲜明的或是灰暗的，线条是流畅的或是笨拙的，表现手法是工笔的或是写意的，等等。总之，要平心静气地进行直观的感受。

2. 审美理解　在审美感知的基础上进行审美理解。即在直观感受的基础上，进行理解和思考，把握作品的意味、意义和内涵。这种理解包括对作品的艺术形式和艺术技巧的理解；对作品表现的内容和表达的主题的理解；以及对作品的时代背景和时代精神的理解；等等。可以一步一步地想下去：作品画的内容要表现什么？是怎样表现的？所采用的艺术手段是否恰当？能否充分表达出主题？作者的心思是热情地歌颂或是辛辣地讽刺？画面的情调是深沉或是豪放？是乐观或是悲伤？等等。

3. 审美创造　是指通过审美的感知和审美的理解，在对绘画作品审美的基础上进行再创造，通过自己积累的审美经验、文化知识、生活阅历等进行丰富的联想、生发开去，再创造出一个新的意象来。这样，才能真正获得启迪和教育，对中国画的欣赏才真正具有意义。

❖ *如何看中国画的"气韵"？*

"气韵生动"的提出始于南齐画家谢赫，此后经历代画论家的推崇和阐述，成为对绘画作品的总体要求，是艺术达到的最高境界，也是品评、赏析中国画的最主要原则。"气韵生动"是指绘画的内在神气和韵味，达到一种鲜活的生命洋溢状态。"气韵生动"之"气"，是指画面表现出的宇宙自然元气。对于画作而言，无气则"板"，有"气"则能生动。"气韵"之"韵"就是画面表现出的宇宙自然元气的节奏感，它是自然元气的表现形式。在绘画中，笔、墨、色等都是"气"的表现形式，所以画论有笔气、墨气、色气之说。

❖ *如何看中国画的"意境"？*

"意境"是画家的修养在画面上的综合反映。意境是情景交融的产物。这"情"是艺术家审美观的全部修养。在绘画上，要把客观事物最精粹的部分汲取过来，经过艺术家的集中、筛选、加工、改造，融进其审美观点、审美感受、审美理想，再加上艺术家思想感情的高度概括,然后用艺术手法充分表现出来,就成为意境。意境能使欣赏者通过联想产生共鸣,思想感情受到感染。绘画是否具有意境,这是作品成功与否的重要因素。追求意境的表现是中国传统美学思想的重要组成部分,是中国画的重要特征之一。

❖ 如何看中国画的"线条"?

中国画以线条构成,是与中国画家对线条的情有独钟和独特感受分不开的。中国画的发展过程中,人们发现,以点作画易于零散、琐碎,以面作画易于模糊、平板,而用线作画最易于捕捉物体的形象及动感,最适宜发挥毛笔、水墨、宣纸、绢帛的特性。可以说,线条是中国画家独到的艺术语言,是中国画的灵魂。用于绘画的线条是有生命力的。千百年来,中国艺术家伏案笔耕,利用不同的笔法书写着粗细、曲直、刚柔、毛涩、疾徐、虚实、顺逆、繁简等不同质地、不同感觉的线条,并用这些含情线条的渐变、排列、组合、交搭、分割、呼应,在画面上构成造型的诸多形式。抑扬顿挫、疏密粗细、快慢虚实、浓淡干湿,无不显现着画家的才思、功底。

❖ 中国画的构图有哪几种形式?

中国画的构图有多种形式,也有多种提法,习惯称为"章法"、"布局"。将要表达的内容与形式加以组织、安排,构成一个体现个性、呈现气势、和谐统一的整体画面。一幅作品的境界或高或低,立意或新奇或平庸,构图至为关键。构图法则有其自身规律,最主要的规律就是辩证法中的对立统一。凡符合对立统一规律的作品,就耐看,就有美感,就有吸引力;反之,美的因素就会大打折扣。中国画讲究稳中求奇,险中求稳,着意对比,打破对称,形成一个富有节奏的协调整体。创作时大多采用"三七停"起手法则,把主体物象放在三七点上,对打破均衡起到至关重要的作用,也易于形成韵律节奏,给观者以视觉美感。

❖ 中国画与诗、书、印有什么关系?

中国画博大精深,源远流长,熔诗、书、印于一炉。字画中的诗词,往往代表主人的心声。一句好诗,能表现作者的内涵和学养,亦能起到画龙点睛的作用。而画中的书法,亦影响画面美感。书法不精的画家,大多不敢题字,虽然仅具签署,亦可窥其功底一二。而印上的文字,有时影响字画甚大。从印文中也可看到作者的心态,或当时的环境。好的印文,配以好的雕刻刀法,盖在字画上,往往使作品更添光彩。

❖ 中国宋代绘画有什么特点?

宋代绘画注重色彩和水墨的争辉,诗情与画意的交融,艺术水准很高,山水画趋于成熟。宋初李成的画作,以烟景明灭、寒林旷远的平远景致、灵动的丘岳而声名显赫,被《宣和画谱》誉为"古今第一"。范宽的画作,用笔雄强坚挺、造境气度博大,在画史上与关仝、李成合称"三家山水"。米芾、米有仁父子的"米点山水",开文人水墨山水画的先河,其抽象而水墨迷离的情韵,对后世绘画影响深远。

❖ 中国元代绘画有什么特点?

元代水墨山水画特别兴盛,师法五代、北宋之风大行,而摒弃南宋时一味刚劲外露的院体山水技法,大力拓展文人、士大夫表情达意的披麻皴山水。元代花鸟画一改宋人设色浓丽精细的传统,多著以水墨或淡彩,画格工整但不精细,体貌清新雅意。著名画家赵孟頫的画作线条谨细深沉、设色浑穆文静、风格古朴雅拙,代表作有《红衣罗汉图》《浴马图》《鹊华秋色图》等。

❖ **中国明代绘画有什么特点?**

明初宫廷画兴起,形成院体和浙派山水两大画系。明代中期,以沈周、文徵明、唐寅、仇英并称的"吴门四家"名噪江南。沈周画作的特点是用笔谨细,线条古拙沉缓,形象与造型古朴有韵,其传世佳作有《庐山高图》《沧州趣图》等。唐寅是"吴门四家"中最具才气的画家,其作品有两种风格,一是用笔谨细、设色浓丽的工笔重彩人物,如传世佳作《王蜀宫妓图》等;二是率意勾写,用笔方折爽利、粗略概括的写意画,如《秋风纨扇图》。

写意花鸟发展到明代,陈淳和徐渭是集大成者。陈淳擅长水墨写意花鸟,笔墨简洁凝练,风格疏爽,传世佳作有《秋江洁兴图》等。徐渭的泼墨写意花卉,气势豪放,奔狂不羁,挥洒自如,佳作有《杂花图》等,被誉为"天下第一徐青藤"。

明代晚期,松江画派兴起,代表画家有董其昌,虽同属吴门画派,但用笔古雅秀隽,墨韵明洁华滋,其山水画着意追求"静美"、"柔美"之境。

❖ **中国清代绘画有什么特点?**

清代人物画趋于衰落,而山水画、花鸟画较为兴盛,以地区或师承或风格等形成众多绘画流派。有风格寒荒萧疏、造境冷寂清旷的"新安画派";有由朱耷(八大山人)、弘仁、髡残、石涛组成的革故鼎新、时出新意的"四僧画家";有以龚贤为代表的密笔短皴、注重渲染的"金陵八家";亦有循规蹈矩、严守法度的"四王",即王时敏、王鉴、王翚、王原祁,他们在风格技巧上各具个性。乾隆时,以金农、郑燮等为代表的"扬州八怪"也很有名。

❖ **中国近现代绘画有什么创新?**

近现代西方美术传入,带动中国绘画的加速发展,国画艺术家如齐白石、徐悲鸿、张大千等,不但充分吸收前人的经验和技法,而且勇于突破传统模式,将中国的水墨写意与西洋画的现代造型艺术、抽象意识等结合,使国画成为中国艺术宝库中的一朵奇葩。

五、书 法

❖ **中国书法史上苏州有哪些杰出人物?**

苏州书法有十分深厚的社会渊源和历史积淀,千百年来孕育和造就了不少杰出人才。西晋的陆机、陆云、顾荣,号为"三俊",陆机的《平复帖》为现存最早的书法模本;唐代的陆柬之、张旭、孙过庭等人的书法理论及书法造诣,在中国书法史上具有划时代的意义;宋元时的范仲淹、朱长文、范成大、钱良祐等,书法功力和灵性都不亚于北宋时"苏、黄、米、蔡"(苏东坡、黄庭坚、米芾、蔡襄)四大书法家,只是多被政治或诗文之名掩盖。

明代,吴地作为当时江南的文化中心,书法事业空前兴旺,宋克等一批书法家屹立艺林,名闻海内。至明中叶,出现了被后人誉为书坛"吴中四大家"的祝允明、文徵明、王宠、陈道复。他们人品高洁,诗文俱佳,书法超群,是吴门画派最有影响的代表人物、全国书坛的中流砥柱,并影响后世,使吴地出现了"人人习字作画,天下法书归吴中"的局面。晚清以来,吴门书法家掀起互学之风,一时书画会连绵不绝,注重力度,讲究起势,风格变化多端,书法精深博雅。萧退闇四体皆能,运笔自如,作书古雅敦厚,俊挺有力,被誉为"江南第一书法家"。

现代,在书法上较为出色的有费新我、祝嘉、沙曼翁、瓦翁、吴进贤、吴羖木等,饮誉海内。在书法理论方面,祝嘉论书法的著述最宏富。

❖ **祝允明的草书有什么风格?**

祝允明是吴门书派的领袖,他的草书作品大体有三种风格:第一类为行草,如《和陶渊明饮酒二十首》和《曹植诗册》,古朴淳厚,间露锋芒,功底深厚;第二类是今草,如《前赤壁赋》,讲究功力和个性,追求神采;第三类即大草,如《杜甫诗轴》和《草书诗卷》,颠放狂逸,给人以愤世嫉俗之感,有龙行蛇走之相,神采照人。

❖ **文徵明书法有什么特色?**

文徵明是诗、书、画俱绝的一代宗师,他的小楷整体严谨、局部活泼;到晚年时,他的小楷方正中有潇洒、工整之外可见飘逸。代表作有《顾春潜传轴》《金刚经卷》《千字文》等。他的行书受前代大师影响,又自立面目,眉清目秀,神气连贯,富具个人特色。流传至今的行书代表作有《自书雪诗卷》《游天地诗卷》等。

❖ **中国书法艺术可分为哪四个阶段?每一阶段的杰出代表是谁?**

中国书法是一种独特的写字艺术,历史悠久,源远流长。从汉字创始之初,书法艺术便开始萌芽,经漫长的历史演变与发展,依旧保持着经久不衰的艺术魅力。

中国书法艺术可以分为四个阶段,即发皇期(魏晋南北朝)、集大成期(隋唐宋元)、守成期(明至清中叶)和求变期(清中叶以后)。晋、唐、宋、明、清是书法艺术开始走向成熟和兴盛的五个重要朝代,而"韵、法、意、姿、变"则构成中国书法发展史的核心。

第一阶段最杰出的书法家为王羲之、王献之父子和钟繇。第二阶段,唐代有颜真卿、柳公权;宋代有蔡襄、苏轼、黄庭坚、米芾,被称为"宋四家";元代有赵孟頫、鲜于枢等。第三阶段,明有祝允明、文徵明、王宠、陈道复,被称为"吴中四家",还有董其昌;清代有"清初四家"翁方纲、刘石庵、成亲王、铁保,有以郑板桥为首的"扬州八怪",有清代碑学的开山鼻祖邓石如、伊秉绶及该派稍后的卓越书法家赵子谦。第四阶段,书法艺术向多元化、多样化发展,曾评出"中国20世纪十大杰出艺术家",他们是:吴昌硕、康有为、于右任、林散之、毛泽东、沈伊默、沙孟海、谢无量、齐白石、李叔同。

❖ **吴人张旭为什么被称为"草圣"?**

张旭,字伯高,一字季明,吴郡(今江苏苏州)人。张旭为人洒脱不羁,豁达大度,卓尔不群,才华横溢,学识渊博,是一位极有个性的草书大家。张旭性格豪放,嗜好饮酒,常在大醉后手舞足蹈,然后回到桌前,提笔落墨,一挥而就,甚至以头发蘸墨书写,故又有"张颠"的雅称;后怀素继承和发展了其笔法,也以草书得名,故二人并称"颠张醉素"。

张旭的书法,始化于张芝、二王一路,以草书成就最高,史称"草圣"。他自己以继承"二王"传统为自豪,字字有法;另一方面又效法张芝草书之艺,创造出潇洒磊落、变幻莫测的狂草来,其状惊世骇俗。相传,他见公主与担夫争道,又闻鼓吹而得笔法之意;在河南邺县时爱看公孙大娘舞西河剑器,并因此而得草书之神。颜真卿曾两度辞官向他请教笔法。

❈ **汉字有哪些基本书体?**

中国书法是一门古老而独特的视觉艺术,以汉字为依托的中国书法,是区别于其他种类书法的主要标志之一。汉字书体大体有甲骨文、金文(钟鼎文)、大篆、小篆、隶书、草书、楷书、行书等几种字体形式及其他众多字体演变形式。

❈ **什么是篆体?**

篆体分大篆和小篆。

大篆　广义的大篆,是指先秦所有的文字,包括甲骨文、金文、籀文和春秋战国时代通行于各国的文字。狭义的大篆,是指籀文。今存石鼓文是这种字体的代表。它的字体与秦篆相近,但字形的构形多重叠,结字颇有法度,笔画雄浑、遒劲、流畅。

小篆　小篆(秦篆)是在秦统一后,由丞相李斯在秦大篆的基础上吸收各国文字整理而成。小篆是中国文字史上首次出现的全国统一的规范文字。小篆比大篆更加规范化,而且更加抽象化,减少了象形意味,将汉字的图案化进一步向符号化推进,笔画精巧。

❈ **什么是隶书?**

隶书也叫"隶字",是在篆书的基础上,为适应书写便捷的需要产生的字体。隶书一改篆书圆形旋转的线条,代之以方折,比篆书的笔画大为减少,几乎摆脱了图案化,变成符号化的线条,使书写速度更快。隶书结体扁平、工整、精巧,书写效果略微宽扁,横画长而直画短,讲究"蚕头燕尾"、"一波三折"。东汉时期的隶书,撇、捺等点画美化为向上挑起,轻重顿挫富有变化,风格也趋多样化,具有较高的书法艺术美,极具艺术欣赏价值。隶书的出现是中国文字史上的又一次重大改革,奠定了楷书的基础,是汉字演变史上的一个转折点,使中国的书法艺术进入了一个新境界。

❈ **什么是草书?**

草书自草篆而来,是隶书的草写体,起源于西汉,称为"隶草";东汉时盛行,称为"章草","章"即规矩之意。它保存了汉隶的波磔,虽有连笔,但字字独立。东晋以后,楷书的草体称"今草"。今草自章草变化而来并有所改变,形式连绵,字字顾盼呼应,贯通一气,笔画连写,多省略,书写简易快速,但不易辨认。

❈ **什么是楷书?**

楷书又称正书,或称真书,是从隶书发展演变而来的,兴于汉末,盛行于魏晋,完全成熟于唐代，一直沿用到今天，是通行时间最长的标准字体。楷书与汉隶的基本结构相同，主要区别是笔意不同。楷书形体方正稳定，笔画平直明确，成为书写自然的文字，充分体现了汉字的书法美。

❖ 什么是行书？

行书产生于东汉末年，是介于楷书、草书之间的一种字体，由楷书变化而来，盛行于晋。它是为了弥补楷书的书写速度太慢和草书的难于辨认而产生的。行书笔势不像草书那样潦草，也不要求像楷书那样端正。楷法多于草法的叫"行楷"，草法多于楷法的叫"行草"。行书近楷而不拘，近草而不放，笔画连绵，各字独立，成为魏晋以后日常使用的主要字体。

❖ 如何欣赏中国书法？

中国书法有其自身的审美标准。书法以形写神，形神兼备。一般来说，"形"包括点画线条及由此产生的书法空间结构；"神"主要是指书法的神采意味。

书法的点画线条具有无限的表现力，它本身抽象，所构成的书法形象也无所确指，却要把全部美的特质包容其中。这样，对书法的点画线条就提出了特殊的要求，要求具有力量感、节奏感和立体感。

所谓书法的空间结构，即要求单字的结体整齐平正，长短合度，疏密均衡。这样，才能在平正的基础上注意敧正相生，错综变化，形象自然，于平正中见险绝，于险绝中求趣味。书法作品中字与字上下（或前后）相连，形成"连缀"，要求上下承接，呼应连贯。篆书、隶书、楷书等静态书体虽然字字独立，但笔断而意连。行书、草书等动态书体可字字连贯，游丝牵引，这是整行的行气。在整体布局上，集点成字、连字成行、集行成章，构成了点画线条对空间的切割，并由此构成了书法作品的整体布局。字与字、行与行之间要疏密得宜，计白当黑；平整均衡，敧正相生；参差错落，变化多姿。

❖ 如何看书法点画线条的力量感、节奏感和立体感？

点画线条的力量感，是线条美的要素之一。力量感是一种比喻，指点画线条在人心中唤起的力的感觉，要求点画深藏主角，有往必收，有始有终，便于展示力度。当然，这并不是说可以忽略中间的行笔。点画线条的起止并非都是深藏主角、不露锋芒的（大篆、小篆均须藏锋），书法中往往根据需要藏露结合，尤其在行草书中，千变万化。

书法由于在创作过程中运笔用力大小及速度快慢的不同，产生了轻重、粗细、长短、大小等不同形态的有规律的交替变化，使书法的点画线条产生了节奏。汉字的笔画长短、大小不等，更加强了书法中点画线条的节奏感。

立体感是中锋用笔的结果。中锋写出的笔画，"映日视之，画之中心，有一缕浓墨，正当其中，至于折处，亦当中无有偏侧"。这样，点画线条才能饱满圆实、浑厚圆润。但是，在书法创作中侧锋用笔也随处可见。除小篆以外，其他书体都离不开侧锋。尤其是在行草书中，侧锋作为中锋的补充和陪衬，更是随处可见。

❖ 最为出名的"文房四宝"是什么？

文房四宝，是指笔、墨、纸、砚四种传统书写工具。其中，尤以湖笔、徽墨、宣纸、端砚最为有名,享有"文房四宝之首"的盛誉。

湖笔产地在浙江湖州善琏镇,因古属湖州府而得名,自元代起,湖笔取代宣笔地位。它以当地优质羊毛为笔毫,并以缜密严格的制作工艺精制而成。湖笔具有圆、尖、齐、健四大特点,被誉为"毛颖之冠"。因所用笔毫原料不同,而分为狼毫、羊毫、兼毫、紫毫等四大类。其笔杆质料多样,制作趋于工艺化,镂雕纹饰,达到了新的艺术高峰。

徽墨产于安徽南部的歙县、休宁等地。徽墨的创始人为河北易州籍制墨名家奚氏,制墨行业将其奉为"墨圣"。北宋宣和二年(1120),歙州改称徽州,"徽墨"由此而得名。明万历年间(1573—1619)的制墨业十分发达,向有"诗在盛唐,墨在万历"之誉,并形成以歙州地区为中心的"歙派"和以休宁地区为中心的"休派"两大流派。

宣纸产于安徽南部泾县,因历史上属宣州府,故名。宣纸生产始于唐代,以青檀树皮为主要原料,具有柔韧性强、洁白匀称、细腻手滑、不掉毛起皱、不怕卷折、不易变色和被腐蛀等特点,故有"纸寿千年"之说。根据制作工艺和配方的不同,宣纸可分为生宣和熟宣两种:生宣遇水易渗化,适于写意画;熟宣经胶矾浸染,遇水不渗化,适于工笔细描细写,是理想的书画用纸。

砚台是中国传统书画创作中用于研磨颜料的工具,早在汉代就已开始使用,并逐步形成"中国四大名砚",即产于广东肇庆的"端砚",产于安徽歙县、屯溪等地的"歙砚",产于山西绛州的"澄泥砚",产于甘肃卓尼县洮砚乡的"洮河砚"。

❖ 何谓吴派篆刻?

篆刻为东方传统专学,自明代以来,涌现了一些风格各异的派别。以文徵明长子文彭(字三桥)为代表的吴门派,在书画金石史上一直被视为篆刻典范。清代,苏州印坛有成就的篆刻家更多,刻印风格基本上继承了吴门派的特点,韵致潇洒,清雅古朴。

新中国建立后,篆刻逐步成为群众性文娱活动的一个组成部分,受各种流派影响,品种多样。20世纪80年代建立的"东吴印社",研究吴门派的继承和发展,进一步推动了苏州篆刻事业的发展。张寒月刻《鲁迅笔名印谱》、矫毅刻十二生肖印、沙曼翁自作《沙曼翁篆刻选》等,都先后出版了专著。

❖ 虞山派篆刻艺术为何能成为省级非物质文化遗产?

虞山派篆刻主要师承吴门派,但又吸取徽派之长,形成了苍老古朴又不失清新秀丽、沉稳凝重又不失气象万千的艺术风格。"虞山派"的概念在清乾隆年间(1736—1795)就已使用。虞山派篆刻取材多以石材为主,还有牙、玉、竹、木之类,兼及玛瑙、铜等,其传统技法还见于治砚铭、刻碑等。

篆刻技法有篆法、章法、刀法、边款。

篆法,即对篆字的取法。篆刻之篆字,须根据印章布置、印面需要,对其形状、结构、笔画进行变化安排。虞山印派篆法字形结构上紧下宽,如宝塔形和梯形,其层次如层楼重叠,又稳如泰山。

章法,就是"分朱布白",即设计过程,是治印中最重要的环节。它是将印面中的文字进行合理的组织排列,或疏密、或虚实、或呼应、或欹正、或盘屈,使之达到最佳的视觉效果。

刀法,目名虽多,但都类似。常用刀法可归纳为:单刀、双刀、冲刀、切刀、削刀等,虞山派篆刻的常用刀法,主要是冲刀、切刀或冲切结合。

边款,又称款识,是刻在印侧或顶部的文字。在篆刻中,一般称凹入阴文(白文)为款,凸起阳文为识。善用各种技法,使篆、隶、楷、行等各种书法等皆能入款。虞山派还吸收汉像等形式进行装饰,使边款格式多样化。

六、雕 塑

❖ 中国传统雕塑分为哪几大类?

中国雕塑,在悠久的发展历程中,形成了各自互为区分的门类。根据所用的不同领域,中国传统雕塑分为宗庙造像、寺庙造像、石窟造像、明器雕塑、陵墓雕塑和建筑雕塑等六大类。

❖ 我国的塑像起源于何时? 妆塑天才是苏州人吗?

我国的塑像,起于汉景帝末年(前141)四川成都学宫所造的石室,内供奉孔子坐像,七十二弟子侍立于侧。自从佛法东进,中印两国交通日繁,佛教艺术次第输入。由于宗教上的需要和帝王贵族的鼓励,六朝造像之风盛行。但莫高、云冈、龙门都是依山凿石而成,唐兹恩寺像虽是土制,而造型与凿石雷同。直到唐开元年间(713—741),才出了一位妆塑天才杨惠之,是吴县香山人。他在研究妆塑中,鉴于神是尘世中人们头脑中的反映,于是把神人化。他仔细观察胡僧的容貌,别创像新格,因此其创作的塑像奕奕有神,姿态衣褶委曲详尽。当时两京寺观争相罗致,他的塑像与吴道子的画分庭抗礼,人们惊叹其艺术之神妙,尊为"塑圣",并称杨惠之与吴道子为唐时的"双璧"。杨惠之著有《塑诀》一书,风诵当时,可惜久已失传。

❖ 甪直保圣寺内的塑像是唐塑还是宋塑?

甪直保圣寺内的塑像究竟是唐塑还是宋塑,专家们看法不一。

《吴郡甫里志》载:保圣寺"大雄殿供释迦牟尼像,旁列罗汉一十八尊,为圣手杨惠之所摹,神光闪耀,形貌如生,诚得塑中三昧,江南北诸寺所不能及"据此,有人认为是唐塑。但是这些塑像中清瘦者多,与盛唐时丰满瑰丽的风格不完全相同,而与北宋时的写实传神风格接近。又从形貌、衣纹及雕塑手法上考察,认定为北宋彩塑。还有人认为,从唐塑的体势、格局及艺术手法上可鉴定降龙罗汉是杨惠之原作的唐塑个体;从达摩、庆友尊者的风格写实和细腻表情上,可鉴定是宋代后期的宋塑;其余六尊罗汉是唐塑宋修,属唐塑范畴。

❖ 甪直保圣寺塑像妙在何处?

保圣寺古物馆犹如一座艺术宫殿,塑壁宏伟,云气舒卷,九尊塑像布列于满壁山水云烟之间。他们神情姿态各异,正中高处盘膝趺坐者,神气庄重端凝,有的说是梁武帝萧衍,有的说是达摩祖师,也有的说是玄奘。其余八尊塑像,有的面目清秀,有的气宇轩昂,有的庄严肃穆,有的安详沉着,有的神态慈祥,有的逸秀潇洒,有的深沉恬静,有的咧嘴大笑,显出超凡入圣的神情,等等。

塑像的衣饰造型,采用传统的装饰手法,充分发挥线的节奏感和运动感的表现力,强化某些造型因素,使衣服褶皱的线条自然清晰,收到节奏流畅、气势连贯的艺术效果,且富有丝绸的质感,人们几乎可以察看到隐在薄如蝉翼的袍袖下面手臂上的脉络。塑像的身躯与四肢的比例十分准确,神态逼真,各现妙相,充分表现了不同性格、年龄、经历的佛门弟子皈依佛法勤加修炼的情景。这一古代雕塑艺术的传世名迹,虽屡经沧桑,壁颓肢残,但其神韵却隽永深长,古朴动人。

❈ 东山紫金庵塑像有哪"三绝"?

东山紫金庵内的罗汉群像大小适度,造型准确,富有人情意趣。罗汉群像装饰十分精工,全是彩色汉装,衣褶线条流转自如,层次分明。雕塑手法把衬衣、中衣、袈裟三层服装交代得十分清楚,并能表现出丝绸、纻麻的质感。服装上的刻花填彩具有宋代瓷刻的风格。图案丰富多彩,有翎毛花卉、博古人物,是宋代装饰作风。这十六尊罗汉像是"金庵三绝"之一。

在十六尊罗汉像的上部,用仙山、浮云错落有致地托起四大天王和二十诸天像,以表现神的威严。其中一尊诸天像左手三个手指轻轻托起一块泥塑的两层绸质经盖(盖在经书上的绢帕),右手撩起经盖一角,经盖呈自然下垂状。皱褶流畅,几个婉转圆润的曲面,看上去十分轻盈柔薄,飘飘然如丝织锦绣一般,是"金庵三绝"之二。

三尊主佛佛坛背后,正对大殿后门塑有望海观音大士金身像,面容安详庄严,使人肃然起敬。双手交于腹前,神态闲适自若,姿态袅娜,表现了女性的温柔、聪颖。面庞丰圆,身躯肥腴,轻薄宽大的衣衫被和风吹拂得如春波荡漾。脚下是翻滚着的波涛。头上是祥云托起的华盖,石绿的盖顶如丝绸,饰有紫红缠枝牡丹花的绛红色盖面似苏绣绸缎。疏密适当的刻纹使盖面仿佛在微风中飘动。从下仰视,方见是 1~2 厘米厚的泥塑。这精湛的艺术珍品是"金庵三绝"之三。

❈ 东山紫金大殿三尊佛像妙在何处?

紫金庵大殿内正面佛坛覆莲宝座上是三尊周身饰以金装的主佛。居中为释迦牟尼佛,右边是琉璃世界消灾延寿药师佛,左边为西方极乐世界阿弥陀佛。三尊佛像并称为"释迦三世"。三尊佛像形制古朴,保存了唐代塑像丰腴的特点,并具有某些女性的特征,显得端庄慈祥。头梳螺形发髻,身披褒衣博带式袈裟,服饰古朴。结跏趺坐,背衬火焰、莲花及卷草组成的舟形佛光。两手垂放腹前,掌心向上,作禅定式。嘴角微翘,温而含笑,两眼俯视。前来礼佛的人凝目注视释迦牟尼微睁微闭的双目中的眼珠,观拜者来回走动,会见到佛像慧眼如活,随人而移,令人惊叹,是同类塑像中少见的佳作。

❈ 紫金庵十六罗汉塑像有哪十六种表情?

紫金庵十六尊罗汉塑像中,降龙、伏虎两尊高3尺5寸,其余皆高3尺4寸。所有塑像头部前额突出,额骨圆中带方,具有西域民族丰颊高鼻、粗眉大眼的特征,且富传神之妙,各自具有细致生动的表情:慈、虔、瞋、静、醉、诚、喜、愁、傲、思、温、威、忖、服、笑、藐。

第十章 礼仪民俗

一、习 俗

❖ 苏州"轧神仙"习俗是怎么来的？

农历四月十八日,吕仙诞日,苏州有"轧神仙"之俗,神仙庙即福济观,原在阊门下塘,相传八仙之一吕洞宾此日化为乞丐,混迹于福济观中救度众生,城乡民众聚集观中,以祈遇仙救度,称"轧神仙"。"轧"(音嘎)字,吴语谓人众不得出,而力附之曰轧(今则曰轧)。

苏州"轧神仙"庙会活动,起源于南宋淳熙年间(1174—1189),至今已有800多年历史。每年此日,福济观前每每形成庙市,糕团店做米粉五色糕,名神仙糕,帽铺制垂须钹帽,名神仙帽,虎丘花农担卖花草,名神仙花,还有神仙茶、神仙龟、神仙衣等,所卖之物皆以神名,市民此日剪万年青(苏州人称"千年蒀")叶弃掷大门口,任人踩踏,祝曰:"恶运去,好运来。"再到庙会上买新叶植之,谓之交好运。有病之人皆到观中"天医院"求神方治病。是日,城中妓院妓女皆至神仙庙烧香祈福(因苏州妓院以吕洞宾为其行业神,故此日必至庙烧香)。故清沈朝初《忆江南》词云:"苏州好,生日庆纯阳。玉洞神仙天上度,青楼脂粉庙中香。花市绕回廊。"

现在神仙庙移到了南浩街,每年此日苏州人仍然争先恐后在此轧神仙,俗信这一天遇到的每一个人都可能是神仙的化身,因此大家都要到神仙庙去进香或者在庙市上买些花鸟鱼虫,在人群里挤来挤去,希望"轧"到神仙,沾上点仙气,消灾祛病,延年益寿,交上好运,形成了三天热闹的庙会。

❖ 农历七月三十日苏州民间为何有烧"狗屎香"的习俗？

农历七月三十日,吴地民间有烧地藏香的习俗。地藏菩萨是佛教中与文殊、普贤、观音齐名的四大菩萨之一,他常现身于人、天、地狱中,救助苦难者。烧地藏香的习俗,至少在明朝时就已盛行。吴地人民还借此纪念元末起义在苏称王的张士诚。张士诚,运盐工出身,小名九四,由于不堪官府压榨,于1353年揭竿反元,起兵两年后攻入当时的平江(今江苏苏州),并改为隆平府。张士诚在苏州统治有10多年时间,他轻徭薄赋,颇得民心。1366年,朱元璋开始对张士诚进攻,一年后平江城被攻破,张士诚被俘,后被押解至应天府(今江苏南京),朱元璋想劝降张士诚,士诚不屈,朱怒,命斩杀之。相传士诚临刑时犹厉声曰:"天日照尔,不照我而已。"苏州民间至今仍有许多关于他的传说故事,苏州的酒酿饼(救娘饼)和

"狗屎香"、吴语"讲张"等都和张士诚有关。

民间传说,朱元璋破城之日正是农历七月三十日,为了帮助张士诚逃跑,家家都点燃棒香插在地上,掩盖张士诚马蹄印迹。朱元璋进城后问起,老百姓都说是烧地藏香消灾祈福,这样就此瞒过。后来知道张士诚被害,苏州百姓十分怀念他,每年七月三十日仍然点燃棒香纪念他,为避明朝的追究,因张士诚小名"九四",所以取其谐音,百姓将借以寄托哀思的地藏香称作"久思香"、"狗屎香"。有《海虞竹枝词》云:"端整今朝拜地藏,阶前灯火发光芒,来生缘自今生始,儿女争燃狗屎香。"张士诚作为明朝的敌人,一个失败的割据者,在苏州得到如此崇信,其是非善恶,吴人心中自然有杆秤,通过世俗的祭祀流露出情感倾向和选择,令人感叹。

❖ 苏州"观莲节"是怎么回事?

农历六月二十四日为荷花生日,称"观莲节"。太湖地区自古水网密布,植荷满塘,荷叶、莲子、莲藕都是水乡人家饮食不离的节令佳肴。旧俗,每到农历六月二十四日荷花生日那天,苏州城中市民多至葑门外荷花荡观荷纳凉,每多晚雨,游人赤脚而归,故俗有"赤脚荷花荡"之谣。蔡歆有诗云:"荷花荡里龙船来,船多不见荷花开。杀风景是大雷雨,博得游人赤脚回。"明代,著名文学家袁宏道把"六月荷花廿四"称为"苏州三大奇事之一",他还生动地记载了观荷游赏的盛况:"其男女之杂,灿烂之景,不可名状,大约露帏则千花竞笑,举袂则乱云出峡,挥扇则星流月映,闻歌则雷辊涛趋。"荷花生日也是青年男女相会的日子,正如张远《南歌子》所云:"六月今将尽,荷花分外清。说将故事与郎听,道是荷花生日,要行行,粉腻乌云漫,珠匀轻葛轻。手遮西日听弹筝。买得残花归去,笑盈盈。"

吴中观莲纳凉还有个好去处——西山消夏湾。据载,洞庭东、西山人善植荷,每当夏末舒华,荷花盛开,红、白、黄相映,接天荷叶,一望数十里,灿若锦绣,赏荷人络绎不绝。游人放棹纳凉,花香云影,避暑消闲。消夏湾传为吴王避暑处,清沈朝初《忆江南》词云:"苏州好,廿四赏荷花。黄石彩桥停画舫,水晶冰窨劈西瓜,痛饮对流霞。"如今苏州的拙政园等园林、相城区的"荷塘月色"、太湖东西山都已成为赏荷佳地。

❖ 苏州为何"冬至大如年"?

冬至是二十四节气之一,一般在大雪后15天。这时北半球白天最短,夜晚最长,又标志冬去春来,是冬春转变之时。关于冬至节的历史相当悠久,《周礼》中就有冬至祭祀日月星辰的记载。周代以十一月为正,故冬至为岁首,即我们今天俗称的"过年"。苏州人重冬至大约是泰伯、仲雍奔吴带来了周朝的历法形成的习俗,后虽改夏历但旧俗仍然流传下来。《汉书》中说:"冬至阳气起,君道长,故贺。"人们认为,过了冬至,白昼一天比一天长,阳气回升,同时也是一个吉日,应该庆贺。

苏州城内最重冬至节,有"肥冬瘦年"的说法。民间有送冬至盘、拜冬、祭祖、冬至团圆夜饭、饮冬酿酒、吃冬至团子的习俗。冬至前一夜称为冬至夜,是日妇女必须归婆家吃冬至饭,家家挂喜神像,拜祭祖先,小辈都至长辈处拜谒,称贺节、拜冬,一切礼仪如过年,谚云"冬至大如年"。徐士宏《吴中竹枝词》云:"相传冬至大如年,贺节纷纷衣帽鲜。毕尽勾吴风俗美,家家幼小拜尊前。"吴中农村冬至前一夜以糯米粉做团子,以豆沙、萝卜丝、猪肉等为馅,并互相赠送,称"冬至团",家家户户在冬至夜必吃团圆冬至夜饭,饮冬酿酒。周遵道《豹隐纪谈》记道:"吴门风俗,多重冬至节,谓曰肥冬瘦年,人家互送节物。"冬至夜家家开筵饮,称为节酒或分冬酒。如今,苏州百姓全家在冬至夜必祭祖、吃团圆冬至夜饭、饮冬酿酒的习俗,仍流传不变。

❖ 为何称"三伏"、"三九"?

要说"三伏"必须从夏至谈起,我们知道,夏至是北半球一年中白昼最长、黑夜最短的一天。《月令七十二候集解》关于"夏至"曾这样说:五月中,夏,假也,至,极也,万物于此皆假大而至极也。古代将夏至分为三候:一候鹿角解;二候蝉始鸣;三候半夏生。从汉代开始有过夏至节的习俗,到了宋代已经成为重要的节日,夏至之日始,百官放假三天。

古人用天干地支来计算时日。天干包括:甲、乙、丙、丁、戊、己、庚、辛、壬、癸。地支包括:子、丑、寅、卯、辰、巳、午、未、申、酉、戌、亥;干和支组合,每个干支为一年,六十个干支后(俗称"六十甲子"),又从头算起,周而复始,循环不息。记日按顺序先后排列,两个月六十日,刚好一个干支的周期。夏至后进入伏日,一般夏至后第三个庚日为初伏,第四个庚日为中伏,立秋后第一个庚日为末伏,总称伏日。相当于公历的七月中旬到八月中旬,正是我国夏季最热的时期。伏日人们食欲不振,往往比常日消瘦,吴俗谓之"疰夏"。饮食务必清淡,才能安然度夏。

在古代,冬至后,便算入九,要经历九九八十一天,春天就来到了,其中在第三个"九"和第四个"九"是最寒冷的时候,民间有"三九四九冰上走"、"三九四九,冻死猪狗"等说法,过此十八天,气温渐渐上升,到了"五九六九,沿河看柳",春天就触手可及了。所以,民间有"冷在三九"、"热在三伏"的说法。

❖ 二十四节气是怎么来的?

二十四节气起源于我国黄河流域,古代劳动人民长期观察自然、在测量太阳位置变化规律的基础上,把一年划分为若干"节气"。早在春秋时期,就有了仲春、仲夏、仲秋、仲冬四个节气。经过不断完善,到了秦汉,二十四节气已经确立。西汉问世的《淮南子·天文训》完整地记录了二十四节气。

二十四节气分布于一年的12个月中,常年每月有两个节气,一个是前半月,叫"节气",一个在后半月,叫"中气",我们习惯使用的农历中,也有"节气"与"中气",但闰年的闰月只有一个节气,没有"中气"。

二十四节气中的"节气"有:立春、惊蛰、清明、立夏、芒种、小暑、立秋、白露、寒露、立冬、大雪、小寒。

二十四节气中的"中气"有:雨水、春分、谷雨、小满、夏至、大暑、处暑、秋分、霜降、小雪、冬至、大寒。

节气的性质分别是:

表示季节类性质的节气:立春、立夏、立秋、立冬。

表示降水类性质的节气:雨水、谷雨、小雪、大雪。

表示物候类性质的节气:惊蛰、清明、小满、芒种。

表示天文类性质的节气:春分、夏至、秋分、冬至。
表示气温类性质的节气:小暑、大暑、处暑、小寒、大寒。
表示水汽类性质的节气:白露、寒露、霜降。

古代与二十四节气相对应的是物候历的"七十二候"和"二十四番花信风",以此反映自然物候现象,预示动植物的生长情况。

❖ **倒贴"福"字有何来历?**

"福"字是我国最古老的文字之一,远在甲骨文中就曾出现,按照象形文字,是装酒器具在神前的形状,用酒祭祀祖先神灵,祈祷祖先福佑。人生圆满谓"五福临门",关于"五福",古人是这样认为的,《尚书·洪范》:"一曰寿,二曰富,三曰康宁,四曰攸好德,五曰考终命。"俗信福气、幸福、福运都是福。福是人们追求的人生目标,都期盼一生福运常至、富贵永昌。

相传武王伐纣取胜后,姜太公开始封神,却把自己的妻子封为穷神,还告诫她说:"凡有福的地方,尔不能去。"民间为求富裕,家家过年贴"福"字,避穷神。"福"字,成为追求幸福生活的象征。传说,明太祖朱元璋攻占南京后,命心腹悄悄在曾经支持和帮助过自己的人家门上贴一"福"字,门上没有"福"字的人家则按暗通元贼杀掉。好心的马皇后得知后,为百姓消祸,令全城人家连夜门上贴一个"福"字。于是,各家都遵懿旨照办,其中有户人家不识字,还把"福"字贴倒了。朱元璋要命御林军把那家人全部杀掉。马皇后却对朱元璋说:"那家人知道您今日来访,故意把'福'字贴倒了,这不是'福到'的意思吗?"听了马皇后的劝告,朱元璋便消除了杀人的念头。从此以后,民间都将"福"字倒贴,讨个"福到"的吉祥口彩,相沿至今。

❖ **苏州人旧时喜欢贴什么年画?**

苏州人过年传统有贴年画的习俗,苏州玄妙观内,年终岁末,三清殿四周挂满了桃花坞木刻年画出售,以寿星、门神、天官、一团和气、芒种春牛等吉祥如意图案的年画最畅销,购买之人大多是苏州城四周的乡农,特别是春牛图最为热销,故殿前书画摊内有句行话"三春靠一冬"。如今桃花坞木刻年画已列入国家级非物质文化遗产保护名录中,苏州建立了桃花坞木刻年画博物馆,保存、展示、传承桃花坞木刻年画技艺。

❖ **送灶神的民俗文化含义是什么?**

民间祭灶,大约源于古人拜火习俗,古代祀祝融为火神,各地民间建有很多火神庙,古时称祭灶"为老妇之祭也,盛于盆,尊于瓶",后受儒道男尊女卑思想和阴阳理论的影响,认为火为阳,男属阳,月亮为太阴,女属阴,民间由此形成了"男不拜月,女不祭灶"的习俗。随着灶的出现,才出现了灶神,后来又将其纳入道教的神灵谱系。相传,汉时阴子方腊月做饭,见灶神现形,家贫祀以黄羊,后来阴子方富裕起来,民间俗信其祭灶虔诚有回报。宋以后,灶神成为道教的神灵,则改用素食祭灶。祭灶时民间有"官三、民四、船家五"的说法,由此形成了北方地区腊月二十三、南方地区腊月二十四、水上渔民等腊月二十五祭灶的习俗。祭灶的目的是通过灶神上天述职,祈求家庭平安、衣食有余。所谓"上天言好事,下界保平安"。

腊月二十四夜,苏州人称"念四夜",是送灶的日子。家家用饴糖捏成元宝样,称"糖元宝",不过用糖元宝祭灶神不是为了让灶神长一口结实的牙齿,而是想把灶神的嘴巴黏住,不让他在玉皇大帝面前述职时打小报告。还要用糯米粉裹豆沙馅为团,名"谢灶团"。祭祀完毕,把灶上神马揭下,用竹编为轿,铺上稻柴、松枝、石楠、冬青焚送门外,余灰撒屋顶,然后拨火中未烬轿镫取回纳灶中,谓之"接元宝",又有食之眼亮之说。

❖ 民间接财神有什么讲究?

财神是民间信仰出现较晚的神灵之一。据考证,财神的起源可以追溯到北宋,时人孟元老《东京梦华录》云:"近岁节市井皆印卖门神、钟馗、桃版、桃符,及财门钝驴、回头鹿马……"可见,祈财作为年画主题的习俗在北宋十分流行。

大约元代出现"财神"的称呼,有了祭财神的习俗。明代中后期,随着城乡商品经济的发展,人们追求财富的欲望愈益强烈,贸易需要四处奔走,古时候交通不便,风险比较大,商人都怀揣路神往来,以求路神佑其平安顺利。冯梦龙在《金令史美婢酬秀童》中写到,苏州正月初五,家家户户要祭献五路大神,谓之"烧利市"。其中的"五路大神"即"五路神",民间俗信东西南北中五路皆来财,路神由此演化为财神。随着社会的发展,人们渴望生意上的成功,平时祭拜各路神灵,特别是能够带来财富的财神已成为商贾普遍的习俗。清代、民国时期,财神供奉成为普遍的社会习俗,"贸易之家,必有赵公"。不同地区的人们根据自己的心愿创造了合乎自己需要的财神,形成了财神群体。中国人的财神有武财神赵公明、关羽,文财神比干、范蠡等。

路头是吴地民间对财神的俗称。据清顾禄《清嘉录》记载:正月初四夜半开始,爆竹震天,金鼓齐鸣,以争先为利市,苏州人俗称"接路头",必用鲤鱼和羊头,无羊则用猪头,取其"利余"等谐音。吴地城乡拜之尤盛,至今流行不衰。过去还有抢财神习俗,好事者抬财神巡街,鸣金燃鞭,经过某家门口,主人需"正衣冠,执香以迎,并陈物酬劳",抢路头成为苏州最热闹的春节习俗。

❖ 庙会有什么来历?

庙会,顾名思义,就是在寺庙附近聚会,进行祭神、娱乐和买卖活动。《辞海》这样解释:"庙会亦称'庙市',中国的市集形式之一。唐代已经存在,在寺庙节日或规定日期举行。一般设在寺庙内或其附近,故称'庙会'。"周代就有立社制度,而社神是土地神,每年春祈秋报,民众春天向社神祈求风调雨顺,秋天丰收后报答社神,都要进行社祭。自古以来,祭神时要用舞蹈、音乐娱乐神灵,这对后世庙会上祭神、娱神以至娱人的活动无疑有深刻的影响。所以,可以这样说,社祭是中国庙会产生的主要来源。

又因庙会的聚众作用,故庙会又称"庙市"。历代庙会大体可以分为:(1)综合性庙会,即有宗教、娱神、游乐等活动的庙会。(2)单纯庙会没有集市,把神像抬出庙外巡行,谓之迎神赛会。(3)以商贸为主的庙会,有的地方并无庙而也称庙会,如清代厂甸和天桥。尤其经过明清的进一步完善,庙会突出商贸功能,从而大多数庙会综合性比较强,成为人们经济生活、精神生活和文化生活的重要组成部分。

❖ 舞龙习俗是怎么来的?

我们知道,龙是华夏民族世世代代崇拜的图腾。古代,中国人信奉龙是能行云布雨、消灾降福的神奇之物。数千年来，炎黄子孙都把自己称为"龙的传人"。舞龙的历史十分悠久，早在汉代已有了形式比较完整的龙舞。舞龙最初应是一种祭祀，而非娱乐，成为助庆娱乐活动应是汉唐以后的事。据汉代董仲舒的《春秋繁露》记载，当时在四季的祈雨祭祀中，分别是春舞青龙，夏舞赤龙和黄龙，秋舞白龙，冬舞黑龙；每条龙都有数丈长，每次5~9条龙同舞。经过历代劳动人民近2000年的不断创新和发展，现在民间的舞龙不仅有很高的技巧性，而且表演形式越来越丰富多彩。全国各地有龙灯、布龙、草龙、百叶龙等种类。对于古老的大国来说，舞龙，祈祷的是风调雨顺、五谷丰登，"愿得十雨五风调，龙神甘泽洒潇潇"。正体现了舞龙所代表的劳动人民朴素的感情和美好的愿望。

❈ **狮舞习俗是怎么来的？**

狮子最早是从西域传入的，相传狮子是西汉张骞出使西域后，与孔雀等一同带回的贡品。狮子又是文殊菩萨的坐骑，随佛教传入中国，狮舞起源于三国。相关文献有"若今戏鱼、虾、狮子者也"的文字，这是关于狮舞最早的记载。北魏时四月四日佛降生日，有抬佛像游行的活动，也有"辟邪狮子导引其前"。就是狮子舞在队伍前面开道。唐代无论宫廷还是民间都喜欢狮子舞。又据《宋史·宗悫传》记载，公元446年宗悫在军队中创造狮子舞后传到民间。

由于各地的习俗不同，狮子舞在艺术上和造型上各具特色，形成了独特的地方风格，大体可以分为南、北两种狮子舞。北方以编演"武狮"为主，重功夫，动作矫健，技巧性高。南方一般多以"文狮"为主，表演重表情，动作细腻，活泼有趣。大体都起始于北魏和南北朝时期。狮子威武勇猛，具有驱邪镇妖的功能，能保佑人们四季平安，同时又是吉祥的化身，称为"瑞兽"。人们相信每逢佳节舞狮预示消灾除害、平安吉祥，因而狮舞深受历代百姓的喜爱，流传至今不衰。

❈ **庆生的习俗是怎么来的？**

满月礼是中国古老的文化传统之一，自唐代以来民间就有为新生儿做满月的习俗。唐高宗龙朔二年（662）七月，皇子李旦满月，这是关于满月礼的最早记载。过满月，是庆祝"家有后人"、"添丁之喜"。

苏州习俗重满月剃头礼。讲究男孩双满月，女孩则满月即剃头，如过月则将来女孩多凶蛮之人。吴俗"满月做九不过十"，吴语"十"与"贼"同音，同时遍请亲朋。举行剃头礼时，外婆家送给外孙金银项圈、手镯，刻有长命富贵的银锁片、银锁、老虎帽、虎头鞋等礼物。举行剃头礼时，红烛高照，点寿字香，供寿星、王母、星官像，产房则祭"监生娘娘"。剃头时由舅舅抱着，剃头师傅的喜份钱也由舅舅给，小孩剃头无须整齐，俗称"毛毛头"，剃头后首先要由孩子的母亲抱，然后由亲友递相抱抱，以示孩子将来不怕陌生，并挂上历本，撑上伞，由舅舅抱到名字好听的三座桥上走走，以图吉利。剃下的头发俗称胎发，圈成球挂两个吉祥如意的小铜钱，挂在床上的发禄袋上以压邪。现在有的家庭还用婴儿的胎发制成毛笔，还有的为孩子留下小脚印、手印，以作纪念。剃头礼毕，吃剃头酒，又称满月酒，主菜是满月面，除鱼肉双浇外，还有一对未剪须的大虾卧在面上。

旧俗，孩子周岁时的主要礼俗是举行抓周仪式，以卜孩子将来的志向，男用弓、矢、纸、笔,女则用刀、尺、针、缕,并加饮食之物及珍宝服玩,置之儿前,观其发意所取,以验贫、廉、愚、智,名为试儿。

二、称 谓

❖ "华夏民族"与"炎黄子孙"是怎么来的?

"华夏"是一个民族概念,其所指乃汉族的前身华夏族,又称"炎黄子孙",后又称汉族。因此华夏文明就是华夏族的文明,亦即中华民族的古代文明。

公元前5 000年左右,在黄河流域汉族的主体华夏族起源并开始进入新石器时代,先后经历了母系和父系氏族社会阶段。公元前2 700年左右,活动于今天陕西中部地区的一个姬姓部落,首领是黄帝,其南面还有一个以炎帝为首的姜姓部落,双方经常发生战争,最终黄帝打败了炎帝,两个部落结为联盟,并陆续攻占了周边各个部落,华夏族的前身由此产生,并进入部落联盟阶段。传说,在黄帝之后相继以禅让方式选出大部落联盟首领尧、舜、禹,因而后代被认为是炎黄子孙。从公元前21世纪以后,相继出现了夏(约公元前21世纪—前16世纪)、商(约前16世纪—前11世纪)、西周(约前11世纪—前771年)几个王朝。西周时,已出现华、夏单称或华夏连称的族名,以与蛮、夷、戎、狄相区别。春秋(前770年—前476年)时,华夷贵贱尊卑的观念十分强烈,有了文化和服饰等区分华夏与蛮夷的标准,经过汉朝几百年的统一融合和各个汉语族群之间的广泛交流,差异越来越小。加上汉朝持续而巨大的影响力,其他少数民族也逐渐融入华夏文化,华夏文明日益成熟发展,故华夏族人又被称为汉人。每当清明,炎黄子孙都要举行大型的祭祀炎帝和黄帝的活动,缅怀始祖,延续先祖的文化传统,持续至今。

❖ 中国人为什么自称是"龙的传人"?

在我国,龙的传说历史悠久,商代甲骨文中已有结构完备的"龙"字,龙的图案和传说更可追溯到遥远的史前文化。相传,姬姓的黄帝部落统一中原以前是以"熊"为图腾的,统一中原后,黄帝为了安抚归附的部落,放弃了原来的"熊"图腾,使用了一种新图腾,这种新图腾就是"龙",它是由原来的"熊"图腾的头部和一种"蛇"图腾的身子组合而成的。随着部落间的不断融合,逐渐形成了华夏大民族,其图腾也兼取了其他部落图腾的特征,将蛇身、兽腿、鹰爪、马头、鱼尾、鹿角、鱼鳞,合成中华民族共同崇拜的形象——龙。《说文解字》中关于龙的注解为:"龙,能幽能明,能细能巨,能短能长。春分而升天,秋分而潜渊。"自清朝开始,我国货币上多有龙的图案,光绪到宣统年间(1875—1911)的机制铜元、银元上都铸有千姿百态的龙形图案。龙图腾体现了中华各部落的大融合与大联合,所以它在世代中国人的心目中具有强大的生命力,也是中华民族无可估量的创造力和聪明智慧的象征。

全体中国人都以龙为图腾,称自己为"龙的子民",千百年来中国人以"龙的传人"自居。从精神意象上来看,有多种动物特征的龙的形成体现了民族平等和民主精神。目前,龙文化已成为东方文化重要的组成部分,正不断为人类文明做出巨大贡献。

❖ 姓氏是怎么出现的？

《说文》："姓，人所生也。古之神圣母感天而生子，故称天子。从女从生，生亦声。《春秋》《传》曰：'天子因生以赐姓。'"古人认为，因为人都是女子所生，故而姓从女从生，古人有姓，是为了"姓氏分而为二，男子称氏，妇人称姓。氏所以别贵贱，贵者有氏，贱者有名无氏……姓所以别婚姻，故有同姓异姓庶姓之别。氏同姓不同者，婚姻可通；姓同氏不同者，婚姻不可通（天下同姓是一家，故而同姓不婚）。三代之后，姓氏合而为一"。

中国姓氏的起源可以追溯到人类原始社会的母系氏族时期，所以中国的许多古姓都是女字旁。姓是作为区分氏族的特定标志符号，如部落的名称或部落首领的名字，典籍所记姬姓、姜姓，最初应皆从属母系姓族，姬、姜则是此种母系姓族之名号。进入父系氏族社会后，婚姻形态发生改变，妻从夫居，子女不再属母族而归于父族，世系以父方计，所以母系姓族遂转为父系姓族。秦汉以来，姓氏合而为一。国人姓氏大体形成了以姓为氏、以国名为氏、以乡亭之名为氏、以居住地为氏、以先人字为氏、以兄弟次第为氏、以官职为氏、以职业为氏，少数民族汉化以谥号为氏、赐改姓等来源。北宋初年成书的《百家姓》是一本关于中文姓氏的书，原收集姓氏411个，后增补到504个，其中单姓444个，复姓60个。《百家姓》与《三字经》《千字文》一起成为历代中国幼儿的启蒙读物。

中国姓氏文化源远流长，每一个姓都包含着独特的、丰富的文化内涵。它开枝散叶、生生不息，培育出千千万万优秀的炎黄子孙。

❖ 名、字、别号的区别在哪里？

古代，多数人，尤其是官员和知识分子既有"名"又有"字"，有些人名、字之外还有"号"。所谓"名"，是个人的特称，即个人在社会上所使用的符号。"字"往往是名的解释和补充，是与"名"相表里的，所以又称"表字"。男子到了20岁成人，要举行冠礼，女子长大后未许嫁的叫"未字"，亦可叫"待字"，故有"待字闺中"之说。女子15岁许嫁时，举行笄礼，也要取字，以方便家人呼唤。

早期的人名一般都很朴实，后来随着社会的发展，取名时，要慎重考虑，反复斟酌。《左传·桓公六年》记载，春秋时代命名的五个原则："名有五，有信、有义、有象、有假、有类。"并且提出取名七"不"："不以国、不以官、不以山川、不以隐疾、不以畜生、不以器币。"

古人除了名以外还有字，取表字十分讲究，但也有规律可循。如常见的有以下几种：

（1）按兄弟行辈中长幼排行的次第取字，如孔子排行老二，所以字仲尼。

（2）意义相同，即表字和名意义相同，如屈平，字原。广平曰原，意思相同。

（3）意义相近，即表字和名意思相近，但不完全相同，可以互为辅助，如梁鸿，字伯鸾。鸾和鸿都是飞禽，鸿雁和鸾凤可以互为辅助。

（4）意义相反，即表字和名意思正相反，如朱熹，字元晦。熹是天亮，晦是黑夜。

（5）意义相顺，即表字与名往往意思相顺，且字为名作补充解释或修饰，如曹操，字孟德。

古人除名、字外，还有"号"。号是人的别称，所以又叫"别号"。号除供人呼唤外，还用作文章、书籍、字画的署名，杜牧《樊川文集》等。也有人以外号闻名，如宋朝诗人宋祁写了

"红杏枝头春意闹"的诗句,人们便称他为"红杏尚书";大诗人李白才华横溢,人们便称他为"李谪仙"。人际交往中,除了称名、字、号以外,还有称"官爵"、"地望"的,古人认为这是最能表示尊敬的,如称杜拾遗(杜甫)、韦苏州(韦应物)等。

❋ 中国历朝名称有何来历?

中国历史上一种特有的纪年标识,开始于汉武帝刘彻。在这以前,都是按照朝代纪年,汉景帝去世后,汉武帝刘彻即改元,把自己当皇帝的第一年定为"建元元年"这是中国历史上第一个帝王年号。我国历史上共有600多个帝王年号。中国历朝名称的来历大体可以分为:(1)用初兴起的地方的地名,如秦、汉,项羽封刘邦为汉王,后刘邦击败项羽,统一中国,国号称"汉"。(2)用所封爵邑,如隋、唐,隋文帝杨坚之父杨忠,曾被北周封为"随国公",建国时候取隋为国号。唐高祖李渊的祖父李虎,佐周有功,被追封为"唐国公",爵位传至李渊,李渊起兵得天下,国号唐。(3)用当地物产,如辽(镔铁)、金;(4)用文字含义如大元(大哉乾元)、大明等。吴晗《朱元璋传》里这样认为,"大明"的意义出于明教(即摩尼教,唐代武后时传入中国,后来与祆教、白莲教等杂糅。会昌灭佛后,转为秘密宗教)。明教宣扬"明王出世"。韩山童自称"明王"起事,其子韩林儿继称"小明王"。朱元璋本系小明王部将,建立明朝,取国号"大明",据说这是刘基(伯温)的主意。朱元璋部下分为红军(武)和儒生(文)两种人,大明国号对这两种人来说皆感到满意。

清朝是满族建立的王朝,满族是女真族的一支,女真族在北宋时建立金国,明末女真势力强大起来,重建金国(后金)。后金为了向外扩张,割断了同明朝的臣属关系,清太宗皇太极把"女真"改为"满洲",把"金"改为"清"。

❋ "六亲"有何来历?

在人类社会之初,原始人群内部,杂婚盛行。随着人类的进化,两性关系中出现了道德和理性的曙光,乱伦禁忌形成,开始实行族外婚姻。婚姻制度经历了杂婚到血缘婚、对偶婚、一夫一妻多妾,再到一夫一妻制,由此血缘基础上的亲属关系趋于明晰,宗族制度也逐渐建立起来。古人认为,"六亲"是最基本也是最重要的亲属关系,成语有"六亲不认",如果一个人六亲都不认的话,也属于不孝不肖的子孙,基本是人人可以得尔诛之。据《左传》所说"六亲"是"父子、兄弟、姑姊、甥舅、婚媾、姻娅";司马迁的《史记》里说"外祖父母、父母、姊妹、妻兄弟之子、从母之子、女之子"为六亲;《老子》中说,以父子、兄弟、夫妇为六亲;《汉书》以父、母、兄、弟、妻、子为六亲。中国丧俗有"五服"的说法。"五服"是指兄弟姐妹、父辈、祖父辈、曾祖、高祖五辈,五服之内的兄弟姐妹应该拜的是同一个祖宗。

❋ "丈夫"、"妻子"和"老公"、"老婆"的称呼有何来历?

通常情况下,世俗已婚男被称为丈夫,女被称为妻子,这是尽人皆知的事。其称呼的来源大约是这样的:远古时期,我国许多部落都有抢婚的习俗,因此,女子选择夫婿,主要看该男子的身材是否伟岸勇猛,一般以身高一丈为标准;据说,只有达到这个身高的男子,才有可能抵御他人抢婚;所以,当时的已婚女子都习惯称自己的男人为"丈夫"。

"妻子"一词的来历最早见于《易经·系辞》:"入于其宫,不见其妻。"但在古代,妻子一词并不是男子配偶的专称。后来，随着社会的发展，"妻子"才成为所有男人配偶的通称。自古以来，"妻子"的别称很多，民间已婚男子对别人称自己的妻子为"内子"、"拙内"、"贱内"、"糟糠"等。

传说唐朝时，有一位读书人考中功名后，便产生了弃老妻再娶的想法。于是，写了一副上联放在案头："荷败莲残，落叶归根成老藕。"妻子觉察到丈夫的念头，便提笔续写了下联："禾黄稻熟，吹糠见米现新粮。"对得十分工整趣味。这个读书人读了妻子的下联，十分惭愧，便放弃了弃旧纳新的念头。妻子见丈夫不忘旧情，乃挥笔写道："老公十分公道。"丈夫也接了下联："老婆一片婆心。"从此，民间夫妻间互称就有了"老公"和"老婆"这样的称谓。

❄ "青梅竹马"有何来历？

"青梅竹马"一词出自李白的《长干行》，其诗云："妾发初覆额，折花门前剧。郎骑竹马来，绕床弄青梅。同居长干里，两小无嫌猜。十四为君妇，羞颜未尝开。低头向暗壁，千唤不一回。十五始展眉，愿同尘与灰。常存抱柱信，岂上望夫台。……"天真无邪的童年玩伴，折一枝花儿，骑一匹竹马。竹马，把竹竿当马骑；青梅，青色的梅子，寻常之物，一经诗人的提炼和生花妙笔的描绘，立即勾起了多少人美好的回忆，不禁陶醉于儿时的温馨旧梦之中。于是，"青梅竹马，两小无猜"，化为成语，在民间不胫而走，一直流传至今，成为从小一块长大又两情相悦的恋人的代名词。

❄ "东道主"称呼有何来历？

"东道主"一词，最早见于左丘明《左传》一书中的《烛之武退秦师》。晋文公和秦穆公的联军包围了郑国国都，烛之武巧劝秦穆公说："若舍郑以为东道主，行李之往来，共其乏困，君亦无所害……"秦穆公终于被说服了，和郑国签订了和约，晋文公孤掌难鸣，无奈只得退兵。在地理位置上，秦国在西，郑国在东，所以郑国对秦国来说自称"东道主"。后来，民间泛指招待迎接客人的主人为东道主，国家则成为"东道国"。

❄ "宗派"一词有何由来？

"宗派"一词在古代泛称宗族内部嫡庶与大小宗支，如南朝梁何逊《仰赠从兄兴宁寘南》诗："家世传儒雅，贞白仰余徽。宗派已孤狭，财产又贫微。"诗里说的是宗族人丁不旺。又明柯丹邱《荆钗记·哭鞋》曰："儿，你不念我年华高迈，不念我形衰力败，不念我无人养老，不念我绝宗派。"古人重子嗣，所谓"不孝有三，无后为大"，"绝宗派"即指没有兄弟和族兄弟。

现代"宗派"则指政治、学术、文艺、宗教等方面的不同派别，根据《辞海》所云，所谓宗派，是指政治、学术、宗教等方面自成一派而和其他派别区别乃至对立的集团，有时含有贬义。南宋王十朋《读东坡诗》云："谁分宗派故谤伤，蚍蜉撼树不自量。"又如，《西游记》第十四回："猴王道：'不劳师父盛意，我原有个法名，叫做孙悟空。'三藏欢喜道：'也正合我们的宗派。'"

世界上，宗教把所有的分支统统称为宗派。例如，已有1 800余年历史的中国本土宗教道教发展至明清时，正一道成为符箓派的代表，全真道成为丹鼎派的代表，形成道教两大宗派。此外,中国佛教出现过许多派别,主要有八宗,一是三论宗(又名法性宗),二是瑜伽宗(又名法相宗),三是天台宗,四是贤首宗(又名华严宗),五是禅宗,六是净土宗,七是律宗,八是密宗(又名真言宗)。基督教可以分为东正教、天主教和诸新教教派,犹太教可以分为正统犹太教、保守派犹太教和改革派犹太教,伊斯兰教可以分为逊尼派和什叶派。

❖ 陛下与殿下、阁下与足下的称呼有何来历?

所谓"陛",是指古时候皇帝的宝座有一个台,台上面有台阶,那个台阶叫陛。"陛下"最初是指站在皇宫台阶下的侍者,大臣向天子进言时,不能直呼天子,只得先呼台下的侍者而告之。后来"陛下"就成为对帝王的敬辞。另外,还有殿下、阁下、足下,意思与"陛下"是一样的。但称谓对象随着历史的发展而有所演变,汉代以后变为对太子、亲王的敬称,唐代以后只有皇子、皇后、皇太后可以称为"殿下"。同样"阁下"是旧时对一般人的尊称,常用于书信当中。由于社会上有一定身份的人互相见面不便直呼其名,常常先呼其侍从转告,将侍从称"阁下",后来逐渐演变为对挚友间尊称的敬辞。"足下"一词在古代意为"您"。相传晋公子重耳回国主政,大封功臣,曾以自己的腿肉让重耳充饥的介之推却不愿受封领赏,逃入山中。重耳命人烧山,想逼介之推出山,不料介之推却带着自己的老母亲,抱着一棵大柳树被烧死也不愿出山。晋文公为了纪念介之推,命人砍下大树做了木屐穿在脚下,平时总是看着脚下的木屐说:"悲乎,足下!"此外,还有麾下是对将帅的尊称。麾,本指古代指挥军队的旗帜。

❖ 不同的朋友关系有什么称呼?

古人云:"同门(师)曰朋,同志曰友。"就是说同窗读书的叫朋,志向相同的称友。古代还有许多不同的称谓表示各种朋友关系。不同阶层、不同关系、不同人物之间的朋友,称呼用语各不相同,十分有趣。

竹马之交:小时候就结交的朋友。李白有:"郎骑竹马来,绕床弄青梅。"竹马是儿童游戏时当马骑的竹竿,这里竹马代指童年。

莫逆之交:《庄子·大宗师》中有"三人相视而笑,莫逆于心,遂相与为友"之语,《北史·司马膺之传》中有"所与游集,尽一时名流。与邢子才王景等并为莫逆之交"之语,为其出典,指彼此情投意合。

刎颈之交:典出《史记·廉颇蔺相如列传》"卒相与欢,为刎颈之交"句。"刎颈之交"亦可谓"生死之交"。

患难之交:明焦竑《玉堂丛语·荐举》:"仲举与文贞在武昌,因患难之交,讷黑窑匠以一文,嗣初教书儒生以一诗。皆入启事,悉登台阁。"

贫贱之交:典出《后汉书·宋弘传》:"(光武帝)谓弘曰:'谚言贵易交、富易妻,人情乎?'弘曰:'臣闻贫贱之交不可忘,糟糠之妻不下堂。'"

另外,历代民间还有情谊契合的朋友叫金兰之交,以平民身份相交的朋友叫布衣之交,在道义上互相支持的朋友称"君子之交"等称呼。

三、礼　仪

❖ 中国传统礼仪制度的"六礼"、"七教"、"八政"是什么？

所谓"六礼"，即纳采、问名、纳吉、纳征、请期、亲迎。先秦时期，婚姻程序必须依"六礼"而行。秦汉以后，历代结婚礼俗虽基本承继了古之"六礼"，但由于"六礼"过于程式化和繁琐，普通百姓大多不拘泥于六礼，操办婚事根据各地经济、文化、习俗的不同而各具特色。

"七教"，即父子一、兄弟二、夫妇三、君臣四、长幼五、朋友六、宾客七也。

"八政"，一曰饮食，二曰衣服，三曰事为，四曰异别，五曰度，六曰量，七曰数，八曰制。

古人认为："修六礼以节民性，明七教以兴民德，齐八政以防淫。一道德以同俗。……"

中国传统礼仪制度的"六礼"、"七教"、"八政"反映的是以孝为中心的伦理观念，建立在父子、兄弟之上的血缘亲情关系，并由此规范形成了一整套社会礼仪，包括嫡长子继承制、森严的祭祀和丧服制度、"同姓不婚"制度、天子君臣诸侯体制等。这些体制就是宗法制下"家国同构"的儒家思想占主导地位的不断强化。

❖ 苏州人祝寿有什么讲究？

苏州地区生日和祝寿习俗历来十分讲究，亦颇具吴文化特色。民间俗信小孩大多做周岁、十岁、二十岁的生日，遍请亲朋，开筵祝贺，其他生日称小生日，视家庭情况随意而行，成年人则讲究做三十岁、五十岁、六十岁……有"三十不做，四十不发"的民间俗信，迷信"做九不做十"、"三十要做，四十要错"，五十岁以上做生日称为"做寿"。

苏州旧时做寿很讲究礼仪和排场，子女亲戚都要送寿礼，如寿桃、寿糕、寿面。糕面上要饰有松鹤延年、老寿星、梅竹松菊等象征长寿的吉祥图案，寿糕的数量与做寿人的年龄相等，且需成双成对。寿星的女儿、媳妇则要做羹汤敬献。家中正厅布置成寿堂，正中张挂八仙祝寿画轴或寿字轴以及寿联，上联是"福如东海千年秀"，下联是"寿比南山不老松"，亲朋好友送寿幛，大户人家还请社会上的名流写"寿序"，颂其功德，祝其长寿。供桌上红烛高烧，燃寿字香，并供有寿星、王母娘娘纸马，福禄寿三星立像，两杯酒、两杯茶，两双红纸裹好的筷子，寿面、寿桃、寿糕俱用红纸覆面上，另还有十素供，如荔枝、桂圆、枣子、松子、莲心……和寿星同辈之人只需拱手祝寿，小辈则须在拜毯上跪拜，称为拜寿，礼仪完毕则是寿宴，并请堂名和宣卷先生到家中演唱《祝寿歌》《八仙上寿》等以助兴。

❖ 鞠躬礼与拱手礼等有什么讲究？

鞠躬即弯身行礼，表示恭敬、谦虚，是一种对人敬重的礼节。"鞠躬"起源于中国，据考证，商代有一种祭天仪式"鞠祭"：举行仪式时，祭品牛、羊等不切成块，而将整体弯卷成圆的鞠形，再摆到神前奉祭，以此来表达祭祀者对祖先神灵的恭敬与虔诚。古时，汉族人相见、告别，需行拱手礼；如对方地位尊贵或身份显赫，需行跪拜礼。辛亥革命后，孙中山于1912年宣布取消封建社会的跪拜礼，以鞠躬礼为日常礼仪。

现在日本、韩国、朝鲜等国家普遍使用鞠躬礼节。鞠躬适用于庄严肃穆、喜庆欢乐的仪式场合,一般是下级对上级或同级之间、学生向老师、晚辈向长辈表达由衷的敬意。

拱手礼在我国历史悠久,《论语》中有"子路拱而立"的记载。说明春秋战国已经有拱手礼,古人是以人和人之间的距离来表现出"敬"的典雅礼仪意味的。古代行拱手礼,身体和手都不动,双手平伸指间交错,左手在外,两掌心向内,双臂前伸如抱一环,举手至颚,欠身行礼,今天行拱手礼还须有节奏地晃动。古人拱手礼因不同的对象而大体分为:

"帝揖"礼:手臂直伸举手过额,过去为祭祀用礼,后来被用来向皇室成员和宰相行礼。

"士揖"礼:平辈之间行礼,左手手心向内贴于低于胸口,直身行礼,此乃"士揖"或"下揖"礼。

"武揖"礼:双手抱拳,左手抱住右手,平身行礼,为周朝军礼,后为武者专用。

握手礼来自英国。只有英国(以及受英国影响的英联邦国家)等少数国家有见面握手的民俗习惯。意大利、法国等施行混合礼节(有握手,也有其他)。其他国家,如俄罗斯行拥抱礼。近代由于英国"日不落帝国"的地位,握手逐渐成为世界通行的外交礼节。

❖ 拜年礼有什么讲究?

拜年,是中国传统的民间风俗。每逢新春佳节,人们往往通过拜年这一特殊交际方式,表达相互间的祝贺与祝福。古时,上层士大夫有用名帖互相投贺的习俗,缘于朋友多,难以登门遍访,就使遣仆人带名片去拜年,称为"飞帖",各家门前贴一个红纸袋,上写"接福"两字,即为承放飞帖之用。此俗大约始于宋朝上层社会,至今的春节赠送贺年片、贺年卡,便是这种古代互送飞帖的遗风。清代贵族官宦人家,时兴在春节时送"拜盒",即将贺年帖放在精致美观的饰盒里送给亲友,以示尊重。

民间拜年风俗,据南朝梁宗懔《荆楚岁时记》载:"正月一日……长幼悉正衣冠,以次拜贺,进椒柏酒。"初一早晨,晚辈起床后,要先向长辈拜年,向长辈进献椒柏酒、五辛盘,以助阳气生发,祛除瘟疫,祝福长辈健康长寿。诗句"柏酒初开排日饮,辛盘连出隔年藏"描写的正是这一拜年习俗。长辈受拜以后,要将事先准备好的"压岁钱"分给晚辈,寓意晚辈新年无灾无难,顺利成长。苏州旧俗,"男女以次拜家长毕,主者率卑幼,出谒邻族戚友,或只遣子弟代贺,谓之'拜年'。至有终岁不相接者,此时亦互相往拜于门。"大约从清朝起,拜年又添"团拜"的形式,有"京师于岁首,例行团拜,以联年谊,以敦乡情,饮食宴会,作竟日欢"的记载。现在的拜年形式多样,有上门、电话、网络、手机短信、明信片等。

❖ 磕头礼有什么讲究?

关于磕头礼,《周礼》记载:"一曰稽首,二曰顿首,三曰空首。"郑玄云:"稽首,拜头至地也。顿首,拜头叩地也。空首,拜头至手,所谓拜手也。"这三种重要的礼仪都和磕头礼有关,民间头置地曰磕头。

古人认为,男人膝下有黄金,他们只对宗教、上天、皇权、长者以跪拜来表示虔诚和敬意。古时的求神祭祖,按年序长幼,跪拜加磕头。晚辈每到年节,都要给长辈拜年,跪拜磕头,祝长辈长命百岁。旧时,新婚夫妇在婚礼上也要跪拜祖宗和父母。旧时中国民间重礼成风,在一些重大节日里,跪拜是不可少的礼仪,跪拜磕头是一种仪式和尊敬的表示。但男人是绝对不会对女人下跪的。

在西方，男人可以对宗教下跪、对王室下跪，还可以对女人下跪。在西方郑重的求婚仪式中，男人通常要单腿下跪，手中拿着戒指和玫瑰花，很郑重地说出人生承诺。

在我国藏族地区，常见的磕头礼是：将双手合十高举头顶（寓意领受了佛的教诲），之后用掌触额部、口部、胸部各一次（寓意身、语、意与佛通融），双膝跪地，双掌分开支于地面，以额触地。另一种是磕长头，又称"等身礼"，双膝下跪，全身匍匐，额头触地，双手直伸，手心向下，然后收缩起立完成一个长头。还有"横向等身礼"，这是磕头礼最虔诚的叩拜礼仪，于最重要的佛寺、塔、神山等时采用。

现在一般都是小辈给家族长辈拜寿和长辈去世丧礼上行磕头礼。

❈ 男左女右习俗有何由来？

日常生活中，许多时候都盛行男左女右，约定俗成地渗透到了我们社会生活的各个方面。公共厕所，男左女右；戴婚戒，男左女右……中医诊脉男子取气分脉于左，女子取血分脉于右，看手纹也是男左女右。

古时候，相传日月二神是开天辟地的盘古氏双眼所化，日神是盘古氏的左眼所化，月神是盘古氏的右眼所化。按照中国传统儒家文化的观念，日为阳为乾为男，月为阴为坤为女，左为尊，右为卑。古人哲学观念认为，宇宙中一切事物都有两个对立面就是阴阳，《周易》中就蕴涵了这种古代哲学思想，男左女右正是这一观念的反映，由此渐渐形成了男左女右的风俗，尊左的习惯传延至今。

在西方，左与右的关系与圣经内容有关。左代表强大、保护。比如，国际通行的站位是男在女的左边，女在男的右手一侧，代表礼貌，因为这是保护的意思。

❈ 折柳习俗对中国文人产生了怎样的影响？

古人离别有折柳习俗。我国寓杨柳为送别的习俗最早见于我国第一部诗歌总集《诗经》，《小雅·采薇》："昔我往矣，杨柳依依；今我来思，雨雪霏霏。"因"柳"与"留"谐音，表示挽留之意，故而离别赠柳表示恋恋不舍的心情。据《开元天宝遗事》记载："长安东灞陵有桥，来迎去送，皆至此为离别之地，故人呼之为销魂桥。"古代长安灞桥两岸，十里长堤，一步一柳，由长安东去的人多至此地惜别，送亲朋的人折柳枝赠别，表达惜别之意。李白"年年柳色，灞陵伤别"描写的正是这个风俗。由此，历代在古诗文中常以"柳"为意象来书写离别，借此表达作者依依惜别之情、恋恋不舍之意。王之涣的《凉州词》云："羌笛何须怨杨柳，春风不度玉门关。"此外，"折柳"一词也寓含怀远和思念故乡之意。张九龄"纤纤折杨柳，持此寄情人"；李白"无令长相思，折断杨柳枝"，"谁家玉笛暗飞声，散入春风满洛城。此夜曲中闻折柳，何人不起故园情？"唐以后历代文人承袭了前代的遗风，在表达相思离愁别恨的时候也往往多用折柳典故。周邦彦《兰陵王》："柳荫直，烟里丝丝弄碧。隋堤上，曾见几番，拂水飘绵送行色。……长亭路，年去岁来，应折柔条过千尺。"明代郭登诗："年年长自送行人，折尽边城路旁柳。"在古代诗词中，我们还可以读到许多与"折柳送别"这种文化习俗相关的作品，虽然唐以后"折柳送别"作为一种习俗在社会生活中不一定是普遍的风俗，但对文人墨客的影响却是十分深远的，形成了中国文学史上一个非常重要的文化景观。

四、婚　俗

❖ **苏南水乡有什么特殊的婚俗？**

苏南旧式婚俗既丰富多彩，又繁缛讲究，大体遵从"六礼"而来，有详有略，富有水乡特色，又有许多自己独特的礼仪和禁忌。

比如，苏南婚俗来往礼仪及其使用物品讲究寓意重口彩，至今如此，传承不衰。旧时若男女八字合，门第品学也合，则由媒人转告女宅，择日传红文定，中上层人家则男家准备金质或镀金"求"字一圆，金锭一定，金如意一枝，免毫双管，取意"必定如意"口彩。果品四色或八色，如龙眼、荔枝、葡萄、蜜枣之类干湿果品，茶叶数十百锡瓶，所以女家纳征，俗称受茶，送至女家，女家则返以"允"字，并泥金年庚帖一副，银发禄一只，百果喜糕数十百盒，礼物既至，两家都具谢帖以送，须请亲朋中夫妇双全之人启封，谓之开盘。男家既得喜糕，散发诸亲友，女家则以茶瓶赠送亲友。铺床得由一对"花烛夫妻"、身体健康、家庭和睦的尊长进行。和合席、和合被不可缺少，铺床糕意为"团团圆圆"，床上撒上枣子、桂圆，取意和气恩爱，早生贵子。行嫁时，在整套丰富的嫁妆中"被子"和"子孙桶"为必备之物。桶内安放五只红蛋和红枣子，寓意"五子登科"和"早生贵子"。在太湖东山一带，嫁妆多少无限制，但"箱梯"（一种用于橱或箱中取物的小木梯）却是必有之物。进入男家以此梯为首，并随带两根甘蔗，取"步步高"、"节节甜"之吉意。

❖ **什么是"门当户对"？**

"门当"与"户对"最初是指古代大门建筑中的两个重要组成部分。门当原本是指在大门前左右两侧相对而置的一对呈扁形的石礅或石鼓，形状有圆形与方形之分，圆形为武官，象征战鼓；方形为文官，形为砚台。户对则是指位于门楣上方或门楣两侧的圆柱形木雕或雕砖，有的是一对（两个），有的是两对（四个），所以称为户对。户对的大小与官品的大小成正比。根据中国建筑学对称的审美需要，大门前有门当的宅院必有户对，所以，民间门当、户对常常被同呼并称。且门当的大小、户对的多少又标志着宅第主人家社会地位的高低和财富的多少，古人俗信石头有辟邪功能，如泰山石敢当之类，所以，门当和户对除了有镇宅、装饰的作用外，还是宅第主人身份、地位、家境的重要标志。后来，门当和户对就演化成了社会观念中男女婚嫁衡量条件的常用语。明凌濛初《二刻拍案惊奇》卷十一："满生与朱氏门当户对，年貌相当，你敬我爱，如胶似漆。"按照现代人对门当户对的理解，许多人认为，如果两个家庭有着相近的背景和相近的生活习惯，生活中也容易有更多的共同语言和共同的快乐，才会保持更长久的彼此欣赏，也才会让婚姻保持长久的活力。但是在某些特殊情况下，门当户对的世俗观念反而会把真正的爱情相隔开来。

❖ **娶新娘用花轿是怎么来的？**

用花轿迎娶新娘的礼俗，并非自古皆然，"轿子"这种交通工具在生活中出现并正式在典籍中留下记载，已经是晚唐五代的事。在此以前，无论官民结婚，都用马拉车辇迎娶新娘。轿子的前身——檐子(肩舆)的流行,至早也是初唐时代。大约自北宋中期起,开始有"花檐子"迎娶新妇的风俗,到宋室南迁后,花轿迎亲才成为社会性的时髦,并一直传承下来。

一说,此风源起于唐代北方士族违禁偷娶活动。汉末魏晋以来,实行九品中正制。士族大姓自恃门第高贵,耻与寒门结亲。唐高宗时,出身寒族的李义府官居宰相,想在七大望姓中娶个儿媳妇,竟到处碰壁。李相为此便劝说皇帝下诏,禁止这七姓子女互相通婚。同时,又派人重修《氏族志》,规定不论门第,凡得官五品者皆属士流。然而,这些望族人家不甘受此束缚,照样偷偷地议婚论娶,只因不敢公然冒犯天子诏令,便在娶亲的时候取消了车马送亲、吹奏等热闹的排场,改为天黑后悄悄弄一乘花纱遮蔽的"檐子",把新娘抬到男家结婚。后来"檐子"送嫁转为民间公开行为,但刻意装饰,以应婚礼场面之需,日后慢慢流变为描金髹漆的花轿。从此,花轿代表某种社会认可的明媒正娶的身份,似乎非如此不能得到舆论的认同和尊重,由此衍生出诸如纳妾收房、寡妇再嫁等婚姻活动不得乘坐花轿的禁忌。

❖ 贴"喜"字习俗是怎么来的?

《说文》:"喜,乐也。从壴从口。凡喜之属皆从喜。""喜"的引申义:快乐;高兴。

中国传统婚俗,婚礼上所有的物品包括嫁妆都要贴上"囍"字,洞房里更是不可缺少,随处可见大红"囍"字的图案。据说,这一习俗和宋代的王安石有关。王安石20岁进京赶考,路过马家镇,偶见马员外门口挂一盏走马灯。上书:"走马灯,灯马走,灯熄马停步。"不禁拍手称好。王安石考试结束第一个交卷,考官看到厅前飞虎旗,又出了一个对子让他对,"飞虎旗,旗虎飞,旗卷虎藏身。"王安石灵机一动,以"走马灯,灯马走,灯熄马停步"相对。考官见他才思敏捷,赞叹不已。王安石回来经过马家镇,想起走马灯对自己的帮助,来到马员外府上,被领进府中,马员外取出笔砚,请他对对子,他立刻写道:"飞虎旗,旗虎飞,旗卷虎藏身。"原来这个对子是为马小姐选婚而定的,于是,对子为媒,王安石娶了马家小姐。王安石在结婚当天正好来报他金榜题名,可谓双喜临门,王安石遂高兴地在红纸上用笔写下"囍"贴在门上。美事传千里,人们纷纷效仿,办喜事都贴起"囍"字来。

❖ 新婚为什么盖"红盖头"?

新娘之所以要蒙盖头,还与神话传说有关。传说在人类初开的时候,经历了大洪水,天下只有女娲兄妹两人。为了繁衍人类,兄妹俩商议,要配为夫妻。但他俩又觉得害羞,于是兄妹俩上到山顶,向天祷告:"天若同意我兄妹两人为夫妻,就让空中的几个云团聚合起来;若不让,就叫它们散开吧。"话一落音,那几个云团竟然缓缓近移,终于聚合为一。于是,女娲就与兄成婚。女娲为了遮盖羞颜,乃结草为扇以障其面。扇与苫同音。苫者,盖也。而以扇遮面,终不如丝织物轻柔、简便、美观。因此,执扇遮面就逐渐被盖头取代了。

还有一种说法,原始社会曾盛行抢婚,抢婚者一般要事先探好要抢姑娘平常活动的路线并埋伏起来,当姑娘途经时,就用武力将姑娘制服,为了不让姑娘记住回家的路,抢婚者用布和毯子蒙住姑娘的头。几经演变,就成了结婚时新娘要盖"红盖头"了。

❖ 闹洞房是怎么来的?

传说,闹洞房的首创者是大宋开国皇帝赵匡胤。赵匡胤登基之初,经常微服私访。一天看到一户人家娶亲,因为家贫雇不起吹打班子,赵匡胤便假扮班头,招来自己的御用乐队为这家人家娶亲助兴。到了晚上,他想起今天是五鬼之日,不宜婚娶,就和军师一起留下,趁新人向父母问安之时移棋于花烛之下,果见一恶鬼模样翻墙入内,赵匡胤制服了恶鬼,众人一看是个戴着假面具的强盗。回宫后,赵匡胤便下诏:凡百姓婚娶,务必用吹打乐队,邀亲朋喧闹通宵,以防不测。于是,民间开始有闹洞房的习俗。

其实早在汉代就已经有闹洞房的风俗。在班固所撰《汉书·地理志》中就已有记载。《全后汉文》还记载了民间闹洞房出人命的事件,说的是汝南张妙在杜士娶亲之夜闹洞房,因为杜士不听张妙摆布,张妙就把杜士倒吊在新房之中,酿成致使杜士死亡的惨剧。说明当时闹洞房是十分普遍的民俗,而且习俗粗鲁得很。现在的婚娶,闹洞房是亲朋向新人祝愿的美好仪式。

❖ 结婚为什么要喝交杯酒?

喝交杯酒就是古代婚俗中的"合卺"仪式。"合卺"是我国古代结婚的关键仪节。关于"合卺",最早的记载见于《礼记·昏义》"共牢而食,合卺而酳"。孔颖达疏:"以一瓠分为二瓢谓之卺,婿之与妇各执一片以酳,故云合卺而酳。"酳,指以酒漱口,称合卺仪式,又称合瓢,其实古人以瓠苦、酒甘,寓夫妇婚后同甘共苦之意。后演变为饮交杯酒之礼。据宋孟元老《东京梦华录》载:"用两盏以彩结连之,互饮一盏,谓之交杯酒。"吴自牧《梦粱录》又云:"执双杯,以红绿同心结绾盏底,行交卺礼。"后来这个具有深远寓意的"合卺"礼,就演变成宋以后婚礼喝交杯酒的习俗。至今,现代婚礼已经融入了许多西方的婚礼习俗,但婚宴上新人喝交杯酒的习俗依然未变。

❖ 结婚为什么一定要戴戒指?

结婚戒指的盛行,还要追溯到古罗马时代,为了使婚姻神圣化,原来普通的戒指成为男女婚嫁的信物。每当男子到女家求婚的时候,就会向女方家长奉上一枚戒指,作为正式求婚的表示,戒指上还有一串小钥匙,寓意新郎家的家门姑娘可以自由出入,财物也可以随意支配。西方国家男女结婚互赠戒指的习俗由此滥觞。

我国戴戒指的风俗开始于汉代的宫廷,但只限于嫔妃和宫女,当她们月经来潮的时候,就在左手上戴一枚银戒指,表示经期在身,不能侍奉君王。大约到南北朝时期戒指成为男女订婚的信物,有婆家的女子才可以佩戴戒指,后来这个习俗也被打破,女子无论何时都可以戴戒指。

戒指在国际上比较流行的戴法是:食指——想结婚,表示未婚;中指——已经在恋爱中;无名指——表示已经订婚或结婚;小指——表示独身。还有一种戒指,当你戴它的时候,无论你戴在哪里都不具有任何意义,这种戒指就是一般的花戒。这种戒指是起一种装饰的作用,可以戴在任何手指上。

❖ 什么是陪嫁?

苏州旧时结婚前,男家要向女家下礼,称聘礼,主要是衣衫首饰、金银钱钞等。女家也要准备以家具、被褥、衣衫、首饰、日常用品等为主的嫁妆。嫁妆是女子出嫁时从娘家带过去的东西,这在古代是女人的私人物品,又称为"陪嫁",婆家是无权动用和干涉的。在古代,侵占媳妇的嫁妆是很恶劣的行为,对家族名声很不利。陪嫁主要是因为封建时代"男尊女卑"的观念,女方父母准备陪嫁都要尽力而为,为的是女子嫁到婆家获得一点地位和尊重,能够过得舒心一点。大户人家甚至还有陪嫁的丫头。

苏州旧俗,喜期前一日或当日,女家将所有的妆奁发送至男家,谓"发妆",又有女家亲戚多赠送,以壮奁色,谓之"添房"。据载,苏州嫁妆以箱橱为主,有四橱八箱,次之对橱四箱,普通二橱二箱,有全红木、全榉木,或半红半榉,依家之资产夺定,与之配者有桌椅、盆桶、碗盏、杯盘等,或铜或锡或瓷及新娘化妆品,连生孩子的必需品都要预备,还要饰以锦袱、绣幔,丝绸绣被从八条到二十条不等,谓之"显被"。男家依女家提供的妆奁簿点收,谓之"点妆"。

新中国成立后,婚姻自主,但聘礼嫁妆的风俗依然延续着,并随时代的发展而各具特色。20世纪50年代,物资匮乏,生活条件较差,许多机关、事业单位都实行供给制,"聘礼"、"嫁妆"无从考虑,只要双方感情成熟,领取结婚证后,拆床并铺就可以成家了。60年代,物资供应紧张,日常用品都需凭票供应,苏州当时新人结婚需凭证才能适量供应物品,结婚成家十分简单、经济。70年代生活有所好转,女方陪嫁多是自行车、缝纫机、手表、收音机,所谓"三转一响"。80年代以后,人民生活水平有了明显改善,青年男女筹备婚事,陪嫁讲究家用电器,电视机、洗衣机、电冰箱成了必备的"三大件"。20世纪90年代以后,除了家用电器外还有嫁妆送电脑、摩托车、钻戒、金银饰品。21世纪陪嫁汽车、家具、家电、房子成为时尚。

❖ 结发夫妻的含义是什么?

古时候,青年男女两情相悦,私订终身,喜欢剪一缕青丝互为爱情的见证。古诗有"侬既剪云鬟,郎亦分丝发。觅向无人处,绾作同心结……"的咏唱,青丝互赠或互结,寓意永远相爱,不离不弃。

古代,苏州婚礼基本按照"六礼"行事,在举行迎亲礼的时候,还要举行开面、结发仪式。轿前竹绫旗,音乐悠扬,少年四人骑马前导谓之带亲,新郎到岳父家,先至厅堂用茶,再到岳父母房中休息,并受其嘱言。新娘则沐浴、更衣、燃红烛,用棉线卷去脸上的汗毛,谓之"开面"。梳头时还将新郎的头发梳入新娘的发髻中,谓之"结发",民间所谓结发夫妻,即此意也。苏州民间婚礼必有一对龙凤呈祥的红烛在洞房彻夜不息,陪伴新人,所以原配夫妻又称"花烛夫妻",至今如此。

五、丧 俗

❖ 中国传统的殉葬方式有哪些?

用活人殉葬,是奴隶社会的一种非常残酷的制度。殉葬人有活埋的,也有被杀或自杀后陪葬。中国的殉葬制度,就考古发现,最早始于殷商时期。商人相信人死以后,灵魂生活在另一个世界里,墓葬是墓主在另一个世界的居所,一切按照"事死如事生,事亡如事存"的礼制。在河南安阳发掘的奴隶主墓葬中,一般都有几个、几十个人殉葬,有的大墓中,有两三百人殉葬。秦国是在公元前384年废除人殉制度的,秦始皇死后,秦二世犹下诏:先帝后宫非有子者,出焉不宜,皆令从死。后宫嫔妃未生子女者一律殉葬,故从死者甚众。《史记·秦本纪》还记载,为了担心造墓的工匠泄漏墓中的机密,便将他们关闭在墓中,置于死地成为人殉,估计秦始皇墓中为之殉葬者将以万计。《中国古代殉葬考》云:清世祖卒,犹命后宫三十名殉葬。中国古老的人殉葬制度真正终止于清代康熙皇帝执政时期。

❖ 中国传统的葬式有哪些?

中国传统文化中的殡葬是"入土为安",所以土葬一直是中国人殡葬的主要方式。葬式,是指死者葬时的姿势(包括头的朝向)。主要葬式有:

仰身直肢葬 也称为仰卧直身葬,土葬中最通行的葬式,且均有随葬品。从考古发掘看,中国古代殡葬时,一般头向西,反映了古人向往西方"极乐世界"的心理愿望。

屈肢葬 在新石器时代和青铜器时代,屈肢葬式比较普遍。有屈肢直埋式和屈肢入棺式两种。据清朝的资料记载,四川、甘肃的少数民族地区当时仍然有屈肢葬的风俗。

丛葬 丛葬是指多个死者安葬在一具棺木、一窟墓穴中。丛葬也可能是同一氏族的合葬,即"聚族而葬"。

合葬 合葬是指有婚姻关系的死者合葬在一起,如夫妻合葬。考古者认为,夫妇合葬的普遍流行是西汉中期以后。乐府诗《焦中卿妻》有句云:"两家求合葬。合葬华山旁。"一般夫妻不会同时死去,所以需要虚左以待(男)或虚右以待(女)。

悬棺葬 中国古代葬式的一种。将木棺悬置于插入悬崖绝壁的木桩上,或置于崖洞中、崖缝内,或半悬于崖外。其俗流行于南方少数民族地区,悬置越高,表示对死者越是尊敬。

俯身葬 这是古代奇特的葬式之一。一般认为是对待少数人,如奴隶和罪人的一种非正常的葬式。

割体葬 这种葬式可能是罪犯的家人、亲属将死者埋葬的一种形式。

立身葬 就是身体直立埋葬。这种葬式比较少见。

火葬 以火把尸体烧成骨灰,然后安置在骨灰瓮中、埋于土中、撒于水中或空中,印度教、佛教盛行火葬,1949年以后成为我国殡葬处理尸体的主要方式。

天葬 天葬是蒙古族、藏族等少数民族的一种传统丧葬方式,人死后把尸体拿到指定的地点让鹰(或者其他鸟类、兽类等)吞食,认为可以将死者带到天堂。

水葬 世界上比较古老的葬法,即将死者遗体投于江河湖海的葬法。水葬在世界上大体有三种不同的方式:漂尸式、投河式、撒灰式。

如今中国基本是以火葬为主,火葬后再入土为安,或者放入安息堂或者陵园。现在又流行海葬、树葬等。丧葬的方式正随着人类社会的发展不断地改变着。

❖ 苏州传统的丧葬礼仪有哪些?

自古吴人丧葬之俗繁复隆重,繁文缛节,持续时间较长,迷信色彩浓郁,旧时有送终、陈尸、守灵、大小殓、做七、回煞、题主、开吊、出殡、守葬、守志等,丧葬民俗是社会生产和人们社会生活关系的反映,具有丰富的文化内涵和地方特色。

现简述如下:

送终 人将死时,预请女尼至床前念领路经,并用镜子放在将死之人的口前,验证有无水气,小辈无论远近都须召回陪夜送终。死者口含一小块银子,叫含口银,以防在阴间因饮孟婆汤而迷心窍。孝子用梯爬上房顶,手执亡人之衣唤其姓名,三呼而归,此衣裳再覆死者身上,俗称叫魂。死者还须剃发净身。

陈尸 若是家中老者去世,这时就把早已准备好的寿衣,俗称"老衣",拿出来给亡者穿上,俗信单数衣十三件或五件或七件,颜色男用蓝色女用红色,寿衣不钉纽扣,只缝系带。裤子则三条,衣料皆用冬衣料,谓阴间寒冷无夏之故,并携带无秤锤的秤杆,到离家最近的桥梁上,以秤钩衣,一问一答,从者问:"衣裳是啥人格?"孝子答:"衣裳是伲某某格。"号泣而归。

报丧 第二天凌晨即飞柬报丧,或派人口头报丧至亲朋好友,并请阴阳先生将死者的生辰八字及家属生肖推算一遍,书成一纸,覆于尸面,叫批书,其上写有何时小殓,何时大殓,何日接昏,以及一切冲忌等语。亲朋来吊丧,丧家见之并不招呼,只把丧仪的白布带子、黑纱掷之于地,吊丧者自己从地上捡起戴上,然后点燃三支香,隔着素幔到死者头前跪拜三次。

守灵 苏州地区孝堂布置,堂屋正中挂白帷幕,白纸书斗大"奠"字,死者遗像或挂或放于桌上,两旁是子媳亲友的挽联,今还有亲朋送的丝绸被面,花圈亦放在遗像边。灵床前设供桌,供品有鱼有肉荤素菜肴、香烛,如是80岁以上有重孙的则点红烛,中供佛像,瓶花一对,苏州有的地方还用一根红线,一端系佛手,一端系死者手指,说是由佛引导死者回归西方极乐世界。从死者断气开始计算,这其间晚上不能断人,须有人陪夜,儿媳、女儿要轮班烧纸锭和香,且有哭丧的习俗。

入殓 过去盛行土葬,用棺材盛尸,所以有大小殓之分,小殓即是死者入棺,不上棺旁之定胜及钉尾,不合棺缝。大殓则是封棺入土为安。入殓之日将棺木移至堂中,子女幼辈麻衣素服,号啕大哭。

做七 苏州民间丧俗还有借七、撞七的习俗。所谓借七,则死者死期未遇七,则须提前或推后以逢七为吉。旧俗,死者每七日必延请僧道送经,凡七次,俗称做七,进行斋十王、禅戒、给箓、破血湖、望乡台、谢十王、祭太平、放焰口等佛事法事。现在以"五七"为重,其他则简化之。

出殡 开吊完毕即是出殡之日,送逝者到火葬场。

❖ 什么是"招魂"?

在史料记载中,招魂的仪式起源非常早。周代的文献中有记载,死者亲属升屋招魂,手拿死者的衣服面北呼叫,如果死者是男的,就呼名呼字,连呼三声,以期望死者的魂魄返回于衣,然后从屋的后面下来,把衣服覆在死者的身上。苏州丧俗中,孝子用梯爬上房顶,手执亡人之衣唤其姓名,三呼而归,此衣裳再覆死者身上,俗称叫魂。

古代,客死他乡的魂魄找不到归途,这个魂魄就会像他的尸体一样停留在异乡,就是孤魂野鬼,不能享受子孙香火,没有投胎转生的希望。他的家人就要替他"招魂",使他听到家人的声音,他才能循着熟悉的声音归来。安排好死者的尸体,就要举行招魂仪式。《楚辞》

有《招魂》篇,汉王逸《题解》:"《招魂》者,宋玉之所作也……宋玉怜哀屈原,忠而斥弃,愁懑山泽,魂魄放佚,厥命将落。故作《招魂》,欲以复其精神,延其年寿。"过去招魂仪式的举行,必须慎重选择一个吉日。到了那天,丧家要在门前树起招魂幡,或者挂上魂帛。有的地方亲属还要登上屋顶呼喊招魂,让死者的灵魂回家来。

苏州旧时民间还有一种招魂术,孩子在外游玩回家突发高烧或者昏迷,家长就会在孩子玩耍的地方去招魂,认为孩子的魂灵被什么鬼拖住了,需要家人招魂解救。

❖ **古代不同身份的人死亡有什么不同的说法?**

崩:天子之死。
殁:诸侯之死。
卒:大夫之死。
寿终正寝:古人称成年男子,特别是老年男子的正常死亡。
寿终内寝:称成年女子,特别是老年妇女的正常死亡。
逝世:称一般成年人之死。
去世:称一般成年人之死。
谢世:对一般成年人之死的雅称。
长逝:称年高有德的人之死。
百年:称年高的长辈之死。
登仙:旧时称老年人之死。
作古:旧时称年长者之死。
陨:称元帅、大将之死(如将星陨落)。
夭:称幼年人之死。
羽化:古称成仙为羽化,称年高或尊长者之死。
弃养:对父母去世的委婉之称。
因寂:称佛或僧侣的逝世。
涅槃:称佛之死。
见阎王:谓做过坏事的人之死。
上西天:含贬义,对做过坏事的人的死亡代称。
榻冷:吴方言俗称死亡为榻冷。

六、食 俗

❖ **苏州人吃鱼有哪些习俗?**

距今七八千年前,太湖流域吴地饮食文化初见端倪。司马迁《史记》所称"饭稻羹鱼"是对当时吴地先民饮食最生动的记录。"吴"与"鱼"在吴方言中音同,在某种意义上,可以说"鱼"所代表的水产品是吴地饮食文化最显著特征的物证。苏州人饮食因四季岁时节令不同应时而生,具有鲜明的吴文化特征。譬如食鱼,苏州十二月皆有鱼鲜上市,时令一过,便少人问津,形成时令尝鲜习俗。

苏州民间跟着时令吃的鱼俗是:正月塘鳢鱼,二月鳜鱼,三月甲鱼,四月鲥鱼,五月白鱼,六月鳊鱼,七月鳗鱼,八月鲌鱼,九月鲫鱼,十月草鱼,十一月鲢鱼,十二月青鱼。在礼俗上,办喜事用青鱼,食鸳鸯鱼圆汤,居丧人家不吃鲢鱼。苏州人吃鱼讲究鳜鱼、鲥鱼要清蒸,肉质细嫩,原汁原味,鲢鱼吃头,青鱼吃尾,鲌鱼吃肺(即鲌肺),菜花开的时候吃塘鳢鱼、甲鱼。此外,清明前田螺、螺蛳上市,市民争买尝新。民谚有"清明螺,赛过鹅"的说法。一过清明有幼小螺蛳附在螺里,便不好吃了。

❖ 苏州的立夏见三新、卖时新是怎样的习俗?

苏州三四月天,柳絮飞扬,园林春盛,天气渐热,立夏日,旧俗设樱桃、青梅、元麦,供神享先,称立夏见三新,家家又设饯春筵,烧酒、酒酿、海蛳、馒头、面筋、荠菜、白笋、咸鸭蛋等节物为佐,蚕豆亦此日尝新。酒家赠主顾以酒酿、烧酒,称"馈节"。清沈朝初《忆江南》词云:"苏州好,豆荚唤新蚕,花底摘来和笋嫩,僧房煮后伴茶鲜,团坐牡丹前。"四月正是夏初时节,百果鲜品应候迭出,不绝于市,称"卖时新"。王鏊《姑苏志》云:"三四月卖时新,如王瓜、茄、诸色豆、诸海鲜、枇杷、杨梅皆迭出,后时者,价下二三倍。"古诗亦云:"山中鲜果海中鳞,落索瓜茄次第陈。佳品尽为吴地有,一年四季卖时新。"今吴俗仍重初夏尝新,东西山枇杷、杨梅、桃子、李子,乡民担卖于大街小巷,市民买而尝新,黄瓜、茄子则属蔬菜类,因四季皆有售,已无新意可言。

❖ 五月苏州人为什么喜欢尚黄鱼与鲥鱼?

吴俗五月食尚黄鱼与鲥鱼,其俗由来已久。黄鱼名石首鱼,鱼在海中乘五月间海潮而来,为吴中五月里的时令菜肴。有时天热黄鱼已有臭味,有"忍臭吃石首"之谚。旧时,城中居民必买黄鱼以荐先应节之需,谚云:"栀子花开石首来,箧中絮被舞三台。"言嗜食此鱼者,典当冬衣冬被买鱼烹食。又据《海错百一录》卷一引《吴地记》曰:"阖闾入海会风浪,粮绝不得渡,王拜祷,见金色鱼逼而来,吴军取食及归,会群臣,思海中所食鱼,所司云:暴乾矣,索食之甚美,因书美下著鱼为'鲞'字。"范成大《田园杂兴》云:"海雨江风浪作堆,时新鱼菜逐春回,荻芽抽笋河豚上,楝子花开石首来。"吴俗食黄鱼或煎或汤,有以莼菜与黄鱼同煮为羹者。

鲥鱼,属洄游鱼类,每年在海中育肥后,溯江而上,生育产子,最先进入苏州境内江面,肥腴细洁,是备受推荐的应时美味鱼馔。沈朝初《忆江南》词云:"苏州好,夏日食冰鲜,石首带黄荷叶裹,鲥鱼似雪柳条穿,到处接鲜船。"苏州人吃鲥鱼,多清蒸鲥鱼,吃的时候蘸以香醋和姜末,别有风味,此菜为江南三味之一。据相关资料,鲥鱼富含不饱和脂肪酸,具有降低胆固醇的作用,对防止血管硬化、高血压和冠心病等大有益处,且有强壮滋补、温中益气、暖中补虚、开胃醒脾、清热解毒的功效。

第十一章 节日节庆

一、旅游节庆

❖ **寒山寺除夕听钟声活动是怎么创办起来的？**

寒山寺除夕听钟声活动创办于1979年。日本人素有除夕听钟声的习俗，民间相传人生有108种烦恼，除夕听钟声108响，象征除尽烦恼，辞旧迎新，祈求在新的一年里吉祥幸福。同时，日本人熟知张继的《枫桥夜泊》诗句，也喜欢到苏州旅游。针对这些特点，1979年夏，苏州市外办与日本大阪府日中友好协会副会长滕尾昭等人士商讨，决定试办寒山寺除夕听钟声专项旅游活动。当年12月31日，中国国际旅行社苏州支社举办首届寒山寺除夕听钟声活动，日本大阪府组织"日本友好迎春团"等197名客人参加。本次活动受到了日本旅游界人士的一致好评，产生了很大的影响。此后，坚持每年举办，除夕之夜越来越多的日本游客不顾严寒和路途遥远，专程来苏州聆听寒山寺钟声。1980年参加人数506人，1986年1 600多人。

寒山寺听钟声活动内容丰富，组织有序，吸引了越来越多的国内外游客，成为苏州一年一度的重大旅游节庆活动。近年来，参加活动以国内游客和本地市民为主，到寒山寺听钟声的人数达5 000多人，参与系列活动的近10万市民。

❖ **中国苏州国际丝绸旅游节办了几年？**

20世纪80年代末，随着苏州市外向型经济的快速发展，迫切需要加强对外交流。当时，苏州作为一个地级市无权举办对外经济贸易洽谈会，苏州市政府决定，由旅游部门牵头举办国际丝绸旅游节，期间同时举办经贸洽谈会，以"旅游搭台，经贸、商业唱戏"为基本思路办节，促进全市旅游和外向型经济共同发展。苏州市旅游局会同丝绸公司等部门，多次到国务院有关部门申报、沟通，1990年7月9日国家旅游局以184号复函批准。当年9月25—29日，举办了首届"'90中国（苏州）丝绸旅游节暨经济贸易洽谈会"，9月25日在胥城大厦举行开幕式。1995年后改为每两年举办一次，1999年更名为中国国际丝绸节；2003年，以"中国国际丝绸节暨黄金旅游月"形式举办后，此项节庆活动停办。

❖ **中国苏州国际旅游节创办于哪一年？**

中国苏州国际旅游节创办于1999年。首届活动以"'99苏州旅游节"名称举办，由苏州市人民政府主办,苏州市旅游局会同苏州市有关部门承办,4月3日在苏州乐园隆重举行开幕式。本届旅游节以"园林、古城、水乡"生态游为主题,推出9项大型旅游活动。江南之春园林名花会展有虎丘花会、拙政园杜鹃花会、尚湖牡丹花会、昆山琼花郁金香会展等;历史名城吴地文化展示有博物馆精品展、书画展、地方戏曲汇演等;4月举办江南之春水乡古镇旅游节,有周庄国际旅游艺术节、"同里之春"旅游文化节、甪直水乡服饰文化旅游节;还有江南之春美食大会展、健民体育活动、苏州特色产品会展;同时,举行生态旅游摄影大赛;推出网师园古典夜游、盘门夜花园、北塔夜花园、南浩街神仙庙会等晚间旅游活动;推荐世界遗产园林经典游、水乡生态游等一批旅游线路。历时两个月的旅游节,将旅游、文化、体育、美食、购物各种活动汇聚于园林古城水乡生态游这一主题之中。

首届试办成功后,2000年正式定名为中国苏州国际旅游节,由国家旅游局和苏州市人民政府联合主办,苏州市旅游局承办。以后,旅游节期间的活动内容不断丰富,开幕式的形式也不断变换。

中国苏州国际旅游节以"天堂苏州,东方水城"为主题,突出活动的国际性、创新性和游客、市民的参与性,已成为苏州最重要的旅游节庆活动。

❖ **常熟"中国牡丹行"尚湖牡丹花会有什么特色?**

常熟市"中国牡丹行"尚湖牡丹花会创办于1992年,每年3月下旬至4月中旬举办。1992年3月,在尚湖风景区荷香洲公园举行首届花会开幕式。

江南水乡牡丹更显娇贵,曾有诗句曰"江南牡丹何处有,游人遥指荷香洲"。尚湖荷香洲公园的牡丹园,占地7 000多平方米,内有来自河南洛阳、安徽宁国、山东菏泽、江苏盐城、常熟地产以及日本、美国、法国等名贵品种150多种,八大色系精品牡丹一万余株,为江南之最。本着"以花为媒、广交朋友,旅游搭台、经贸唱戏"的宗旨,常熟市筹办了尚湖牡丹花会。花会活动内容丰富,有地方文化展示、民俗表演、异域风情表演、体育竞技、教育科普、书画艺术表演和展览等活动。以后,每届花会都有新亮点。

❖ **昆山周庄国际旅游艺术节创办于哪一年?**

昆山市周庄国际旅游艺术节创办于1996年。根据台湾地区著名摄影家汤思泮等人的倡议,在各级旅游部门的支持下,周庄于当年4月10—12日举办首届中国苏州周庄国际旅游艺术节暨摄影大赛,由中国、美国、日本、泰国、新加坡、马来西亚、加拿大等11个国家和地区的百余名摄影工作者云集周庄,著名摄影艺术大师陈复礼、吕厚民、简庆福及万余民众参加开幕式。节庆期间,摄影家们拍摄了大量周庄民俗风情和景观的照片,以写实和写意相结合,展示了迷人的风姿和景观,开创了旅游与摄影相结合的先河。

此后,昆山周庄旅游艺术节于每年4月举办,主旨是以旅游兴艺术,以艺术促旅游,每届活动都推出新内容。

❖ **吴江"同里之春"旅游文化节以什么为特色?**

吴江"同里之春"旅游文化节创办于1997年。当年4月18日,首届"同里之春"旅游文化节拉开帷幕,隆重推出以同里电视专题片为主题的大奖赛。期间,江、浙、沪15家知名电视台聚焦同里,从各个不同侧面展示了千年文化古镇的风情风貌,共摄制旅游风光片15部。其中,上海电视台的《吴江旅游印象》获特别奖,东方电视台的《同里街随想》、苏州电视台的《同里三味》获一等奖,江苏电视台的《同里民居》、杭州电视台的《水缘》、常州电视台的《古镇同里书香飘》获二等奖,镇江电视台的《寻梦到同里》、嘉兴电视台的《同里风情》、苏州电视台的《文风郁郁话同里》、吴江电视台的《桥韵》获三等奖。这些电视片分别在15家电视台播放,大大提高了同里的知名度。

此后,"同里之春"旅游文化节成为固定节庆,于每年4月18日举办,每届都推出以同里为题材、形式不同的主题活动。

❖ 为什么选择在西山举办梅花节?

西山梅花节创办于1997年,由吴中区人民政府组织举办,每年从2—3月中旬开始,历时一个月,主题是"梅香江南,春满太湖",以梅为媒、以梅会友。期间,有"赏太湖景、享农家情"乡村游活动,西山景区、光福景区等赏景点也推出多条探梅、赏梅线路,让人们走近春天,感受乡村生活。1999年,梅花节改为与上海市旅游委员会、江苏省旅游局、苏州市旅游局联合举办,同时举办梅文化研讨会。

苏州环太湖的东山、西山、光福三大景区,有梅林约30 000亩,以林屋洞的"林屋梅海"、"鸡笼梅雪"和光福邓尉的"香雪海"最为有名。烟波浩渺的太湖,凝若雪海的梅花,如诗如画,景象壮观,是游人踏青赏梅的好去处。其中,风景名胜林屋洞所在地的"林屋梅海"最佳,景点以林屋山为中心,西侧有以万亩梅海著称的梅园景区,驾浮阁、道隐园、九曲梅形线路,梅花亭和建设中的精品梅园、林中赏梅水溪等,组成了林屋梅海"驾浮观梅"、"林中探梅"、"水上赏梅"三大系列景观。

❖ 中国太仓郑和航海节为何创办于2003年?

中国太仓郑和航海节创办于2003年7月11日。当日,是郑和七下西洋首航600周年纪念日。为纪念郑和下西洋600周年,利用和发挥郑和下西洋起锚地的独特优势,以"热爱祖国、睦邻友好、科学航海"为指导思想,以"太仓走向世界"为主题,举办以郑和航海为重点的系列纪念活动。此后,经太仓市倡议、国务院批准,从2006年起将郑和七下西洋首航日7月11日,定为"中国航海日"。

❖ 常熟市还有哪些旅游节庆活动?

常熟市自1992年成功举办"中国牡丹行"尚湖牡丹花会之后,不断开发推出新的节庆活动。1999年开始举办宝岩杨梅节、沙家浜大闸蟹旅游节,形成"春季尚湖牡丹花会、夏季宝岩杨梅节、秋季沙家浜旅游节、冬季兴福寺新年听钟声"四大传统节庆活动。2005年开始,4月至5月举办中国(常熟)尚湖国际文化节,吸引了众多中外游客。

❖ 昆山市还有哪些旅游节庆活动?

1996年,昆山市开始举办形式多样、内容丰富的旅游节庆活动,其中影响较大的是昆山周庄国际旅游艺术节暨艺术作品大赛。1997年起,昆山市人民政府主办,昆山市旅游局、巴城镇人民政府联合承办的昆山阳澄湖蟹文化节,旨在利用阳澄湖蟹资源,弘扬蟹文化,树阳澄湖品牌,发展阳澄湖旅游业。节日期间,上海、苏州等地各界人士聚会阳澄湖旅游度假中心,参加捕蟹、识蟹、画蟹、咏蟹、写蟹、尝蟹、购蟹等活动,营造蟹文化氛围,促进旅游和经济发展。2001年起,举办亭林园琼花艺术节,由昆山市人民政府主办,建委、旅游局、文化局、广电局联合承办。每年有千余中外游客云集亭林园,观赏琼花,参与和观看琼花诗画灯展、昆曲演出、民乐演奏、评弹演唱和杂技表演等活动。锦溪镇2000年起举办民间民俗文化艺术节,2005年4月30日千灯镇举办首届文化旅游节,丹桂园举办金秋旅游节。此外,还先后举办华夏城乡游周庄首迎式、周庄俄罗斯画家油画节等一系列活动,打出了昆山旅游品牌,扩大了昆山在海内外的影响。

❖ 吴江还有哪些旅游节庆活动?

吴江市(2012年9月改为苏州市吴江区)自1997年开始,每年4月18日举办"同里之春"旅游文化节。2003年开始,于10月1日至10月31日举办吴江金秋美食节,由吴江市人民政府主办,市旅游局承办,市旅游协会、市餐饮商会协办。主要活动内容:零点菜单制作、菜肴零点服务、服务质量反馈。2005年10月1日至11月30日举办的第三届美食节,有20家餐饮企业参加,通过比赛产生了17位餐饮服务能手、10个吴江特色菜肴。静思园自2003年起,经常举办各种活动,如"中行之夜"、"南山松贺寿晚会"、"圣诞平安夜晚会"等。桃源镇投资1300万元建成文化中心、市民广场和苏南酒文化馆,于2003年10月26日举办具有浓郁酒乡特色的首届黄酒文化节,用节庆播扬该镇酿酒的悠久历史,用成果呈现"天下黄酒第一镇"的风采,此后每年的9—10月举办一次。七都镇于2002年10月12日在庙港社区举办首届太湖螃蟹节。此后于每年9月下旬至10月的适当时机举办,2005年9月26日举办了"中国七都第四届太湖螃蟹节",庙港社区建成的"太湖蟹文化馆"开馆,同时进行2005年七都镇南太湖美食评比活动。螃蟹节的成功举办,极大地提高了太湖蟹的知名度,促进了螃蟹经济的发展。

❖ 吴中区还有哪些旅游节庆活动?

吴中区自1997年以来,开始组织举办多项节庆活动。1997年开始,吴中区人民政府举办苏州太湖梅花节。1998年起,甪直镇政府每年4月举办苏州甪直水乡服饰文化旅游节,主要活动有:水乡服饰展示、"甪直杯"水乡风情摄影大奖赛、鸬鹚捕鱼、苏州评弹、民间手工艺、舞龙舞狮等丰富多彩的表演活动,为游客展现了一幅江南小桥、流水、人家的美丽生活画卷。2000年起,木渎镇人民政府每年9月至10月举办中国园林古镇木渎旅游节,活动内容有:"九九重阳木渎登山节"、"乾隆游木渎"民俗表演、"四大名绣"精品联展,以及游览冯桂芬故居"榜眼府第"等景点。2002年起,东山镇人民政府每年9月至10月举办东山民俗风情旅游节,主要活动有:橘子采摘、猛将会、观景点、尝船餐、宿农家、游太湖、茶艺与茶道展示、观看江南丝竹及台阁等表演。2004年开始,东山镇人民政府每年3月中旬至4月中旬举办洞庭(山)碧螺春茶文化旅游节,依托碧螺春的品牌优势,发展花文化休闲旅游和乡村农家游。2005年起,太湖国家旅游度假区举办中国太湖开捕节,太湖的船上人家保留着传统习俗:每年9月至10月太湖东南风吹过时,渔民举行盛大的开捕仪式,敬慰四方神灵,企盼开捕丰收。

二、传统节日

❈ **中国节日是怎么来的？**

中国节日大体是由年月日与气候变化相对应排定的节气时令、生产、生活演化而来。我国的节日由来久远，殷墟甲骨文中已有记载，早在商代我国就有了完备的历法纪年，古代农历把一年分成十二个月，在这十二个月中，按照气候的变化和动植物的生长规律分成"二十四节气"、"七十二候"，大约365天左右，由此构成了中国节日的计算基础。随着人类社会的发展和生产、社会生活、信仰活动的安排与调节，逐渐形成了各民族固定的传统节日。从内容上可以分为农事节日、祭祀祖先诸神鬼节日、纪念性节日、社交游乐等类。

节日的核心是民俗活动，所以从最初的风俗活动看，原始崇拜（图腾崇拜、天地崇拜等）、信俗和禁忌才是节日由来的渊源。总之，节日是我们祖先与自然关系调节、人与人关系调节的产物。如果说我们的生活是一棵大树，节日就是点缀我们生活五彩缤纷的花朵。

❈ **除夕是怎么来的？**

上古时代，人们对自然的变化充满了恐惧和无奈，凭借自己质朴而幼稚的原始思维方式去探索宇宙世界的奥秘，产生了许多禁忌和迷信观念，以为世间万物都有灵魂，需要人类祭祀安抚它们，希望它们不要危害人类。古代"腊祭"常在十二月举行，故秦汉以后这个月被称为腊月。但当时"腊祭"百神的日子并不固定，到汉代时，"腊祭"中还加入了"驱傩"活动，以此祛除恶疠。腊祭仪式结束以后，古人要进行宴乡活动，农村的腊祭活动主要有："田家作苦，岁时伏腊，烹羊炮羔，斗酒自劳。"就是说，种田人一年辛苦劳作，在腊祭的时候正好是庄稼收仓，可以烹羊炮羔；祭祖敬神之外，全家团圆宴饮，好好用美酒佳肴慰问一下疲乏的身心。秦汉是我国节日的形成期，在汉代新旧交替的季节，人们惧怕的是疫病与疠鬼，在庆祝丰收、迎接新年的时候，还不忘祛除疠与鬼，所以把这一夜称为除夕，除者，除去不祥之意也。除夕除去不祥的首要之事就是防止恶鬼进家门，挂桃木制成的神荼、郁垒的形象"以御凶"，演化到后来的贴春联、门神像，还有燔柴、烧火盆、燃放爆竹、烧苍术、烧避温丹、打灰堆、射祟等驱恶疠习俗。宋以后特别是明清以来，除夕避鬼的观念已经淡化，重视祭祖、团圆的意味更浓了。

❈ **苏州人除夕有什么习俗？**

按照苏州习俗，除夕重视家庭团圆饭，长幼咸集，俗称吃年夜饭，又称合家欢。菜肴丰富，且极讲究口彩，全鸡、全鸭、蹄髈、猪肉（成方形）称"四喜肉"，蛋饺称"元宝"，寓意招财进宝；肉圆称"团圆"；豆芽形似如意称"如意菜"；青菜梗长又色绿称"长庚菜"（"梗"与"庚"同音）；风干茄加果蔬称"安乐菜"；芹菜寓意勤勤恳恳；鱼，预示年年有余；紫铜暖锅里放有咸肉、肚片、笋片、蛋饺、白菜、白焐蛋等荤素菜肴，称全家福，象征家道兴旺。年夜饭毕，相约围炉守岁，"续明催画烛，守岁接长筵"，迎接新年到来。此外，除夕还有易门神、贴春联、祭井、祭床公、祭床婆、镜听等习俗。

❖ 春节是怎么来的？

春节，民间俗称"过年"，传统意义上是指农历正月初一，是我国民间最隆重最重大的民俗事项。春节的历史很悠久，它起源于古代庆祝丰收、祭祀祖先和神灵的活动。在我国最早的诗歌总集《诗经·豳风·七月》里，已经有描绘庄稼丰收，农夫们准备庆贺的场景："朋酒斯飨，曰杀羔羊。跻彼公堂，称彼兕觥，万寿无疆。"丰收后，人们准备好了美酒佳肴，济济一堂，举起牛角的酒杯，共同庆贺万寿无疆。

古时称正月初一为元旦，"元"意思是开始，旦即清晨之意，这一天是岁之元、时之元、月之元。所谓新年伊始，万象更新。辛亥革命以后决定采用公历，但中国民间，特别是广大农村，仍然按照农历来安排自己的生产和生活。民国政府又规定，公历新年第一天称元旦，传统的农历元旦则称春节，农历的"立春"节气又常常在此前后，所以称"春节"，意为迎接春天到来的节日，因而也显得顺理成章，得到百姓的认可，流传至今。

❖ 元宵节是怎么来的？

农历正月十五元宵节，又称上元节、灯节、元夕节，起源较早，可能与远古人类火把驱邪有关，古代还设庭燎。《周礼·秋官》记载，国家有大事情，要把竖在门外的大烛和门庭的庭燎点燃，为众照明，民间烧松盆亦是此意。

汉时正月十五有祭祀太一神的习俗，又与道教信仰有关。道教有三官大帝信仰，其中天官即在正月十五诞生，有所谓天官赐福、地官赦罪、水官解厄之说，所以此节又名上元节。元宵节由最初的宗教性习俗，逐渐演变成民间的庆团圆、求丰收的节日，其宗教内容已淡出人们的视线。

佛教与中国的元宵节关系密切，佛教传入中国大约在汉代。汉明帝信佛，元宵节亲自到寺庙张灯祭神。据古书记载，汉明帝时，传说释迦牟尼圆寂时天女建灯树，佛教中大神变日即满月，正相当于汉族正月十五日，为元宵的民俗与佛教相融提供了基础，这样的巧合对于宣扬佛法、争取民众有用，佛教不会不利用。唐时，敦煌遗书中有很多《燃灯文》供人们祝诵，可见燃灯是佛教重要的活动。所以，上元灯节会在唐代正式形成，可以这样说，佛教促进了正月十五张灯之俗的普遍化和正式形成。唐代，灯节观灯已极为盛行。宋以后，观灯以外还有打灯谜活动，猜灯谜给元宵节观灯增添了无限情趣。明清时候，苏州以十三日试灯、十八日落灯为例，阊门一带灯彩遍张，精奇百出。范成大诗注有琉璃球、万眼罗两灯，尤为奇绝，"叠玉千丝似鬼工，剪罗万眼人力穷"。人流如潮，辉煌火树，俗谚有"南濠彩子北濠灯，城门洞里轧煞人"。城中妇女则于此夜相携走三桥，以祛百病。古诗云："细娘分付后庭鸡，不到天明莫浪啼。走遍三桥灯已落，却嫌罗袜污春泥。"

❖ 清明节是怎么来的？

按农历，冬至后105天是寒食，到108天就是清明了。原来寒食是节日，而清明则是节气，到了隋唐时代就常把寒食和清明放在一起来说，唐人扫墓主要放在寒食的三天里，后来渐渐被清明所取代。寒食的风俗逐渐纳入清明节中，遂使"清明"这个农业上的节气，演变为中国的传统节日。清明节继承了寒食的禁火、乞火、扫墓、秋千、踏青、戴柳、放风筝、斗鸡、拔河等习俗。

关于"寒食"的来历，有这样几种说法：其一，源于周代禁火旧制，据《周礼·司烜氏》曰："中春以木铎修火禁于国中。"当时有逢季改火的习俗，改火前人们只能吃冷食，禁止取火。其二，源于纪念晋人介子推，这也是在历史上影响最大的一种说法，说介子推助晋文公重耳得国，却隐居绵山，晋文公派人寻之不得，就用烧山的办法让他出来，但子推宁死不出，为了纪念他，民间有寒食之举。

"清明"一词在春秋战国时已经出现，《管子》有"清明发禁"之说。清明成为节日当在唐末以后，清明是中国人民对自然的认识和古代历史文化累积相结合的结果。汉刘安《淮南子·天文训》云：春分后十五日，"斗指乙，则清明风至。"《岁时百问》："万物生长此时，皆清洁而明净，故谓之清明。"这是古人对清明的认识。

寒食节、清明节一脉相承，构成一种文化积累。清明节的文化品格也源于寒食节，扫墓与中国传统的忠孝思想、祖先崇拜直接联系起来，清明节真正的生命力也源于此。

❀ 清明期间苏州有什么传统民俗活动？

清明期间，苏州主要的民俗活动是扫墓、踏青、戴柳、看会、放断鹞。民间有"清明不戴柳，红颜成皓首"的俗语流传。谚云："正月鹞，二月鹞，三月放个断线鹞。"俗信此日放断鹞，可以除去自己的一切不幸和烦恼。曹雪芹《红楼梦》第七十回里曾有一段描绘林黛玉放断鹞的场景，说是为了"放放晦气"，黛玉是江南人，所以会有此举动。苏州民间扫墓毕，往往兼而踏青郊游。看会习俗明清为盛，抬出本城城隍到虎丘郡厉坛致祭无后代鬼魂，旌旗灿烂，队伍逶迤经过山塘街，故又称"山塘看会"。

❀ 端午节是怎么来的？

关于端午的起源，众说纷纭，或说起源于古代吴越民族祭祀龙图腾的祀神仪式，或夏至节气，或屈原，或曹娥救父，或伍子胥，或介子推等，纪念屈原是后来较流行的说法。史载，伍子胥为苏州筑造了阖闾大城，强吴练兵，为吴国强大贡献颇多，却被吴王夫差赐死，苏州一带百姓，端午划龙舟是为了纪念有功于苏州的伍子胥。

所谓龙舟，就是龙与船的结合，据有关学者推断，最早记载竞渡的传世史料，是西晋周处的《风土记》，其书记云："端午、烹鹜、角黍……竞渡。"在此之前的史料中未见有"竞渡"记载，可见，龙舟竞渡当是两晋之际成为端午民俗活动的主要内容的。在《荆楚岁时记》中曾云"五月五日……是日竞渡"。龙舟特征重在龙头、龙尾上，再装饰彩灯、旗帜、神位，龙舟赛前必须有请龙、祭龙的仪式，然后竞渡，其目的是娱神龙，祈风调雨顺、农业丰收，后来加入了著名的历史人物如屈原、伍子胥、曹娥等。

❀ 苏州人过端午节有什么传统风俗？

苏州端午节还有吃粽子、挂菖蒲、挂钟馗像等驱鬼避疫民俗活动，亲朋以粽子、团子、彩索、艾花、画扇相馈赠，此外，家家研雄黄酒末、菖蒲根和酒以饮，称雄黄酒，小儿还以雄黄酒额画"王"字以辟邪。苏州旧俗五月称毒月，有避五毒的俗信活动，五毒即蛇、蜈蚣、蝎子、蜥蝎、癞蛤蟆。民间俗信此月多灾多疫,生子易夭折,所以必须采取措施避难,小孩必穿五毒衣、虎头鞋,佩有雄黄、菖蒲、苍术、冰片、樟脑等成分的香袋,兰汤(柏叶、大风根、艾叶、菖蒲、桃叶等煮成药水洗浴)沐浴。家家贴午时符,堂中挂钟馗像,以驱邪魅。

❖ 七夕节是怎么来的?

七月七日乞巧节,或称七夕节、少女节、情人节、双星节。在最早的诗歌总集《诗经·大东》里载有:"跂彼织女,终日七襄。……睆彼牵牛,不以服箱。"这是我们今天所见最早的关于牛郎、织女两个星宿的记载。古人用非凡的想象力,把星辰想象成为一个人间美丽凄婉的神话故事,并歌之咏之:"迢迢牵牛星,皎皎河汉女。纤纤擢素手,札札弄机杼。终日不成章,泣涕零如雨。河汉清且浅,相去复几许。盈盈一水间,脉脉不得语。"东汉应劭《风俗通》中,也出现了"织女七夕当渡河,使鹊为桥"的记载。

❖ 七夕节苏州有什么旧俗?

苏州旧俗,七夕,女儿家焚香于庭,供瓜果礼拜双星,称"七巧会",令儿女辈悉参与,谓之女儿节。闺中女子于此日用杯瓶盛鸳鸯水,即井水与河水各半,置院中一夜,日出后,水面生膜,投针水上,视其水底针影,名为"乞巧",若针影如花,则谓之乞到巧了;如杵,则未乞到巧。或以青竹戴绿荷系于庭,作承露盘,明日早视盘中蜘蛛含丝者,谓之"得巧"。市面上叫卖巧果,妇女们在乞巧的同时,有"种生"、"弄化生"等习俗。"种生"就是在节前用小麦、绿豆、豌豆等放在陶瓦罐中浸水,生芽数寸后,在七夕日用彩线扎束起来,以为得子之佳谶。"弄化生"的习俗,唐时即有,将用蜡做成的小儿放于盆内,置水中祈子,由此形成了七夕"乞巧"、"种生"为主题的系列习俗。

❖ 中秋节是怎么来的?

农历八、九、十这三个月是一年四季的秋季月份,而八月十五正在三月当中,所以称为中秋节或仲秋节,又有八月半、团圆节之称。根据史籍的记载,"中秋"一词最早出现在《周礼》"中秋,教治兵"一语中。先秦时候,远古先民已经有祭月的习俗,但只是对自然的崇拜,嫦娥奔月的神话故事在民间流传广泛,到魏晋时,有"谢尚镇牛渚,中秋夕与左右微服泛江"的记载。直到唐朝初年,中秋节才成为固定的节日,中秋赏月在唐代已经很流行,唐时盛传"唐王游月宫"的故事。

中秋节的盛行始于宋朝,百姓视月为神,称为月神、月宫娘娘、太阴月光神,民间有一系列祭月活动。至明清时,已与元旦齐名,成为我国的主要节日之一。这也是我国仅次于春节的第二大传统节日。中国人历来崇拜月亮,月亮的圆满被认为好运无穷、幸福如意的象征,因而爱月、赏月、祭月等成了极富民俗特色和人情魅力的活动。

❖ 明清时代,苏州人过中秋节有什么习俗活动?

明清时代,每当中秋夜,苏州家家供上各式水果、苏式月饼、菱角、生藕谓之子孙藕,炉香灯烛,候月亮升起,必烧头香,妇女依次拜月,称"斋月宫"。还有走月亮、虎丘中秋曲会、石湖看串月、观前街看小摆设等习俗。

❖ **重阳节是怎么来的？**

重阳节原是避邪祈求长寿的节日，九月九日重阳节又称重九、茱萸节、菊花节，起源于避灾秋游的风俗。古时有佩茱萸、登高、饮菊花酒的习俗。1989年，我国将重阳节定为老人节或敬老节。关于重阳节的起源还有多种说法。最流行的说法——重阳避灾始于桓景说。梁人吴均《续齐谐记》曰："汝南桓景随费长房游学累年，长房谓曰：'九月九日，汝家中当有灾，宜急去，令家人作绛囊，盛茱萸以系臂，登高，饮菊花酒，此祸可除。'景如言，齐家登山。夕还，见鸡犬牛羊，一时暴死。长房闻之曰：'此可代也。'今世人九月登高饮酒，妇女带茱萸囊，盖始于此。"苏州地区登高习俗比较盛行，旧时登吴山，游治平寺，有牵羊赌彩之嬉。明清时吴山顶有机王殿，城中织机为业者，都要登高吴山鼓乐酬神。明申时行《吴山登高》诗云："九月九日风色嘉，吴山登高胜事夸。郡人齐出唱歌曲，满头都插茱萸花。"

重阳日饮食也颇有特色，充满了避灾祈祥的意味。旧俗，制五色花糕，糕铺遍插五彩小旗，父母家必迎女儿归安、食糕，九日天明，以方糕置小儿女额上，祝颂："愿儿百事俱高。"此外，民间认为九月九日是逢凶之日，多灾多难，须插茱萸、饮菊花酒以避邪消灾。重阳日往往有雨，是立秋后第一个寒信，城乡居民开始准备冬衣，苏州俗称重阳信（讯）。有谚云："重阳无雨一冬晴。"

第十二章 饮食文化

一、饮食文化知识

❖ **中华饮食文化分哪几个时期？**

中华饮食文化历史悠久，从产生、发展到繁荣，大致经历了五个时期的漫长历程，即萌芽时期（原始社会）、形成时期（夏、商、周）、发展时期（秦至宋）、成熟时期（元、明、清）、繁荣时期（辛亥革命后）。五个时期主要是根据以下几个方面来划分的：（1）食物原料品种；（2）餐饮器具种类；（3）烹饪工艺水平；（4）饮食市场状况；（5）饮食论著多少；（6）饮食文化交流；（7）食品的营养和安全等。

❖ **中国人的饮食原料有怎样的历史演变过程？**

中国人的饮食原料经历了长期的演变过程。原始社会新石器时代，有粟、猪等相对固定的原料。夏、商、周时期，我国原始农业向传统农业过渡，粟、稻、稷、粱、麦、韭、芹、芥、芋、桃、李、枣、榛、栗等已普遍种植，加上养殖业的进一步发展，已有了马、牛、羊、猪、鸡等禽畜，同时还有渔猎。秦朝以后，饮食原料开始丰富起来，据《齐民要术》记载，粟米的品种已有86种之多，唐代时北方也种植水稻；苦荬菜、蘑菇、百合、莲藕、菱、莼菜等野菜已由人工栽培，并不断培育出新的蔬菜品种，如从甜瓜中培育出越瓜等；汉唐时期，我国与周边地区和国家的交流不断加强，大量新品种不断传入，到宋朝时，已有黄瓜、胡荽、胡葱、胡豆、西瓜、海枣、海芋、莴苣、菠菜、丝瓜、茄子、占城稻等众多品种传入。元明清时期，中国进入封建社会后期，经济文化重心第三次南移，促进了南北方饮食文化的交流与融合，创新了许多新的品种，白菜就是在这个时期在南北方普遍种植的一种蔬菜；同时从国外引进了玉米、花生、辣椒、番薯、番茄、四季豆、马铃薯、花菜等一批新饮食原料。

辛亥革命后，中国结束了两千多年的封建帝制，中外交流进一步扩大，从国外引进了大批优质食物原料，有芦笋、朝鲜蓟、菊苣、樱桃、西兰花、奶油生菜等蔬菜类原料，有肥牛、珍珠鸡、鸵鸟、牛蛙、火鸡等禽畜类原料，有挪威三文鱼、太平洋鳕鱼和金枪鱼等水产品，还有美国提子、泰国山竹和火龙果等水果。随着农业的发展，粮食中发展出了广东"丝苗米"、福建"过山香"、天津"小站米"等名品，禽畜类中发展出了浙江金华猪等一批优良品种。此外，各种加工制品也越来越丰富。

❖ **中国人的餐饮器具是怎样发展的？**

原始社会时期，已出现了罐、碗、盘、杯、钵、鬲、甑等形式多样的陶制餐饮工具。夏、商、周时期，除了占据主导地位的陶制炊具和餐具外，在上流社会已主要使用青铜铸造的餐饮器具，如鼎、尊、壶、盘等，青铜鼎还被奴隶主当作象征身份的礼器。与此同时，已出现了质地精美的原始瓷器。秦汉时期，一般百姓仍以陶制餐具为主，但在上层社会则流行漆制餐具，如壶、耳杯、盘等；魏晋南北朝时期，瓷制餐具开始出现，到唐宋时期，瓷制餐具的数量和品种大增并迅速普及。秦汉以后，铁器的冶铸技术提高，耐高温、传热快的铁质炊具广泛使用。到元明清时期，中国瓷器制作达到鼎盛阶段，瓷制餐饮器具不仅广泛使用，而且类型众多、造型独特、装饰丰富。辛亥革命后，煤、煤气、天然气、液化气、柴油、电能等新能源在烹饪中广泛使用，餐饮器具已走向现代化。

❖ **中国菜的烹饪方法是如何发展的？**

在原始社会饮食文化的萌芽时期，对食物原料已有初步加工，产生了蒸、煮等烹饪方法。到夏、商、周，已经非常讲究选料、切配、加热、调味、造型、装盘等环节，烹饪方法又多了烧、烤、煨、熏等，同时出现了熬、煎、炸等新方法。从秦到宋这段中国饮食文化的发展时期，烹饪环节细化，烹饪技艺不断提高，最主要的是出现了炉、案分工和红案、白案分工，以及以炒、爆为特色的油熟法。元明清时期，烹饪工艺日趋完善，烹饪方法多样，制熟工艺有三大类几十种，包括烤、烘、熏等直接用火熟食的方法，利用水、油、物等介质来熟食的方法（这种方法又分蒸、炖、氽、煲等水熟法，炒、爆、炸、煎等油熟法，盐焗、沙炒、泥裹等物熟法），以及采用泡、渍、腌、酱等通过化学反应制熟食物的方法。民国后，先进的烹饪设备替代了传统的手工操作，食品工业出现并兴起，烹饪方法向现代化发展。

❖ **为什么有饮食文化？**

中国饮食涉及饮与食两个方面。"饮"主要是指代表酒精饮料的酒和非酒精饮料的茶等；"食"则指我国长期形成的以五谷为主食，蔬菜、肉类为副食的传统饮食结构，包括饮食观念、民情风俗、物产原料、烹调技术、饮食器具、饮食礼仪、食疗养生及有关人物轶闻、文献典籍、历史掌故诸多方面的知识。饮食之所以有文化，一是它是与人的生存同步发展的历史现象；二是每种菜系都是一种文化，积淀了无数厨师和文人墨客的心血；三是饮食现象有丰富的结构，如上所述；四是饮食中包括食客的心理情绪，甚至包含着祈福求吉的愿望以及天人合一、中庸之道等传统思想。

❖ **中国的饮食文化有哪几种类型？**

中国的饮食文化大致可分以下几种类型：(1)宫廷、贵族饮食。这类饮食的特点是选料用料严格、烹饪精细、花色繁杂。中国贵族饮食以孔家菜和谭家菜最为著名（谭家祖籍广东，又久居北京，故其肴馔集南北烹饪之大成，在清末民初享有盛誉）。(2)市肆饮食。这类饮食首先兴起于城市、州府、商埠及水陆交通要道，是随商业的发展而发展的。(3)百姓饮食。这类饮食即民间的家常菜，它是中国饮食文化的渊源，具有适口实惠、朴实无华的特点。(4)民族饮食。这类饮食是指除汉族之外的各少数民族菜肴,由于饮食习俗和爱好不同,形成了各具特色的饮食文化。(5)宗教饮食。这类饮食主要是指道教和佛教的饮食。道教饮食的烹饪特点是尽量保持食物原料的本色本性,注重养生;佛教饮食的特点是提倡素食,严守不杀生的教义。

❋ 中国菜肴的风味流派分哪几大类?

中国菜肴的风味流派分地方风味、民族风味和宗教风味三大类。地方风味有四大菜系、八大菜系和十大菜系之说。四大菜系是指川、鲁、苏、粤;八大菜系再加浙、闽、徽、湘;十大菜系另包括京、沪。民族风味丰富多彩、各具特色,主要是以满族为主的东北风味,以蒙古族为主的北方草原民族风味,以维吾尔族和回族为主的西北风味和西南众多少数民族风味。宗教风味主要有中国素菜和中国清真菜。

❋ 中国四大菜系的主要特点是什么?

川菜以四川成都菜为正宗,主要特点是味型多样、厚实醇浓,具有"一菜一格"、"百菜百味"的特殊风味。川菜调味离不开"三椒"(辣椒、胡椒、花椒)和"三香"(葱、姜、蒜),以麻辣著称,名菜有宫保鸡丁、麻婆豆腐、回锅肉、鱼香肉丝、榨菜肉丝等。

鲁菜是由济南和胶东两地的地方菜系发展而来的,主要特点是用料讲究,善用燕窝、鱼翅、鲍鱼、海参、鹿肉等高档原料做出厚味大菜。名菜有德州扒鸡、红烧海螺、清汤燕窝、葱爆羊肉等。鲁菜保存了孔子的一套饮食礼仪,对中国的北方影响深远。

粤菜是以广州菜、潮州菜、东江菜为主体构成的菜系,主要特点可用十六个字概括,即"清淡鲜活、南食北味、中西合璧、喜食野味"。名菜有烤乳猪、脆皮鸡、冬瓜盅、咕咾肉、烩蛇羹等。

苏菜即江苏菜,由扬州、南京、苏州三种地方菜发展而成,扬州菜亦称淮扬菜。扬州菜清淡适口、主料突出,以制作河鲜、鸡类著名;南京菜口味和醇、菜式细巧,用鸭制作的菜肴尤负盛名;苏州菜传统口味趋甜、配色和谐、清新多姿,时令菜应时迭出,烹制的河鲜、湖蟹、蔬菜尤为见长,名菜众多,如盐水鸭、水晶肴蹄、红烧刀鱼、油鸡、蟹粉狮子头、煮干丝、松鼠鳜鱼等。

❋ 四大菜系外的其他菜系有什么特点?

浙江菜(浙菜)集杭州、宁波和绍兴菜而成,杭州菜制作精细且变化多端,宁波菜鲜咸合一,注重保持原味,绍兴菜汤浓味重而富其乡土风情。名菜有西湖醋鱼、龙井虾仁、干炸响铃、油焖春笋、生爆鳝片、莼菜银鱼羹等。

福建菜(闽菜)以福州菜和厦门菜为代表。福州菜讲究吊汤,喜用虾油、红糟调味;厦门菜以烹制海鲜见长,以闽南口味为主,除具有鲜、淡、香、烂的特点外,略带酸、甜、辣的独特风味。名菜如佛跳墙、糟鸡、清汤鱼丸等。

安徽菜(徽菜)是由徽州、沿江、沿淮三种地方菜系构成的。徽州菜素以烹制山珍野味著称,善用山区特产,特点是芡大、油重、色浓;沿江菜多用烟熏;沿淮菜咸中带辣,汤汁口重色浓,惯用香菜佐食和配色。名菜如红烧果子狸、火腿炖甲鱼、符离鸡、红烧划水、清蒸花茄等。

湖南菜（湘菜）由湘江流域、洞庭湖地区和湘西山区三种地方菜系组成。辣味菜和烟熏腊肉是湘菜的共同特点。名菜如麻辣子鸡、霸王别姬、油辣冬笋尖、酸辣红烧羊肉、红椒酿肉、冰糖湘莲等。

北京菜（京菜）由宫廷风味、清真风味和山东风味构成。名菜如北京烤鸭、涮羊肉、拔丝苹果等。

上海菜（沪菜）又称海派菜，广泛吸收了外地的烹调技艺和西菜的一些烹调方法，形成了自己的海派风格。

❖ 中国四大菜系是什么时期发展成熟起来的？

元明清时期，在政治、经济、文化、地理、习俗等因素影响下，区域性地方风味饮食区别逐渐明显，地方餐馆广泛兴起，到了清代，我国主要的地方风味基本形成。可以说，中国四大菜系是在这个时期发展成熟起来的。

❖ 中国有哪些有名的风味小吃？

小吃是具有特色口味一类食品的总称，是宴会间点缀和早点、夜宵的主要食品。我国各地风味小吃十分丰富，主要有：

北京的焦圈、蜜麻花、豌豆黄、宫廷小窝头、三鲜烧麦、天仙居炒肝、爆肚等；上海的蟹壳黄、南翔小笼馒头、小绍兴鸡粥、排骨年糕、高桥松饼等；天津的狗不理包子、桂发祥麻花、耳朵眼炸糕、虾米豆腐脑、嘎巴菜、白记水饺、五香驴肉等；山东的福山拉面、蓬莱小面、蛋酥炒面、潍坊朝天锅、状元饺、煎包等；山西的烤橘、刀削面、揪片等；西安的羊肉泡馍、乾州锅盔；兰州的拉面、油锅盔；新疆的烤羊肉、烤馕、紫米八宝饭等；安徽的腊八粥、大救驾、徽州饼、豆皮饭等；福建的蛎饼、手抓面、五香捆蹄、鼎边糊等；台湾地区的担仔面、鳝鱼伊面、金瓜米粉等；海南的煎堆、竹筒饭；河南的枣锅盔、白糖焦饼、鸡蛋布袋、血茶、鸡丝卷等；湖北的三鲜豆皮、云梦炒鱼面、热干面、东坡饼等；湖南的新饭、脑髓卷、米粉、八宝龟羊汤、火宫殿臭豆腐；广东的鸡仔饼、皮蛋酥、冰肉千层酥、广东月饼、酥皮莲蓉包、刺猬包子、粉果、薄皮鲜虾饺、及第粥、玉兔饺、干蒸蟹粉烧卖等；广西的大肉粽、桂林米粉、炒粉虫；四川的蛋烘糕、龙炒手、玻璃烧卖、担担面、鸡丝凉面、赖汤圆、宜宾热面、夫妻肺片、灯影牛肉、小笼粉蒸牛肉等；贵州的肠旺面、丝娃娃、夜郎面鱼、荷叶糍粑；云南的卤牛肉、烧饼块、过桥米线等；还有江苏的风味小吃。

❖ 中国有哪四大名小吃？

中国的四大名小吃是：南京夫子庙小吃、苏州玄妙观小吃、上海城隍庙小吃和湖南长沙火宫殿小吃。

❖ 江苏有哪些主要的风味小吃？

江苏小吃格调高雅、历史悠久，主要有扬州富春茶点、金陵秦淮小吃、苏州观前街小吃和苏州糕团、无锡太湖船点、南通小吃等。主要名品有：扬州的三丁包、五丁包；镇江水晶肴肉；淮安文楼汤包、淮安茶馓等；南京的油炸干、豆腐脑、五香茴卤干、蛤蟆酥、乌龟子、鸭油酥烧饼等；苏州的梨膏糖、酒酿圆子、什锦莲子、藕粉圆子、千张包子、鸡酥豆汤粥、盐金花菜等小吃和苏州各式糕点；南通的藿香饺、文蛤饼、烤山芋、青蒿团、蟹包等。

❖ **中国面点的"面"和"点"指什么？**

中国面点制作历史悠久，内容广泛。面，一般指麦面、米面、杂粮面类原料；点，则是指点心，包括米、麦、杂粮等粮食作物经过加工后制成的各种食品。中国面点分北方风味和南方风味。北方风味主要有晋派（晋式）面点和秦派（秦式）面点；南方风味主要有苏派（苏式）面点、广派（广式）面点和川派（川式）面点。

❖ **中国菜名的含意有哪几种类型？**

菜点的命名是美的再创造，它能使菜点更具魅力、更耐人寻味。菜名的含意有许多类型，一种是写实性，如榨菜炒肉丝、清蒸鳜鱼、蘑菇菜心、沙河鱼头、腊八粥等，这种类型是直呼其名、制作方法命名、用地名命名、时令习俗等；另一种是寓情性，如"贵妃鸡"、"东坡肉"、"霸王别姬"等，这种类型常常用比喻联想的方法以首创人或事件典故命名；再一种是写意性，如八宝饭、枫桥夜泊、一帆风顺、掌上明珠等，这种类型常用依形取意的方法命名。

❖ **如何评价菜点色彩的好坏？**

菜点的色彩是客人欣赏菜点的第一感觉，有先入为主的作用，评价好坏有四个基本标准：

（1）色彩的搭配是否和谐。一桌筵席，配菜上应红、黄、青、白的色彩都有，一般菜点不能太红、太绿、太暗，凡颜色比较跳的本色菜应用盛器衬托而不要配其他颜色。

（2）色彩的主次是否分明。一般要以主料的颜色作为"基调"，不要喧宾夺主。

（3）色彩的对比是否恰当。色彩的对比既要鲜明，也要悦目。

（4）色彩的相貌能否增进食欲。一般黄色、红色可增进食欲，蓝色会使人厌食。

❖ **中国菜点有哪些造型艺术？**

菜点的造型艺术在筵席中起着十分重要的作用。冷菜作为筵席的第一道菜，同酒具、餐具等各种造型组成了一个完整的席面形式，它立于席面中央承担了筵席主题说明的重任。热菜是筵席的主体菜肴，是决定筵席档次高低的关键，而它的造型艺术决定着整个就餐过程的审美活动。冷菜和热菜的造型有许多共同之处，大致有随意式、几何式、装饰式和象形式四种。冷菜造型按其表现手法，可分为注重实用的平体造型、偏重于观赏的卧体造型和增加视觉感受的立体造型。造型的表现形式可分为自然造型和图案造型两种。自然造型是为了让菜肴保持原料自己特有的自然形态。图案造型可使菜肴形式变化、典型概括、完美生动，按手法可分为围边造型、点缀造型、盖帽造型和象形造型等。

❖ **中国菜点有哪些要素？**

中国菜点的要素可归纳为六个字，即色、香、味、形、质、意。"香"和"味"是菜点的实用或食用要素;"色"和"形"是菜点的美感要素,也可以说是一种烹饪美术;"质"即关系到香和味,也关系到色和形,兼有实用和美感;"意"是菜点的文化含意,是饮食审美价值的体现。

❈ 我国各地的饮食习惯有什么差异?

我国地域辽阔,饮食习惯差异很大,有"南甜北咸、东辣西酸"的说法。山西人、福建人和广西人、少数民族傣族人都爱吃酸,这是因为黄土高原和云贵高原以及周边地区,水土中含钙量高,多吃酸性食物能减少结石病。湖南、湖北、江西、贵州、四川以及东北地区的朝鲜族人等喜爱吃辣,民间流传有"贵州人不怕辣,湖南人辣不怕,四川人怕不辣"的说法,这与那些地区潮湿多雨有关,吃辣可以驱赶身体的湿寒。广东、浙江和云南等南方人爱吃甜,是因为那里盛产甘蔗,江苏的苏州和无锡也受其影响。北方人形成吃咸的习惯,是因为过去到了冬天很少有新鲜蔬菜,都在冬季来临前腌制蔬菜;他们也不是不爱吃甜食,是因为过去糖类食物比较难得,只能以"咸"代"甜"来调和口味。

❈ 中外饮食文化的差异主要体现在哪些方面?

中国和西方饮食文化的差异主要体现在饮食文化观念和饮食文化质体表现两个方面。在饮食文化观念方面,中国人讲求知以致用,看待事物以情为主导,趋向于价值选择,反映在饮食中,即重视菜肴的色香味形;而西方人重视理性分析,趋向于真假判断,体现在饮食中则是追求食物的营养价值。在饮食文化质体表现方面,中外也有以下三点差异:(1)原料使用上,中国人以农作物为主要原料,肉类为辅(除西北地区游牧民族外);西方人饮食则以肉类、面粉和蛋乳为主。(2)调味技术上,中国人注重调味,使菜肴具有风味个性;西方人对调味讲究量化分析和合理使用。(3)火候和烹调方法上,中国人对火候的把握有一整套的传统方法,烹饪方法也十分多样,有煎、炸、烤、炒、爆、炖、煲、焖、扒、涮、蒸、煮、烧等;西方人对火候的把握更多地体现在温度、量化数据等方面,烹调方法以煎、炸、烤为主,食味相对单一。除此之外,中外饮食文化在分解工艺、刀工、饮食行为等方面也存在较大的差异。

❈ "民以食为天"是谁家的饮食观念?

儒家的饮食理论认为,饮食即天理。"民以食为天"这句古训在中国自古至今广泛流传、家喻户晓,因为这是大实话,道出了人类生存的本能和自身发展的物质前提。这句话言简意赅,高度凝练地表述了民食即天理的伦理观念,把饮食提到至高无上的地位。从劝农书中的"民为邦本,食为民天"到"有奶便是娘"的民谚,都充分表现了"民以食为天"的深入人心。这一信念的确立,对国家来说,使历代王朝的当权者都把"足食"作为富国强兵的基本国策;对百姓来说,把追求温饱和美食作为人生的主要企盼。可以说,这也是中国饮食文化发展的原动力。

❈ 为什么中国人比较讲究进餐礼仪?

儒家以礼为中心的伦理思想,对中国的饮食文化起了重要的导向作用。重视进餐礼仪是礼制化的重要内容,也是饮食文化涉入人际关系的重要表现。一些古书中详细记有古人宴饮的程序和规范,如入席前要从容,不要变脸色,两手提着衣裳,离地一尺;不要掀动上衣,不要顿足发出声响;陈设菜肴要有顺序,带骨肉、炖肉、羹汤和调料,分别放在就餐者的左右远近,不能放乱;进食时不要光顾自己吃;用手抓饭,不要带汗泽;吃饭不要发出响声,到口的菜不要再放回菜盘;不要把骨头扔给狗;不要大口喝汤;不要当人的面调汤汁,也不要当众剔牙齿;等等。同时,还有许多贵贱区分、尊卑有别的礼制,从迎送宾客、入席仪态、陈设餐具到用餐姿态,都有详尽的规定。这些礼仪也体现了共餐的卫生要求和谦恭礼让的交际态度。应该说,中国人传统的进餐礼仪与体现现代文明的用餐礼仪在许多方面是一致的。

❖ **美食与餐具应如何搭配?**

美食与餐具搭配要做到色彩和谐、形态和谐、空间和谐、图案和谐与搭配和谐。所谓色彩和谐,就是色彩在对比上既不能太单调也不能过分强烈;一般来说,冷菜和夏令菜宜用冷色调食器,热菜、冬令菜和喜庆菜宜用暖色调食器,切忌食物与食器的颜色接近;在纹饰上,食物的料形与食器的图案要相得益彰。所谓形态和谐,就是肴馔的形态要与食器的形状相配,菜用菜盘,汤用汤盘,如整鱼菜一般用椭圆盘,鸡鸭菜用深斗池,熘汁菜用汤盘,汤菜用莲花瓣海碗等。所谓空间和谐,就是菜肴的数量要和器皿的大小相称,用盘盛菜时,以八成满为宜,不要漫过盘中的凹凸线。所谓图案和谐,就是要根据菜肴的掌故选用图案与其内容相称的器皿,如"贵妃鸡"可盛在有仙女拂袖起舞图案的碗盘里。所谓搭配和谐,就是一席菜不但品种要多样,食器也要形彩适宜。

❖ **如何欣赏食品雕刻?**

食品雕刻有平雕和立体雕两大类。欣赏食品雕刻,一要看主题,即立意如何。二要看题材选用是否得当,是否适应场合、对象、宴会的性质和目的,如婚宴一般以龙、凤、百合、玫瑰等为主,寿宴一般以寿星、仙鹤等为主。三要看构图是否符合造型艺术的要求,做到主次分明、虚实相间、疏密有致、节奏和谐、变化统一。四要看形象是否真实,是否富有神韵和感染力。五要看色彩是否赏心悦目。六要看意境如何,意境是艺术的灵魂,食品雕刻也需要在布局、神态和色彩等方面富有艺术联想。

❖ **如何鉴赏就餐的饮食环境?**

饮食环境主要是营造"吃"的氛围,因此安全和卫生是首先要鉴别的因素。饮食环境的美化有狭义和广义之分。狭义上的美化是指视觉上的效果,如家具、灯具、色彩、织物的装饰效果,以及各类实物在整体上的协调。广义上的美化除了形式外更包括抽象的内容,如环境的气氛和意境等,还要考虑就餐人群的审美特点。宾客的心理作用主要表现在对环境物象、气氛的心理联想,主要是书画联想和景物联想,即"触景生情"。决定饮食环境风格的主要因素是"时代"、"民族"、"流派"三个方面。"时代"有古典和现代之分,"民族"有中式、西式、少数民族风格之分,"流派"就更加多样。

❖ **中国的一些名菜有什么掌故或来历?**

在中国饮食文化中,一些佳肴美馔与奇闻轶事相伴而生,赋予了美食浓厚的人文气息。

下面简略举一些中国名菜的掌故或来历：

"游龙戏凤"是明朝的宫廷菜，"游龙"是指喜欢到民间微服私访的明武宗朱厚照，"凤"是指梅龙镇龙凤店店主李凤姐，后被皇上看中封为娘娘。这道菜因是凤姐进献皇上的美馔而被赐名。"游龙戏凤"传到民间后，选用的原料不同，风味各异，"游龙"可以是刺参、笋鸡和水发鱿鱼等。

"百鸟朝凤"是清代乾隆年间（1736—1795）的宫廷菜，又是给慈禧太后做六十大寿的吉祥菜。"凤"一般用鲜嫩的母鸡制作，"百鸟"用香菇条和火腿条外加鲜嫩的鸽蛋。

"雪月桃花"是天津市御膳楼名馔，是一种用一两只大虾制成的花卉造型菜肴，菜名是唐高宗与武则天赏雪中桃花时起的，反映了唐初的一派大好景象。

"涮羊肉"是北方地区的冬令美食，据传是忽必烈在行军途中因饥饿亲手切下羊肉片在铁锅沸水中一过，即捞起食用，后忽必烈当上元朝开国皇帝，下令御厨如法炮制，流传至今成了美味羊馔。

"八仙过海"是集多种名贵菜于一体的海碗汤菜，源于孔家名菜"八仙过海闹罗汉"，是受神话传说启发创作出来的。

"霸王别姬"是徐州古典名菜，"霸王"指老鳖，"虞姬"指鸡，是根据出现在徐州附近的历史名人和发生的历史事件创制的。这道菜营养丰富，意味深长。

"烧鱼丸"为浙江菜中的名品。"鱼丸"与秦始皇有关，秦始皇为稳坐江山一直寻找灵丹妙药，他爱吃鱼，但不能有刺，否则厨师要遭杀身之祸。有一次厨师在惊慌中无意把鱼给斩断了，无奈制成一颗颗鱼肉丸子在豹胎汤里煮透，结果深得秦始皇喜爱。因"丸"同"完"皆音，故把"鱼丸"改称"鱼圆"。这道鱼肴传到杭州后，加上山珍海味作配头，从此成了杭菜名馔。

"明珠鲍鱼"是一道豫菜名品，取鲍鱼、鸭掌和鹌鹑蛋烹制而成。传说这道菜与清雍正皇帝有关，他曾迷恋过一个渔家姑娘叫冯艳珠，这个多情女子为皇帝生了一对龙凤胎，雍正皇帝曾答应若生子名包玉，生女叫明珠。御厨为了成全母子三人的心愿做了这道菜，勾起了雍正皇帝的思念，终于答应召见冯艳珠进宫团聚。这是美食文化史中的一段佳话。

"东坡肉"是杭州菜之首选。苏东坡不仅是大文学家、大诗人，还是一位清官。他主政杭州期间致力于疏浚西湖，为民造福。逢年过节百姓纷纷送礼给他，他不好完全拒绝，就只收猪肉。后来，他令手下将猪肉一概切成方块，入锅焖得红酥香嫩后给民工过年享用，百姓为对他表示爱戴之情，称为"东坡肉"。

"鲤鱼跳龙门"是西安名菜。唐中宗时，有一位尚书令为了升官，选了五种名菜进献皇上，其中就有这道用黄河鲤鱼制作并借用"鱼跃龙门"的典故命名的佳肴。登龙门可以升官的道理也就成了这道秦菜名馔的内涵，后来历代名厨潜心研究刻意仿制唐菜，又创作出一大批风味菜馔。

"麻婆豆腐"是流传广泛的四川名菜。传说女店主脸上长有麻点，但做出来的豆腐麻辣可口、香味诱人，食客们遂命其为麻婆豆腐。

❈ **筷子是怎么来的？**

筷子是中华民族传统的进餐用具。原始社会人不会使用筷子，都用手抓食，因饭菜烫手,先用草茎木棍,久而久之就练出使用筷子的技术。汉代,人们称筷子为"箸"。可是,因"箸"与"住"谐音,渔民在捕鱼时希望顺风顺水,忌讳"住"字,所以就把"快"上加上竹字头,成了今天的"筷"字。

❖ 粥是什么时候开始有的？

在湖南长沙马王堆汉墓出土的14种医学方剂书中,有服用青粱米粥治疗蛇咬伤、用加热的石膏块煮米内服治疗肛门痛痒等方剂的记载。据考证,这批古医书约编写于春秋时期,这是关于粥最早的文字记载。由此可见,粥不仅是中国人喜欢吃的食物,而且也是中国医学的瑰宝。

❖ 馒头是谁发明的？

可以说,馒头是诸葛亮发明的。三国时,诸葛亮辅佐刘备攻下四川蜀国后,南边的"南蛮"洞主孟获总来骚扰。为解决后顾之忧,诸葛亮亲领蜀军征讨。南征需渡泸水,而那时泸水流域人烟稀少,瘴气很重而且有毒,有人就建议杀掉一些"南蛮"的俘虏,用他们的头颅祭祀河神以求平安。但诸葛亮主张用仁义来降服孟获,于是想出一个替代办法,即用面粉和成面泥,把捏成人头模样的"蛮头"蒸制后祭祀河神。此后,这种面食便流传下来并传到北方。因"蛮头"太吓人,后人用"馒"字代之,久而久之,馒头成了北方人的主食。

❖ 饺子是怎么来的？

据考证,饺子是由南北朝至唐朝时期的"偃月形馄饨"和南宋时的"燥肉双下角子"发展而来的,已有1 400年的历史。过年吃饺子,已成为我国北方的一种习俗。千百年来,饺子作为一种贺岁食品深受人们的喜爱。在漫长的发展过程中,饺子名目繁多,也有不同的称呼。古时有"牢丸"、"扁食"、"饺饵"、"粉角"等名称,唐代称饺子为"汤中牢丸",元代称为"时罗角儿",明代称"粉角",清朝称"扁食"。现在,中国南北方人都吃饺子,花样也越来越多,不同的用馅和不同的烧法有不同的称谓,如猪肉水饺、菜肉水饺、煎饺、蒸饺等。

❖ 面条是怎么演变而来的？

面条是一种起源于中国的古老食物,东汉已有记载,距今有近2 000年的历史。2005年10月14日,中科院在青海省黄河上游进行地质考察时,在一处河漫滩沉积物地下3米处,发现了一个倒扣的碗,碗中装有黄色的面条,最长有50厘米。据分析,这碗面条距今约有4 000年,这使面条的历史大大提前。面条最初只称为"饼",到宋朝才正式通用"面条"一词,中华面条既是经济饱肚的大众主食,也可作为招待宾客的上佳食品。面条不仅在中国有悠久的历史,在西亚北非地区也很早出现,信仰伊斯兰教的国家和地区的人爱吃面条,欧洲意大利人也爱吃。中国的面条由北方传到南方,由中国传到日本、朝鲜和东南亚。中国南方一些地区和东南亚国家吃的"米线",也是受面条的影响而创制的。

❖ 油条有什么典故？

据说,油条最早是杭州临安人发明的。油条起初叫"油炸桧",缘于人们对奸臣秦桧的痛恨。南宋高宗时,秦桧以莫须有的罪名杀害了岳飞父子,遭到南宋军民的愤恨。当时有两个卖早点的饮食摊贩,各自抓起面团,分别搓捏成形如秦桧和王氏的两个面人,绞在一起放入油锅里炸,并称为"油炸桧",引起民众大声叫好。于是,人们为了发泄对秦桧的愤恨,争相效仿,从此,各地熟食摊上就出现了油条这一食品,至今江苏、浙江、上海一带的人们仍把油条称为"油炸桧"。

❖ 什么叫"素食"?

早在佛教传入中国之前,中国已有素食的说法,原本有三种意思,一指白食,二指生食,三指平常饮食。佛教所谓素食的"素"是洁白的意思,也就是非鱼肉和动物类的食物,指植物性原料的制成品。禁止肉食是中国佛教教派从大乘教义中引申的戒律。佛家的荤食,还应包括气味浓烈呛人的蔬菜,如蒜、葱、韭菜等。

❖ 什么叫"斋"?

僧侣的进食称为吃斋,"斋"在印度佛教中的原意与"过午不食"的戒律有关,按照规定时间进食就称为"斋"。中国佛教中的"斋"与印度的"斋"有所不同,除了遵时进食外还有素食的意思。在印度和东南亚一些国家,包括我国藏传佛教和蒙古族、傣族等少数民族地区,佛教徒都可以食荤,唯有汉族佛教徒坚持素食。佛教的素食和斋戒对中国人的饮食习惯产生了很大的影响,同时也促进了中国素食的发展,并创造出素菜荤做的烹饪技术。

❖ 道家对中国饮食文化的贡献是什么?

道家学说在饮食上倡导以养生为尚,讲究服食和行气,以外养和内修调整阴阳,行气活血,返本还原,以求延年益寿。大凡追求长寿的人都倾向于素食,以谷物、蔬菜、水果等为主要食物。道家的益气养生学说促进了"食补"和"食疗"的发展,在中国衍生出"药膳"这一独特的食物品种。在养生食品中,最家常的豆腐就是汉代淮南王刘安门下一批方士修道炼丹的产品。由于"医食同源",故中药中的许多原料同时也是食物原料,可见,道家学说使饮食文化更加多彩。从医学观点来看,饮食得当,营养均衡,有助于身体健康,与现代的养生观念也是一致的。此外,道教炼丹的"火候"概念也影响了烹调的制作。

❖ 过去普通百姓为何信奉"灶王爷"?

过去家家户户都有管理烟火饮食的灶神。传说中的灶神有黄帝、炎帝、祝融之说,这都是大神。"家有灶王经,水火不能侵",灶神决定着一家人的生活、安危、善恶、功过,权力之大只有人间的王爷可比,因此又称灶王爷。普通百姓家常用五花八门的灶联,表达对灶王爷的恭敬和期望,体现了中国人的敬神观念。

❖ 饮食的不同行业信奉什么样的"神"?

过去,饮食的各种行业有各自的"行业神",一般都是攀附某个圣贤或名人,作为本行的祖师爷,以取得保护。例如,开肉脯的供奉屠狗起家的樊哙;糖坊供奉明朝开国功臣刘伯温(挑过糖担);豆腐店供奉西汉淮南王刘安(发明豆腐);菜铺供奉东汉文人蔡邕;酱园供奉书法家颜真卿;等等。

❖ **我国有哪些名酒?**

我国名酒很多,白酒类主要有:贵州茅台酒(芳名镇)、山西汾酒(汾阳杏花村)、四川五粮液(宜宾)、江苏洋河大曲(泗阳洋河镇)、四川剑南春(绵竹)、四川泸州老窖、安徽古井贡酒(亳州古井镇)、陕西西凤酒(凤翔柳林镇)、江苏双沟大曲(泗洪双沟镇)、四川郎酒(古蔺二郎镇);啤酒类主要有:青岛啤酒(厂建于1903年)、燕京啤酒(厂建于1980年)、13度特制上海啤酒等;葡萄酒主要有:烟台红葡萄酒、味美思、金奖白兰地、北京中国红葡萄酒、北京特制白兰地、长城干白葡萄酒、河南民权白葡萄酒、天津半干白葡萄酒等;黄酒主要有:浙江绍兴黄酒、江苏丹阳封缸酒等。

❖ **关于酒的起源有哪几种说法?**

酒来自自然界的微生物变化。在自然界中,果子成熟后从树上掉下来,果皮表面的酶菌在适当温度下会活跃起来,使果子中的葡萄糖转化为乙醇和二氧化碳,而酒的主要成分就是乙醇。我国是世界上最早酿酒的国家之一,关于酒的起源较有代表性的说法有:

(1) 上天造酒说。在《周礼》一书中,传说中国祖先的酒是天上"酒星"所造。

(2) 猿猴造酒说。我国古籍中关于这方面的记载不少,据学界推断,最初可能是猿猴将大量成熟的水果存在石洼里,水果经自然发酵产生带酒味的液体,后来被人类发现利用。

(3) 仪狄造酒说。一些史籍认为,仪狄是夏禹时代的人,《战国策》中有"帝女令仪狄作酒而美"之说,但有人提出酒在夏禹之前就已经出现。

(4) 杜康造酒说。因曹操在《短歌行》中写有"何以解忧? 唯有杜康"。但据学者考证,杜康不可能是发明酒的人,最多是第一个用高粱酿酒的人。

据考古发现,我国至少在7 000年前就已掌握了人工酿酒的技术。

❖ **哪些常饮酒属"蒸馏水"?**

酒按生产方式,分为蒸馏水、发酵酒和配制酒三类。所谓"蒸馏水",就是采用含糖或淀粉的原料经糖化发酵后,再用蒸馏方法提取的酒液。这类酒酒精含量较高,粮食蒸馏的有白酒、伏特加等,葡萄蒸馏的有白兰地等。

❖ **哪些常饮酒属"发酵酒"?**

所谓"发酵酒",就是采用含糖或淀粉的原料经糖化发酵后,再经过澄清、过滤、杀菌等工序而提取的酒液,这类酒度数相对较低,如黄酒、啤酒、葡萄酒等。

❖ **酒的高、中、低度是怎么划分的?**

酒按酒精含量的多少,分成高度酒、中度酒和低度酒。高度酒的酒精含量在38度以上,中度酒在20~38度之间,20度以下为低度酒。

❖ **我国的葡萄酒源于何时何地?**

我国最早生产葡萄酒的地方是新疆,即《汉书》上所说的西域。在古代中国,葡萄酒并不是主要的酒类品种,但在唐代我国西北地区已开始用葡萄蒸制葡萄烧酒,饮葡萄酒之风盛行,故有"葡萄美酒夜光杯"等著名诗句。元朝时,葡萄酒也曾大力普及过。我国最早酿造近代葡萄酒的企业是1892年华侨张弼士创建的山东烟台张裕葡萄酒厂。

❖ 啤酒是什么时候传入我国的?

啤酒,以大麦芽和啤酒花为主要原料,在公元前18世纪的古巴比伦是常见的饮料,后来啤酒的酿造技术从埃及传到希腊,到公元4世纪传到北欧后种类丰富起来。从欧洲传入我国是近代的事。我国最早生产啤酒的地方是哈尔滨,最有名的是青岛啤酒。青岛啤酒以浙江、江苏等地生产的大麦为原料,配以自产的优质啤酒花,用崂山泉为酿造水,采用德国的传统工艺精心酿制而成。啤酒含有丰富的氨基酸和维生素等营养物质,故被誉为"液体面包"。

❖ 茶是怎么来的?

茶是中国的国粹,茶叶与瓷器、丝绸为我国三大特产,也是与咖啡、可可齐名的世界三大饮料之一。茶叶的原产地在中国,唐代"茶圣"陆羽在《茶经》中已有关于茶叶的起源、产地、种植、采制、烹饮等记述。世界上很多地方的饮茶习惯都是从中国传过去的,但饮茶的历史却众说纷纭。有人认为起源于上古、起源是神农,有人认为起源于周代,也有人认为起源于秦汉、三国、南北朝、唐代等。

❖ 茶馆是什么时候开始有的?

茶馆是专门饮茶的地方,是饮茶文化发展到一定程度的产物。茶坊茶馆在我国两晋时已开始出现,唐朝时开始流行,到宋代盛行。清朝是茶馆最兴盛的时代,因为清朝统治很严,茶馆就成了市民百姓主要的市井活动场所。

❖ 茶道主要有哪几种表现形式?

喝茶能使人静心、静神,去除杂念和烦恼,茶道就是一种以茶为媒介的修身养性的方式。我国茶道主要有三种表现形式,即煎茶、斗茶和功夫茶。煎茶,就是将茶末放入壶中和水一起煮;斗茶,就是相互评比新茶品序的一种比赛活动,主要目的是品尝新茶,富有趣味性;功夫茶,就是讲究品饮茶汤的功夫,主要流行于福建、广东一带。茶道的内容除了讲究茶叶、茶水、火候、茶具和环境这五境之美外,还特别重视人的情绪,力求"味"和"心"一致。

❖ 我国有哪些名茶?

我国名茶很多,包括绿茶、红茶、乌龙茶、白茶等。绿茶是我国历史最久、分布最广、产量最多的品种,主要有杭州的西湖龙井、苏州的太湖碧螺春、安徽黄山的毛峰等。红茶出现于清朝,主要有安徽的祁门红茶、云南的滇红、江西的宁红等。乌龙茶也称青茶,产地主要集中在福建、广东、台湾地区一带,如武夷岩茶、安溪的铁观音、广东的凤凰单枞、台湾地区的乌龙茶等。白茶主要产于福建福鼎一带。还有湖南、安徽、四川的黄茶等。

❖ 绿茶、红茶、青茶、白茶、花茶区别在哪里?

绿茶是不发酵的茶叶,叶绿素未受破坏,故泡出来的茶色绿汤青,色泽光润,清香味爽。

红茶是一种全发酵的茶,发酵使多酚类充分氧化,因而形成红茶特有的色、香、味,泡出来的茶红叶红汤、水果香气,而且十分耐泡。青茶即乌龙茶,介于绿茶和红茶之间,属于半发酵茶,使鲜叶不充分氧化,冲泡后叶片上有红有绿,汤色黄红,既有红茶的醇香,又有绿茶的清香。白茶属于轻微发酵茶,通过萎凋、晒干或烘干,让芽叶自然舒展,满身披毫,色白如银,汤色清淡素雅。花茶是我国特有的茶,是用烘青茶叶和香花拼和窨制而成,如茉莉花茶、桂花茶、菊花茶等。

二、苏州传统饮食

❀ 苏州有哪些传统饮食被列入省级以上非物质文化遗产名录?

截至2011年,苏州市共有15个传统饮食项目被列入省级以上非物质文化遗产名录,它们是:

苏州洞庭碧螺春制作技艺(国家级)
黄天源苏式糕团制作技艺(江苏省)
稻香村苏式月饼制作技艺(江苏省)
叶受和苏式糕点制作技艺(江苏省)
采芝斋苏式糖果制作技艺(江苏省)
陆稿荐苏式卤菜制作技艺(江苏省)
苏式卤汁豆腐干制作技艺(江苏省)
王四酒家叫花鸡制作技艺(江苏省)
昆山奥灶面制作技艺(江苏省)
乾生元枣泥麻饼制作技艺(江苏省)
太仓糟油制作技艺(江苏省)
苏派酿酒技艺(江苏省)
苏帮菜制作技艺(江苏省)
木渎鲃肺汤制作技艺(江苏省)

❀ "碧螺春"的名称是怎么来的?

碧螺春产于苏州太湖洞庭山,为成品绿茶,是中国十大名茶之一。据清代王应奎《柳南随笔》所载,此茶已有千年历史,原是生长在太湖洞庭山的碧螺峰石壁中,山民每年谷雨前在山上采摘茶叶,以供日常饮用。后来,碧螺春茶已不限于碧螺峰,在以花果著称的洞庭东、西两山都有种植。太湖洞庭东、西两山,气候温和,雨量充沛,土质疏松,为茶树的生长提供了极佳的生态环境。山上果木浓荫如盖,茶树种植于橘园隙地、枇杷丛中、梅花树下、桃花根畔,一年四季吮吸着花果散发出的香气。

碧螺春也称碧萝春,俗名"佛动心",色泽碧绿鲜嫩,叶形卷曲如螺。据《苏州府志》记载,清康熙年间(1662—1722),有一年天气暖得早,雨水又好,茶叶生长茂盛,采摘时竹筐装不下,采茶人便把茶叶塞在怀里,因茶得体温,异香突发,采茶人争呼"吓煞人香",茶遂以此得名。又据清代《野史大观》(卷一)载,康熙帝于康熙十八年(1679)南巡时,游览太湖,巡抚宋荦进献此茶,康熙帝饮后很为赞赏,但觉茶名欠雅。鉴于此茶产于碧螺峰,又采摘于早春,遂以碧螺春为茶名。于是,茶因山得名,山因茶得传。从此每年采办碧螺春入贡。

❀ 碧螺春茶的品位与采茶时间有什么关系?

采摘碧螺春茶在时间、天气和地点方面都有严格的要求,特点是一要摘得早,二要采得嫩,三要拣得净。在时间上,以谷雨前五日为上品,后五日次之,再五日又次之。春分至清明前采制的碧螺春茶称为"明前茶",品质最为名贵,为茶中极品。清明后谷雨前采制的称为"雨前茶",虽不及明前茶细嫩,但由于这时气温高,芽叶生长相对较快,滋味鲜浓耐泡,为茶中上品。芽叶拣剔过程也十分重要。芽叶在摊放时,可促使内含物轻度氧化,有利于品质的形成。当天采摘的芽叶必须及时精心拣剔,且要在当天炒制。一般是在凌晨5点到早上9点采摘,下午2点之前拣剔,晚上炒制。

❀ 碧螺春茶的制作工艺有哪些特点?

碧螺春茶的制法,要做到手不离茶、茶不离锅、揉中带炒、炒中有揉、炒揉结合。主要工序为:杀青、揉捻、搓团显毫、烘干。四道工序在一锅内完成,并根据叶质、锅温灵活转换,全程为40分钟左右。杀青就是在高达200摄氏温度的锅里,将一次投入500克左右的嫩叶,用三五分钟的时间进行快速翻炒,炒法以抖为主,炒时双手快速翻动,边炒边抖,在抖散嫩叶的同时捞净残梗和烟焦叶,使嫩叶杀青均匀。嫩叶炒热后开始退火,将锅温降至约70℃,采用抖、炒、揉三种手法交替翻炒,随着茶叶水分的减少,条索逐渐形成,这一过程称为"揉捻"。10分钟左右,茶叶干度达六七成干,继续降低锅温到50℃~60℃,转入搓团显毫过程,这是形成形状卷曲似螺、茸毫满披的关键过程。在这个过程中,必须边炒边双手用力将全部茶叶揉搓成数个小团,不时抖散,反复多次,搓至条形卷曲,时间约15分钟。茸毫显露达八成干左右时进入烘干过程,烘干即采用轻搓轻炒手法达到固定形状、继续显毫、蒸发水分的目的。15分钟后茶叶达到九成干时,起锅将茶叶摊放在桑皮纸上,再连纸放在锅上交火烘至足干,最后再次倒茶入锅,渐渐减火温到30℃~50℃,直到6~8分钟后焙干为止。焙干后一定要将"始干"的茶进行科学密封包装贮存,才能使其色、香、味久贮不变。

❀ 碧螺春茶好在哪里?

洞庭碧螺春茶有"一嫩三鲜"之称,嫩指芽叶嫩,鲜指色、香、味俱佳。采茶季节,从茶树丫梢上掐下幼嫩芽尖,尖又直的嫩芽形似枪,芽尖下的一片小叶状如旗,故名"一旗一枪"。鲜茶在炒锅中全凭炒茶工的双手不停地反复团、搓、炒,焙制成叶形卷曲如螺、幼嫩整齐和色香味俱全的特级绿茶。

自古以来,名茶配名水。苏州不仅有名扬天下的碧螺春茶,还有许多著名的泉水,如天平山上的"白云泉"、西山水月寺中的"无碍泉"、虎丘山上的"陆羽泉"等。碧螺春茶的饮用也有讲究,应先在杯中倒好开水,撒入一小撮茶叶,茶叶迅速下沉时,徐徐舒展,水色翠绿如碧,幽香芬芳。饮呷入口,一泡味淡,二、三泡味渐浓,喉清心爽,回肠荡气,回味隽永,具有洁、润、鲜三美齐兼之品质。正如清代名人龚自珍所云:"茶以洞庭山之碧螺春为天下第一。"

❈ "黄天源"的名称有什么来历？

位于苏州闹市中心观前街的黄天源糕团店（中心店），是江浙沪一带糕团品种最多、生产规模最大、驰名中外的百年老字号糕团名店。它创设于清道光元年（1821），初由浙江慈溪人黄启庭在苏州东中市都亭桥堍设一粽子摊，经九年经营后在都亭桥赁一小屋开设黄天源糕团铺，供应品种渐次增加五色汤团、桂粉汤团、咸味粢饭糕、咸味猪油糕、黄松糕、灰汤粽、糖油山芋等。后因其寡媳黄陈氏不善经营，于1874年转让给店中糕团师傅顾桂林，从此生意蒸蒸日上，1948年"黄天源"正式入驻苏城中心闹市区。

❈ 为什么苏州人爱吃"黄天源"的糕团？

苏州人大多爱吃甜糯之食，吃糕团食品自古也是苏州人时令饮食的一种风俗，其中过年吃年糕的风俗可追溯到春秋战国时期。相传伍子胥当年未雨绸缪，用江南特产糯米粉制成城砖筑城墙，在越王勾践举兵围城时，正是这些糯米城砖拯救了全城百姓。此后，每逢过年，苏城百姓就用形似城砖的年糕来供奉伍子胥。

黄天源的糕团以香、甜、细、腻著称，其中桂花糖年糕、五色小圆子、猪油年糕、八宝饭被誉为"四大名旦"。每到除夕夜，苏州人用糖年糕供奉神灵祖先，谓之"守岁"；年初一早晨吃桂花糖年糕汤，煮糯米小圆子，应了"高兴、团圆、甜蜜"的寓意。

❈ "稻香村"有什么由来？

开设在苏州观前街东段的苏州稻香村茶食糖果店，是苏式糕点行业中的一家正宗老字号，曾因乾隆皇帝对其制作的"松子枣泥麻饼"赞不绝口而名传天下。"稻香村"始创时间记载不一，一说为清乾隆三十八年（1773），又说为清同治三年（1864），各执一说，难以详考。有关"稻香村"的店招也有不同说法。据店中过去的传说，店主王秋根因祖辈爱看《红楼梦》，又联想茶食糕点的原料都是稻麦，于是取此店名。但在《醇华馆饮食脞志》中说："店主沈姓……设肆于观前街，奈招牌乏人题名，乃就商于其挚手，友系太湖滨莳萝卜之某农，略识之无，喜观小说，见《红楼梦》大观园有稻香村等匾额，即选此三字，为沈店题名。"又据《稻香村志》记载，清乾隆皇帝南巡苏州时，吃了"稻香村"制作的茶食后感觉风味独特，亲笔御赐"稻香村"三字。

❈ "稻香村"苏式月饼有什么特点？

"稻香村"的苏式月饼在糕点中属于包馅类品种，采用酥皮包馅，产品表面有品名红印，底部有方形垫肚纸。花色品种分甜、咸或烤、烙两类，有"酥油皮、重糖重油重馅、奶白（羽白）色"三大特点，成品酥层清晰。甜月饼馅料多用玫瑰花、桂花、核桃仁、瓜子仁、松子仁和芝麻等配制；咸月饼馅料多用火腿、猪腿肉、虾仁、猪油和青葱等配制；皮酥以小麦粉、绵白糖、饴糖和油脂调制而成，并用当地的玫瑰花和桂花着色调香。

稻香村保留着传统的苏式月饼制作秘方，不使用任何模具，手法技艺要求很高，还要考虑用料、时间、温度、气候等条件。代表性的品类是玫瑰、百果和椒盐三个品种，都要经过制酥皮、包馅、成型和焙烤等工艺加工流程。

❖ "采芝斋"的糖果为什么会出名？

"采芝斋"糖果，苏州人老少皆知。开设在观前街东段的采芝斋糖果店有百年历史。清同治九年（1870），创始人金荫芝（河南人）以五百个铜板的微薄资本购置了熬糖炉子、小铜锅、青石台、剪刀等简陋工具和少量的糖果原辅料，在观前街73号吴世兴茶叶店门口设摊，当众熬糖剪糖，因糖块形似粽子，故名粽子糖。经十多年资本的积累，光绪十年（1884）于观前街72号自立店面，自产自销糖果、炒货、蜜饯，延续至今。相传清光绪年间（1875—1908），慈禧太后服用了苏州老中医曹沧洲带进宫的"采芝斋"贝母糖后，久治无效的病情日渐好转，贝母糖因有药食同源的功效被列为贡糖，从此，"采芝斋"苏式糖果名声大振。

❖ "采芝斋"糖果主要有哪几类？

"采芝斋"苏式糖果有脆性糖类、软性糖类、砂性糖类、特性糖类四大系列，100多个品种，其中金黄松脆的脆松糖、洁白清香的轻松糖、甜肥软糯的软松糖是苏式糖果的代表。脆性糖类以砂糖、淀粉糖浆及各类天然植物果脯料为主要原料，经过配方、溶糖、过筛、熬煮、加入果料、冷却、折和、扣条、剪切成形、冷却和包装等工艺流程精制而成。按加工工艺的不同又分为透明型（如粽子糖）、填果仁型（如松仁粽子糖）和夹心型（如玫瑰夹心糖）三大类型30多个品种。软性糖类以砂糖、淀粉糖浆、淀粉及各种天然植物果脯料为主要原料，经过配方、糊化、溶糖、过筛、熬煮、冷却、加入果料、折和、平整、切制和包装等工序精制而成。由于加工工艺和柔韧性不同，又分为填料型（如松仁软糖）、牛皮糖型（如松仁厚皮糖）、罩糖面型（如玫瑰枣桃糖）和寡软糖型（如桃仁寡软糖）四种类型43个品种。砂性糖类使用的主要原料与脆性糖类一样，工艺制作过程为配方、熬煮、拌砂、冷却和包装。因加工工艺的差异，分搅拌发砂型（如软松糖）和发砂浇注型（如各色方糖）两种，共16个品种。所谓特性糖类，是指需经独特工艺加工而制成的产品，分印模型（如棋子糖）、蜜制型（如松仁南枣糖）、拉白夹心型（如拉白夹心糖）和拉白膨松型（如薄荷糖）四种类型9个品种。

❖ "叶受和"店名有什么含意？

"叶受和"，原名叶受和茶食糖果号，开设在苏州观前街东段，由浙江慈溪富绅叶鸿年于清光绪十一年（1885）创立。店名的来历，据《醇华馆饮食脞志》记载，是因为叶鸿年在购糕饼充饥时受到店伙计一句不恭语之气，愤而自己开店创业，为让顾客受到和气，取名"叶受和"。

❖ "叶受和"的糕点和月饼有什么特色？

"叶受和"生产的糕点、炒货、野味、糖果，创业初期均属苏式。但在光绪二十一年（1895）后，"叶受和"的第二任和第三任经理都是宁波人，他们融合了宁波糕点香、脆、鲜、丽的特色，使"叶受和"糕点成为独特的带有宁式糕点风味的苏式糕点，如枣子糕、绿豆糕、豆仁酥、四色片糕、月饼等。

"叶受和"苏式糕点有炉货、水锅、油锅、片糕、油面、糖货和印版七大类几十个品种，以

"精细优质、清香爽口"著称。

"叶受和"苏式月饼融入宁式风格,品种分甜、咸、宫月三大类。甜月饼主要品种有玫瑰、百果、椒盐和豆沙,饼馅料中果脯、花类大多产于苏州东、西山和光福一带。咸月饼有火腿猪油、葱猪油和鲜肉月饼等,多现烤现卖。宫饼以叠饼形式出现,单只的叫宫月,有5只、7只、9只、10只为一幢的,整幢叫幢月。

❖ 苏式卤汁豆腐干始创于何时?

苏式卤汁豆腐干始创于民国初期。1927年,原籍仪征的祝季中在苏州开设素鸡牛肉作坊,开始以生产牛肉干为主,后因牛肉供应不上,遂以大豆为原料,参照制作牛肉干的方法,生产卤汁豆腐干。

卤汁豆腐干原名甜豆腐干,又名卤汁素鸡,汁液鲜美香浓,不仅是一种口味独特的休闲小吃,也是苏州人餐桌上常见的冷盆佳品,现在其代表性产品为"津津牌"苏式卤汁豆腐干。

❖ "陆稿荐"的店名有什么来历?

以"酱汁肉"名扬姑苏的"陆稿荐",创始于清康熙二年(1663),当时是一家普通的肉铺,店主陆某将店设在苏州东中市崇真宫桥堍,专营生、熟肉。后因其后裔不善经营,于清光绪二十八年(1902)将牌子租押给枫桥人倪松坡,倪松坡将他在观前街东的醋坊桥熟食店易名为"陆稿荐"。"陆稿荐"店名的来历有一段颇为神奇的传说。相传八仙之一的吕纯阳于某年四月十四日"轧神仙"前夕,形如乞丐,一手拿陶钵,肩背破草荐走进肉店求宿。陆老板见其可怜,遂发善心允他在灶门前空地上蜷缩一宵。次日凌晨他不辞而别,只留下一条破草荐。店里烧肉时,伙计随手将草荐投入灶膛付之一炬,不料锅里一阵异香。"草荐"即草垫,又称稿荐。陆老板暗忖那乞丐莫非是仙人化身,遂将店名改为"陆稿荐"。

"陆稿荐"苏式卤菜有五香酱肉、秘制酱鸭、酒焖汁肉和进呈糖蹄四大招牌卤菜。

❖ "乾生元"的枣泥麻饼制作有什么讲究?

枣泥麻饼是苏式糕点中最具特色的著名传统食品之一。历史悠久的苏州乾生元食品有限公司,坐落于木渎镇东街95号,以生产松子枣泥麻饼而蜚声海内外。

"乾生元"枣泥麻饼选料讲究,制作精细,具有香脆鲜嫩、皮薄馅多、甜而不腻、油而不溢的特点。

"乾生元"枣泥麻饼的馅料,选用个大、肉厚、核小的山东产特级乌枣,制成细腻醇正的枣泥基料;选用芬芳馥郁、补血安神的玫瑰花酱,还有东北大兴安岭肥嫩清香的松子仁、云南润肺益肾的核桃仁、新疆补气泽肤的西瓜子仁、安徽味甘气香的上等脱皮白芝麻,加入饴糖和油脂,搅拌成均匀的馅料。枣泥麻饼的面皮,选用地产上等小麦粉,加入饴糖,可促进面皮的醒发,增加面皮的韧性,有助于耐高温烘烤。

❖ 昆山的奥灶面有什么典故?

奥灶面始于清代咸丰末年,主要分布在昆山城区,以昆山市奥灶馆的制作为代表,流传于沪宁沿线的一些城市。奥灶馆的前身是"天香馆",店主因经营不善弃馆而走,由债主赵三老太交给家厨陈秀英经营,易名为"颜复兴",1949年后正式更名为"奥灶馆"。"奥灶"的来历有两种说法。据传,当年颜复兴面馆破小陈旧,陈秀英上了年纪老眼昏花,做出的面汤色泽深沉,老吃客觉得不太干净,戏称"懊糟面"。又传,当年绣娘出身的陈秀英心灵手巧,本来就擅长精细小吃烹调,其烹制的面深受顾客青睐,同行出于嫉妒称其为"懊灶面"。"懊糟"为昆山方言,即肮脏之意,不料此名一出,奥灶面的名声不胫而走。

奥灶面的制作最注重"五热一体,小料冲汤",讲究"原汁原味香头浓"。"五热"即面热、汤热、油热、浇头热、碗热。老汤以红油和鸡骨架、虾皮、鳝骨、螺蛳、青鱼鳞片等加佐料熬制而成,有独特的配方。红油就是余过爆鱼的菜油,又称老油。熬制好的老汤浓而不腻、淡而不薄,可循环使用,味道鲜美,酱香扑鼻。面碗大便于宽汤,加料前还要煮沸,确保上桌后面的温度。采用小汤冲的办法是为了保持原汁原味。奥灶面以红油爆鱼面和白汤卤鸭面最为著名。红油重色,白汤重味。

❖ **太仓肉松是怎么出名的?**

以"酥、松、香、鲜"为特点的太仓肉松,是太仓传统特色食品中的一朵奇葩,其加工技艺更是民族饮食文化之瑰宝。

肉松制法由一位太仓高厨倪德始创。相传1874年的某一天,太仓新科状元陆增祥宴请宾客,倪德被邀为掌勺。适逢倪德未婚妻前去探望,心猿意马之下,倪德将五香焖肉烧过了头。大惊失色的倪德急中生智,将猪肉去皮、除油,留下瘦肉反复揉炒,制成一道黄灿发亮、香气袭人、形态蓬松的全新菜肴,这就是名闻遐迩的太仓肉松。其后,倪德在太仓开设"倪鸿顺"肉松店铺,专售肉松。

太仓肉松制作技艺的精华,集中体现在"三精"上,选料精致,配料精细,制作过程精湛。

❖ **王四酒家的"叫化鸡"有什么典故?**

现坐落于常熟虞山脚下的王四酒家始创于清光绪十三年(1887)。当年,创始人王祖康在常熟虞山兴福寺附近以家屋茅棚为店,以田间蔬菜、山间野味、河塘鱼虾以及家养的鸡鸭为原料烹制富有特色的农家菜,后因做出独门秘制的叫花鸡,小店生意兴隆,声誉鹊起。1920年,王祖康次子王渭璋继承父业,以父亲排行将小店命名为"王四酒家"。

"叫花鸡"的来历是创始人王祖康据民间传说仿制而成的。其时民间盛传虞山之麓有一乞丐偶得一鸡却苦无炊具,于是将鸡连毛涂上山泥,置火堆中煨烤至熟,去泥壳而食之,其味香酥鲜美,不同寻常,"叫花鸡"由此得名。

叫花鸡是王四酒家的招牌菜,鸡肉酥烂异香,油光嫩透,上筷骨肉分离,食不嵌齿,荷香四溢。清末民初有诗赞道:"……王四酒家风味好,黄鸡白酒嫩波青。"1947年10月19日,宋庆龄、宋美龄等一行游览常熟兴福寺用午餐,主菜就用了叫花鸡。经媒体报道,游人食客纷至沓来,叫花鸡更负盛名。

叫花鸡,又名黄泥煨鸡,其独特的泥烤法煨制工艺,也是一种古老的烹调方法。制作王四酒家叫花鸡,关乎腌制、煨烘、火候等众多环节,从选料到上桌共有七个步骤。

品尝叫花鸡时,敲一下泥巴寓意身体健康,敲两下表示家庭和睦,敲三下企盼财运亨通,寄托着人们的美好愿望和无尽祝福。

❖ 苏派黄酒主要产地在哪里？

黄酒集甜、酸、苦、辛、鲜、涩六味于一体，是源于中国的独有酒种。黄酒风格雅致，酒性温和，醇厚绵软，富含氨基酸，被誉为"液体蛋糕"，有"百药之长"的美称。

黄酒为分绍派、苏派和海派三大派系。绍派为浙江绍兴黄酒，苏派为苏南黄酒，海派为上海黄酒。三派黄酒各有特色，绍派黄酒重口味，海派黄酒重营养，而苏派黄酒则温雅柔和，以"酒色橙黄、清澈透明、醇香浓郁、味正纯和"而著称。

苏派黄酒主要产地之一是吴江桃源镇，素有"天下黄酒第一镇"之美誉。早在春秋吴越时期，该地的民间作坊就开始酿造宫廷贡酒和民间饮用酒。在苏派黄酒酿造中，米、曲、水分别被喻为"酒之肉"、"酒之骨"、"酒之血"。苏派黄酒酿造多选用糯米，可使黄酒味感醇厚；而制曲技术的提高象征着酿酒技术的发展，即采用人工制造的方法，使谷物仅发芽或仅发霉，分别制得蘖和曲，再进行粉碎、蒸煮或焦炒，制成酒曲，使苏派黄酒具有特有的浓香味。

张家港金港镇生产的后塍黄酒（沙洲优黄）是黄酒中半甜型的代表。"沙洲优黄"不断推出二年陈、三年陈、五年陈、六年陈、十年陈和二十年陈等新品。

常熟王四桂花酒是苏派酿酒中的又一种特色酒，透着淡淡的桂花色泽，带着天然的桂花香气，暗合着苏南人对酒的认知。王四桂花酒用常熟当地新登场的上等糯米酿造而成，酿酒所用的鲜桂花，是虞山北麓山民种的"青花"，花期比一般桂花迟一星期左右，提炼成桂花厚露后芬芳扑鼻。桂花酒的酿制工艺更为讲究，把作师傅都是有几十年酿酒经验的老手，所酿之酒，一般要经过三四个盛夏严冬的贮存，才上堂供饮。其时酒的烈性已大大削弱，趋于温和，而又有一定的后劲，饮后满口留香，一年四季可饮，男女老少皆宜。

❖ 苏帮菜的主要特点是什么？

苏州素有"人间天堂"的美誉。苏帮菜就是以苏州市区为中心，以"松鹤楼"、"得月楼"和"新聚丰"等老字号菜馆为代表，流传于常熟、昆山、张家港、太仓和吴江等地的菜系，其特点是色、香、味俱全，质、形、器、声俱佳，犹如吴音缭绕，食之唇齿留香，余味绵延不尽。

苏帮菜是吴文化的重要组成部分，是中国饮食文化的瑰宝。苏帮菜最早因水产和鲜蔬而扬名，集民、商、官、船诸菜之大成，逐步整合形成具有浓郁地方特色的菜系，并不断发展，日臻完善，享誉中外。明代韩奕《易牙遗意》中记载的苏帮菜已经多达150多种，炸、熘、爆、炒、炖、焖、煨、焐八大烹调手法兼容并蓄，讲究"浓不鞔胃，淡不槁舌"，今日苏帮菜"肥而不腻，清而不淡"的风格与之一脉相承。

苏帮菜的特色在于它能把吴中的山川毓秀和人文精华融合在一起。苏州菜的味道犹如苏州人的性情，柔和、温馨、清鲜之中带着甜味，轻曼而又香甜。品尝苏州菜，可以体味到苏州人的性格和特点。

❖ 苏州的船菜和船点是怎么来的？

苏州船菜是苏帮菜的重要组成部分，并以"快"著称。船菜起初都是由船娘做的。古人记载："船娘而兼厨娘者，其手段极为敏捷，往往清晨客已登舟，始闻其上岸买菜，既归则洗割烹治,然至午暑乍移,已各色齐备,可以出而饷客矣。"船娘纤手调羹,不仅能做出脍炙人口的佳肴,还提供五彩纷呈的各类船点。苏州船点有甜、咸和甜咸三种,以糯、粳各半的"五五"镶粉为主要原料,用沸水冲拌,揉成粉团,取其一半上笼蒸熟,再与另一半未蒸的粉团混和,揉成本色坯料。然后配上各种色彩,做成各种形态逼真、玲珑可爱的苏式船点,如素色的小白兔、单色的小鸡、双色的金鱼和杂色的蟾宫折桂等,令人叹为观止,被人们誉为苏州面点的"皇后"。

❖ **苏帮菜的织造官府菜是怎么形成的?**

苏帮菜中的官府菜集苏州民间佳肴、汇缙绅之家精到的制作技艺而成。清代康熙、乾隆皇帝频频南巡,苏州织造府多次作为皇上的驻跸之地,筵席规模和烹饪技术都达到了空前水平,把苏帮菜推向了顶峰,形成了独具特色的苏州织造官府菜。织造官府菜具有选料讲究、刀工精细、注重火功、追求精美、食用有方的特点,有完整的系列,包括汤羹、冷菜、炒菜和热菜。选料时讲究产地、品种、节令、鲜活、大小、部位等,植物菜要新鲜,动物菜要生猛,其中鱼类就有"正月塘鳢,二月鳜鱼,三月甲鱼,四月鲥鱼,五月白鱼,六月鳊鱼,七月鳗鱼,八月鲍鱼,九月鲫鱼,十月草鱼,十一月鲢鱼,十二月青鱼"之说。官府菜讲究火功,讲究出味和入味。

菜肴全以食物来调味增香,以本味来增味。"本味"即为菜品原料的自然之味,原料本身带有的鲜美滋味。"出味"就是有些菜肴通过炖、焖、煨、焐长达数小时甚至更久,原材料的本味真味在原汁裹浸之中充分呈现出来。火功到家,才能使相配伍的食物相互融合、渗透,才能使食物"入味"。而"唱戏靠腔、厨师靠汤",吊得一锅原汁原味的好汤,菜肴的味道品尝起来才会有滋有味。苏州织造官府菜强调菜香醇正,以植物给人以清香;以清酒给人以醇香;以酒糟入菜,使菜带糟香;以酱料入菜,使菜肴带有酱香;以乳品烹调,使菜肴带上浓郁的乳香。

❖ **苏帮菜对餐饮器皿有什么讲究?**

餐饮器皿,也是苏帮饮食文化中的一个组成部分。清秀素雅的青花瓷器中,"鸭不献首,鱼不献脊"。不同形状的餐具中,盛有清丽悦目的清蒸鲥鱼,"红嘴绿鹦哥"的菠菜,"金镶白玉版"的油煎豆腐;扇形盆面上,有宛如图画的香菇菜心;古色古香的暖锅中,有汤清如水的清汤蒸鸽,肉白似玉的白汁甲鱼;等等。精细雅致的菜肴、高雅洁净的器皿、精彩纷呈的色彩,是美食,也是艺术,体现着苏州菜源远流长的饮食文化。面对如此美味佳肴,在注目欣赏的同时,令人食欲顿生而又不忍下筷。

❖ **木渎鲃肺汤的"鲃肺"之名从何而来?**

鲃肺汤及制作技艺主要在紧邻太湖的历史文化名镇——苏州市吴中区木渎镇。该技艺由石家饭店掌握,鲃肺汤成为石家饭店的名菜,传承至今已有200余年的历史。鲃肺汤是苏帮菜中的一道著名菜肴,影响遍及沪、苏、浙地区,更因文化的传播,在港台地区也有影响。

鲃肺之名又是从何而来的呢?传说有二。一是,清朝乾隆帝下江南时,曾在木渎吃到这道原名叫斑肝汤的鲃肺汤,龙颜大悦,忘形之下便将鱼肝误认为鱼肺而呼之鲃肺汤。皇帝是金口玉言,谁敢纠之?从此,鲃肺之名就沿用至今。另有一说则是民国十七年(1928),国民党元老于右任游太湖赏桂后途经木渎,在石家饭店品尝"斑肝汤"后大加赞赏,只是于右任是陕西人,将吴音"斑肝"错听成了"鲃肺",于是,在现场挥毫题诗,诗中把斑肝汤写成了鲃肺汤,经其一诗题壁,从此更令石家饭店的这道鲃肺汤蜚声海内外。故今人大多只知"鲃肺"而不识"斑肝"了。

鲃肺汤制作技艺的独特性,在于贯穿于从原料选择起至饮食品尝而止的整个过程,技艺中的"鲃鱼挑选、清汤吊制、美食流程",是鲃肺汤制作技艺的"三绝",体现了超越烹饪技艺的整体性,这是从长期的烹饪、品尝过程中凝聚而成的饮食技艺与文化。

❖ 苏州一些老字号名菜馆因何出名?

"松鹤楼"以松鹤延年之意而名,始创于清乾隆年间(1736—1795),已有200多年历史,为"国家特级酒家"和"中华老字号"。"松鹤楼"曾上《满意不满意》《美食家》及日本《中华三味》等电影,被誉为"苏帮第一家",经典名菜有"松鼠鳜鱼"(后称松鼠桂鱼)、"姑苏卤鸭"等。

"得月楼"菜馆因电影《满意不满意》而蜚声海内外,享有"中华餐饮名店"之誉。"得月楼"菜馆创建于明代嘉靖年间(1522—1566),已有400多年历史,主营苏帮菜点,名菜有"西施玩月"、"蜜汁火方"等。

"王四酒家"坐落在常熟虞山脚下,始建于清光绪十三年(1887)。光绪皇帝的师傅翁同龢曾品尝过店里的桂花酒,并挥笔题词:"带经锄绿野,留露酿黄花。""叫化鸡"、"鸭血糯"是其风味独特的著名菜肴。

"新聚丰"是"中华老字号"苏帮名菜馆,创建于清光绪三十年(1904),初名"聚丰园",到1940年改成现名。老牌名菜有"母油整鸡"、"八宝葫芦鸭"、"家烧野鸭"等,还有深受老苏州人和上海游客喜欢的"清水虾仁"、"白汁鳜鱼"等。

❖ 苏州一些传统时令名菜有什么特色与典故?

冬令香糟菜,如"青鱼煮糟"。苏州出"香糟",成菜糟香扑鼻,味道鲜醇,为冬令时菜。"青鱼煮糟"鱼肉嫩香,有令人欲醉的食感。

"松鼠鳜鱼",苏州名菜之冠。相传乾隆皇帝下江南时,在"松鹤楼"品尝此菜,龙颜大悦,赞扬不已。唐代张志和《渔夫》词中有"桃花流水鳜鱼肥"名句,因此,春季是品尝松鼠鳜鱼的最佳时节。

"樱桃汁肉",苏州传统名菜,也称酱方肉,因其形、色似樱桃而名,是春末夏初的时令菜。

"腌笃鲜",用春笋和鲜、咸五花肉片一起煮成的汤,是苏帮传统民间菜,宜在有春笋季节食用。"腌"是咸的意思,"鲜"是新鲜,"笃"就是焖。

"白汁元菜",以菜花甲鱼为主料,辅以山药等配料制成,因山药与甲鱼性味相合,都能善补脾肺、益肾填精,是初春时令菜。

"响油鳝糊",是夏令佳肴,吴俗有"小暑黄鳝赛人参"之说。"响油"是指鳝糊烹调装盘后浇上热油发出的响声。

"清风三虾",出自于传统名菜"炒三虾",即虾脑、虾子、虾仁合炒,装盒时白瓷盒里垫一张碧绿的荷叶,可衬出"三虾"之鲜美。端午前后是品尝此菜的最佳时节,因此时雌虾脑满、子盈、肉腴。

"西瓜童鸡",苏州传统佳肴,由西瓜与嫩母鸡共蒸,使西瓜的清香渗入鸡内,而鸡肉又能保持原味,食用与观赏兼得,是夏令高档风味。

"南腿菜扇",用青菜、火腿、香菇排列成扇形装盘,造型独特、荤素结合。苏州青菜以霜后味最佳,软、糯、香、甜并举,菜形如细腰少女,故有"苏州青"之称。

"母油船鸭",是传统的苏州船菜,体现了原味醇厚、原香浓郁、肥而不腻、清而不淡、酥烂脱骨而不失其形的船菜特色。

"雪花蟹斗",苏州蟹肴,是在"芙蓉蟹"基础上创新的一道名菜,即将蟹肉和蟹黄合炒成蟹粉,以蟹壳作为容器,上覆洁白如雪的发蛋。

第十三章 文博馆室

❖ **博物馆与一座城市的文明程度有什么关系？**

博物馆是重要的文化载体，通常被看作是一座城市文明程度的标志性项目。参观博物馆，是一种文化旅游活动。至2012年，苏州已有各类博物馆40多家，还有一批博物馆正在兴建和筹建，目标要达到100家。1960年成立的苏州博物馆是苏州第一家博物馆。20世纪80年代，出现新的建馆热潮，碑刻、园林等10余个专业博物馆相继建成开放，形成了苏州的博物馆群。近年来又孕育出一大批民间博物馆和私人收藏馆，昆山锦溪镇被称为"中国民间博物馆之乡"。

❖ **苏州博物馆新馆是哪位大师设计的？有哪些展馆展品？**

总面积20 000多平方米的苏州博物馆新馆，由苏州籍世界著名设计大师贝聿铭设计的，2006年竣工开馆。该馆的建成续写了苏州文脉的宏图新篇，是打造天堂胜景的传世力作。展馆分6个部分：

吴地遗珍 分为4室展出：晨光熹微，展出史前各种形制的陶器以及琮、璧等良渚文化玉器中的重器；泰伯春秋，展出春秋晚期真山玉殓葬饰件、严山王室玉饰、虎丘春秋墓出土的提梁盉、鼎和何山东周墓出土的楚途盉等一批文物，代表了吴国玉器及青铜器制作的杰出成就；含翠融青，展示七子山五代广陵王钱元璙墓出土的五代越窑秘色瓷金口碗、方形高足套盘等，是青瓷中的珍品；都会流韵，展示元末张士诚母曾氏墓（俗称娘娘墓）出土的随葬衣物，明晚期王锡爵墓出土的陈设家具，具有较高的工艺水平。

吴塔国宝 分为2室展出：宝藏虎丘，展示云岩寺塔的佛教文物、越窑秘色瓷莲花碗；瑞光寺塔佛教文物珍珠舍利宝幢，国宝级文物，是苏州博物馆镇馆之宝。

吴中风雅 分10室展出：书斋长物（明书斋陈设）、陶冶之珍（瓷器）、攻玉巧技（玉器）、雕镂神工（竹木牙角器）、文房雅事（文具）、闲情偶寄（赏玩杂件）、迎神纳财（民俗小摆设）、锦绣浮生（织绣服饰）、燕闲清赏（休憩）、草堂墨戏（宋斋陈设）。从这些名目中，可看出明清"明玩"的闲雅之气，再现苏州物质文化与消费生活的城市形象。

吴门书画 展示元代中、晚期和明清时期苏州文人画家作品。

特展厅 常年展出外借的历史文物或进行临时展览。

现代艺术厅 主要展出现代和当今中外著名艺术家的作品。

❖ 苏州博物馆与忠王府是怎样的关系？

苏州博物馆最早设于太平天国忠王府,1960年元旦建立,位于苏州东北街204号。

清咸丰十年(1860)四月,忠王李秀成率领太平军攻克苏州,以苏州为中心建立苏福省。李秀成在拙政园及潘氏、汪氏住宅的基础上建造"忠王府",形成了公署、住宅、官府、花园相结合的建筑群。现有建筑群占地10 650平方米,建筑面积7 500平方米,遗迹遗物颇多,名木名树林立,彩绘壁画精致珍贵。1961年3月,国务院公布拙政园和忠王府为全国第一批重点文物保护单位。

忠王府展示与李秀成以及太平天国苏福省有关的文物、照片、资料。另外,世界文物收藏界和拍卖界大家张宗宪在1992年夏和1993年秋,两次向苏州博物馆捐献了一批文物艺术品。其中陶瓷艺术品180余件、名人字画40余幅等,辟专柜展出。

❖ 苏州碑刻博物馆藏有哪四大宋碑？

该馆位于苏州人民路三元坊文庙内。

馆内藏有1 000余方石碑,有儒学碑刻、经济碑刻、吴中文献碑刻和大量的宋、元、明、清书法碑刻,最珍贵的是全国重点文物四大宋碑:《平江图》《天文图》《地理图》和《帝王绍运图》。《平江图》碑镌刻宋代平江府城坊平面图,制作于南宋绍定二年(1229)。知府李寿朋重建城坊竣工之际,由吕挺、张允城、张允迪所刻,采用中国古代传统地图画法制作,方位、比例、尺度都比较准确,是研究古城的重要文物资料。《天文图》碑、《地理图》碑、《帝王绍运图》碑,是南宋黄裳于绍熙元年(1190)绘制,淳祐七年(1247)浙西路提刑王致远摹刻上石。《天文图》碑分上下两部分,标记天空星图,以北极星为中心记录1 440颗星体,方位准确。《地理图》碑也分上下两部分,上部是中国最古的全国大陆地图,下部释文共645字,记述自夏禹至南宋孝宗历代版图的变迁情况。《帝王绍运图》碑是古代帝王世系表,记载自黄帝至南宋理宗为止共3 500多年的13个朝代、247个帝号,系统记述历代王朝的兴衰继替;下部释文共550字,评述"世道之理乱,王统之离合"。

❖ 苏州戏曲博物馆内的古戏台精美在哪里？

该馆位于苏州城东中张家巷全晋会馆内,是一处雕饰精美、蔚为壮观的明清古建筑群,是以反映昆剧、苏剧、评弹、苏州民乐历史为主要内容的专业性艺术历史博物馆。1986年10月开馆,内有昆剧、苏剧、评弹三个历史陈列室和古典民族乐器展览。古典戏台是馆内建筑的精粹,台顶穹窿状藻井由632块木雕构件榫卯组成,旋转放射形纹饰,不仅艺术精美,还能产生余音绕梁的音响效果。此台是苏州现存古典舞台中最为精美的一座。

❖ 苏州民俗博物馆有哪些展厅？

该馆位于苏州狮子林旁,1986年11月5日开馆。该馆在全国是首创,旨在搜集、整理、陈列有关苏州民间习俗的实物,展示生活中已经或将要消失的民间风俗,普及历史文化知识。馆内有三进:第一进为"婚俗厅",展示"旧式婚礼"。第二进是"节俗厅",其中最吸引人的是大型电动模型"山塘看会"。第三进是"食俗厅",陈列走街穿巷、叫卖馄饨汤圆等风味小吃的"骆驼担"和"苏州厨房"模型。此馆吸引了众多从事民俗学、人文学、社会学研究的学者、专家，受到众多观众的欢迎。

❖ 中国苏绣艺术博物馆展示了哪些古今刺绣艺术品？

该馆位于苏州景德路274号，在明代户部尚书文渊阁大学士王鏊祠堂旧址内，与苏州刺绣研究所、"环秀山庄"相连，占地670平方米，展厅面积541平方米。1986年10月建馆，是一座刺绣艺术专业博物馆。

馆内展出古今刺绣艺术品。有北京大葆台西汉燕王墓出土的刺绣残片、江苏高邮西汉广陵王刘胥墓出土的绣品、苏州虎丘塔出土五代时期的刺绣经帙以及中国刺绣史上第一幅双面绣品——浙江瑞安慧光塔出土的北宋双面绣团鸾经袱等。有反映明清时期苏州刺绣名家以名画为绣稿的《一绣》，如明绣《松鼠葡萄》《山鸡白兔》，清代寿屏《一路荣华》《瑶池仙品》等，表现了苏州刺绣精细、雅洁的风格。还有反映风土人情的民间刺绣，如荷包、褡裢、床挂件、镜套、扇袋、帐沿、袖边等。展厅主体部位展出宫廷绣，是清代苏绣的主要产品，陈列乾隆皇帝的刺绣龙袍等。近代绣馆中辟有刺绣艺术家沈寿的代表作品专栏，有复制的获奖作品《耶稣像》，标志其独创"仿真绣"的杰出成就。

❖ 苏州市名人馆展示多少位苏州历史名人？

苏州市名人馆位于人民路2 075号，2012年落成，建筑面积2 368平方米，展陈面积1 500平方米。全馆陈列以苏州名人447人为展示对象，展厅分为序厅、概述厅、先秦至宋元厅、明代厅、清代厅、民国厅、新中国厅以及状元宰相和院士厅。展陈方式充分采用传统与现代相结合的多种艺术表现手法和多媒体技术手段。苏州市名人馆展示了苏州人文渊薮以及苏州名人对苏州历史乃至全国历史的深远影响，是一处集中介绍苏州历史名人精神风范的专业场馆，也是一处专业化程度较高的市民教育基地和城市形象展示窗口。

❖ 苏州市美术馆新馆在建筑风格和功能上有什么特色？

苏州市美术馆新馆与苏州市名人馆、苏州市文化馆新馆一起，组成了苏州市公共文化中心，2008年10月开工，2012年1月落成。

新馆采用苏式民居样式，飞檐翘角，粉墙黛瓦，古典花窗。馆内透过许多长形与方形的隔间，构成多长廊的建筑格局。灰色屋顶线条层层叠落，既满足了空间通风、采光等需求，又形成了富有意味的变化效果，使阳光与微风能穿透各个角落。新馆共分两层，有一个面积800平方米的大展厅，还有面积在300～400平方米的6个小展厅。

新馆的一大特色是采用了"无边界设计"。所谓无边界设计，一是形式上的，指建筑舍弃了高墙大门，形成一个完全开放的空间；二是心理上的，即美术馆与观众的沟通方式，从权威式、教谕式、制式逐渐转变为商量式、建构式和非制式。新馆充分满足了观众休闲、娱乐、社交、学习等多方位需求，是一个富有人性化的文化体验中心。

❖ 苏州丝绸博物馆由哪些部分组成？

该馆位于苏州人民路2 001号，1991年9月建成，是一座集知识性、观赏性、经营性于一体的丝绸专业博物馆。馆内设有序厅、古代馆、蚕桑居、织造坊、休息中厅,以及近代、现代馆与"丝路花雨"多功能厅、明清一条街——绸庄等。馆内陈列珍贵的丝绸文物和精致的模型图片,展示丝绸的起源及发展演变,有古织机和传统工艺操作表演,并可选购传统特色丝绸制品。

❈ 苏州园林博物馆设有哪些馆?

该馆设在苏州拙政园中部东南侧的住宅部分,占地约4 000平方米,1992年年底建成开放。内设园史馆、园综馆、人物馆、录像馆、参与馆等,展示苏州园林的历史、文化和艺术知识。

❈ 苏州古典园林艺术陈列馆展示些什么内容?

该馆设在苏州北塔公园内的古建筑藏经楼(俗称后大殿)下,1988年9月30日正式开放。陈列室分前后两个部分:

前部为主要部分,有网师园50:1实样模型和标明目前开放、修复、尚未开放的古典园林及风景名胜52处确切位置的《苏州古典园林暨风景名胜分布图》。东西两壁为版面柜窗,介绍苏州古典园林的历史沿革和造园艺术,分历史沿革、相地布局、叠山理水、建筑装修、园景赏析等7个部分,给人以启迪。

后部金刚墙上为《苏州园林援外古建工程分布图》,标出苏州市在国内外主要古建工程的地点,有中国出口庭院"明轩"、"逸园"、"齐芳亭"等照片。北面临窗橱窗陈列与园林有关的历史文献、资料、专著等数十本,有《园冶》《营造法式》等。

❈ 苏州革命博物馆有哪些展厅?

该馆位于苏州城西三香路1 216号,1993年10月建成开馆。馆内陈列318帧历史照片、208份历史文件、204件实物,还有各类艺术作品60件,记载了苏州人民在中国共产党的领导下浴血奋战所走过的"苦难—觉醒—胜利"革命历程。苏州人民把革命博物馆看作精神文明建设的新成果,爱国主义传统教育的好基地、好课堂。

该馆展线长467米,有1 000平方米展厅,分序厅、近代苏州社会、大革命时期、土地革命战争时期、抗日战争时期和解放战争时期六个部分,既体现了历史的完整、纵深,又突出了主题和重点。为增强陈列内容的感染力,设计创作了号称"江南第一馆"的"阳澄烽火"半景画厅,采用了高科技手段,再现了当年苏州军民与日寇奋战的情景。

❈ 枫桥史迹史料陈列馆重点介绍哪"五古"史迹史料?

该馆位于苏州寒山寺东侧风景区入口处,1988年初开工,1990年8月26日正式开馆,建筑面积1 393平方米,为一组仿古建筑群。

陈列馆有"史迹史料"、"枫桥胜迹"、"远景规划"三个展室。"史迹史料"室重点介绍了枫桥古镇、古桥、古运河、古关、古寺"五古"史迹史料,有按宋《平江图》原样恢复的宋代寒山寺模型和《枫桥夜泊》诗意境的大型布景箱。"枫桥胜迹"室是一组长20米的清代枫桥古镇的立体雕塑模型,运用苏州传统工艺美术的表现手法,加入现代声光电技术,艺术地再现了明末清初枫桥古镇的繁华景象,模型塑有亭台楼阁和栩栩如生、形态各异的人物2 000多个,反映了当时的民俗和风土人情。"远景规划"室,通过模型描绘了寒山寺风景名胜区的远景蓝图。

❖ 苏州佛教博物馆是如何展示佛教文化与历史知识的?

该馆位于苏州穿心街3号,是展现苏州佛教文化与历史的专题博物馆。馆址所在的报国寺,为苏州市控制保护建筑,占地1 000余平方米。博物馆分8个部分,以实物、图片、模型展现苏州佛教的历史陈迹和现实风貌,使民族优秀传统文化得以弘扬和发展。展厅以高僧、经卷、法器、佛教文化交流、建筑等实物或展板为主要陈列手段,再现了佛教文化悠久的历史和丰富的内涵。

❖ 苏州工艺美术博物馆藏有哪些工艺珍品?

该馆馆址在苏州西北街88号,是集中展示苏州传统工艺美术技艺的专题博物馆,在原苏州檀香扇厂址上对清代古建筑"尚志堂吴宅"进行修缮而成,占地面积4 500平方米。所有作品涵盖了苏州及华东地区大部分工艺精品,是华东地区最大的工艺美术博物馆,展馆环境和面积、藏品品种与数量在全国同类博物馆中屈指可数。馆内设六馆一厅,分别为珍品精品馆、织绣艺术馆、综合雕刻艺术馆、檀香工艺馆、微型景观馆、红木家具馆、个人作品展厅。

❖ 苏州中医药博物馆有哪些内容?

该馆位于苏州景德路314号,是明代大学士申时行的旧宅,2002年10月22日开馆。馆内布局以历史发展为纲,由图版、文物、书籍、场景复原等展线铺开,形象、直观地反映了吴中医学在各个历史时期的概貌及成就。馆内设有博物厅、养生苑药铺、调养科门诊以及养生保健茶室等几个部分。其中博物馆分为中国医学的起源与发展、吴医的形成和发展、历代吴中名医介绍、近代吴中名医介绍、吴药的发展、苏派特色中药展示、医疗器具用品展示、名医诊室展示等8个部分。

❖ 柳亚子纪念馆有什么实物和景观?

该馆位于吴江黎里镇中心街75号,全国重点文物保护单位,是展示柳亚子生平事迹及中国江南古代建筑的专题型纪念馆。分两个部分:一为展示柳亚子的生平事迹和珍贵实物,有150余件实物与照片。二以正厅"赐福堂"为主介绍江南古代建筑的艺术与特点。该馆原是清朝乾隆年间(1736—1795)工部尚书周元理的私邸,宅名"赐福堂",前后六进,有精致的砖雕门楼、拜孙悼李楼、藏书楼、磨剑室书斋、家谱碑廊等,还有1927年柳亚子赖以藏身而虎口余生的特殊建筑——复壁。庭院内有两处新景观:"祝寿图碑",为200余年前著名画家张问陶和书法大家刘墉的作品;"乾隆梅花碑",是乾隆皇帝第五次南巡时所作、赐予"赐福堂"主周元理的。

❖ 苏州各市(县)、区还有哪些博物馆?

吴中区有甪直镇叶圣陶纪念馆等。吴江区有吴江博物馆、吴根生钱币博物馆(芦墟镇)

等。常熟市有常熟市博物馆、碑刻博物馆、翁同龢纪念馆、铁琴铜剑楼纪念馆、沙家浜革命历史纪念馆、庞薰琹美术馆等。昆山市有顾炎武纪念馆、昆曲博物馆、玲珑石馆、周庄博物馆；锦溪镇有中国古砖瓦博物馆、中华历代古钱币馆、唐志云篆刻艺术馆、昆山市古董馆、张省美术馆、东俊根雕艺术馆、明清家具馆、中华民俗收藏馆等。太仓市有太仓市博物馆、郑和纪念馆（浏河镇）、宋文治美术馆、吴晓邦舞蹈艺术馆、高仁岐油画艺术馆等。

❖ **苏州市区还有哪些刚建成或正在筹建的博物馆？**

苏州市区刚建成的博物馆还有：苏州生肖邮票博物馆、苏州巧生炉博物馆、苏州城墙博物馆、中国基金博物馆、张辛稼艺术馆等。

苏州市区正在筹建的博物馆有：苏州古代石刻艺术博物馆、苏州教育博物馆、苏州体育博物馆、苏州吴中区陆巷社区博物馆、苏州御窑金砖博物馆、苏州和合文化佛教博物馆、苏州无线电博物馆、苏州越城遗址博物馆、苏州紫檀阁苏作家具博物馆等。

第十四章 历代名人

❖ 伍子胥为什么要逃离楚国而投奔吴国？

伍子胥(？—公元前484)，春秋吴国大夫。名员，字子胥，是楚国大夫伍奢的次子。因楚平王十分昏庸，听信谗言，于公元前522年废太子建，杀太子建的师傅伍奢及其长子伍尚。伍子胥迅速逃离楚国，经宋国、郑国，在陈国(楚国的属国)得到东皋公的帮助，与相貌酷似的皇甫讷易服，混出昭关(今安徽含山县西北)，渡过长江，进入楚国的仇敌、日益强盛的吴国。

❖ 伍子胥为吴国建有什么样的功业？而后又怎么死的？

伍子胥投入吴国公子光门下。于僚十二年(前515)，由他所荐壮士专诸刺杀了吴王僚，助公子光夺回王位，称吴王阖闾。伍子胥遂与谋国政，"立城郭、设守备、实仓廪、治兵库"，营造阖闾大城。从此，苏州成为春秋吴国的国都。由于太湖上下游水系复杂，当时安徽南部宣、歙一带山水没有通太湖的大河道，所以山洪暴发就泛滥成灾。于是，伍子胥在高淳向东至太湖的百余里开挖宽深的运河，并筑五条堤坝，以节制山水，既利农业灌溉，也是进兵楚国时的便捷运输水道。此运河称为"胥溪"、"胥河"。

经伍子胥和孙武振军经武，阖闾九年(前506)吴军攻破楚国郢都，楚昭王仓皇出逃(楚平王已死于公元前516年)。伍子胥报了父兄被杀之仇。伍子胥因功封于申，所以又称申胥。夫差元年(前495)，大兴水利，伍子胥于长泖接界向东开掘，连接惠高、鼓港、处土、堰渎等河流的运河，称为"胥浦"，东路可经胥浦到东海，减少了水灾，促进了经济繁荣。伍子胥因劝夫差拒绝越国求和，力主停止伐齐，与夫差渐渐疏远，于夫差十二年(前484)被夫差赐死，投尸江中。吴人敬仰其忠烈，尊为潮神，建伍子胥庙、胥王祠，立坟墓，历代祭祀。现祠庙皆毁，墓已重建。

❖ 为什么称孙武为"兵圣"？

孙武，字长卿，春秋晚期著名军事家，是齐国田完的后裔，赐姓孙。吴王阖闾为振兴国力招募贤才时，孙武从齐国带着兵法来到吴国，受到阖闾重用，任命为将。他与伍子胥共同辅佐吴王，经国治军，"西破强楚，入郢，北威齐、晋，显名诸侯，孙子与有力焉"(《史记》)。他的军争著作《孙子兵法》，总结了春秋时期各国战争的丰富经验，概括了战略战术的一般规律。现存十三篇，所以也名《孙子十三篇》。篇目是：计、作战、谋攻、形、势、虚实、军争、九变、行军、地形、九地、火攻及用间等。

1972年,在山东临沂银雀山汉墓出土的《孙子兵法》残简中,还有吴问等几篇佚文。《孙子兵法》是世界上最早的一部兵书,享有盛誉,被译为多种文字,后人称孙武为"兵圣"。

❖ 西汉会稽太守吴人朱买臣在夫妻关系上有什么动人故事?

朱买臣,字翁子,西汉时吴人。中年时由同乡严助推荐,为汉武帝"说春秋,言楚辞",被拜为中大夫,当汉武帝的文学侍从。曾为征伐东越出谋划策,后为会稽太守。

朱买臣未仕前,居苏城西部穹窿山麓,"家贫好读书",靠卖薪度日,且行且歌,怡然自得。在穹窿山东铜岭下的一块高大磐石,相传为朱买臣的读书处,所以叫"读书台"。穹窿山拈花寺为朱买臣故居遗址。朱买臣曾对妻子说:"我年五十当富贵,现已逾四十,俟吾富贵,当报汝功。"然而其妻不能安于贫困而另嫁农夫。

朱买臣至会稽任太守时,"入吴界,见其故妻、妻夫治道",就停车将他们带回太守府中,供他们食宿。其妻十分羞愧,自缢而死。民间据此衍为"马前泼水"的故事。汉元鼎二年(前115),朱买臣因弹劾御史大夫张汤而被汉武帝所杀。

❖ 孙权能否称为一位有作为的君主?

孙权(182—252),字仲谋。吴郡富春(今浙江富阳)人。东汉建安五年(200)继承兄孙策之位,据江东会稽、吴郡、丹阳、豫章、庐陵等郡,被曹操封为讨虏将军,"会稽太守、屯吴"。从建安五年到建安十六年(200—211),孙权取得了顾雍、陆逊等吴郡士族的支持,实行孙家与东吴名族联姻。同时继续以武力攻伐地方割据势力,统一江南,建立吴国,形成与魏、蜀鼎足而立的局面。

吴郡一直是孙吴的根据地,苏州曾作为孙吴都城12年。北寺(玄通寺)就是孙权母亲吴夫人舍宅兴建的。孙权为报母恩建造十三级舍利塔(后改建为今瑞光塔)。由于设置农官,实行屯田,山越地区设立郡县,促进了江南地区的开发。发展航海,可直达辽东、夷州(今台湾地区),并漂浮日本,商贸十分繁荣。相传日本"和服"便是用从孙吴输入的丝织物缝制的,称为"吴服"。从孙权在苏州执政的12年历史来看,是一位有作为的君主。

❖ 西晋时写《吴都赋》的作者是谁?

左思(约250—305),字太冲,西晋文学家,齐国临淄(今山东淄博)人。齐王司马冏命为记室督,不就。出身寒微,不好交游。构思十年,写成《三都赋》,"权贵之家,竞相传写,洛阳为纸贵"。《三都赋》分《蜀都赋》《吴都赋》《魏都赋》。主旨是论述立国的根本在于政治制度而不在自然条件,强调"剑阁虽嶒,凭之者蹶","洞庭虽浚,负之者弱",由假想人物称颂京都的形势、物产、宫室等。虽然三国时的吴都是建业(今南京),而《吴都赋》中所述却是苏州,故实际上是一篇苏州赋。

❖ 传为千古美谈的"莼鲈之思"是指西晋时哪位吴人高官?

张翰,字季鹰,西晋时吴郡吴江(今江苏苏州)人。在齐王司马冏处任大司马东曹掾。看到永平元年(291)司马氏内部争夺政权的"八王之乱",预料齐王司马冏将失败。因秋风起而思念家乡的菰菜、莼羹、鲈鱼脍,深感"人生贵得适志,何能羁宦数千里以要名爵乎"?

于是,辞官返回吴中。后人据此将思念家乡之情称为"莼鲈之思",传为千古美谈。

❖ **东晋大书法家王羲之和王献之父子俩在苏州什么地方留有较多的书迹?**

苏州古典园林的书条石中有很多二王书迹。

王羲之(321—379,另一说为303—361),字少逸。东晋时琅玡(今山东)临沂人,居于会稽山阴(今浙江绍兴),是大书法家。

王羲之官至右军将军,会稽内史,所以称"王右军"。早年从卫夫人学书,后见前代名家书法,遂博采众长,最得力于张芝、钟繇,精研体势,一变汉、魏质朴的书风,创造妍美流利的新体。其草书浓纤折中,正书势巧行密,行书遒美劲健。由于在书法艺术上有继往开来的卓越成绩,其墨迹为历代所宝,所以有"书圣"之称。书法刻本以《乐毅论》《兰亭集序》和《十七帖》为著。相传唐太宗对王羲之书法"心摹手追",并亲撰《晋王羲之传》,把观赏了一生的《兰亭集序》墨迹,作为殉葬品,随棺入墓。在唐太宗的影响下,从宫廷到民间都模仿王书。

王献之(344—386),字子敬,小名官奴,王羲之第七子,官至中书令,所以称"王大令"。

王献之幼学于父,精正、行、草、隶各体。嗣取法张芝,行草别创新法,用笔外拓(开廓),俊美而有逸气,称为"破体"。存世墨迹有《鸭头丸帖》,刻本有《洛神赋十三行》等。南朝宋、齐、梁之间,多崇尚他的书体。唐宋以来的书法家多受其影响,与其父并称"二王"。

❖ **被誉为"苏州刺史例能诗"的是哪几个人?**

韦应物、刘禹锡、白居易三人都是唐朝著名诗人,又都在苏州任过刺史,故被后人誉为"苏州刺史例能诗"。他们三人的简介如下:

韦应物(737—792),唐朝京兆长安(今陕西西安)人。著名诗人。少时以三卫郎侍唐玄宗。后出任滁州、江州、苏州刺史,被称为"韦苏州"。晚年罢职,寓居苏州永定寺,卒于寺中。留下不少与苏州有关的传世佳作。其诗以写田园风物最著名,语言简淡而有生活气息,并涉及时政及民间疾苦。人比之陶渊明,称为"陶韦"。今存《韦苏州集》10卷,卷首有宋王钦臣序。

刘禹锡(772—842),字梦得,唐彭城人,著名诗人、哲学家。贞元年间(785—804)擢进士第,登博学宏词科,授监察御史。因反对宦官及藩镇割据势力,被贬为朗州司马。后任太子宾客,加检校礼部尚书,世称"刘宾客"。刘禹锡曾在元和年间(806—820)任苏州刺史。时白居易任杭州刺史,相互酬唱,同负盛名,称为"刘白"。与柳宗元交谊很深,又称"刘柳"。其诗作通俗清新,善用比兴手法,富有民歌特色。存有《刘宾客文集》,其重要哲学著作有《天论》。

白居易(772—846),字乐天,号香山居士,原籍山西太原。唐朝著名诗人,主张"文章合为时而著,歌诗合为事而作",积极推行"新乐府"运动。贞元年间(785—804)进士,元和年间任翰林学士、左拾遗,因触犯权贵被贬为江州司马。宝历元年春至二年秋(825—826)任苏州刺史,"居官勤瘁",修筑虎丘山塘,沿堤植桃、李、莲、荷数千株,称为"白公堤"。白居易离任时,"苏州十万户,尽作婴儿啼",反映了百姓对他的爱戴。他也很热爱苏州,写了许多赞美、怀念苏州的诗歌。诗文多怡情悦性、流连光景之作。白居易留下诗作3 000多首,有

《白氏长庆集》75卷。现流传的《白香山集》为71卷。白居易晚年将自己编定的《长庆卷》的一个副本留藏在苏州南禅寺千佛堂内,足见他对苏州的一片深情。

❖ 出身吴中世家的唐著名文学家陆龟蒙其诗文有何特点?

陆龟蒙(?—约881),字鲁望,唐长洲(今江苏苏州)人,出身吴中世家。著名文学家,举进士不第,曾任苏、湖二州从事,后隐居甫里(今苏州甪直)。陆龟蒙的诗多为写景咏物,反映闲适隐居生活。诗力求博奥,填嵌僻典怪字,而不同于唐末浅显明快的风格。散文则不乏批评现实之作,如《野庙碑》《登高文》《田舍赋》《后虱赋》等。由于陆龟蒙亲自参加农耕,撰写的《耒耜经》,详细记述犁、耙、碌碡等江南农具的沿革、制作和使用方法,成为研究古代农耕技术的宝贵资料。

陆龟蒙与诗人皮日休友善,称为"皮陆",互相唱和,唱和之作汇成《松陵集》。《全唐诗》录存其诗14卷,《全唐文》录其文2卷。历代文人对他的高风亮节十分崇敬。

❖ 唐代著名诗人皮日休在苏州做过什么官?

皮日休(约834—883),字逸少,号醉吟先生,唐襄阳人。早年隐居鹿门山,著鹿门隐书,讥切当时政事。咸通八年(867)登进士第,后任苏州刺史崔璞的军事判官。

皮日休的诗继承白居易新乐府传统,强调乐府诗的政治作用,代表作有《三羞诗》《正乐府十篇》等。他又继承并发扬韩愈、柳宗元古文运动精神,尤擅小品文,简短犀利,著有《皮子文薮》传世。

❖ 《枫桥夜泊》作者张继是什么地方人?做过什么官?

张继,唐诗人,字懿孙,襄州(今湖北襄阳)人,天宝十二年(753)进士,曾任盐铁判官、检校祠部员外郎。其诗流传不多,《枫桥夜泊》一首较为有名,有《张祠部诗集》。

❖ 范仲淹在政治和文学上有什么业绩?

范仲淹(989—1052),北宋政治家、文学家,字希文,苏州吴县人,生于徐州,大中祥符八年(1015)进士。少时贫困力学,出仕后有敢言之名。任西溪盐官时,泰州知州张纶从其议,修建捍海堰,使大量土地不受海潮淹没。宝元三年(1040),西夏攻延州,他与韩琦同任陕西经略副使,改革军制,巩固边防。庆历三年(1043),任参知政事(副宰相),主张建立严密的任官制度,注意农桑,整顿武备,推行法制,减轻徭役。因保守派反对,不能实现。"庆历新政"失败后,被贬至邓州(今河南邓县),64岁时,在赴任颍州(今安徽阜阳)知州的途中病故。范仲淹工于诗词散文,所作文章富于政治内容。词传世仅五首,风格较为明健,善写塞上风光,为世传诵,有《范文正公集》。

❖ 范仲淹为何能写出"先天下之忧而忧,后天下之乐而乐"的名句?

范仲淹两岁丧父,家贫,母不得已改嫁。由于他童年、少年时代生活贫苦,家世凄凉,给他精神上的影响很大,使他后来能较多地关心人民疾苦,发出"先天下之忧而忧,后天下之乐而乐"的呼声。

他的贫困力学例子是"划粥断齑"。当时他寄居在山东淄州长山县附近长白山上的醴泉寺中,发奋苦读,苦得连饭也吃不上。他每天只烧一顿粥,放在盆里凝冻,再划成一块块,就着盐菜、粗盐当饭吃。由于勤奋,他成为当时"通六经"的知名学者,后来中了进士。

❖ **关于天平山麓的范坟有什么有趣的传说?**

范仲淹家的祖坟在天平山麓,称为"范坟古墓群",为省级文物保护单位。范仲淹把他的父、祖、曾祖埋葬于此,他们都封过太师,故称范家三太师墓。关于范坟,这里还有一段有趣的传说:

范仲淹为了迁葬他的祖父、父亲,请阴阳先生看风水。阴阳先生找到现在苏州孔庙那块地方,说这里的风水好极了,保证世代出状元。范仲淹说:"很好,这里就造一座孔庙,使苏州这个地方长年名人辈出。"阴阳先生又告诉他说,天平山这个地方风水最不好,人葬下去要绝子绝孙。范仲淹马上说:"我就把天平山做坟地,我造了就免得其他人再来遭此厄运。"由于范仲淹这种"先天下之忧而忧"的风格,据说天平山的一草一木都肃然起敬,连山上的石头都全体肃立,万笏朝天,以表示对范仲淹的崇敬。

❖ **北宋诗人苏舜钦与沧浪亭有何因缘?**

苏舜钦(1008—1048),北宋诗人,字子美,梓州铜山(今四川中江)人。自曾祖起移居开封,27岁中进士,历任蒙城、长垣县令及大理评事、集贤殿校理等职。在政治上倾向以范仲淹为首的变法派,因此受保守派的压制,最后被保守派借事诬陷,削职为民,闲居苏州。后虽起复为湖州长史,但不久就病死。

宋初兴起诗文革新运动,苏舜钦是其中积极倡导的一个重要作家,他致力于诗歌创作,在创作实践上发现了《诗经》《离骚》以来的优良传统,思想性、艺术性方面都有创意。他作诗的显著特色是关心政治和社会现实,通过豪迈奔放、清新刚健的艺术手法,给以真实的反映,他的诗气势宏大、寓意深沉,就是在一些描写风景和反悔情感的诗篇里也有充分的表现。

苏舜钦闲居苏州时,以四万钱购得广陵王钱元璙的废园,并在水旁筑亭,因感于"沧浪之水"歌,取名"沧浪亭"。有他自己写的咏沧浪亭诗一首为证:

> 一径抱幽山,居然城市间。
> 高轩面曲水,修竹慰愁颜。
> 迹与豺狼远,心随鱼鸟闲
> 吾甘老此境,无暇事机关。

表达了诗人归园田居、悠然自得的情趣。

❖ **范成大被后人传颂的突出品格是什么?**

范成大(1125—1193),字致能,吴郡(今江苏苏州)人。南宋绍兴年间(1131—1162)进士,历任处州知府、静江知府、广南西道经略按抚使。晚年归隐退居故乡石湖,故自号"石湖使官至参知居士"。

他在少年时代就立志要恢复中原,并发愤要学习历史上的英雄人物,曾写下了"我若材正当使用,他年应只似诸公"的诗句。在为官期间,他兴修水利,治兵造将,巩固边防。值得指出的是,他在1170年出使金国时,面对敌人,慷慨陈词,表现出崇高壮烈的气节,维护了民族的尊严。

范成大素有文名,尤工于诗,和杨万里、陆游齐名。他一生留下了1 000多首诗词,其中有出使金途中作的绝句一卷,写渡淮后的见闻,表现其渴望恢复国家统一的心情。组诗《田园杂兴》是归隐后所作,共60首,描写农村风光和民间疾苦,有《石湖居士诗集》《石湖词》等。

> 窈窕崎岖学种园,此生丘壑是前缘。
> 隔篱日上浮天水,当户山横匼地烟。
> 春入荇田芦绽笋,雨倾沙岸竹垂鞭。
> 荒寒未办招君醉,且吸湖光当酒泉。

❖ 南宋抗金名将韩世忠墓在苏州何处?

韩世忠(1089—1151),南宋抗金名将,字良臣,陕西绥德人。行伍出身,御西夏有功,曾以偏将参加镇压方腊起义。宋金战争起,在河北力抗金军,后随高宗南下,升至浙西制置使。建炎三年(1129)冬,金兀术渡江。次年他率八千人乘海船至镇江,扼长江绝其归路,转战至黄天荡(今江苏南京附近)相持48日,兀术大窘。绍兴初,被调往福建,镇压范汝为起义。绍兴四年(1134)在大仪(今扬州西北)大破金和伪齐联军。后任京东淮东路宣抚处置使,开赴楚州(今江苏淮安)力谋恢复。秦桧主和,他多次上疏反对。绍兴十一年(1141)被召至临安(杭州)授枢密使,解除兵权。他上疏反对和议,又以岳飞冤狱,面诘秦桧。所言既不被采纳,乃自请解职,闭门谢客,寓居苏州沧浪亭,死后葬在灵岩山下。

韩世忠与夫人梁红玉合葬在一起。墓左有一碑,高2丈6尺。碑的上部刻有宋孝宗所书"中兴佐命定国元勋之碑"十个大字。下面是13 900字的长文,叙述韩世忠的生平事迹,赵雄撰文,周必大书。

❖ 北宋末年被称为六贼之一的苏州商人是谁?

此人名叫朱勔(1075—1126),北宋末年苏州人,商人出身。他交结蔡京、童贯,冒军功为官,取奇石异卉进献宋徽宗,于平江(今江苏苏州)设应奉局,搜罗花石,运往东京(今河南开封)。凡官员百姓对他有点怨恨就报复陷害。流毒东南20年,被称为六贼之一(蔡京、朱勔、王黼、李彦、童贯、梁师成)。后为宋钦宗所杀。

北宋末年,统治阶级极度腐朽糜烂。宋徽宗在东京(今河南开封)建"寿山艮岳"。崇宁四年(1105),朱勔主持苏杭应奉局,凡民间一石一木可用的,即直入其家,破墙拆屋,劫往东京。这种运送花石的船队,号为"花石纲"。官吏乘机勒索,给人民带来了深重的灾难,成为方腊起义的导火线。

朱勔对园林建筑颇有造诣,据说他的私家园林在今盘门内,故至今仍有"朱家花园"的巷名。

❖ 文天祥任苏州知府多长时间?

文天祥(1236—1283),字宋瑞,一字履善,江西吉安人,南宋著名政治家、文学家,是坚贞不屈的抗元将领。宋室南渡后,曾任苏州知府,1275年,闻元兵东下,文天祥在赣州组织义军,联合少数民族保卫临安都城,次年任右丞相,被派往元军营中谈判,后脱险逃至福建,与张世杰、陆秀夫等坚持抗元。1278年兵败被俘,次年被送往大都(北京),不屈,后就义于北京菜市口。他作的"正气歌",尤为后世传诵。他在苏州虽只担任过40多天知府,但深孚众望。他用生命和鲜血写成的"人生自古谁无死,留取丹心照汗青"诗句(《过零丁洋》),气贯长虹。后人在今书院弄口建"文山祠",以纪念这位民族英雄。"文山祠"迁到旧学前后改为"文山寺"。

"元四家"中哪两个人与苏州有关?

他们是黄公望和倪瓒。

黄公望(1269—1345),字子久,号大痴道人,常熟人。本姓陆名坚,后过继永嘉(今温州附近)黄氏,黄氏时年已九十,说"黄公望子久矣",遂改名黄公望。他是元代著名书画家,与吴镇、倪瓒、王蒙号称"元四家"。曾任元朝小官,因获罪两度下狱,出狱后绝意仕途,当了道士,改名一峰。流连于苏州、富春江及虞山等地,观赏自然胜境,以天然山水入画,随意摹写,风格飘逸逼真。师承董源、巨然,继得赵孟頫指授并有所创新,是元代画家中的革新派。他把书法和绘画笔法相融合,以草书、籀文奇字之结构入画,使作品意境简远而别具一格。代表作《富春山居图》,描绘富春江一带初秋景色,技法变化多端,淋漓尽致,气势动人。该画卷清初时裂为两段(一段在浙江博物馆,一段在台湾地区)。传世之作还有《九峰雪霁图》《仙山图》等。著作有《写山水诀》《大痴道人集》等。

黄公望去世后葬于常熟虞山小云栖寺东南山麓。墓碑刻"元高士一峰黄公之墓"。现墓为砖砌,水泥封顶,为江苏省文物保护单位。

倪瓒(1301—1374),字元镇,号云林,江苏无锡人,性好洁而迂僻,人称"倪迂"。出身富家,终身不仕。水墨画造诣颇深,为著名"元四家"之一。

倪瓒曾加入当时新道教,习静坐,50岁后复参禅学。元末变卖田产,常扁舟浪迹苏州、无锡、三泖之间,或寄居田舍、佛寺,吟诗作画。倪瓒创山水画"折带皴"法,由于逃避现实,"生平不做王门画师",作品意境萧瑟清逸,多写疏林坡岸、浅水遥岭等平远风景,以"天真幽淡"为宗,反映了他"孤高自赏,遁世嫉俗"的思想。对景物提炼概括,笔墨简洁沉着,似嫩而苍,为山水画中的"逸品"。曾为狮林寺僧天如禅师绘《狮子林图卷》。存世作品有《雨后空林》《碧梧翠竹》《江岸望山》及《渔庄秋霁》等。

马可·波罗有没有到过苏州?对苏州有过什么描述?

马可·波罗(1254—1324),意大利威尼斯人。约于元至元八年(1271)十一月随父、叔,经伊朗高原越帕米尔来东方。至元十二年(1275)五月至上都(今内蒙古多伦县西北),得到元世祖忽必烈的信任,待遇优厚,为官17年,游历今新疆、甘肃、内蒙古、晋、陕、川、滇、鲁、苏、浙、闽及北京等地。至元二十九年(1292)初,奉命护送公主出嫁至伊儿汗国离开中国,从海上经苏门答腊、印度等地到达波斯,于公元1295年返抵威尼斯。公元1298年在威尼斯与热那亚战争中被俘。在狱中口述东方见闻,由同狱的鲁思梯谦笔录成《马可·波罗游记》。公元1299年,马可·波罗获释,回到威尼斯。《马可·波罗游记》很快被人争相传诵,书中盛赞东方之富庶、文化之昌盛。马可·波罗曾到过苏州,书中写道:"苏州是一座名贵的大城,居民多偶像教徒,臣属大汗(忽必烈)。以工商业为生,产丝甚饶,以织金锦和其他织物。它的城垣极大,周围有60里,人烟稠密。"

❖ 张士诚自称过"吴王"吗?

张士诚(1321—1367),元末泰州白驹场(今江苏大丰)人。幼名九四,盐贩出身。元至正十三年(1353),与弟士德、士信率盐丁起兵,攻下高邮等地。次年称诚王,国号周,年号天祐。渡江攻下常熟、湖州、松江、常州等地。至正十六年(1356)定都苏州。次年降元,受封为太尉,曾与方国珍从海道运粮,接济元都,后继续扩展领地,割据范围南到浙江绍兴,北到山东济宁,西到安徽北部,东到海。至正二十三年(1363)攻安丰,杀红巾军领袖刘福通,自称吴王。后屡被朱元璋击败,至正二十七年(1367)秋平江城被破,张士诚被俘至金陵,自缢死。张士诚之母曹氏的墓葬于1974年发掘,墓内出土文物现存苏州博物馆。

❖ "明代四大家"之首沈周是吴门画派的奠基人吗?

沈周(1427—1509),字启南,号石田,自号白石翁。长洲(今江苏苏州)人。生而早慧,童年承家学,学画得法于父亲恒吉、伯父贞吉,后事赵同鲁。为力求深造,学习宋、元名家。花卉师法宋代释子法常、元代王渊,笔法雄浑简朴。山水师法宋代董源、巨然,元代黄公望、王蒙、吴镇、倪瓒四家。早期所绘山水花卉,多尺幅小景,古意盎然。

沈周擅长山水、人物、花鸟,而以水墨山水造诣最深,雄健苍劲,自成风格。沈周诗学白居易、苏东坡,书法学黄庭坚,所以诗、书、画堪称三绝。为吴门画派奠基人,居"明代四大家"之首。

沈周于正德四年(1509)去世,终年83岁。

❖ 风流才子唐伯虎有怎样的坎坷人生?

唐寅(1470—1521),字伯虎,号子畏,又号六如居士。明代画家及诗人,苏州人。他从小聪明伶俐,博学多才,16岁就中秀才。他与年轻时代的朋友张灵(后亦成为画家)以放荡挥霍而出名。他从小得到名师的指教,当时苏州有名的学者文林(文徵明之父)是他的老师。唐寅很早与苏州的文人学士有来往。祝允明(枝山)是他的挚友。

唐寅24岁时,遭遇到一连串的不幸。1493—1494年,他的父亲、母亲和姐姐相继去世,只留下他和一个弟弟。他的父亲并没有留下多少财产给两个儿子。家门不测之后,唐寅听了好友祝允明的劝告,一变放荡的生活方式,闭门读书。

明弘治十一年(1498)春,29岁的唐寅去南京参加乡试,得中举人。通过这次考试,他结识了一个名叫徐经的富商之子,两人一同赴京参加会试。一路上以及到京城之后,唐的生活全由徐经接济。但徐经对考试感到毫无把握,据说他买通了当时主考官陈明生的手下,得到了考试试题,并告诉了唐伯虎。不久事情泄露,皇帝知道了。唐寅、徐经、陈明生都被投入狱。这对唐寅是一个极大的打击。他被释后,被委派去做小官。但他心灰意冷,拒官回到了家乡。

据祝允明写的《唐寅墓志铭》,在这一段时期中,他曾广泛游历,足迹遍及整个南中国。

他想通过漫游来减轻其仕途失意的痛苦。唐寅的生活更加落拓不羁,更喜欢饮酒及流浪生活。这时他休了第二个妻子,变得玩世不恭。他在诗词中用粗俗的语言来表达愤世嫉俗的心情。当时,文徵明曾经规劝他改变这种生活方式,但唐寅生硬地表示拒绝,两人差一点闹翻。但人总得有谋生的手段。大约也就是在这时(1500年左右),他开始跟周臣学画,想以此来维持生计,很快他的画声誉大增,据说周臣不得不代他作画来满足卖画者的需要。1505年左右,他在桃花坞为自己建造了一个园宅,说明他的生活境遇已大为改善。

1514年,当时江西宁王朱宸濠以厚礼聘唐寅去王府作画。唐寅欣然前往江西,一路上他饱览了庐山及江西名山的风光。但宁王是个野心很大的人,一直阴谋起事造反。唐寅知道宁王的企图后,就想早些脱身,再加上他过不惯王府里的那种生活,于是他装疯卖傻,饮酒过度,惹是生非。最后,宁王不得不让他返回乡里。他为此写了一首诗:"不炼金丹不坐禅,不为商贾不耕田。闲来画取丹青卖,不使人间造孽钱。"表达了他蔑视封建权贵的人生观。

唐伯虎晚年的名气很响。他与当时许多知名的学者、画家过从甚密。他的女儿就嫁给王宠(诗人和画家)。但他在晚年也更加沉湎酒色。他经常与祝允明为伴,勾留酒肆妓院,他的许多逸事流传开来。他与人吵架,和妓女私奔,对朋友恶作剧,以及他才华横溢的诗画,在苏州城成为街谈巷议的资料。唐伯虎的名字逐渐成为民间流传的男女爱情故事中一个轻浮、滑稽、热情奔放的代表人物,有关他的最有名的传说是"三笑姻缘",后来成为评弹的一个剧目以及许多短篇小说的题材,还拍成了电影。这些逸事使唐伯虎的名字在中国文学史上占有一定的位置。为了表示他对自己一生命运的感叹,他为自己刻了"江南第一风流才子"的印。他晚年信佛,取号"六如居士"(语出金刚经),由于生活放荡,他54岁便去世了。

唐寅的诗、字、画都出名。他的诗与祝允明、文徵明和徐祯卿齐名,称为"吴中四才子"。他的诗以六朝为宗,早年多浓丽之词,中年学刘禹锡、白居易,晚年不拘成格。

他最出名的还是画,被称为"明四大家"之一(其他三人是沈周、文徵明、仇英)。他擅画山水,亦工于人物、花鸟。他的画代表了明代的风格,反映了对前人技法的熟练运用。

❈ "唐伯虎点秋香"的故事是真是假?

据考证,唐伯虎和秋香不是同一代人,秋香要比唐伯虎大几十岁,"唐伯虎点秋香"的故事是一种艺术的移植和加工。

❈ 一代宗师文徵明有怎样的生平?他活到多少岁?

文徵明(1470—1559),初名璧,字徵明。后来,以字为名,改字征仲,别号衡山居士,长洲(今江苏苏州)人。幼年并不聪慧,七、八岁时反应还很迟缓,但通过勤奋苦读和环境熏陶,文思猛进。文徵明的父亲文林,酷爱艺术,让文徵明就学于书法家李应祯、画家沈周、文学家吴宽,并与祝允明、唐寅、徐祯卿等结伴交游,切磋艺事,终于成为诗、书、画"三绝"的巨匠而名垂青史。

文徵明的品德十分高尚,30岁时,其父文林在温州知府任上去世。文林为官清廉,两袖清风。温州官绅馈赠重金给文徵明,他坚辞不受。为纪念文林的政绩和文徵明的品德,温州郊外建有"却金亭",并立碑记载此事。

文徵明在家钻研古文辞而不迎合时好,以致在乡试中屡遭失败。在读书的同时,游历江南,积累创作素材。

文徵明40多岁时,江西宁王朱宸濠"礼贤下士",派人送来巨金和书信,请他去做幕僚。文徵明认为自古以来,皇室尔虞我诈,争权夺利,不愿卷入旋涡,以病推辞。

文徵明54岁时,由苏州巡抚李克成推举为贡生,到北京参加吏部考试,取为优等,上殿觐见嘉靖皇帝,授职"翰林院待诏",故又称"文待诏"。参加编写《武宗实录》,很快修成,得到赞许。虽然待遇甚厚,但繁琐的朝廷礼节拘束,大官僚的拉拢,同僚的嫉妒排挤,都让文徵明厌倦,经三次辞职,文徵明在57岁时获准南归苏州。本着"士大夫达则兼济天下,穷则独善其身",在老宅东面建"玉磬山房"别墅,庭前种两棵挺拔的梧桐树,象征自己的人格。

文徵明在绘画上是全才,其画人物简洁秀挺,花鸟秀逸自然,最擅山水,以工致细润见称。文徵明还擅长书法和诗文。

明四大家中,文徵明寿最高,继沈周后成为吴门画派的领袖,前后达50年。他诲人不倦,弟子众多,子侄们也受其影响,继承衣钵成为后起之秀。传了六、七代,出高手20余人,确是画苑佳话。因此自明中叶到清代,文徵明成为文人画家普遍敬仰的宗师。

文徵明于嘉靖三十八年(1559)逝世,终年90岁。

❈ 是谁给仇英"画之王者"的评价?

"画之王者"是董其昌对仇英的评价。

仇英(1500—1552),字实父,号十洲。苏州太仓人。粉漆工出身,流寓苏州,从周臣学画,是唐寅的师弟。工临摹,青绿重色,尤为擅长。平时以卖画为生,因文徵明极力称誉,而知名于时。后客居书法家、鉴赏家项元汴家,从事创作、临摹、修补唐宋古画,从中吸取了很多有益的技艺,达到落笔乱真、炉火纯青的地步,为人推崇。由于平日与文徵明、唐寅及文氏子弟、门生等书画名流接近,受到器重和熏陶,广增见识,提高修养。全凭孜孜不倦,锲而不舍,终于登上艺术高峰,是明清两代人物画的魁首。

仇英年寿不高,但传世作品甚多。绘画题材广泛,不论人物、鸟兽、山水、楼观、旗辇、车舟、军容、城池、桥塔无不精能。尤擅长人物故事、青绿山水。用笔清丽工整,既工设色,又善水墨、白搭,变化多样,风格挺秀,具有一种人所难能的精丽艳逸功夫。所画仕女,神采飞动,风格特细,有"周昉复起,亦未能过"之评。仇英精丽的工笔画结构谨严,人物衣褶、山石勾勒"笔笔皆成铁丝,有起有止,有韵有情,亦多疏散之气,如赏小楷,令人探索无尽"(杨翰《扫石轩画谈》)。

❈ 大书法家祝允明有怎样的生平和个性?

祝允明(1460—1526),字希哲,号枝山,别号枝指生(手上多生一指)、枝山老樵。长洲(今江苏苏州)人,出生于七代主官的魁儒家庭。自幼天资聪颖,勤奋好学,5岁时就能写一尺见方的大字,9岁能作诗文,被称为"神童"。十几岁已博览群书,文章瑰丽,显露出非凡的才智,17岁中秀才,32岁中举人。曾任广东兴宁县知县、应天府通判。由于祝允明生性佚荡,难以忍受官场的腐败风气,藉故辞官回到苏州。结交朋友,召客豪饮,借酒解愁,以发泄愤懑之情。在朋友中与唐伯虎交谊最深。由于祝允明长唐伯虎10岁,曾手把手教唐伯虎写字,评点唐伯虎文章,把唐伯虎介绍给大画家文林、沈周、周臣,而使唐伯虎画艺猛进。作为大名士的祝允明欣然为唐伯虎的《墨竹图》题诗:

> 唐郎写竹如写字,正以风情韵工高。
> 我解平章不能写,未曾分得凤凰毛。

诗中流露出对唐伯虎才华横溢的赞赏,体现了祝允明虚怀若谷的谦逊品质。他为人风趣潇洒,与唐寅、文徵明、徐祯卿并称"吴中四才子"。他的书法集百家之长,与文徵明、王宠并称"明中期三大家"。

❖ 元明之际在诗歌史上承前启后的诗人是谁?

高启(1336—1374),字季迪,号槎轩,长洲(今江苏苏州)人。元末隐居吴淞青丘(今甪直),自号青丘子。博学工诗,与杨基、张羽、徐贲号称"吴中四杰"。因处于元明之际,在诗歌史上起着承前启后、继往开来的重要作用。他继承发扬杜甫、韩愈、苏东坡、陆游以来的现实主义传统,反映现实,抒写哀乐,爽朗清逸,沉雄悲壮,为"明三百年诗人之冠冕"(王士禛语)。

洪武二年(1369),任翰林院国史编修,编订《元史》。次年授户部侍郎,固辞不受,乃回乡教书。后因诗文中有讽刺当政者的嫌疑,被朱元璋借故腰斩于市。著有《高太史全集》。

❖ "山中宰相"王鏊与东山有什么密切关系?

王鏊(1450—1524),字济之,号守溪,又号拙叟,苏州吴县人。16岁在国子监读书,文章才学过人,被称为"天下士"。明成化十六年(1480)乡试,成化十七年(1481)会试,都名列第一。殿试第三名榜眼,授翰林院编修。历任侍讲学士,少詹事,擢吏部右侍郎。正德元年(1506)入内阁,晋户部尚书,文渊阁大学士,次年加少傅,改武英殿大学士。

王鏊参政的宪宗、孝宗、武宗时期,明朝已开始衰败。面对宦官挟制内阁、干预朝政的局面,王鏊与"专横弥甚、祸流缙绅"的宦官刘瑾展开面对面的斗争,提出许多改革意见,并与诸大臣一起上疏诛刘瑾等"宦党"。由于武宗宠信刘瑾,王鏊接连三次上疏,未成,于是告老还乡。在东山陆巷村度过的14年,致力于家乡文化的发展,撰写《震泽编》《姑苏志》《震泽集》《震泽长语》《震泽纪闻》等地方文献和《春秋词命》《性善论》等著作。文章有奇气,议论明畅,诗潇洒清逸,文风振起一代。王鏊常常徒步出游或泛舟湖中,刻石题铭,赋诗著述。其《洞庭两山赋》,从描绘太湖和洞庭东、西两山自然景色入手,运用典故精练,概括人文、地理、物产及古迹。提出"岳阳"、"彭蠡"诸湖,非不广且大,而乏巍峨之气;"天台"、"武彝"诸山,非不高且丽,而无浩渺之容。唯洞庭山水兼胜,灵秀独钟。饱含对山水之热爱。地以人重,东山地区的文化发达、经济繁荣与王鏊有着密切关系。

嘉靖三年(1524),王鏊逝世于东山陆巷村,明世宗追封他为太子太傅,谥号文恪。墓筑在小山坡上,墓面西正对太湖。神道上原有翁仲、石兽、碑亭及石碑坊。坊上镌有唐寅撰并书的对联:"海内文章第一,山中宰相无双。"

❖ 明代状元吴宽官至何阶?

吴宽(1435—1504),字原博,号匏庵,长洲(今江苏苏州)人。明成化八年(1472)状元,入翰林,官至礼部尚书。

吴宽性行高洁平和,勤奋好学,尤嗜古学,至老不倦。以文出名而为时人推崇,称为馆阁巨手。诗作琢句沉着,不尚辞藻,与王鏊并称"中吴二公"。吴宽亦工书法,师法苏东坡,端庄淳朴,凝重中时出奇拙,也为世人所重。

吴宽于明弘治十七年(1504),卒于礼部尚书任上。赠太子少保,谥文定。葬于苏州西郊七子山西花园。著有《匏翁家藏集》《皇明平吴录》等。

❖ **人称"太平宰相"的明代苏州状元是谁?**

申时行(1535—1614),字汝然,出生在苏州平江路混堂弄,1562年中状元。申时行以文采受知于宰相张居正,历任朝廷高官,明万历十一年(1583)任宰相,万历十九年(1591)告老还乡。申时行为官老练稳重,熟谙政术,故仕途通达,有"太平宰相"之称。还乡后20余年里,与故人流连吟咏,有众多著述。著名的戏剧曲艺《玉蜻蜓》《庵堂认母》,据传是当时对申时行的诋毁影射之作。现在石湖吴山东麓有申时行之墓。

❖ **明代写《苏州赋》的作者是谁?**

《苏州赋》的作者叫莫旦,字景周,明朝苏州吴江人,博学工诗文,官至南京国子监学正。曾作《一统》《贤关》二赋,名动京师。平生著作甚多,所存有《鲈乡集》和《新昌县志》《嘉鱼县志》《吴江县志》。其《苏州赋》实质是西晋左思《吴都赋》的续篇。文中以鲈乡子答客问的形式,对苏州的历史沿革、山水名胜、名人古迹及物产风俗等,作了系统的阐述,是对苏州悠久历史和灿烂文化言简意赅的全面概括。

❖ **冯梦龙在小说、戏曲和民间文学上有什么成就?**

冯梦龙(1574—1646),字犹龙,别署龙子犹,一号墨憨,长洲(今江苏苏州)人。他是明代文学家、戏曲家,与兄冯梦桂、弟冯梦熊并称"吴中三冯"。冯梦龙曾醉心功名,但蹭蹬科场,直到60岁时才以贡生知福建寿宁县,不久退职家居。明亡,进行抗清宣传,后忧愤而死。

冯梦龙受市民意识影响,重视小说、戏曲和民间通俗文学。在明泰昌元年到明天启七年间(1620—1627),将宋元的话本及当时流行于民间的话本,采其精华,修编成《喻世名言》(又名《古今小说》)、《警世通言》及《醒世恒言》。共收小说120篇,其中一部分辑录宋元旧本及明人作品,一部分是他自己的创作。他还选编时调集《挂枝儿》《山歌》,把堪称明代一绝的民歌俗曲保存下来。戏曲创作有传奇剧本集《墨憨斋传奇定本》。

❖ **况钟在苏州做官为什么深得民心?**

看过昆曲《十五贯》的人,对剧中为民申冤、执法如山的况钟,都留有深刻的印象。其实,况钟不仅是一个艺术形象,在历史上也确有其人。他在苏州为官13年,做了许多好事。

况钟(1381—1443),字伯律,号龙岗,江西靖安县人,出身于破落地主家庭,幼年长期生活在民间,对人民的疾苦有所了解。况钟的入仕,不是靠的科举,而是从做"刀笔小吏"开始,因此对官场的黑暗比较清楚。32岁起,他在掌管祭祀吉凶礼制的礼部任职。礼部尚书吕震、蹇义等人赏识他的才能,在明宣德年间(1426—1435),将他破格提升,推荐出任苏州知府。

况钟在苏州知府任上13年,治理有方,政绩卓著。首先,他减轻税赋,均平徭役。上任第一年,就上疏请减苏州府官田税粮,免去民间积之四年以上的官粮、马草,以后又减少了工部在苏州征收丝绸阔布的匹数。对补充军籍、驿站马役等苏州人民视为灾难的徭役,也进行改革。其次,他兴修水利,劝课农桑。再次,设"济农仓",为民分忧。每当青黄不接之时,借贷给每户贫苦农民口粮二石,秋后归还,不收利息。此外,况钟在苏州知府任上,还主持修建宝带桥、觅渡桥,助建虎丘塔,督造玄妙观罗宝阁,重建定慧祠中的苏公祠。在选拔人才,大兴儒学,提倡节俭,反对奢侈,禁止赌博、宿娼、酗酒等方面,也做出了成绩。

但是,况钟最得民心的德政,还是在整顿吏治、昭雪冤案方面。况钟刚到苏州上任,许多大小官吏就争先恐后,阿谀奉承,请求判断公事。况钟一方面佯装不知,周旋应付;一方面深入四乡,私行察访。不久,就严办了一批瞒上欺下、为非作歹的吏胥和衙役。这一行动,顿时使"一府大震,皆奉法"。苏州全郡无不赞誉况钟为"况青天"。

况钟是我国历史上一位著名的清官,他不仅关心民间疾苦、办事干练,而且为官清廉、生活俭朴。苏州是明代江南著名的繁华之地,况钟在这里为官13年,却从不谋私利,不徇私情,除了自己的俸禄外,两袖清风,一尘不染。平时,他不图享受,"每食一肉一蔬"。家里别无营建,只有一肩行李,几亩祖传薄田。况钟在苏州13年,尽管朝廷并未给他加官晋爵,一直是个三品官,然而深受人民的爱戴。生前,人们称他为"况青天",把他比作包公。他的继母病故,照例要"丁忧"(即居丧期间辞官),百姓派代表到北京去,请求留任他。当况钟9年任期已满,朝廷将迁调他职时,苏郡2万余人又苦苦乞留,使他一再留任。

明正统七年(1442),况钟62岁时,卒于苏州知府任上。苏州人民怀着悲痛的心情,将他的衣冠冢建在阊门外杨柳湾,并为他建祠立碑,把他请进了文庙。至今苏州西美巷内,还有为纪念他而建的况公祠。在沧浪亭内的"五百名贤祠"中,还有况钟的砖刻画像及"法行民乐,任留秩迁。青天之誉,公无愧焉"的赞语。

❖ 为什么蒯祥被奉为"香山帮"的祖师?

蒯祥(1397—1481),苏州吴县香山渔帆村人,出生在一个木匠家庭。明永乐十五年(1417),应召去北京参加皇宫的营建工程。不论殿阁、楼榭,以至回廊,他信手挥笔作图,其设想和规划都符合宫廷的要求。承天门(即天安门)的主要设计图样即出自蒯祥之手。他不仅精于建筑构造,"略用尺准度……造成以置原所,不差毫厘",而且擅长宫殿装銮,"能以两手握笔画双龙,合之为一"(《吴县志·列传艺术》)。他还善于创新,发明宫殿建筑中的"金刚腿"、活门坎……不久便授职营缮所丞,后官至工部左侍郎,正二品,享受一品俸禄。

蒯祥曾参加北京城池、九门、两宫的建筑。明正统年间(1436—1449),主持重建故宫三大殿及五府、六部衙署。京城中文武诸司的营建,也都出于他的擘划。他奠定了明、清两代宫殿建筑的基础,在明代故宫的鸟瞰图上,画有蒯祥像。明天顺末年,建造裕陵,从设计到建筑全由蒯祥掌管。

蒯祥的建筑造诣,当时就得到极高的评价,同行叹为"鬼斧神工",皇帝也常常以"蒯鲁班"呼之。他的影响很大,有"江南木工巧匠,皆出于香山"之说。蒯祥被奉为"香山帮"的祖师。蒯祥84岁去世,归葬故里香山渔帆村南,墓对太湖,立"蒯祥之墓"碑,为省级文物保护单位。

❖ **明末清初苏州著名的文学批评家是谁？**

金圣叹（1608—1661），明末清初的文学批评家，名采，字若采。明亡后，改名人瑞，字圣叹。一说本姓张，吴县人。入清后，因哭庙案被杀。少有才名，喜批书，曾称《离骚》《庄子》《史记》《杜诗》《水浒》与《西厢》为六才子书，并对后两种进行批改。所批改的《水浒》成书于明崇祯末年，把七十一回以后关于受招安、打方腊等内容删去，增入卢俊义梦见梁山头领全部被杀的情节以结束全书，在批语中颇有独到之见，但也表现了反对农民起义的立场。他还能诗，有《沉吟楼诗选》。

❖ **明末榜眼太仓人吴伟业有什么诗文名作？**

吴伟业（1609—1671），字骏公，号梅村，苏州太仓人。明崇祯四年（1631）榜眼，官左庶子。明亡后，10年在野，悠游苏州山水间，后出任弘文院侍讲、国子监祭酒，不久即辞归。

吴伟业早年曾师事张溥，其诗取径唐人，各体皆工，早期作品略显绮丽风华，明亡，多寓身世，苍凉回荡。尤以七言歌行自成一体，文词清丽，既委婉含蓄，又爽洁明快。名篇如《圆圆曲》《拙政园山茶花》《永和宫词》《琵琶行》《临淮老妓行》《楚两生行》等，与钱谦益、龚鼎并称"江左三大家"。著有《梅村集》《梅村家藏稿》等。辞归家居十余年而逝，葬光福蟠螭山。

❖ **顾炎武是在什么背景下提出"天下兴亡，匹夫有责"的？**

顾炎武（1613—1682），初名绛，字宁人。明亡，改名炎武，号亭林，苏州昆山人。明清之际杰出的思想家、爱国学者。14岁已读了四书、五经、通鉴、兵书及性理诸书，中秀才。连年应试，而未中举人。明崇祯十二年（1639），深感举业株守一经，不谙世事，空疏浅薄，而绝意仕途。发愤读书，"历览二十一史以及天下郡县志书，一代名公文集及奏章方册之类"，致力于"经世致用"之学。

顾炎武少年时参加复社，进行反宦官权奸斗争。清兵南下，参加吴江、昆山抗清起义。失败后，舍江南故土而羁旅北方，阴结豪杰，以图复国，晚年卜居华阴，卒于山西曲沃。葬于昆山茜（千）墩顾氏祖茔。

顾炎武在《日知录·卷十三·正始》中提出："……保天下者，匹夫之贱与有责焉耳矣。"把"天下兴亡"（仁义道德问题）看得比改朝换代的政治问题重要得多，而倡言"匹夫有责"。虽然他说的仁义道德有一定的历史局限性，但不失为一种开明的思想。他学问渊博，对国家典制、郡邑掌故、天文仪象、河漕、兵农以及经学、史学、音韵训诂，都有很深的研究。他与王夫之、黄宗羲并称"清初三大儒"。治学方面主张"博学于文"，晚年侧重于考证，开清代朴学之风，对后来考据学中的吴派、皖派都有影响。著作有《日知录》《天下郡国利病书》《亭林诗文集》等。

❖ **明末清初吴江出了一位卓有成就的天文学家是谁？**

王锡阐（1628—1682），字寅旭，号余不，又号晓庵，吴江震泽镇人。是明末清初卓有成就的天文学家。

他生活清贫,一生刻苦攻读,博览群书,长期从事数学研究和天文学的观察。为取得精确的第一手天文资料,几十年中,经常在夜间爬到屋顶上观察天象并作记录。他闭门著书,潜心测算,务求精符天象。所著《晓庵新法》一书中,详尽而精辟地论述了我国历法的起源、演变,以及中西天文学研究的成果,并提出了精确计算日、月蚀的初亏和方位角的方法。在世界上,他是第一个提出"水星凌日计算方法"的,对我国天文科学研究的发展,做出了重大贡献。据说,他是在仰卧屋面观察星象时去世的。顾炎武赞誉他为"学究天人",时人称他为"通儒",当时的著名天文学家、数学家梅文鼎赞扬他"近世历家以吴江为最"。

王锡阐一生著作甚多,有《晓庵新法》《五星行度解》等十余种天文著作。其墓由乡人捐资造于震泽。道光十四年(1834),江苏巡抚林则徐重修其墓地,并建晓庵祠堂,名"王贤祠",今祠为抗战胜利后重建。王锡阐墓前立"王晓庵先生之墓"碑,为江苏省文物保护单位。

❖ 谁是清初"吴门医派"的杰出代表?

叶天士(1667—1745),名桂,号香岩,又号上津老人。原籍安徽歙县,后徙居苏州吴县。清初"吴门医派"的杰出代表。

叶天士因祖辈行医,自幼受到熏陶,继承家学。相传自12岁至18岁,"凡更十七师",博采众家之长,创新发展,赢得了"天医星"、"医国手"的称誉,擅名雍正、乾隆之际50余年。

他不仅以高明的医术直接解除病人的病痛,还将临床实践上升为理论,奠定了温病学的基础。他的学生根据他的实践和理论整理成《温证论治》《临证指南医案》《叶案存真》等书,至今仍对中医治疗有指导作用。在民间还流传着叶天士治病救人的神奇故事。

❖ 清朝著名诗人沈德潜为什么被称为"老名士"?

沈德潜(1673—1769),字确士,号归愚,长洲(今江苏苏州)人。乾隆四年(1739)进士,时年已过花甲,被称为"老名士"。因其诗为乾隆帝赏识,擢至礼部侍郎。乾隆十六年(1751)加尚书衔,太子太傅。后告老回乡,任"紫阳书院"主讲,以诗文启导后世。获特许在苏州建生祠,祠址在沧浪亭对面之可园。

沈德潜工诗,是清朝著名诗人。早年学诗于叶燮,强调诗歌的社会作用,重申"温柔敦厚"的诗歌,被后世称为"格调说"。他评选的《古诗源》以及唐、明、清三朝《别裁集》,几乎涉及各个时代的重要诗人和代表作品,并发表精粹独到的议论,被公认为优秀的诗歌读本,著作有《沈归愚诗文全集》。

❖ 林则徐在苏州期间当什么官?

林则徐(1785—1850),是一位有胆识的民族英雄,曾于清道光三年至四年(1823—1824)在苏州任江苏按察使(省司法长官)。道光十二年至十六年(1832—1836)任江苏巡抚,在苏州任职先后近7年。

林则徐在苏任职期间,雷厉风行整治吸食鸦片和开馆、贩烟活动,深入社会调查银贵钱贱的现象,为两年后奏请道光皇帝开展禁烟奠定了思想基础。他重视水利建设,提倡种植早、晚稻,发展农业生产,使江南"遍地禾棉,弥望青葱"。他为官清廉,抑制豪富,赈济贫民,政绩卓著,被苏州士民尊称为"林青天"。民国二十年(1931),人们在苏州李根源先生的倡导下,在苏州北局小公园内兴建"林公则徐纪念碑",以表达对林则徐的怀念之情。

❈ 俞樾是一个什么样的学者?

俞樾(1821—1907),字荫甫,号曲园。清朝学者。浙江德清人。后久居苏州,在苏州有园宅名"曲园"。道光年间(1821—1850),经礼部考试,保和殿复试,得第一,赐进士。后来做翰林院编修、河南学政等官。晚年在苏州、上海、德清等地书院讲学;在杭州"诂经精舍"讲学时间尤长,达31年之久。虽足不出江浙,而声名满天下。他的主要研究对象是经、子、小学,做的学问是"正句读,审字义,通古文假借",并分析其特殊语文现象。撰有《群经平议》《诸子平议》《古书疑义举例》等。能诗词,重视小说戏曲,强调其教育作用。所作笔记,搜罗甚富,包含有学术史、文学史的资料。所撰各书,总称《春在堂全集》,共250卷。

俞樾是著名红学家俞平伯的曾祖父,也是国学大师章太炎的老师。

❈ 翁同龢是清朝哪几个皇帝的老师?

翁同龢(1830—1904),字声甫,号叔平,晚号松禅老人。清苏州府常熟县人,名臣、诗人和书法家。

翁同龢是同治、光绪两朝帝师,同治四年(1865)十月,他接替父业,任同治帝老师,前后达6年。光绪帝即位后,他任授读师傅,师生相处长达23年之久。

翁同龢于1856年一甲一名状元及第,历任刑部、工部、户部尚书,协办大学士,两度入军机处,督办军务处会办大臣,兼任总理各国事务大臣,会典馆正总裁、国史馆副总裁等。

翁同龢办事干练,执法认真。轰动全国、家喻户晓的杨乃武与小白菜冤案的平反,就赖于他。中日甲午战争期间,他极力反对割让台湾。他也公开支持康有为、梁启超发起的变法运动,人称"中国维新第一导师",也因此被革职离京返乡。

❈ 清末著名的状元外交官是谁?

洪钧(1839—1893),字文卿。先辈由安徽歙县迁苏,遂为苏州人。少年时,即有"当世之志",由于家道中落,父母令其弃儒就商,他长跪哭泣请求,才允其求学。清同治七年(1868)状元,由翰林院修撰入选为内阁学士兼礼部侍郎。光绪年间(1875—1908),以外交大臣衔,出使俄、奥、德、荷四国,在考察各国的政治、经济中,注意到"欧洲多事则中国稍安",预感欧洲不久将有战事,建议清廷趁机"修明政事,讲究戒备"。任满回朝,任总理各国事务衙门大臣。他还从事西北舆地研究,订正《元史》之误。晚年倾向维新,在政治上颇多见解。

❈ 陆润庠是怎么成了清朝苏州最后一个状元的?

陆润庠(1841—1915),字凤石,苏州人,清同治十三年(1874)状元,曾任国子监祭酒。光绪二十二年(1896),在两江总督刘坤一的支持下,在苏州创建苏纶纱厂,又建苏经丝厂,两厂于次年开工,后租给商人经营。光绪三十二年(1906),任工部尚书,次年任吏部尚书,为参与政务大臣。宣统二年(1910)任东阁大学士,次年皇族内阁成立,任弼德院院长。辛亥革命后,在清宫为宣统皇帝溥仪的老师。

据说,慈禧太后认为苏州读书人善于写字,所以中状元的多,于是决定同治十三年甲戌一科,"只凭文章,不究书法"。正巧陆润庠工于八股文,而书法欠佳。由于此新规定,陆润庠中了状元。

❖ 清末民初吴县又出了一位建筑大师是谁?

姚承祖(1866—1939),字汉亭,号补云,苏州吴县胥口人。是继明朝工部左侍郎蒯祥之后的又一位建筑大师。他出身木匠世家,随父学艺。由于资质聪敏,加之刻苦钻研,在学业上长进很快。他从事建筑业,营造的楼堂馆所、寺庙宅院不下千幢。由于缺乏记载,无从查考,仅知光福香雪海的梅花亭、灵岩山的大雄宝殿、木渎镇的严家花园、苏州怡园的藕香榭四处。

民国元年(1912),任苏州鲁班会首任会长,在苏州工专任教时编绘了《营造法源》。他在晚年营造的"补云小筑"中所布置的亭台楼阁、花草树木,俨然一座苏式古典园林,惜毁于"文革",所幸"补云小筑"绘卷尚存。

❖ 佛教一代宗师印光法师与灵岩山有何因缘?

灵岩山寺,因近代净土宗大师印光法师晚年驻锡于此,成为江南著名的佛教圣地。

印光法师(1861—1940),俗姓赵,俗名丹桂,法名圣量,别号常惭愧僧,陕西郃县人。幼年随兄读儒书,患眼疾,几至失明。21岁投陕西终南山南五台莲花洞寺道纯和尚出家。次年在陕西双溪寺受具足戒,因读龙书净土文残本,乃悟身为苦本,专心念佛,眼疾旋愈,一心以净土为归。于26岁在红螺山资福寺专修净土,苦行5年。后在普陀山法雨寺藏经楼钻研《大藏经》30年。印光法师从儒入释,德行文章惊伏当世。民国十九年(1930),掩关苏州报国寺,完成普陀、清凉、峨眉、九华四大名山志的修辑。为避战祸于民国二十六年(1937)居灵岩山寺,辟为十方专修净土道场,四方僧侣闻风云集,山寺从此中兴。印光法师为近代佛教东南亚印光派创始人,皈依弟子遍及东南亚。民国二十九年(1940)冬安详西逝。次年二月,举火荼毗,国内名山丛林、莲社居士、南洋佛教团体代表2 000余人参加。火现五色光,五彩舍利无数。供奉于灵岩山半山的"印光塔院"。印光法师被尊为中国佛教莲宗(净土宗)十三祖,是佛教一代宗师。

❖ 近代民主革命家章太炎在苏州从事过什么活动?

章太炎(1869—1936),名炳麟,号太炎,浙江余杭人,近代民主革命家、思想家。

章太炎自小痛恨满族统治中华,清光绪二十六年(1900)剪辫发,立志革命。光绪二十九年(1903)因发表《驳康有为论革命书》和为邹容《革命军》作序,被称为革命军的"义师先声",触怒清廷,被捕入狱。光绪三十二年(1906)出狱,应孙中山之邀,东渡日本,参加中国同盟会,主编《民报》,后任孙中山总统府枢密顾问,参加讨袁、护法运动,任护法军政府秘书长。民国十三年(1924),脱离孙中山改组的国民党,在苏州设章氏国学讲习会,以讲学为业。晚年愤日本侵略中国,赞助抗日救亡运动。章太炎在文学、历史学、语言学方面深有研究,著有《章氏丛书》等。

❖ 与朱德有师生之谊的李根源对苏州的文物工作有何贡献?

李根源(1879—1965),字印良,云南腾冲人。光绪三十年(1904)留学日本,学习陆军,先后毕业于振武学堂与日本士官学校,次年加入中国同盟会。宣统元年(1909)回到昆明,任云南讲武堂监督步兵科教官、总办,与当时在讲武堂的朱德有师生之谊。武昌起义后,与蔡锷等发动云南重九起义,发动新军响应,成立大汉军政府,任军政总长兼参议院议长,继任云南陆军第二师师长兼国民军总统。民国二年(1913),参加孙中山发动的讨袁之役。民国五年(1916),参加孙中山领导的护法斗争,任驻粤滇军总司令,督办粤湘赣边防军务。民国十一年到十二年(1922—1923),任北洋政府农商总长与代总理。

民国十六年(1927),退隐苏州,寓居十全街。次年起,隐居城西郊小王山。致力于苏州国故的整理,考察文物,足迹遍历名山秀水,著《吴郡西山访古记》。还和曹允源、张仲仁等总纂了民国版《吴县志》40册。对苏州文物工作的继往开来做了极大贡献。

抗战期间,力主抵抗。民国二十一年(1932),参加为十九路军"一·二八"抗日阵亡将士举行的葬礼,并捐地捐款在善人桥马岗山麓建造"英雄冢",埋葬遇难将士的忠骸。民国二十八年(1939),他披上戎装,任云贵督察使,1942年,日军入侵滇西,请缨赴保山前线,襄助军务。新中国成立后,历任西南军政委员会委员、西南行政委员会委员、全国政协委员。逝世后,归葬于小王山。

李根源著述很多,有《永昌府文徵》《景邃堂题跋》《雪生年谱》《曲石文录》《松海》《滇西兵要界务图注》《洞庭山金石》《九保金石文存》《东斋诗钞》《娱亲雅言》《明滇南五名臣遗集》等。

❖ 近代著名爱国诗人柳亚子是怎样创立"南社"的?

柳亚子(1887—1958),名弃疾,字亚子,苏州吴江人。近代著名爱国诗人,工于旧诗,尤长七言,有"今屈原"之称,也是坚贞的民主革命战士。早年加入爱国学社,结识章太炎、邹容等人,确立革命思想。后来参加同盟会、光复会。宣统元年(1909),与陈去病等创立革命文学团体——南社,并主持社务多年。遥承明末爱国文学团体"几社"、"复社"的遗风,以文章气节相标榜,抨击时政,提倡民族自强。他的诗,清新朴实,流转自如,深受龚自珍诗的影响,被称为"南社派"诗人。对宋词独尚辛弃疾,钦敬辛弃疾的爱国热情,他有"词场青兕是吾师"之句,改名为柳弃疾,以辛弃疾的绰号"青兕"为笔名。

辛亥革命推翻清王朝,他在上海办的《警报》上宣传革命胜利,拥护孙中山"联俄、联共、扶助农工"三大政策,民国十三年(1924)以同盟会员资格参加改组后的国民党。在家乡大力宣传革命与三大政策。抗战时,与宋庆龄等一起从事抗日民主运动。民国三十三年(1944)参加民盟,后又在香港发起组织民革。新中国成立后,任中央人民政府委员和全国人大常委。著作有《柳亚子诗词选》《怀旧集》《南社纪略》等。

❖ 历史上还有哪些名人与苏州相关?

历史上与苏州相关的名人还有很多,如(1)苏州有专诸巷,春秋时伍子胥在逃吴途中结识的一位勇士,有专诸刺王僚的故事;(2)两晋时著名的科学家祖冲之,在苏州和昆山都有他的塑像;(3)隋唐时期,鉴真和尚是从张家港东渡的;(4)虎丘的天下第三泉与陆羽有关,相城区的陆慕(墓)地名是因为陆逊葬在此地;(5)郑和下西洋是从太仓浏河出发的。还有一些历史名人在苏州留下了遗迹,如王韬、冯桂芬、叶圣陶等,在本书的其他部分都作了相应的介绍,在此不一一列举。

❈ 近现代还有哪些属苏州的名人?

翻开中国近现代历史人物的画卷,苏州的名人,不胜枚举,除了以上介绍的以外,还有很多。例如,著名爱国人士沈钧儒,其祖孙三代居苏州,1875年1月2日他诞生在苏州城内一个士大夫家庭;著名爱国民主人士、中国共产党的亲密朋友钱昌照,1899年11月2日出生于张家港鹿苑镇;国学大师和著名教育家唐文治,1865年出生,太仓人;吴中"金融世家"贝理泰与贝祖诒父子;晚清四大谴责小说家之一,常熟人曾朴;与柳亚子一起创立南社的陈去病;蚕丝事业的教育家和革新家,吴江盛泽人郑辟疆;报业先驱,昆山周庄人叶楚伧;著名史学家,苏州人王伯祥;杰出的历史学家,苏州人顾颉刚;农学家,苏州人邹秉文;我国现代著名教育家俞庆棠,祖籍太仓;陈章教授,我国著名电子学家和教育家,苏州郭巷人;苏州著名书法家费新我;我国两弹一星功勋、核物理学家王淦昌,常熟支塘人;中国光谱学的开拓者,昆山人周同庆教授;生于苏州的人民艺术家金山;著名影剧艺术家陶金,生于苏州阊门一个知识分子家庭;著名社会学家费孝通;著名建筑大师贝聿铭;著名科学家吴健雄、李政道、朱棣文、王安等,也都是与苏州有关的名人。在此不一一列举。

❈ 苏州历史上出了多少状元?

"状元",是封建社会科举考试的最高学位,全国数十万考生经过院(童)试、乡试、会试和殿试层层筛选,最后才产生一名状元,难度可想而知。隋朝科举制度初步建立,至唐朝始有"状元"之称。在近1 300年间,共出文状元596名;自宋至清近800年间,共出武状元115名。苏州状元数量在全国名列前茅,明朝272年间,全国共录取文状元90名,苏州占了8名,约占9%;清代更多,全国共录取文状元114名,苏州一地就有26名之多(还不包括当时属苏州的嘉定县3名),占全国总数的22.81%,超出排在全国第二位的浙江总数(共6名)。当时有"潮过唯亭出状元"的传说,即上海的潮水越过了唯亭,苏州就出状元。

❈ 苏州历史上为什么会出这么多状元?

根据学者们的分析,吴地在科考史上出了众多状元,其主要原因:(1)吴地社会条件十分优越,在长期的经济发展过程中,形成了吴地人思路开阔、机敏善思的优秀品质。(2)便捷的水陆交通,促进了吴地与北方等文化形态的交融,形成了吴文化开放型的文化特点。(3)吴地尚礼重文,高度重视教育的作用,把读书、科考和仕进统一起来,促进了文人向学的风气。

苏州状元绝大多数出身于书香门第、富贵人家,最典型的就是唐代长洲(今江苏苏州)归家,出了5名状元,占全了兄弟、父子、祖孙状元,享有"天下状元第一家"的美称。这归氏便是当时苏州的名门望族、书香门第。

❖ **唐代苏州出了哪些状元？**

归仁绍	长洲	唐懿宗咸通十年(869)己丑科
归仁泽	长洲	唐懿宗咸通十五年(874)甲午科
陆 扆	吴县	唐僖宗光启二年(886)丙午科
归 黯	长洲	唐昭宗景福元年(892)壬子科
苏 检	吴县	唐昭宗乾宁元年(894)甲寅科
归 佾	长洲	唐昭宗光化四年(901)辛酉科
归 系	长洲	唐哀帝天祐二年(905)乙丑科

❖ **宋代苏州出了哪些状元？**

莫 俦	吴县	宋徽宗政和二年(1112)壬辰科
朱起宗	吴县	宋孝宗乾道八年(1172)壬辰科
黄 由	吴县	宋孝宗淳熙八年(1181)辛丑科
卫 泾	昆山	宋孝宗淳熙十一年(1184)甲辰科
林 嶪	吴县	宋孝宗淳熙十一年(1184)甲辰科
厉仲祥	吴县	宋光宗绍熙元年(1190)庚戌科
周 虎	常熟	宋宁宗庆元二年(1196)丙辰科
刘必成	昆山	宋理宗嘉熙二年(1238)戊戌科
魏汝贤	吴江	宋理宗淳祐四年(1244)甲辰科
阮登炳	长洲	宋度宗咸淳元年(1265)乙丑科

❖ **明代苏州出了哪些状元？**

施 槃	吴县	明英宗正统四年(1439)己未科
吴 宽	长洲	明宪宗成化八年(1472)壬辰科
毛 澄	昆山	明孝宗弘治六年(1493)癸丑科
朱希周	昆山	明孝宗弘治九年(1496)丙辰科
顾鼎臣	昆山	明孝宗弘治十八年(1505)乙丑科
沈 坤	昆山	明世宗嘉靖二十年(1541)辛丑科
申时行	吴县	明世宗嘉靖四十一年(1562)辛丑科
陈大猷	吴县	明神宗万历十四年(1586)丙戌科
文震孟	长洲	明熹宗天启二年(1622)壬戌科

❖ **清代苏州26名状元是谁？**

依中状元的时间先后，他们是：

孙承恩　常熟人
徐元文　昆山人
缪　彤　吴县人

韩　菼　长洲人
彭定求　长洲人
归允肃　长洲人
陆肯堂　长洲人
汪　绎　长洲人
王世琛　长洲人
徐陶璋　昆山人
汪应铨　常熟人
彭启丰　长洲人
毕　沅　镇洋人
张书勋　吴县人
陈初哲　元和人
钱　棨　长洲人　连中三元［乡试第一名（解元），会试第一名（会元），殿试第一名（状元）］
石韫玉　吴县人
潘世恩　吴县人
吴廷琛　元和人
吴信中　吴县人
吴钟骏　吴县人
陆增祥　太仓人
翁同龢　常熟人
洪　钧　吴县人
陆润庠　元和人

第十五章 休闲文化

一、相关概念

❖ 什么是休闲？

国内外学者对休闲的概念有不同的界定，同时普遍认为，要给休闲一个正确的定义是比较困难的。归纳起来，可以这样理解：

人们除工作外都有一定的休息时间，休息时间可分为处理日常生活等必要时间和可以自由支配的休息时间，即闲暇时间。休闲是人们在闲暇时间里为了调节和愉悦身心或自我发展需要的各种活动，是人们在精神、心理、文化等方面从事的一种高层次的生活方式。休闲者"以悠然之态做心爱之事"，故休闲是一种精神享受，人们通过休闲不仅寻求快乐，也找到了生命的价值和意义。所以，休闲是一种重要的生活方式，是一种社会文化现象，是现代社会的重要特征，也是人类文明的标尺之一。休闲一般可以分为本地休闲和异地休闲两类，本地休闲包括上街购物、社区娱乐、健身、读书、绘画、养花等居家休闲，异地休闲即人们暂时离开长住地到外地进行的休闲活动，即休闲旅游。

❖ 休闲方式有哪些类型？

休闲方式是多种多样的，每个人选择的休闲方式是不同的。休闲活动一般可以分为消遣旅游类休闲、文化娱乐类休闲、体育健身类休闲、怡情养性类休闲、社会交往类休闲和其他休闲等六大类。同时，不同的主体在休闲层次和境界上也存在着很大的差异性，休闲的一般层次是追求感官享受，在娱乐中得到轻松快乐，恢复体能，打发时间。最高层次的休闲是以心灵自由状态的体验为特征的精神享受，体验人生的快乐，不是打发时间，而是享受时间，追求心与物、情与景的交融，人与自然的和谐，达到完全忘我的境界并获得心理的满足。

❖ 什么是休闲旅游？

休闲旅游是旅游者利用闲暇时间，离开长住地到异地去，以休闲为主要目的，以旅游资源为依托，以旅游设施为条件，以特定的文化景观和服务项目为内容的高层次、高品位的旅游活动。旅游者在逗留的一定时期内，可以开展游览、娱乐、养生、度假、消遣、健身等活动。休闲旅游与一般旅游不同，它是旅游者陶冶生活情趣，体验人生快乐，发展个性，追求人与自然和谐，闲情逸致的高级旅游活动。

❖ 中国人和西方人在休闲文化和休闲方式上有什么差别？

中国人和西方人在休闲文化和休闲方式方面有较大的区别。中国人传统的休闲方式以清静闲适为基调（如吟诗抚琴、写字作画、漫游名山大川等），以达到修身养性、提升人格为目的，即使是打拳舞剑，也包含着一种人与自然和谐的意境。而西方人注重外在表现，喜欢以征服自然为特征的惊险项目（如攀岩、蹦极、漂流、冲浪、高空跳伞等）和刺激性较强的娱乐活动（如赛车、跑马、酒吧和夜总会等）。现在，中国的年轻一代都比较喜欢这些外来的休闲方式。应该看到，西方人休闲方式中具有中国传统文化所缺乏的冒险和进取精神。同时，在西方的文化里，工作的目的就是为了休闲，而中国人传统的理念是休闲是为了更好地学习和工作。

❖ 休闲时代有哪些基本特征？

根据中外社会学家的共识，休闲时代大致有六大特征：一是休闲经济的产值占整个国民经济的50%以上；二是闲暇时间大大增加；三是大多数劳动者从事服务业或技术和管理工作；四是工作环境不断改善，工作中的劳累不断减少，工作本身从某种意义上也有了一种休闲的性质（兴趣和创造）；五是消费者在各种消费过程中能享受愉悦，获得休闲的效果；六是人们在休闲时间内可以依兴趣从事体现自己个性的活动，如读书、写作、绘画、作曲、演戏、竞技、狩猎、泛舟、园艺、娱乐、旅游、手工艺品制作以及朋友聚会等。

❖ 什么是度假旅游和旅游度假区？

度假旅游是人们利用闲暇时间，离开长住地到环境优美的地方，以休闲、游憩、健身、康体、娱乐为目的的高层次旅游活动。在度假过程中，人们的身心得到放松，体力得到恢复，精神得到调整与升华，因而度假旅游是休闲旅游的主要形式之一，也是一种高层次的旅游活动。

旅游度假区，必须具有较大的空间范围和经营规模的经营性旅游区域；是针对游人休闲度假的需求，在旅游资源集中、环境优美、具有一定规模和游览条件的地方，为游人提供旅游度假设施与服务，以满足游客游憩、休闲、健身、康体等休闲度假生活需求。

❖ 什么是乡村旅游？

乡村旅游是一种凭借城市周边以及比较偏远地带的自然资源和人文资源，面向城市居民开发的集参与性、娱乐性、享受性、科技性于一体的休闲旅游产品，它的本质特性是乡土性。

乡村旅游包括农居旅游、民居旅游、观光农业、农家乐、城郊休闲观光带、城郊游憩度假带、乡村生态旅游、田园观光、古村落旅游、特色村落观光、农业旅游、古镇旅游等在乡村开展的各类旅游活动，是种类丰富、内容多样、形式活泼的旅游形式。

❖ 什么是生态旅游？

目前，对生态旅游还没有公认的定义，但已经基本达成共识：生态旅游的对象是自然区域以及与当地环境相和谐的文化。生态旅游中,旅游者的行为不对或尽量少地对生态环境造成危害,注重当地居民的参与性,有利于改善当地的生活水平;并且生态旅游应该具有生态环境的教育功能,能提高甚至改变游客的环境意识和生活方式。

从旅游方式上看,生态旅游是以自然为对象和基础的综合型旅游方式,它与其他各种各样旅游产品的组合是多元的。在生态旅游的过程中,有观光旅游、度假旅游、探险旅游等。凡与自然有关的资源都可以作为生态旅游资源看待,包括乡村中的许多资源,如良好的小气候、茂密的植被等。

从功能上讲,生态旅游主要是为了满足游客了解当地环境的文化与自然历史知识,欣赏和研究自然景观、野生生物及相关文化特征,增进与自然的亲近感。因此,亲近自然,享受、保护自然,是一切生态旅游活动的前提,其要求十分高。

广义的生态旅游,是一种新的旅游发展模式,要求旅游业各个层面的发展都要从生态化的角度入手,包括旅游业的开发与规划、旅游管理与服务、旅游者的消费过程以及相关旅游产业。

❖ **什么是养生旅游?**

养生就是保养、调养、颐养自己的身心。养生以调阴阳、和气血、保精神为原则,通过内心静养和身体锻炼,从而达到"治未病"、"消未患"的防病健身、延年益寿、繁衍生息的目的。养生能使人们呈现内在心里轻松和外在身体健康的良好状态,所以它包括生理健康和心理健康两个方面。

养生旅游是游人在优美的生态环境中,以养生为主题,以防病健身、延年益寿为目的所进行的旅游活动。它是融养生文化、养生产业和生态旅游为一体的一种体验式旅游活动。因此,养生旅游是生态旅游和休闲旅游的创新与发展,是一种新兴的旅游业态。它与国际上近几年来提倡的医疗旅游有着较大区别,养生旅游更注重健康卫生的源头、过程和对疾病的主动预防;而医疗旅游则以医疗产业为依托,更重视健康卫生的结果补救和对疾病的被动治疗。

❖ **乡村旅游产品有哪些不同的类型?**

根据不同的划分标准,乡村旅游产品可分为以下几种类型:

1. **按照区位划分,有三种类型**
(1) 景区边缘型乡村旅游。
(2) 城市周边型乡村旅游。
(3) 边远型乡村旅游。

2. **按照旅游对象和凭借的资源不同,也可以将乡村旅游划分为4种类型**
(1) 民俗型乡村旅游。主要以传统的民族习俗为旅游对象,包括民族节日、民族服饰、民族礼仪、民族婚俗、民族生活习惯等。少数民族有各种风俗习惯,不少地方享有"露天民族民俗博物馆"的称号,在那里,旅游者可以从建筑、饮食、服饰、节日、生产、娱乐、礼仪、道德、信仰等方面窥见他们的文化和历史。汉族也有许多独具地方特色的节庆活动,如舞龙狮、陕北秧歌、东北二人转等;还有许多民间工艺品的生产和制作表演。

(2) 田园型乡村旅游。主要以农业生产活动、农业文化景观、农业生态环境为旅游对象,存在于富有特色的种植业、渔业、果业和副业中,相当于"农业旅游"的内容。

(3) 居所型乡村旅游。以建筑形式和聚落形态为旅游对象,主要表现在聚落景观、乡村民居、乡村宗祠和其他建筑形式,包括农居旅游、民居旅游、古村落古镇旅游等形式。

(4) 复合型乡村旅游。旅游对象不是以某一种类型为主,而是包括多种内容,如农业景观、地方风俗、各种建筑、聚落形态、山水景观和生态环境。一般来说,乡村旅游中以此类型居多。

二、乡村生态

❖ **苏州市吴中区有哪些乡村生态型的休闲旅游胜地?**

苏州的东山(杨湾—三山岛—紫金庵—陆巷—岱山)、西山(东村—植里—甪里—横山—缥缈峰—明月湾—涵村)依山傍湖,自然景色美不胜收,花果茶树四季鲜艳,古镇村落风情独到。此外,还有一大批植物、生态、湿地、科技园等。其中著名的休闲度假胜地如:

旺山生态农庄 这是以都市农业为定位,立足于农业生产、生活、生态的结合,利用山水田园景观、自然绿色生态等环境资源,并借助于现代物质技术条件,融现代农业、乡村文化、度假观光以及环保教育、农事体验、竞技游乐于一体的当代生态农庄型度假观光胜地。它真实展现了"吴中生态绿园,旺山诗梦乡里"的田园梦境。

三山岛 由北山、行山、小姑山组成,因一岛三峰相连而得名,风光旖旎、环境幽绝,得"小蓬莱"美誉。有板壁峰、十二生肖石等奇异石景,还有距今1万余年被称为"三山文化"的旧石器时代遗址及哺乳类动物化石遗存。

太湖新天地 位于太湖景观大道南侧,占地118亩,临山环水,绿草如茵,垂柳婀娜,环境幽雅,栈桥、水廊、亭阁、渔帆、餐厅、酒吧、茶楼、SPA,一应俱全。凭湖临风,一览太湖烟波浩渺,度假休闲,尽兴享受悠闲自然。

❖ **苏州未来农林大世界有什么特色?**

苏州未来农林大世界是全国农业旅游示范点,位于苏州市吴中区浦庄镇工业园,是集农业科技展览展示、生态田园体验、餐饮休闲娱乐、农业观光为一体的大型生态农业园,极具观赏性、参与性、科普性和趣味性。

在现有农业科技博览园内,以"生态旅游,趣味互动"的理念,开发了近30个可供农业考察观光、休闲度假的生态旅游项目。结合现代农业科技展示,依托秀美的太湖山水,成为集农业科技展示、科普教育、农事体验、休闲度假、绿色餐饮、会议培训、商务活动等服务功能为一体的大型综合性农业园区。

农林大世界已先后被批准为国家和省市科普教育基地、中国农学会高新技术实验基地、江苏省无公害蔬菜生产基地。主要景点有观赏鱼世界、趣味牧场、果蔬采摘园、水车、趣桥、倾斜小屋、勇敢者之路、拓展培训、组织培养馆、垂钓园、烧烤园等。

❖ 西山国家现代农业示范园区由哪六个园组成？

该园区位于吴中区西山岛西山大桥路8号，占地面积600亩。该园由同济大学规划设计，园内项目分别与荷兰、台湾地区、中科院、珠海等国家和地区及单位合作，于2000年建成高科技农业观光园。现已建成"六园一区"，形成了集产品生产、科普研究、观光旅游、展示培训于一体，具有生态观光旅游、科普教育展示特色的旅游点。"六园"有设施蔬菜园、蝴蝶兰花园、珍奇瓜果园、鱼菜共生园、新果精品园、太湖麋鹿驯养园。"一区"是指功能服务区。

❖ 相城区有哪些乡村生态型休闲旅游好地方？

荷塘月色湿地公园 位于苏州相城区腹地黄桥街道，地处虎丘山北麓，离市区约16公里。公园规划占地面积5 000余亩，以水乡湿地生态系统为依托，集生态旅游、休闲观光、荷文化产业、科普教育和湿地保护于一体，是国内最大的以荷花为主题的城市湿地公园，突出水乡的自然生态与荷文化特点。

莲花岛 位于相城区城北阳澄湖中，岛上村民开发了捕蟹、品蟹、参观农耕博物馆、感受渔家风情等农家乐旅游项目。湖泊水域面积7.6万亩，占相城区管辖的阳澄湖水域面积12.48万亩的60%。

阳澄湖莲花岛四面环水，形似莲花，镶嵌在湖中，因此得名"莲花岛"。岛上总面积1.64平方公里，家家以蟹为业，以湖为生，是集吃、住、游、乐、购为一体的原生态休闲风情小岛。

❖ 为什么白马涧被游客称为"城市中的世外桃源"？

白马涧生态龙池风景区位于苏州高新区，属自然生态风景区，占地1.5平方公里。1952年，该地修建成胜天水库，2003年进行整体改造，2005年7月18日作为风景区对外开放。该景区被称为高新区的原生态"绿肺"。"青山绿水孕翠林，都市绿肺洗心尘"，游客将之称为城市中的世外桃源，是苏州城区内的自然生态型休闲度假地。

白马涧是1亿多年前地壳运动形成的岭谷，历史文化底蕴深厚。2 500年前春秋战国时，这里是吴王养马之地，越王勾践卧薪尝胆之处，现尚有饮马池、谢越岭等珍贵遗址。清康熙帝、乾隆帝下江南均至此，景区内通往龙池的小道为古御道，有清乾隆行宫遗址、乾隆御碑"明镜漾云根"。还有明代文学家赵宧光题刻的千尺雪、寿星石，明末清初书画家徐枋的涧上草堂及洗心泉等。前不久，生物学家在龙池里发现了5.5亿年历史的活化石——桃花水母。

景区内上游为龙池，系三山环绕、天然蓄水而成，水质清澈。临水有水滨步道、天工石韵、十里木栈，是乘凉、观景的中心位置，面朝龙池，山水尽入眼帘。中游为凤潭，可乘竹筏休闲，溢水形成的云谷飞瀑，面宽40米，宏伟壮观，下有游泳池，可容纳800人左右。下游为白马涧小溪，曲曲折折，一步一景，可供游人戏水、观光。园内有梅林、松树林、银杏林、桂花林、竹林、香樟林、植物迷宫等原生态林，是学生、游客熟悉自然植物的天然课堂。山间有金蟾拜寿、马头石、如来掌等象形巨石，栩栩如生。景区内设有竹筏、水上自行车、儿童游乐设施等娱乐项目，有"云谷山庄"、"龙池小筑"农家特色饭店、三万昌茶楼、爵士岛咖啡、苏州风味小吃、休闲烧烤等。主要景观有饮马池、古御道、乾隆御碑、行宫遗址、摩崖石刻、涧上草堂、云谷飞瀑、寻马亭、水滨步道、天工石韵、十里木栈、心远楼、洗心泉等20多处。

❖ **新区的树山村是个什么样的生态观光果园？**

树山村位于苏州高新区，处于大阳山北麓，北靠通安镇区，西邻浒墅关镇。1 060多亩优质高效的树山"翠冠"，成为生态观光果园，山地4 700多亩，分别种植了树山杨梅2 000多亩，茶树800多亩，及多种食用、药用、观赏林木。

树山村内，有多种具有理疗功能的舒适温泉，让人体会严冬下嬉戏在水世界里的畅快，还有缤纷美食与丰富的休闲娱乐项目。

❖ **新区湿地公园为什么是苏州生态旅游的新地标？**

新区湿地公园坐落在苏州市区的西部，西枕太湖，东接东渚，南连光福，与"中国刺绣之乡"镇湖毗邻，规划总面积4.6平方公里，一期对外开放2.3平方公里，投资近4亿元。这里是一处自然与文化相融的个性独具的原始时尚休闲景区，集生态环境、度假休闲、旅游观光、科普教育等功能于一体，景区在突出"自然、生态、野趣"的基础上，融入观景、人文、休闲和游乐等要素，发展至今，已经成为苏州生态旅游的新地标。

❖ **苏州工业园区有什么乡村生态型休闲地方？**

白塘生态植物园　位于工业园区，从西往东共分为人工种植展示区、岛屿生态自然区、湖区和山地自然生态林四个区域。

阳澄农庄　位于阳澄湖湖心小岛，三面环湖，占地面积99亩，是一座集住宿、餐饮、娱乐、会务、休闲于一体的具有丰富旅游资源的休闲度假村。进入乡村特色农庄，庄园别墅、木屋竹楼、清湖绿水、田园风光、乡村野趣、生态农业、桃园、橘园、枇杷园、葡萄园、梅园错落有致，让游客告别城市的喧嚣，充分领略回归大自然的清爽怡人之感。

❖ **吴江肖甸湖森林公园有什么特色？**

该园位于同里镇东端，距苏州市25公里。公园占地约4 000亩，已形成杉、竹、枇杷、香樟、银杏、翠梨等多品种林体。区内林木茂密，黄鹂、白鹭、野兔等时有出没。园内地势平坦，渠塘纵横，小道曲径分布有序；园外农田点翠、湖泊映辉，融森林景观、田园景观、水网景观、自然景观于一体，是一个具有平原特色的森林公园。

❖ **吴江绿乐生态科技园有哪几个游览点？**

该园位于吴江松陵镇八坼社区，全国农业旅游示范点，是集农业观光、生产科研、科普休闲、健身娱乐、花卉苗木种植销售与研发于一体的特色旅游景区。园内林木茂盛，鸟语花香，有植物200多种、百万余株，生态环境优美。

园内有11个游览点：科技大楼、工厂化育苗区、种质资源库、鹤望兰园、玉兰园、桂花园、柑橘园、竹艺长廊、休闲垂钓区、古镇集锦式游船、健身广场等。工厂化育苗区设有基质装播车间、连栋大棚、鹤望兰切花生产大棚、全自动智能化温室、电动收张式育苗荫棚，向游客展示现代化育苗设施和科学育苗知识。竹艺长廊长200多米，是游客感受"天然氧吧"与休息、娱乐的最好休憩地。

❖ **太仓的艳阳山庄是个什么样的园林生态园？**

该园位于太仓市城厢镇，是太仓市最大的现代化都市园林生态园、科技示范园，是集餐饮、会议、住宿、园林观光、生态养老、健身娱乐、购物于一体的科技示范园。2003年8月，上海艳阳集团开始规划建设，已建成品茶休闲区、小木屋、小竹楼、别墅区、天鹅湖、观光桥、廊架、景墙、双亭涧、八角亭、怡景廊、钓鱼台、吊桥、石桥、九曲桥、银杏岛、香樟岛、广玉兰岛等景点，种植各种花木、灌木50多个品种。

❖ **昆山市生态农业旅游区由哪两部分组成？**

该区位于昆山市境内苏虹机场路，经国家农业综合开发办公室批准成立，全国农业旅游示范点，是集现代农业科技开发、现代农业旅游观光和休闲度假于一体的综合性农业旅游示范区。由两部分组成：

国家农业综合开发现代化示范区　设有鲟鱼养殖基地、永丰余高科技农场、葡萄园、立架瓜果栽培园、洋兰园、大绿种子工厂、大康奶牛场、食用菌种厂、大千花卉市场等。

丹桂园　是集旅游、度假、休闲、餐饮、会议和花卉销售于一体的大型主题公园，1998年9月18日对外开放。原名丹桂苑，1998年中秋节江泽民总书记亲临视察，并挥毫题词"丹桂园"，园名由此而来。园内种植苗木花卉近3 000种，有28项游乐项目，已发展成以"回归大自然"为主题的农业旅游特色园区，一年四季鲜花盛开，鸟语花香，还有标准客房50间及700个床位的青年营地等基础设施。

❖ **昆山星期九休闲生态农庄有哪些内容？**

该农庄位于昆山市巴城镇迎宾西路，毗邻阳澄湖，占地700余亩，集休闲、观光、旅游于一体，园内设有果园区、动物观赏区、水果大棚区、蔬菜区、花艺区、育苗区、烧烤垂钓区、咖啡棋牌娱乐区等九大区，是"全国农业旅游示范点"。

❖ **常熟有哪些乡村生态型休闲旅游胜地？**

尚湖风景区　相传殷末姜尚避纣在此垂钓而得名。尚湖景区主要由荷香洲、枫林洲、鸣禽洲、钓鱼岛、桃花岛等组成，区内有江南最大牡丹园、中日友好樱花园、水上森林公园、山茶园等植物园，以及动物世界、水上游乐园、天然游泳场、高尔夫球场等旅游休闲娱乐设施。自1992年以来，风景区每年均举办牡丹花节。

宝岩生态观光园　位于虞山南麓宝岩湾，号称"虞山第一湾"。有福海池、宝岩苑、接福石、天外陨石"落星石"、宝岩寺、黄公望墓、钱谦益与柳如是墓、翁同龢墓等景点。建有果茶立体栽培园、果树精品园、观赏竹种园、杨梅品种园等森林植物生态园，"到宝岩，看杨梅"的民间习俗已延续900多年。

沙家浜风景区　位于秀丽明媚的阳澄湖畔，以"芦花放，稻谷香，岸柳成行"的江南水乡田园风光为依托，以京剧《沙家浜》的传奇故事和沙家浜人文历史积淀为内容，以水、渔、米、耕、戏为特色，巧妙设置旅游景点和旅游活动项目，以独特的魅力享誉旅游市场。主要景点有沙家浜革命历史纪念馆、沙家浜老街、刁宅大院、春来茶馆、红石村、芦苇荡等。

蒋巷村　位于常熟市东南,村内生态环境优美,农民生活富裕,现已推出"新农村考察游"、"学生教育游"、"农家乐趣味游"、"田园风光游"、"休闲生态游"等五大旅游产品。

❖ 全国农村现代化建设示范村——蒋巷村为什么成为休闲旅游的好地方?

蒋巷村位于常熟市东南部支塘镇,全国农业旅游示范点、苏州市保持共产党员先进性教育基地、常熟市中小学生社会实践教育基地,是集生态农业观光和科普教育于一体的旅游点。

全村走强村富民、共同富裕道路,经过40年努力,把一个低洼、贫穷的水乡小村,建设成具有"生产、生活、生态"相结合的现代农业和科学、自然、人文交相辉映的特色村,形成产业、休闲、居住皆相宜的生活空间,各项指标都达到或超过了全国农村现代化建设示范村的要求。从2000年开始,规划建设绿色农业、生态观光乡村旅游,已建成蒋巷工业园、生态种养园、村民新家园、农民蔬菜园、无公害粮油基地"四园一基地",凸显农业生产企业化、农民生活现代化、农村生态自然化新风貌。村内旅游配套设施齐全,增加了参与性项目,是游客感受农民生活的好地方。

❖ 张家港有哪些乡村生态型休闲好去处?

东渡苑　位于塘桥镇区域204国道和338省道交汇处,是公元753年唐代高僧鉴真大师第六次东渡日本成功起航处,古称黄泗浦。东渡苑规划面积15公顷,总投资2 000万元,由东渡纪念馆、东渡桥、碑亭和经幢等建筑组成景区。全园突出水景,体现江南水乡田园风光。

香山　从元代开始就是佛教、道教两教并存的地方。规划后的香山,分为西山落霞、江天萧寺、东崖朝曦、金鳖玉蟹、润雨香径、梅林香色、天石镇山七大景区,共九九八十一个景点,已形成集吃、行、娱于一体的香山一日游格局。

暨阳湖生态园　位于张家港市区南部,距市中心2公里,规划总面积4.41平方公里,绿地率达70%以上,中心水域面积1 000亩左右,是一个以生态理念为指导,集休闲、娱乐、居住于一体,极富现代气息、体现生态园林特色的生态园区。

梁丰生态园　位于张家港市区东郊,占地80公顷,突出"植物公园"的理念,绿地率达70%,以乡土树种为主,兼顾品种多样性。公园设计以人为本,以生态理念为指导,运用生态环保技术手段,建设形成了一个集休闲、观光、健身、娱乐、科普教育于一体的综合性城市公园。

❖ 苏州还要建哪21座郊野公园?

从2014年起,苏州将用5到7年的时间,建成21座郊野公园,逐步形成生态作用明显的郊野公园群,在城市周边构建环境宜人的绿色生态空间。这21座郊野公园是:

虎丘湿地公园

吴中区尚金湾郊野公园

吴中区菱湖渚郊野公园

相城区相城中央公园(暂定名)
相城区和园区阳澄湖郊野公园
高新区大阳山郊野公园
高新区太湖大栖地郊野公园
高新区白马涧郊野公园
吴江区同里国家湿地公园
吴江区东太湖百里风光带
吴江区震泽省级湿地公园
吴江区桃源森林公园
张家港一干河生态休闲观光带
张家港常阴沙生态农业湿地区
张家港黄泗浦文化生态园
常熟虞山尚湖公园
常熟南湖湿地公园
太仓金仓湖郊野公园
太仓长江口旅游度假区郊野公园
昆山阳澄湖东部公园
昆山水乡森林公园

这些郊野公园，以"野"为魂，以"林"为体，有明确的公园边界，注重挖掘本地民俗文化，但不刻意追求特色和主题，尽量减少人工雕饰，并适当限制游憩活动项目。

三、消遣健身

❖ 苏州有哪些具有一定规模的城市公园？

近年来，随着城市建设的发展，苏州新建了一大批新型城市公园、街区小游园，改善了城市面貌，为人们休闲娱乐、康体健身提供了方便。

苏州公园 位于苏州民治路，始建于1927年，总面积68亩，初名"皇废基公园"、"城中公园"，俗称大公园。公园旧址原为"吴子城"，汉为太守府，唐为刺史府，宋为平江府，元末为张士诚王府。元至正二十七年(1367)，吴子城焚毁殆尽，即称王废基(皇废基)。1927年成立苏州公园筹备委员会，建三曲桥、水禽馆，北部辟草地，建音乐厅。新中国建立后，经逐年建设，苏州公园已形成一座草木芬芳、功能较多的现代公园。

桐泾公园 位于苏州城区西南部桐泾路与苏福路交界处。2003年9月一期工程竣工，占地面积约18万平方米，是苏州市中心城区最大的市级公园。该公园由新加坡DLQ景观设计事务所和苏州古典园林建筑公司联合设计，围绕"生态、人文、科技"三大理念，充分体现现代都市人对生态自然的追求和高新技术的探求欲望。园内设入口、儿童游乐、中心景区、科学植物园、生态休闲和水景六大功能区。入口区通过一组雕塑、悬浮喷泉等景观，营造"大珠小珠落玉盘"的动景。中心景区以瀑布为背景，亭、台、廊、阁点缀其间。生态休闲区以植物造景,分赏花、赏枝、赏果、赏叶四个区,有120多种花卉植物。水景区融入高科技与生态理念,形成大型水石假山,气势宏大,展示"水乃生命之源"的景观。

滴翠园 位于苏州阊门外吊桥塊鲇鱼墩,为新中国建立后苏州新建的第一个街心花园,面积3.7亩。鲇鱼墩原为阊门外居民稠密、商业繁华之地,"文革"期间,"造反派"在阊门吊桥发生武斗,鲇鱼墩一带商店和民房一夜间被焚为废墟。为改善城市环境,1980年将废址建为街心花园,园中央建造花架,堆叠太湖石峰。绿地中铺草坪,种植花木20余种、840株。全园小巧自然,四季有花,绿树成荫,为闹市中的绿洲。

三香园 位于苏州三香路12号,面积6.9亩,是新建的街坊公园,1982年建成。园内东部有水池,中有盆景式小岛,池内植荷,周围叠黄石假山池岸,园西部辟儿童游乐小区。园中以植物造景为主,辅以造型轻巧的棚架及石凳等休息设施,形成疏朗清新的休息绿地。

苏州动物园 位于苏州古城东北白塔东路1号。四面环水,南与东园相邻,占地40亩。园址原为昌善局,创建于清道光年间(1821—1850),为放生养牲之所。1953年4月开始兴建动物园,至1958年饲养动物已有110种。该园规模不大,但动物种类丰富,尤以虎类和鸟类动物著称。全园绿树成荫,花木茂盛,为保护野生动物、普及动物科学知识和参观游览的佳地。

苏州东园 初名城东公园,是新中国建立后苏州建设的第一座新型综合性公园,1979年6月建成开放。东园是利用原蒋园、孟子堂废墟及古城墙、内城河之自然环境建成的现代公园,北接动物园,南邻耦园,占地270余亩。环路外侧,为苏州市与意大利威尼斯市,加拿大维多利亚市,日本池田、金泽、龟岗等友好城市共建的图腾柱、石灯笼、纪念碑等友谊设施和中外贵宾手植的友谊树,是苏州市人民与世界人民友好交往的象征。

运河公园 位于苏州城西,西滨古运河,东西宽200米,南北长1 000米,1987年兴建,2002年对公众免费开放,是以游息为主的多功能文化休闲区。园内以植物造景为主,绿荫护夏,红叶迎秋,花团锦簇,流香溢彩。南段为青少年科普活动区,中段以水上活动为主,北段有开阔草坪,为儿童和老年人活动场所。

桂花公园 位于苏州古城东南隅竹辉桥塊,占地16.5公顷,建成于1998年10月。公园是苏州市环古城风光带建设的重点景观之一,东面与古运河相拥,南面2公里长的蜿蜒曲径沿运河穿梭在茂密的柳荫绿岛林中,沿运河南部建有苏州古城历史上曾存在过的"赤门"及218米长的城墙。1998年,日本东村山市在此两次种植樱花200株,成为特色景观。园内草坪宽广,自然舒适,充分显现了江南城市水乡的特色,是市民休闲、散步、观景的最佳去处。公园以苏州市的市花"桂花"命名,园内植物尤以桂花为特色,有50个品种,桂花品种之丰富,数量之多,居国内首位,其中九龙桂、一串红、雪桂等,他处均不多见,2004年被列为"中国桂花品种繁育中心"。

❈ 苏州有哪些较有特色和名气的茶馆?

"早上皮包水,晚上水包皮",除了听书,喝茶该是苏州人最惬意的生活了。三五老友,品茗谈天,耳边又是书声絮絮,悠闲之至。日高午后的闲暇,网织出了姑苏浓香淡意的茶缘。苏州人很讲究喝茶的环境意趣。在书场、茶馆里喝,图个热闹安闲;在园林中喝,闹中取静,别有一番滋味。

耦园——双照楼　耦园里的茶馆叫双照楼。耦园的园主夫妻有归隐之意,因而取园名为"耦",意为"夫妇并耕"。"双照楼"便是两人学道的地方,月照池中双影浮现,着实富有情趣。双照楼有两进,第二进三面环窗,一面临水,风徐徐而渡。凭风而饮,最适合不过了。

　　艺圃——博雅堂　穿过七八条小巷,迷宫般地走入园中。园子很小,池水倒占了五分之一。博雅堂跨居水上,视野开阔。水下有成群的鲤鱼,红色居多,买一包麻饼喂喂贪吃、大嘴的鱼,看到它们的嬉闹追逐,心情也会非常愉悦。

　　怡园茶楼　园林茶馆与自助茶馆的结合。怡园本是个闹中取静的园子,依了原有的建筑,茶馆和园林相得益彰,谁也不突兀。特色是这里的包间,每个包间均以"月"起名,风格各不相同。沿用了以前的房屋结构,天井和大大小小的房间与里面的摆设风格统一、自然、和谐。

　　听枫园——两罍轩　是一个真正的借景茶馆。与上面两家茶馆相比,茶具相对考究一些,茶的种类也比较多,有龙井、碧螺春等绿茶,也有乌龙、普洱茶类,这里的小点十分有特色。轩内的环境幽静清冷,是喜爱安静的朋友的一个好去处。

　　钱塘茶人　苏州最早的自助茶馆之一,典型的杭式茶馆。装饰精美,分上下两层,内部被划隔成许多精致的半开放式的包厢,既具开放性又给客人提供了一定的私密感。点了一杯香茗后,可取几样喜欢的小吃,慢慢品尝。你可以和朋友聊天,与牌友打牌,或一人静静地聆听古代的音乐。仿宋代装束的服务员会带给你需要的细致服务。这真是一个放松、休闲的好地方。

　　水天堂　这是一个充满姑苏吴文化韵味的茶馆。在借鉴杭式茶馆形式的同时,深挖了苏州茶文化的底蕴,是一家名副其实的苏州人的茶馆。在水天堂,同样可以喝茶吃点心,但推出的苏州点心有不少是老苏州人熟悉却再难吃到的,如蟹壳黄、生煎馒头、海棠糕等。茶馆四层楼面,以小桥流水、亭台楼榭装点,玻璃房内,品一杯清香四溢的碧螺春茶,听一曲吴侬软语的苏州评弹,或委婉动听的江南古筝,让人不禁流连着这真切的苏州味道。

　　和茶馆　走进和茶馆,不用急于落座点茶,那儿古朴典雅的布置会先吸引你的眼球。古门、古窗、老绣片、历代水具茶具等,进入和茶馆就好像进入了一个摆满古玩的博物馆。和茶馆原先在杭州,后来在苏州有了这家加盟店,以现代人的审美需求来打造富有传统韵味的经营理念,让和茶馆在众多自助茶馆中永远有种与众不同的清贵气息,这就是和茶馆不同于苏城其他茶馆的独特之处。尽管在这里喝一杯茶,价格要贵些,还是有很多人愿意来这里,也许喜欢的就是这种氛围,贵也是物有所值。

❖ **苏州有哪些咖啡名店?**

　　作为都市新宠,优雅大气的咖啡馆有着各自的魔力,它们既适应了温婉的苏州人的需要,又能满足大众社交消费的需求。

　　上岛咖啡　那里的咖啡,采用的是日本富士全自动咖啡焙豆机,且配合一流的烘焙技术,因而可以调制出味道甘醇的蓝山咖啡、芳香怡人的巴西咖啡等。浓香四溢的原味咖啡、精致的茶点更能把你带入温情的岛屿,鲍鱼沙拉、丁骨牛排把你引入美味的世界,豆豉排骨、荷香田鸡,丰盛的中餐使人食欲大增。

　　上岛咖啡在苏州地区有近10家分店。

新岛咖啡　　新岛有限公司成立于21世纪之始,越来越多的人青睐于新岛,不仅仅是环境的舒适、食物有色有味、服务得体,还因为在新岛就餐与休闲小憩可以同时进行。

新岛咖啡在苏州地区有30多家分店。

名典咖啡语茶　　名典咖啡语茶是台湾地区专业的咖啡店连锁企业,苏州的名典也是连锁经营,多位于闹市地段或生活休闲区域。在这里,你可以喝到经过专业细致的烘焙之后由服务人员专业冲泡的香醇咖啡,伴着流转的音乐,在明亮而朝气的环境中,能感受到一种享受。

名典咖啡语茶在苏州地区有近10家分店。

迪欧咖啡　　迪欧咖啡是苏州迪欧餐饮管理有限公司旗下的知名餐饮连锁品牌,除了传承千锤百炼的咖啡制作技术外,还在经营中积累和形成了富有迪欧特色、适应客户需求的产品组合。店面大气精致,迎门而进便可感受到热烈的欧陆气氛,暖色调的木材和欧风铁艺、布艺流苏相接,打造出和谐的欧洲怀旧风格。

迪欧咖啡在苏州地区有近10家分店。

❖ **苏州有哪些高尔夫球场?**

金鸡湖国际高尔夫俱乐部　　由国际级大师Gary Player领衔主笔球道设计,国际著名项目管理公司裕廊国际担任球场工程项目管理,倾力打造的一座国际锦标级27洞球场(其中9洞为灯光球场),俱乐部内部设施均按照五星酒店标准建设。

太湖国际高尔夫俱乐部　　坐落在太湖国家旅游度假区内,距苏州市中心仅20分钟车程。俱乐部经营18洞国际锦标赛球场、高尔夫练习场及配套娱乐设施,是中国最具文化特色的顶级高尔夫俱乐部。

中兴高尔夫俱乐部　　苏州中兴高尔夫球俱乐部是36洞国际标准的高尔夫比赛场地,由一代宗师Jack Nicklaus设计监造的欧美风格球场。整个球场紧邻风景怡人、盛产大闸蟹闻名的阳澄湖,是Nicklaus结合江南水乡风格的得意之作。

三阳高尔夫乡村俱乐部　　濒临金澄湖畔的三阳高尔夫乡村俱乐部,位于上海、苏州、昆山的中心地带,占地115公顷,是一座全长7 160码,标准杆72杆的18洞国际比赛级球场,球场由国际知名高尔夫球场设计顾问公司和台湾地区高尔夫界精英共同精心规划设计。

光明高尔夫俱乐部　　位于昆山周庄环城西路的光明高尔夫俱乐部,内设18洞、7 001码、72标准杆的球场,建造在100公顷的绿茵上。宽敞的球道上有out-of-bound,对低差点的球员无疑具有挑战性,同时又能使初中级球员感到其乐无穷。

双山高尔夫俱乐部　　张家港双山高尔夫俱乐部坐落在张家港市双山岛上,占地面积约2 600亩,建有一座27洞锦标赛型高尔夫球场、俱乐部会馆、休闲别墅、酒店、生态游乐园等各项设施。

大上海国际高尔夫球度假村　　大上海国际高尔夫球度假村位于昆山境内,占地400公顷,东依大都市上海,西邻苏州工业园区。会馆设施齐全,有中餐厅、咖啡厅、日本料理厅、会员休息室、贵宾休息室、专卖店、多功能厅、更衣室、桑拿浴室、按摩浴室、奖品陈列室等。

新东海高尔夫乡村俱乐部　　俱乐部占地1 100亩的球场由科林蒙哥马利亲自设计,以"最小破坏"为设计前提,球道长度达7 146码。球场上布满巨大的水泊,岸边大大小小的沙坑此起彼伏,加之果林较小,可谓处处暗藏杀机。球道草为夏威夷草,踏在本特草铺就的果岭上,脚感十分柔软。

旭宝高尔夫俱乐部　27洞世界专业级比赛球场,系国际球场设计大师Bobby J. Martin亲自率军规划完成。巧妙结合江南美景,利用天然湖泊、河流,将一片平地幻化成曲线优美、变化多端的球场。

❖ **苏州有哪些夜间休闲旅游活动?**

苏州的夜间旅游活动极为丰富。网师园古典夜游、环城河夜游、夜游周庄等已形成旅游产品,深受旅游者欢迎。一批新设施的建成,不断丰富人们的夜间生活,到苏州工业园区的苏州文化艺术中心或石路的苏州市演艺中心观看演出,欣赏金鸡湖的音乐喷泉、圆融时代广场的世界第一天幕等,都会给人以全新的感受。

网师园夜花园　从点亮着大红灯笼的正门进入,就走入了夜色中的网师园。穿堂入室,迎面是两个身着蟒袍、足蹬高靴、口叼面具的官老爷。一个手捧金元宝,一个拉开写有"一帆风顺"字样的洒金条幅,向观众展示他们的吉祥物。传统的开场戏《跳加官》,开门吉言,寓意祥兆。移步换景般,每转走一处,就是节目不一却相同精彩的表演。悠扬婉转的昆曲,宁静致远的箫笛奏乐,高山流水般的古筝弦声,轻缓流转的吴歌吟唱,声声入耳;眼前又是浮光掠影,风和月明,醉在耳中,醉在眼里,醉在这全部的夜色里。在月到风来亭中,可以看见三轮明月,即眼前、镜中和水影里。有心的人,一定还能找到一轮新月,那就是在心里的明月。

夜游环城河　晚上,秀丽的环城河一带各种景观灯齐放光彩,映射出一幅幅优美的夜景。坐在游船上,观看灯光下的雄伟盘门,宁静河面的彩灯倒影,岸边丛绿连茵的绿化带,更能令人感受到东方水城的迷人风光。

苏州市演艺中心　该中心地处石路商业中心、苏州古城金门之外。整体建筑依水而立,与古老城墙隔水相望。古典韵味与现代时尚感相结合,既有江南水乡的温文婉约,又有与时俱进的明快节奏。总建筑面积约42 000平方米,可容纳1 058人同时观看大型表演。上海世博会前隆重推出了饱含吴地文化风情的大型舞蹈演出,以柔美动人的江南舞蹈、令人心醉的婉约曲调、技艺卓绝的杂技表演、出神入化的灯光效果,再现时尚、富庶、文化的人间天堂——苏州。中心拥有300多个停车位,2个游船码头,5 000多平方米南北2个广场,沿河风景长廊,相关餐饮娱乐配套设施完善。

夜游金鸡湖　金鸡湖水域达7.4平方公里,周边有湖滨大道、城市广场、玲珑湾、文化水廊、金鸡墩、望湖角、水巷邻里、湖心岛等特色景观。每当夜幕降临,湖上微风轻吹,各色彩灯燃亮,湖畔风格迥异的高楼大厦、标新立异的景观建筑和松软的草地、浓密的树林相映,金鸡湖夜景更加流光溢彩。乘坐在豪华游艇上,环望彩灯映照下的湖面,仰观艳丽的烟花和多彩的激光,犹如置身于画卷之中,令人陶醉。

四、娱乐购物

❖ **苏州乐园有哪些休闲娱乐项目?**

苏州乐园位于苏州高新区狮子山麓,是一座集欧美建筑风格、迪斯尼乐园风采、现代化游乐器械和自然景观于一体的综合性大型主题公园,是华东地区具有轰动效应的游乐景点。这个项目由苏州高新区发展集团公司、上海东方电视台、香港新华银行、香港中旅等企业集团共同投资兴建。

乐园分水上世界和欢乐世界两个部分。水上世界,主要项目有高架组合滑道、造浪池、戏水池和漂流河等,是国内投资规模最大、项目最齐全、设备最先进的现代化水上游乐场。

欢乐世界,分为苏迪广场、狮泉花园、欧美城镇、儿童世界、苏格兰庄园、威尼斯水乡、未来世界、百狮园等区域,以东方迪斯尼为主题,集西方游乐场的活泼、欢快、壮观和东方园林的安闲、宁静、自然诸特点于一体。悬挂式过山车,轨道长787米,上下落差31米。极带风车,多种运动方式叠加,形成立体多变的运动轨迹。龙卷风,大臂280°往复摆动、座舱360°顺时针或逆时针旋转,体验天旋地转的惊险感受。高空弹射,体验火箭升空感受。夏威夷巨浪,三维立体旋转,在惊涛骇浪中体验海上生活。小小世界、青菜萝卜城、开心岛、青蛙跳、旋转木马、组合滑梯等,让小朋友们走入梦幻中的童话王国。

开园以来,年年举办"春季极限周,夏季啤酒节,金秋嘉年华,冬季圣诞节"四季主打活动,与新丝路模特大赛、PWT国际公园定向精英巡回赛两大赛事连年合作,吸引了大量的游客,成为苏州旅游的一大亮点。

❖ **苏州摩天轮主题公园的"水上摩天轮"有多高?**

摩天轮主题公园占地3万多平方米,号称"游乐园三宝"的天轮、过山车、旋转木马都在其中,并且都创造了苏州第一。该园位于苏州工业园区现代休闲广场南侧,金鸡湖边的摩天轮高120米,是目前国内最大的水上摩天轮。除摩天轮外,摩天轮主题公园内还有多个游乐设施,蝶形过山车、双层旋转木马、绿野迷踪、卡丁车赛场、4D影院、亲子活动区等多个游乐活动项目,整个公园的建筑风格充满了地中海风情。

❖ **苏州有哪些时尚的酒吧街和著名酒吧?**

十全文化街 十全街是一条精致的街。全长2 004米的街道,路面算不上宽阔,在高大法国梧桐的长年蔽护下,粉墙黛瓦,颇具明清风格的新楼屋错落有致,显露出闭月羞花般的灵秀。街上每家店的店面都不大,但商品特色鲜明,琳琅满目,苏绣、紫砂、书画、金石、碧玉、红木小件在这里应有尽有。它也是一条汇集多方美食的餐饮街,"老苏州茶酒楼"、"同德兴面馆"等苏州传统美食以及汇东西南北风味的山城火锅、日本料理、韩国料理、烧烤、广帮、淮扬佳肴等,让人趋之若鹜。街上还有许多价位适中,个性十足的日本、韩国、欧美休闲服饰,让年轻一族乐不知返。

自20世纪90年代初开始,十全街就逐步发展成为苏州极具名气和人气的酒吧一条街,形成了鲜明的特色和独特的风格,规模较大的"盛世佳人",镜面铺就的"SCARLET"占据了整个墙面,灯光一照炫目无比,带着浓重东瀛色彩的"松屋"酒吧,莎士比亚笔下的"威尼斯商业"酒吧,充满幽默感的西方"老贝克",溢满温情的"同桌的你"是中国自己的酒吧。每到夜晚,散布街上的各式酒吧灯红酒绿,来自国内外的中外游客和苏州时尚年轻人一起,劲歌热舞,欢乐今宵。酒吧的五彩灯影恰似明月光,点燃了苏州不夜城,让越来越多生活在这里的海内外人士感受到古韵与今风交融的别样风情。

  盛世佳人酒吧 坐落在十全街上,是一座颇具特色的酒吧。新奇的场景布置,个性化的装修风格,定期的时尚秀……这里就是夜之景、夜之曲开始的地方。认识与不认识的人聚于此,几人围坐,抑或是一人独斟,伴随流淌的音乐,让你寄放或排遣曾是凌乱的心绪。

  阊胥路酒吧街 阊胥路是苏州目前最火的酒吧街,汇集了 King Bar 王牌酒吧、皇亭1号会所、皇亭2号酒吧、SOS 风暴酒吧、Joyse 绝色酒吧等苏州地区最有人气的一批大型酒吧,造就了苏州夜生活中最繁华的一条街。

  皇亭1号 KTV 商务会所 位于古胥门泰让桥南堍运河上,是以古典建筑与现代时尚美学相结合的全新装修风格,极尽豪华现代,彰显尊贵、时尚、品位于一体的大型娱乐商务会所,开创苏州 KTV 娱乐新典范。

  皇亭2号慢摇酒吧 苏州皇亭2号慢摇酒吧是目前苏州第一家豪华的音乐会所。它引领娱乐时尚先锋,挑战视听极限,是目前苏州娱乐界档次最高、规模最大、最具代表性和有影响力的娱乐场所,它不仅硬件装备先进,并且还采用全新的经营模式,利用国际化的经营理念与人性化服务结合的方法,达到顶级的娱乐享受。

  SOS 酒吧 坐落于苏州市沧浪区繁华地带,位于盘胥路,属苏州市首家多功能立体化新概念娱乐综合体,集电子音乐、文化、服务、视觉艺术等先锋概念于一身,呈现未来娱乐航母立体化的 Disco KTV 新潮流。

  日本酒吧风情街 位于苏州新区商业街。满眼日文招牌,满耳日语……走在这1 000米长、80多家日本料理店、酒吧鳞次栉比的商业街上,看到的是如同日本的夜景,但脚下的土地却是苏州新区。近年来,越来越多的料理店、酒吧、咖啡屋在这小街上扎堆安寨,营造出今日一条充满浓浓日本味的风情街。

❖ **李公堤是条什么样的风情水街?**

  李公堤商业街区长1.7公里,面积15万平方米,是金鸡湖中唯一一条集特色餐饮、娱乐、精品购物及观光、休闲、文化于一体的国际风情商业水街。原堤为清光绪年间(1875—1908)元和县令李超琼所建。重建的李公堤以苏州传统建筑为主,园林式布局,灰、黑、白主色调错落有致,尽显江南古风神韵。每当夜幕垂临,华灯初上,李公堤商业街便成为夜金鸡湖水面上的一条魅力光带。历史的醇味与现代的元素如此紧密结合,以致使人有穿越时空的错觉。

❖ **圆融时代广场时尚在哪里?**

  圆融时代广场位于苏州工业园区金鸡湖东岸,是集购物、餐饮、休闲、娱乐、商务、文化、旅游诸多功能于一体的大规模、综合性、现代化、商业品质的"商业综合体",是苏州市域

CBD最繁华的商业中心和华东地区最具影响力与商业价值的品牌街区。

2009年1月开业的圆融时代广场占地面积21万平方米,建筑面积51万平方米。项目建筑群分为四大功能区,即商务办公区、圆融天幕街区、生活休闲区以及苏州首座17万平方米的购物中心区。广场内共有4 000多个地下车位、6个地铁出口,还有水上巴士、空中连廊、超大广场、泊车系统、主题景观、时尚夜景等引领苏州的时尚生活方式。目前,SK、久光百货、玩具反斗城、顺电等多家世界著名主力品牌纷纷落户,圆融时代广场已成为苏州新商业中心的环球时尚消费地标。

❖ 时代广场的"天幕"采用什么样的声像系统?

"天幕"位于苏州工业园区圆融时代广场中部。天幕形状犹如展开的翅膀,全长约500米,宽32米,高约21米,比美国拉斯维加斯的天幕还长100米,称得上是世界第一天幕。天幕由2 000多万只超高亮度的LED灯组成,采用三维声像扩声系统,能创造出通透、绚烂的视听奇观,画面犹如高清晰电影。晚上在这里闲逛,头顶上时而花伞飞舞,时而桃花绽放、喜鹊飞过,突然感觉头顶上蔚蓝色的海水波涛汹涌,海水仿佛倒置在天上一般,轰鸣的潮汐声不绝于耳,一条耀眼的金色蛟龙幕地击水而出在空中翱翔,意想不到的画面就飞舞在头上。目前,天幕在周六和周日晚上定时播放。

❖ 金鸡湖片区有什么休闲娱乐项目?

美丽的金鸡湖是苏州新兴而时尚的城市娱乐地带,除美食荟萃的李公堤国际风情水街外,还分布着众多与国际水平比肩的休闲娱乐项目,除前面已介绍外,还有如音乐喷泉、水上游艇、湖滨新天地等。

音乐喷泉　音乐喷泉——水幕电影位于金鸡湖西城市广场,是华东地区最大的音乐水景系统,整个水景系统以"水韵飞歌"为主题,同时结合激光、电影、音乐、火焰等多种元素,分别展现园区的人文、科技、生态三大空间环境。该音乐喷泉在现代性、艺术性、科技性上达到了新的高度。

金鸡湖游艇　苏州工业园区商业旅游发展有限公司斥资2 000多万元推出豪华游艇、普通机动游艇、非机动游艇50多艘,以金鸡湖为依托,倾力打造园区得天独厚的水上游乐项目,形成以观光旅游为基础、休闲度假旅游为重点、特色旅游为补充的旅游产品体系。

湖滨新天地　位于湖滨大道口,建筑风格节奏明快,充满现代气息。引进了众多特色餐饮和高档休闲娱乐商家,如台湾地区著名的王品台塑牛排、蔡家食谱、乐文堡啤酒屋等。

❖ "太湖苏州湾"美在哪里?

太湖苏州湾,由吴江片区和吴中片区两部分组成,陆上腹地纵深达60平方公里,水域面积120平方公里,北至东太湖梢,南到太浦河口,东、西至太湖大堤,湖岸线长62.3公里,一条环湖有轨观光电车沿岸穿行。这座太湖新城,既有现代繁华的都市景观,又有充满活力的滨水港湾,是苏州21世纪城市现代化建设的最大亮点,也是未来苏州城市休闲文化生活的新天堂。

在吴江片区沿岸,有鹅卵石堆砌的浅滩、天鹅绒般的绿色草地、红色的慢行道……游人可坐游艇畅游太湖苏州湾。在苏州湾"8"字形的如意桥边,可观赏 128 米高的音乐喷泉。如意桥和阅湖台将串联起东太湖生态园,形成一条亲水生态走廊,成为游人休闲赏景的好去处。在东太湖生态旅游度假区内,有 1.8 公里长的黄金沙滩、旱雪场、游艇码头、灯塔公园、湿地公园、农业水车乐园、温泉养生生态园、室外水上游乐园等,好似一条"多彩的绸带"。

在吴中片区,新城建设融入苏州古典园林的特色,将各大园林代表性的景观"复制"进新城的各个街区,让新城与苏州古城遥相呼应。

太湖苏州湾,这一承载着生态和时尚的都市,以现代江南水乡特有的灵动和张力,带着苏州人对未来的梦想展示着她的美丽。

❖ 苏州老城区有哪些商贸区?

观前商圈 位于苏州古城中心,是闻名全国的步行商业街。在这条街上,店铺林立,衣、食、住、行、娱无所不包,众多的老字号如松鹤楼、得月楼、采芝斋、叶受和、黄天源、乾泰祥等汇聚于此,著名的美食街碧凤坊—太监弄有世界各地的美食,三万昌、品芳茶馆茶香袅袅,新华书城浸透墨香,影视城、K 歌坊乐声飞扬。到了晚上,人头攒动,最为热闹。走走观前街,你会真切地感受到古韵今风的苏州。

南门商贸区 南门商贸区是苏州市三大商贸区之一,它由东西两部分组成。熙攘的人流为这里带来了兴盛的商机。泰华商城是苏州时尚女郎的最爱,成了苏州流行风尚的一张名片。分门别类的专卖市场和电子市场,让"术有专攻"的人群有了自己的享受乐园。众多文化娱乐场所、风味茶馆使来往的游客驻足无忧、休闲有乐。南门商贸区以一线两片(新市路休闲特色街、南门商贸区、盘门风景旅游区)为主干,以商贸、旅游、文化、休闲四大产业为支柱,依托水陆交通便利的地理优势,成为精品荟萃、商贸云集的繁华之地、投资热土。

石路商贸区 石路是苏州又一商业中心。广场上是苏州市规模最大的旱喷泉,步行街上种植的各类银杏、香樟等树木在灯光的照射下风姿绰约。国际商城、亚细亚等大型购物中心在 22 点以后才打烊。咖啡屋、酒吧林立,时尚、浪漫、休闲。西式的比萨、麦当劳、肯德基,家常的大娘水饺,辣味浓浓的老妈米线火锅,香暖的买买提羊肉串,香甜的苏州海棠糕……石路上的美食会令游人应接不暇,胃口大开。

❖ 苏州有哪些主要供境外旅游团队购物的场所?

苏州刺绣研究所 成立于 1957 年,坐落于环秀山庄内,建筑典雅,风景优美。苏绣是中国刺绣的一大流派,苏州刺绣研究所技术力量雄厚,该所精心制作的刺绣艺术品、缂丝艺术品,曾多次获国际博览会金质奖和国家级质量评比金杯奖。

苏州第一丝厂 是苏州市最早接待外国游客的企业之一,集缫丝、织造和经营于一体的旅游商店和全国工业旅游示范点。在这里,可以买到正宗的苏州丝绸,体会到"丝一般"的感受。

苏州如意檀香扇有限公司 是中国制扇业最负盛名的檀香扇生产基地,常年以来一直以精湛的制扇技艺蜚声中外,曾荣获全国工艺美术最高奖项。

东渡集团丝绸商场 是苏州市第一家民营旅游购物点,从 1992 年开始创业,2003 年在西园路建成丝绸商场大楼,营业面积达2万多平方米,经营品种上万种,特设传统工艺流程的养蚕、选茧、缫丝、丝绸等参观项目。

苏州凯地丝绸商场　原为绸缎炼染二厂外宾卖品部,1988年开业以来几经扩展,现商场面积达6 000平方米,以真丝产品为主,还有缫丝、剥蚕、蚕丝被制作、真丝产品扎染、丝绸面料绘画、丝绸服装模特表演等项目。

❖ 苏州刺绣、珍珠、丝绸和服装大型商城(街)分别在哪里?

镇湖绣品街　位于新区镇湖街道,紧邻太湖,三面环水。镇湖有着秀美的山水文化、1 700多年传统刺绣工艺和8 000绣娘的独特民俗文化。在这里处处可见绣娘们在绷架上飞针走线,把五彩的丝线化为令人惊叹的美丽奇迹。

渭塘珍珠宝石城　"渭塘珍珠甲天下,天下珍珠渭塘先。"珠光宝气的渭塘珍珠宝石城以一种雍容华贵的气度,不动声色地注解着似水年华的闪亮人生。

吴江东方丝绸市场　地处"日出万绸,衣被天下"的盛泽,是著名的丝绸集散中心,2005年市场成交额突破300亿元,荣登大型纺织品服装交易市场榜首。

常熟招商城　"中国休闲服装名城"常熟招商城是中国最大的服装服饰批发市场之一,全国工业品批发市场联络会副会长单位,国家经贸委确定的全国首批35家重点联系市场之一。目前,已建成5个以服装服饰、面辅料及五金电器为主的专业市场区,店铺、摊位2万个,有5万多名来自全国各地的经营者在此落户。

❖ 新区有哪些大型购物广场和商业街?

狮山路商业街　近年来,全长仅1 000米的苏州新区商业街(狮山路商业街)迅速崛起,已成为各地投资者开店创业的"热地"。新区商业街人气商气趋旺,店铺门面紧俏,开设的酒家、料理店、烧烤店、酒吧、咖啡屋已达80多家,到了夜晚,华灯闪烁,人车川流不息。

绿宝广场　位于苏州新区的长江路和邓尉路交汇处,凭借高速公路和规划中的城际轨道交通,成为当地的商业、娱乐及办公中心。大型购物商场、美食街、娱乐中心、时尚专卖店、餐饮美食、休闲娱乐,一应俱全,尽显时尚气息。

永利广场　居古城与新区交汇处,坐拥繁华CBD核心板块,收览绚丽运河景观带。融高端餐饮、休闲娱乐、精品酒店于一体,成就出5万平方米的国际餐饮休闲广场。两面沿河稀缺景观,近10 000平方米的景观绿化,让永利与风景完美地结合起来。

第十六章 相关知识

一、古代政治

❈ **中国历代有多少皇帝？**

黄帝王朝共7帝立国491年。夏朝共19王立国440年。商朝共31王立国662年。周朝共37王立国879年。秦朝共2帝3传立国15年。西楚共1王立国5年。两汉共29帝立国411年。曹魏共5帝立国46年。蜀汉共2帝立国43年。东吴共4帝立国59年。两晋共17帝立国156年。刘宋共9帝立国60年。萧齐共7帝立国24年。萧梁共4帝7传立国56年。陈陈共5帝立国33年。北魏共11帝14传立国150年。东魏共1帝立国17年。北齐共6帝立国28年。北周共5帝立国25年。隋朝共3帝立国38年。唐朝共25帝立国276年。两宋共18帝立国320年。元朝共15帝19传立国136年。明朝共16帝17传立国277年。清朝共12帝立国296年。

❈ **中国皇帝之最有哪些？**

秦始皇为中国历史上第一位皇帝，公元前221年至前210年在位。

最早用年号纪年的皇帝是西汉武帝——刘彻。他于公元前140年登基开始使用年号"建元"纪年。

最早的娃娃皇帝是西汉昭帝——刘弗陵，公元前87年其即位时只有8岁。

即位时年龄最小的皇帝是东汉殇帝——刘隆，生下来只有100多天就当皇帝了。

册立皇后最多的皇帝是十六国时期匈奴汉国昭武帝——刘聪，其在位8年，共册立了11位皇后。

❈ **唐代的皇帝之最有哪些？**

最早称皇帝的女农民起义领袖是唐代浙江睦州人陈硕真。653年率数千农民揭竿而起，自称"文佳皇帝"，设置官署，建立农民政权，威震江、浙一带。

使用年号最多的皇帝是武则天，她当政20多年，就更换了18个年号。

皇帝更换最多的朝代是唐代，共更换了20多位皇帝。

❈ **清代的皇帝之最有哪些？**

在位时间最长的皇帝是清圣祖玄烨——康熙帝，1662—1722年在位，长达61年之久。

写诗最多的皇帝是清高宗弘历——乾隆帝,据《四库全书简明目录》载,其御制诗有4集,共收诗33 950首左右,远远超过了多产诗人陆游。

最后一位娃娃皇帝是清朝末代皇帝溥仪——宣统帝,即位时只有3岁。他也是中国历史上做皇帝次数最多的人。他一生共做过三次皇帝,第一次是1908—1912年,第二次是在1917年由张勋、康有为等拥护复辟,为时只有12天,第三次是在1934年,在日本的扶持下,由伪"满洲国"执政升为伪"满洲帝国"皇帝。

❖ **古代皇帝的日常政务是什么?**

皇帝在吃早饭时,太监会把请求召见的王公大臣们的牌子递上来,叫做"膳牌",由皇帝决定饭后召见谁。饭后,皇帝开始批阅大臣奏章、召见大臣议事。有时召见一个人,有时召见几个人。多的时候,一天要召见四五起,每天召见的次数也不等。

皇帝在召见大臣的时候,要询问各方面的情况和存在的问题,然后下发谕旨。清代虽然设有许多辅佐皇帝处理政务的机构,如议政处、内阁、军机处等,但这些机构并没有决定权,朝中政事都由皇帝一人说了算。

康熙、雍正、乾隆三位皇帝都勤于理政,朱批谕旨不用别人代笔。雍正皇帝批一个折子动辄数十字甚至数百字,乾隆皇帝对臣下的奏折也是"详细览阅,不遗一字"。勤政的皇帝常常会批阅奏折一直到深夜。

皇帝处理政务的另一种方式是御门听政,这有些像我们在影视剧中看到的上朝。清朝初期规定,皇帝逢五视朝,政务繁忙的顺治、康熙皇帝几乎是每天听政。御门听政的时间多在黎明,许多重大决策,如康熙十二年(1633)讨伐吴三桂叛乱的决定;康熙二十四年(1685)、二十五年(1686)反击沙俄侵略中国的雅克萨战役决定等,都是在御门听政时做出的。

❖ **什么是年号?**

年号是中国古代封建皇帝用以纪年的名号。年号是从汉武帝开始有的。汉武帝即位的那年,称为建元元年,第二年称建元二年,以此类推。新君即位必须更改年号,称为改元。年号一般用两个字,也有用四个字的,如"天册万岁"(武则天)等。一般一个皇帝均用一个年号,因此人们用其年号来称呼在位的皇帝,如"万历皇帝"、"乾隆皇帝"等。

❖ **什么是谥号?**

谥号,古代帝王、诸侯、卿大夫、高官大臣等死后,朝廷根据他们的生平行为给予一种称号以褒贬善恶,称为谥或谥号。谥号多用一个字的,也有用两个字的。后世帝王谥号多用一字,如汉武帝、隋炀帝;非帝王者的大多用两字,如文忠公、忠烈公等。

❖ **什么是庙号?**

庙号,封建帝王死后,在太庙立室奉祀,特立名号,叫庙号。自汉代起,每个朝代的第一个皇帝一般称太祖、高祖或世祖,以后的嗣君则称太宗、世宗等。唐以前对殁世的皇帝一般简称谥号,如汉武帝、隋炀帝,而不称庙号,唐以后则改称庙号,如唐太宗、宋太祖等。

❖ 什么是禅让？

禅让，是指古代帝王让位给别人，是中国原始社会末期推选部落首领的制度。尧、舜、禹是继黄帝之后的三位贤能的部落联盟首领。当时，这三位部落首领的产生便是实行的"禅让制"。

尧，号陶唐氏，是帝喾（音 kù）的儿子、黄帝的五世孙，居住在西部平阳（今山西临汾一带）。尧当上部落联盟的首领，和大家一样住茅草屋，吃糙米饭，煮野菜作汤，夏天披件粗麻衣，冬天只加块鹿皮御寒，衣服、鞋子不到破烂不堪绝不更换。老百姓拥护他，如爱"父母日月"一般。

尧在位 70 年后，年纪老了。他的儿子丹朱很粗野，好闹事。有人推荐丹朱继位，尧不同意。后来，尧又召开部落联盟议事会议，讨论继承人的人选问题。大家都推举虞舜，说他是个德才兼备、很能干的人物。尧很高兴，把自己的两个女儿娥皇、女英嫁给舜，并考验了三年才将帝位禅让给舜。

❖ 世袭制是怎样产生的？

国家和民族组织的不同之处在于，国家是按地区划分居民并且设立了公共权力机构。氏族社会是按血缘关系划分居民，而夏代将所属居民划分为九州进行管辖。九州设有官吏统治，称为"九牧"。"牧"，是牧民的意思，是奴隶主把奴隶当成牲畜对待的缘故。

原始社会部落首领及部落联盟首领是通过军事民主制选举产生的，贤者继任。前任对后任采取"让"的办法，史称"禅让"。夏代改变这种做法，以同一家族的亲属世袭代替不同家族成员的"禅让"。夏王朝第一个君主禹死后，传位于儿子启，开创先例，世袭制度自此形成。

❖ "中国"所指的范围是怎么变化发展的？

"中国"一词最早出现于东周时期成书的《尚书》和《诗经》等书中。

"中国"一词所指范围，随着时代的推移而经历了一个由小到大的扩展过程。当《尚书》上出现"中国"时，仅仅是西周人对自己所居关中、河洛地区的称呼；到东周时，周的附属地区也可以称为"中国"了。"中国"的含义扩展到包括各大小诸侯国在内的黄河中下游地区。而随着各诸侯国疆域的扩张，"中国"成了列国全境的称号。秦汉以来，又把不属于黄河流域但在中原王朝政权统辖范围之内的地区都称为"中国"，"中国"一名终于成为我国的通用名号。19 世纪中叶以来，"中国"则成了我们国家全部领土的专用名词。

❖ 古代九州是怎么划分的？

《尚书》中的《夏书·禹贡》记载，大禹的时候，天下分为九州，分别为冀州、兖州、青州、徐州、扬州、荆州、豫州、梁州、雍州。《尔雅》"释地"也记载有九州，但其中有幽州、营州，而没有青州、梁州；《周礼》"职方"中，有幽州、并州，而没有徐州、梁州；《吕氏春秋》"有始览"中有幽州而无梁州；传统上人们以为，《尚书》记载的九州是夏朝的制度，《尔雅》记载的是商朝的制度，而《周礼》记载的是周朝的制度，但根据《吕氏春秋》对九州的解释，九州的地域反映的是春秋战国人们的地域观念。

❖ 历史上出现过哪些东西南北中京?

汉代 东京洛阳,西京长安(今陕西西安)。
西晋 江南人称洛阳为北京。
东晋 南朝人称洛阳为中京。
南朝宋称丹徒(实指京口,今江苏镇江)为北京。
北魏迁都洛阳后称故都平城为北京,北周称洛阳为东京。
隋 东京洛阳,西京长安。
唐 东京洛阳,西京长安。至德二年(757)以凤翔为西京,长安改称中京,南京成都府,北京太原府。
宋 东京开封府,就是现在的开封;西京河南府,就是现在的洛阳;南京应天府,就是现在的河南商丘;北京大名府。
明 洪武年间(1368—1398)以应天府为南京,开封为北京。明成祖将北平府改称顺天府,称北京,后改称京师,但习惯上仍称北京,至清不变。

❖ 中国历代都城在哪里?

夏朝(公元前21世纪—前16世纪),都城在阳城,今河南登封。
商朝(公元前16世纪—前11世纪),都城在亳,今河南商丘北。公元前14世纪,商王盘庚迁都到殷,今河南安阳。对商朝早期的都城"亳"一直有争论,影响较大的说法是在今天的郑州。
西周(公元前11世纪—前771年),都城在镐京,今陕西西安。
东周(公元前770—前221),都城在洛邑,今河南洛阳。东周分春秋、战国两个时期。
秦朝(公元前221—前206),都城在咸阳,今陕西咸阳。
西汉(公元前206—公元25),都城在长安,今陕西西安。
东汉(25—220),都城在洛阳,今河南洛阳。
三国(220—280),魏的都城在洛阳,今河南洛阳;蜀的都城在成都,今四川成都;吴的都城在建业,今江苏南京。
西晋(265—316),都城在洛阳,今河南洛阳。
东晋(317—420),都城在建康,今江苏南京。
南北朝(420—589),南朝经历的宋、齐、梁、陈四个朝代的都城都在建康,今江苏南京;北朝的北魏建都平城,今山西大同,公元493年,迁都洛阳,今河南洛阳;东魏的都城在邺,今河北临漳;西魏的都城在长安,今陕西西安;北齐的都城在邺,今河北临漳;北周的都城在长安,今陕西西安。
隋朝(581—618),都城在大兴,今陕西西安。
唐朝(618—907),都城在长安,今陕西西安。
五代(907—960),梁、汉、周的都城在今河南开封;唐的都城在今河南洛阳。
北宋(960—1127),都城在东京,今河南开封。

南宋(1127—1279),都城在临安,今浙江杭州。

辽朝(907—1125),名义上的都城在上京临潢府,在今天的内蒙古自治区赤峰市巴林左旗。

西夏(1038—1227),都城在兴庆府,在今天的宁夏银川。

金朝(1115—1234),最初的都城在上京会宁府,在黑龙江的阿城。中期迁都中都,在今天的北京。晚期迁都南京,在今天的河南开封。

元朝(1271—1368),都城在大都,今北京。

明朝(1368—1644),都城在应天,今江苏南京,明成祖即位后改至北京。

清朝(1644—1911),初期都城在盛京,今辽宁沈阳。公元1644年清军入关后,顺治帝迁都京师,今北京。

❖ 省是怎么来的?

中国地方最高行政区域名,源于古代省制。省指天子所居之所,宫禁。唐有省六部,"尚书省"为其一。元代中央行政机关叫"中书省",又于各行政区设"行中书省",简称"行省",最后简称为"省",现在的"省"由此发展而来。

省,是元代以来的地方最高行政区划名称。然而,省最初的含义却指宫禁之地及官署,后来才演变为地方行政区划名称。省的出现,最早见于汉代,当时称群臣听政之地为省,治公务之所为寺。尚书、中书、门下皆设于禁中,因此称为尚书省、中书省、门下省,沿用既久,就以省为官署名称。魏晋时中央政府机关亦称省,金代开始出现"行省",它是中央尚书省的临时派出机关。

元代,省成为正式的一级地方行政区划,全国划分为123个大行政区,中央政府直辖的称中书省,又叫"腹地",另外分设11个行中书省,简称"行省"。明代改行省为承宣布政使司,但一般习惯上仍称为"省",而中央机关从此不再用省的名称,于是省就专指最高一级地方政区。清沿袭元、明,分全国为18省,现在,虽省的数量增加,但管辖范围缩小,后来又有中央直辖市也按省级对待,但它作为最高一级地方行政区划的性质没有改变。

❖ 知府一词是怎么来的?

"知府"这一官职,是由"知"和"府"两词结合而来。知,本来的意义是管理、主持的意思。府作为一级地方行政单位,它的演变经历了一个较长的过程。知府就是管理一府的官员。

在魏晋时期,州刺史兼任将军之职。州刺史是文职,将军是武职。州有州的衙门和幕僚,将军另有将军的衙门和幕僚。将军的衙门就叫做"府"。到了唐朝,中央政府在首都、陪都以及皇帝登基前任职的州设置府,例如京兆府、河南府、太原府等。府的长官,统称府尹。宋朝时,府的设置逐渐多了起来,府隶属于路(路是介于中央与州之间的一级行政区划)。明、清两朝,省、县之间的一级行政单位被称为"府"。除了首都、陪都所在地的府长官仍然称府尹外,一般的府长官都称为"知府",意思是"知(即主持)某府事"。知府之下,设同知、通判等官员,辅佐知府处理公务,分掌粮税、盐税、江海防务、水利等。在明朝,按照缴纳税粮的多少,"府"被分成三等;纳粮20万石为上府,10万石至20万石为中府,10万石以下为下府。当时全国有150多个府。清朝时,各府因自然条件的差异、人口多寡、路程远近,相互间的差别也很大。

❖ 什么是知州?

在西汉,州这一名词开始出现。但当时的州,并不是行政区划。据史书记载,汉武帝为了有效管理地方,将全国划分成13个监察区,称为"州"。每州都由中央派遣一长官,负责监察郡、县的官吏。这一长官,被称为刺史。

到了东汉后期,州慢慢演变成为一种地方行政区。州辖郡、县,刺史又称州牧,就是州的行政长官,拥有行政军事权。隋朝时,郡的建制被取消,只保留州、县。唐朝继承隋朝的制度,将地方分成州、县两级。当时州的行政长官仍称为刺史。宋代开始把州的行政长官叫做"知州",知州下属的官员有同知、通判等,分别掌管财政、刑法、治安等。明清两朝,州有两个级别:直隶州和散州。直隶州直属于省,级别与府相同;散州隶属于府,级别与县相同。

❖ 县是如何出现的?

"县"制是秦统一中国后推行于全国的,而最早有文字记载的"县"名,却产生于古代晋国。"县",在未作地方行政单位之前,与"悬"为同一个字。就是悬挂、联系的意思。西周时期,周王的食邑叫王畿或国畿,畿内的土地与周王紧紧"联系"在一起。

"县"最早是在楚国创建的。公元前6世纪中期,楚国屡次攻陈,陈国的诸侯是虞舜的后代。楚国占领了大名鼎鼎的虞舜后裔的土地,有些为难。周天子的王畿不是叫"县"嘛,楚国就在陈国土地上建立了"县"制。但那时"县"的建制未推广开来。

❖ 乡的起源是什么?

乡是我国基层行政单位,已有3 000年历史。《周礼·大司徒》有"五州为乡"的记载,为我国乡制的起源。春秋战国时,诸侯国互相残杀,以强吞弱,但乡的建制保存了下来。

秦汉时期,以"十里一亭,十亭一乡",亭有亭长,乡有三老:有秩、啬夫、游等乡官,佐助县令治理乡事。到唐代,人口增多,经济繁荣,遂以"百户为里,五里为乡",里有里正,乡有耆老,一乡管辖五百户左右。此后宋元明清诸代,皆有乡的设置,只是名称不同,管辖户口多寡不等而已。民国时,县以下出现了区的制度,区下有乡,也还是属于乡级单位。

❖ 四海和天下指的是什么?

四海是我国古时所指东海、西海、南海和北海,泛指海内之地,也泛指全国各地。《易经》上是指渤海、黄海、东海、南海。

中国的天下概念,是指被中国王朝的皇帝主宰、在普遍的秩序原则下所支配的空间。为天下中心的中国王朝直接支配之地域,被称为"夏"、"华"、"中夏"、"中华"、"中国"等,与周围的"四方"、"夷"等地域作区别,不过,若这些地域接受中国皇帝主宰的秩序原则,它们就被认可和接纳。

❖ 关内、关外、关东、关西是指什么？

关外：秦、汉、唐定都陕西的王朝，称函谷关或潼关以东的地区为"关外"，明清称今辽宁、吉林、黑龙江三省为"关外"，因其位于山海关以外而得名。

关东：指山海关以东的一带地方，泛指东北各省，也叫关外。

关西：汉、唐时泛指函谷关或潼关以西地区为关西。

除关东、关西、关外之外就是关内。

❖ 中国古代选官制度是怎么演变的？

中国古代官吏铨选的途径很多，有世袭、纳贡（资）、军功、荐举、郎选、恩荫和科举等，大致分为四个阶段和四种制度，即夏、商、周时期的世袭制，秦、汉时期的荐举制，魏、晋、南北朝时期的九品中正制，隋、唐、宋、元、明、清时期的科举制。

❖ 先秦的世袭制有什么特点？

世袭制，也称世卿世禄制，盛行于夏、商、周时期。史前时代末期，"天下为公"的选贤举能的禅让制被破坏后，出现了"大人世及以为礼"的世袭制。世袭制的特点是王权与族权的统一。它通过家族血缘关系来确定政府各级官员的任命，按照血缘亲疏确定等级尊卑和官爵高低。凡是定爵位与官职者都世代享有采邑或封地，世代享有政治、经济、文化特权。

❖ 秦汉时期荐举制的精髓在哪里？后来又怎么被败坏的？

荐举制，就是推举贤才、授以官职的官吏选拔制度。举荐的标准，主要是德行、才能，而非全靠家世。它冲破了夏商周时期贵族血缘世袭制的藩篱。秦朝以后，封建的选官制度有了发展，各级官吏都由封建国家采用不同的方式选拔后加以任命。两汉察举制、征辟制的出现，是荐举制成熟的标志。

汉朝主要采用"察举"和"征辟"两种方法来选拔官吏。所谓"察举"，是根据皇帝诏令所规定的科目，由中央或地方的高级官员，通过考察向中央推荐士人或下级官吏的选官制度，它也是荐举制的精髓所在。察举分诏举与岁举，诏举是皇帝及公卿郡守选拔任用属员的一种制度。皇帝特征、聘召人才为"征"，公卿郡守聘任幕僚属官为"辟"。东汉以后，官员选拔过程中徇私舞弊和弄虚作假之风盛行，察举、征辟渐趋被败坏。

❖ 魏晋南北朝九品中正制的利和弊在哪里？

魏、晋时期，魏文帝曹丕接受吏部尚书陈群的建议，实行"九品官人法"。即在州、郡、县等地方政府设置"中正"官，负责按家世门第和德行才能，博采舆论，对地方士人进行铨衡品评，分为上上、上中、上下、中上、中中、中下、下上、下中、下下三等九级，将官员职位也分为九品（官品）。然后按品级向吏部推荐，吏部根据中正官的报告，依品授官。名列高品的，可以做大官，下品的只能做小官。已授官的，定期由中正官负责向吏部推荐升降。

九品中正制给每个官职规定了任职者的人才品级资格，任何人如果没有资品就没有入仕的资格。由于担任中正官的都是世家大族，他们只凭门第出身品评人才，因此核评为上品的都是世家大族。随着魏晋门阀统治的加强,到东晋、南朝时期,这一制度弊端丛生,中正权重,品评随意,士族门阀把持中正,控制选举,于是出现了"上品无寒门,下品无士族"的现象。政府里的高官都把持在豪门世家的手中。

实行九品中正制,堵塞了庶族地主做官的道路,为世家大族长期操纵政权提供了保证。随着封建经济的发展,人数比士族地主多的庶族地主,经济力量日渐扩大,要求有政治权力。因此,地主阶级内部的矛盾日趋激化。而世家大族操纵地方政权,独霸一方,不利于中央集权。

❖ **科举制形成于何时?**

南北朝时期的九品中正制,主要按门第高低来选拔官吏,庶族出身的士人很难有进仕的机会。隋文帝即位以后,废除九品中正制,选官不问门第高低。命令各州每年要向中央选送三人,参加秀才、明经等科的考试,合格者被录用为官。隋炀帝即位以后,创立进士科,这标志着科举制的形成。科举制的产生,不仅打破了数百年来世族门阀垄断仕途的局面,而且一般地主子弟甚至贫寒子弟也可以由此走上仕途。从此,选拔官吏之权从世家大族手中收归中央政府,在制度上限制了世家大族把持政治大权,为庶族地主参与政权开辟了道路。

❖ **秀才、举人、进士、状元等是怎么考出来的?**

所谓科举制度,就是由国家设立许多科目,定期举行统一考试,通过考试来选拔官吏,也叫"开科取士"。隋炀帝时,开始设立进士科,用考试方法来选进士。唐代,又添设了不少科目,如秀才、明经、明法等科,但进士科仍是最重要的科目。唐以后,进士科一直是最有代表性的科目,其他科目多仅存空名,无足轻重。所以习惯上把科举说成是考"进士"。明、清两代,科举考试的程序更加严密和完备。考试主要有三级,最低一级是"院试",第二级是"乡试",最高一级是"会试"和"殿试"。院试之前还要经过由知县主持的"县试"和由知府主持的"府试"。经过府试录用的士子参加由各省学政主持的"院试",及格者即取得入省(州)学读书的资格。凡是经过院试入县、府学的人通称"生员",即习惯上所谓的"秀才"。

乡试 每三年举行一次,在南京、北京和各省城举行,由皇帝任命的"主考"主持,考期在秋天,故称"秋闱"(闱是考场)。考取者叫"举人"。前五名叫"五魁",其中第一名叫"解元"("元"是第一的意思)。

会试 每三年举行一次,在京城举行,由礼部主持。考期在乡试次年的三月,故又称"春闱"。又因试于礼部,也称"礼闱"。各省举人都可参加。考中的叫"贡士",其第一名叫"会元"。秀才、举人、贡士都不是官,只有经过殿试考中者,由朝廷决定授予官职的才算官。

殿试 是由皇帝在殿廷上对会试合格的贡士进行考试,也叫"廷试"。殿试成绩分为三等,即一、二、三甲,并给予不同的出身。一甲取三人,赐"进士及第",第一名叫"状元",也称"殿元",第二名叫"榜眼",第三名叫"探花"。二、三甲各取若干名,分别赐"进士出身"、"同进士出身"。殿试揭晓时,在太和殿唱名,同时在长安街张挂榜文三天,"榜"用黄表纸制成,称为"金榜"。一甲三名在殿试后,立即授官。状元授翰林院修撰,榜眼、探花授翰林院编修。二、三甲进士需再经过一次朝考才授官,朝考最优者做翰林院庶吉士,其他人分别授予京官或州、县等地方官,有的做教官。

❖ 除科举制外还有什么选拔官吏的途径？

科举制度虽然是这一时期选拔官吏的重要途径,但并不是唯一的途径,另有一些官吏则是由保举或捐纳得来的。捐纳就是用钱买官。这种办法自秦汉以来历代都有,特别到清末鸦片战争以后,国家财政支出激增,于是广行捐纳,产生了大量腐败昏庸的官吏。此外,封建社会中的恩荫制度和残存的世袭制度,也是产生大批官吏的来源之一。

科举制度虽然也选拔了一些有才能的官吏,但在封建社会里,所谓论才取仕,常常是一句空话。明朝时,考试的文章都是规定的死格式,叫作"八股",使应考人的思想受到禁锢。考官纳贿、考生作弊的情形一直存在着。特别是明、清时代的八股士子,更是不学无术,缺乏实际才干。随着中国封建君主专制制度的即将崩溃,科举制度也终于在清末光绪三十一年(1905)被废除。

❖ 为什么说宦官专权是中国古代社会最黑暗的政治之一？

在君主集权体制下,皇位实行宗法世袭制。帝王设立宦官,其主要和直接目的,是为了既有人侍奉自己和众多的后妃等皇室成员,又要确保自己家天下血统的纯洁性。皇帝时刻防范臣下不忠,担心皇位被篡,深居宫禁,成为孤家寡人,而宦官近侍皇帝左右,直接听命于皇帝。他们没有社会地位、没有后代,必然紧紧依附于皇权,不会成为皇权的威胁。所以宦官在历史上的乱政虽曾引起不少君臣的警惕,但宦官制度却与历代王朝相始终。

宦官生理畸形,总是最大限度地攫取权力和财富,以取得心理平衡。宦官社会地位低下,在等级森严的制度和充满利害倾轧的环境中,宦官要卑屈以固宠,一旦得势,则以残害臣民作为补偿。宦官是皇帝的奴才,不受监察,他们的擅权往往比官僚的擅权为祸更烈。

皇帝独揽大权,如果随侍君侧的宦官操纵皇帝,便控制了国家的政柄。历史上,宦官专权往往出现于皇帝昏庸、幼主临朝、母后主政之时。随着君主集权走向顶峰,宦官专权的程度和危害也越来越深。秦汉时,宦官主要是掌握政权,唐朝以后进一步控制军权,明朝则从中央到地方,从军政、刑法、财政到监狱管理,无所不包。宦官专权与统治集团内部斗争的激化密切相关。它往往促使统治集团内部的斗争更加尖锐剧烈,导致或加速农民起义的爆发,使旧王朝更快覆亡。

❖ 三省六部制开创于何时？

隋文帝对中央官制和地方官制都作了较大改革。在中央,废除了北周实行的"六官制",建立了"三省六部制"。

三省是中央最高的统治机构,三省长官(包括仆射)同为宰相,共同负责中枢政务。六部即尚书省下属的吏、户、礼、兵、刑、工六部。吏部主官吏的考核任免,户部主户口、赋税等,礼部主礼仪制度,兵部主军政,刑部主法律、刑狱,工部主水陆工程。各部长官为尚书,副长官为侍郎。三省分权制改变了以前宰相一人掌握大权的状况,削弱了相权,从而加强了皇权。三省六部职司划分明确,提高了行政效能,加强了中央的统治力量。

二、古代经贸

❖ 古代的集市是什么样的？

集市大约起源于殷、周时期。但在唐以前，除了少数出产单一产品的地区或乡村外，一般没有销售单一商品的专门集市。

到了唐代，集市设有市令官，主要管理市场交易，并规定午时击鼓三百下，商人始能入市，日落前三刻击钲三百而散市。

古代专门集市可分为两种。一种是季节性的，一种是非季节性的。季节性的专门集市，大多出售的是节令商品；非季节性的专门集市，则大多销售的是生活必需品，如菜市、渔市、米市、茶市、马市等。

❖ "商人"一词是怎么出现的？

"商人"这一名词源于商朝。商朝曾以殷为都城，所以又叫殷朝；商朝遗民也可说成殷朝遗民；因此其遗民就叫商人或者殷人，殷人即商人。

商朝灭亡后，殷朝遗民被集中到洛阳，周朝人叫他们顽民，过着被监视的生活，被另眼看待。他们既无政治权利，又失去了土地，只好东奔西跑做买卖。买卖这一行，周朝的贵族是不会做的，当时的庶民要种地不能做买卖，而商品买卖又为社会所需要，久而久之，买卖商品的商业就成了殷朝遗民的主要行业。

随着民族融合和商品经济的发展，周朝的少数贵族也开始做买卖了，这样，商人渐渐地失去了"顽民"的贬义，成为从事商品买卖的职业专称。到了春秋，郑国的商人借战争转运各国商品，从中在经济上大获其利，使其国富民强，显示了商业活动的重要性。因此，商人的地位在社会上渐渐提高了，成为后来封建社会士、农、工、商中的四民之一。

❖ 货币是如何产生的？

货币是在商品交换中产生的，充当一般等价物，作为商品交换的媒介。在漫长的商品交换过程中，一般等价物逐渐固定到一种商品上，这种商品就是货币。

在中国的商代，已经开始以贝壳作为货币使用。随着商品经济的发展，天然的贝壳作为货币渐渐供不应求，于是出现人工贝币，如石贝币、骨贝币、蚌贝币等。到了商代晚期，出现了铜质的金属贝币。

❖ 宋代的货币有什么特点？

中国宋代是铸币业比较发达的时期，从数量和质量上都超过了前代。宋朝货币以铜钱为主，南宋以铁钱为主。北宋以后的年号钱开始盛行，几乎每改年号就铸新钱，钱文有多种书体。同时，白银的流通亦取得了重要的地位。北宋出现了世界上最早的纸币——交子，其后陆续出现了别的纸币：会子和关子，且占的地位越来越重要。宋徽宗赵佶瘦金体御书钱堪称一绝。

❖ 清朝的货币有什么特点？

清朝的货币主要以白银为主，小额交易往往用钱。清初铸钱沿袭2 000多年前的传统，采用模具制钱，后期则仿效国外，用机器制钱。清末，太平天国攻进南京后，亦铸铜钱，其钱币受宗教影响较大，称为"圣宝"。

❖ 钱庄是什么机构？

钱庄是旧中国早期的一种信用机构，主要分布在上海、南京、杭州、宁波、福州等地。在北京、天津、沈阳、济南、广州等地的则称为银号，性质与钱庄相同。另一些地方，如汉口、重庆、成都、徐州等，则钱庄与银号并称。早期的钱庄，大多为独资或合伙组织。规模较大的钱庄，除办理存款、贷款业务外，还可发庄票、银钱票，凭票兑换货币。

❖ 钱庄是如何出现的？

长期以来，对于钱庄的历史发展过程及其资本性质，一直没有一个比较正确的认识，更没有系统的研究和论述。诸如，在钱庄产生的时代上，有的说唐代的"柜房"就是钱庄，有的说宋代的"交子"是由钱庄发行的，或者说钱庄是由钱铺发展而来的，甚至说钱庄和银号是产生在清代咸丰年间（1851—1861）的。尽管也有人说钱庄产生在明代中叶，却没有说明为什么产生在明代中叶。至于钱庄经营的业务和性质也说法各异，有的说唐宋、明末清初的钱庄是经营存放款业务的，也有的说在清末钱庄是商业资本中的货币经营资本。诸如此类，众说纷纭。

❖ 元宝是怎么出现的？

元宝一词最早见于唐肃宗时史思明在洛阳铸的"得壹元宝"和"顺天元宝"，顺天元宝是由得壹元宝改制而来的，这两种钱可以说是一种占领货币。

元宝起源于唐朝，在唐朝初期就有使用白银支付大宗马钱的记录，已有银制的"饼"和"铤"，把"银铤"称为"元宝"始于元朝，凡重量达50两者，名叫元宝，也就是"元朝之宝"的意思。其实，古代的元宝并不是今天我们看到的样子，中间部分没有凸出来的形状，颜色不是金黄色而是银色，也许原本的形状有点像棺材，所以变了。

❖ 铜钱方孔的起源是什么？

我国古代铜钱不论大小，其形状都是外圆内方。关于铜钱造成圆形的解说莫衷一词，但关于铜钱中间有方孔的原因，却有比较一致的说法。

铜钱中间有方孔是由当时的工艺条件所决定的。古人铸币的时候，先把铜熔化，然后注入模中。由于古代铸币技术的限制，钱的边缘总有许多毛刺，既不美观又不方便使用。然而，要去掉这些毛刺，就必须靠锉刀加工，一次不能只锉一个，必须把钱串起来锉才省时省工，而要把钱串起来，钱中间则必须留有一孔。如留圆孔，穿在棍子上的钱就会滚动，这样有碍操作。因此留下方孔，把钱穿在方形棍上，钱就不会滚动了。正是由于这个缘故，古代的铜钱才在中间留有方孔。

❖ "薪水"一词是怎么来的？

东汉以前，一般俸禄都发放实物（粮食、布帛），唐以后一直到明清，主要以货币形式为俸禄发给朝廷官员。古代官员俸禄的名称不止一种，如"月给"、"月薪"、"月钱"等，而明代曾将俸禄称"月费"，后又改为"柴薪银"，意思是帮助官员解决柴米油盐这些日常开支的费用。而在魏晋六朝时，"薪水"一词除了指砍柴汲水外，也逐渐发展为日常开支费用的意思。

现代一般人按月支取的工资近乎古代的"月俸"、"月费"，主要也是用来应付日常生活的开支。因此，人们常把工资称为"薪水"。

❖ "盘缠"一词是怎么来的？

"盘缠"是指如今所说的旅费，但是，旅费为什么又"盘"又"缠"呢？盘绕缠绕是近义词，钱与盘绕、缠绕在今日当然毫无关系。不过，古代却有某种必然联系。古钱是中间有孔的金属硬币，常用绳索将一千个钱币成串再吊起来，穿钱的绳索叫做"贯"，所以，一千钱又叫一吊钱或一贯钱。有出戏叫《十五贯》，即讲述一个涉及十五串钱的案子。古时不要说没有旅行支票、信用卡，就是纸币也是后来才有的，于是，人们在出远门办事探亲之时，只能带上笨重的成串铜钱。把铜钱盘起来缠绕腰间，既方便携带又安全，因此古人将这又"盘"又"绕"的旅费叫"盘缠"。

❖ 纸币在我国古代有什么名称？

我国最早的纸币是"交子"。宋初，四川的富商大贾为便于贸易，首先印行"交子"，面额一般为一贯、五贯和十贯等，以七百七十文为一贯。南宋改称"关子"或"会子"，仿北宋发行纸币，称"交钞"，分大、小钞两种。元代禁止民间用铜钱交易，"中统宝钞"单位分文和贯。明朝发行"大明通行宝钞"，面额六种，为一百文至五百文及一贯，每贯等于铜钱一千文。清咸丰三年（1853）开始印发"大清宝钞"，面额多种，最后由于恶性通货膨胀，于同治初年废止。

❖ "万贯"是多少钱？

古时候形容一个人有钱，常说他有"万贯家财"。

"万贯"是多少钱，得看什么币种。秦流行布币，北宋流行铁钱，明朝纸币不少，清朝流行铜钱。铁币和纸币购买力比铜钱差，即使是铜钱，在不同年份和不同地域的购买力也相差甚远。明万历四年（1576）的山东，一贯铜钱能买三石米；而在明崇祯十二年（1639）的江浙，三贯铜钱也买不来一石米。

清代叶梦珠在《阅世编》里记载，顺治八年（1651）江浙大米每石十贯。明清一石装米80公斤，一贯铜钱只能买8公斤大米。

❖ 当铺经历了怎样的发展历程？

在唐朝时，人们已习惯用典、当二字表达当铺。至宋朝，典当业得到了较明显的发展，当铺的名称亦开始发生变化，基本上是质库、解库和长生库三者并存。到元朝，当铺的名称又有了新的变化,质库之类的叫法已不太流行,取而代之的是解库、解典库、解典铺、典解库等。明清时,当、典当、质典、押当铺、小押等名称相继出现。到清乾隆、嘉庆年间(1736—1820),当铺的发展更是达到顶峰。

当铺最早产生在中国的南北朝时期,是佛教寺院的一大贡献,时称"寺库"。收取动产作为抵押、向对方放债的机构,旧称质库、解库、典铺,亦称质押,以小本钱临时经营的称小押。

❖ 什么是商帮?

明清时期,商品行业繁杂和数量增多,商人队伍日渐壮大,竞争日益激烈。封建社会统治者向来推行重农抑商的政策,在社会阶层的排序中,"士、农、工、商"中商屈居末位。对于商人而言,国家没有明文的法律保护,而民间又对商人冠以"奸商"的歧视。因而,在那样的年代,商人利用他们天然的乡里、宗族关系,互相支持,和衷共济,于是就成为市场价格的制定者和左右者。同时,商帮在规避内部恶性竞争、增强外部竞争力的同时,可以在封建体制内利用集体的力量保护自己,商帮在这一特定的经济、社会背景下应运而生。

❖ 漕运是怎么发展起来的?

漕运起源很早,秦始皇攻匈奴时,从山东向河北转运粮食;攻南越时,凿灵渠沟通湘江与西江水系运粮。楚汉相争,萧何将关中粮食转漕前线以供军食,对汉军的胜利起了重大的保证作用。

隋初除自东向西调运粮食外,还从长江流域转漕北上。隋炀帝动员大量人力开凿通济渠,联结河、淮、江三大水系,形成沟通南北的新的漕运通道,奠定了后世大运河的基础。

唐、宋、元、明、清历代均重视漕运,为此,疏通了南粮北调所需的网道,建立了漕运仓储制度。咸丰五年(1855)黄河改道,运河浅梗,河运日益困难,随着商品经济的发展,漕运已非必需,光绪二十七年(1901)清政府遂令停止漕运。历代漕运保证了京师和北方军民所需的粮食,有利于国家统一,并因运粮兼带商货,有利于沟通南北经济和商品流通;但它又是人民的一项沉重负担,运费代价过高,尤因漕运徭役服役期长,以致失误农时,故亦有众多弊端。

❖ 哪个朝代的"夜市"最为兴旺?

夜市即于夜间做买卖的市场,可贩售杂货、衣服、食品、电器零件、游戏等几乎任何东西。

远在春秋时期,我国商业活动就很活跃。到了西汉,都城长安及洛阳、邯郸、成都等大城市,均已成为著名的商业中心。不过,当时的官署对这些城市的市场管得很严,开市和闭市都有一定的时间,闭市的时间一到,就不再有经营活动,因此不可能有夜市。东汉时,一些城市打破禁锢,兴起了"夜籴",它只是夜市的萌芽形式。

到了宋代,夜市已相当普遍,尤其是南宋的临安城(今浙江杭州),夜市更是十分兴旺。当时的临安城夜市接早市,通宵达旦,一年四季,天天如此。明朝人田汝成在其所著的《西湖游览志余》中还称赞宋代临安城夜市秩序良好。

❖ 五花八门的具体内容是什么？

五花八门是指古代的各种职业。

五花：金菊花，指卖茶花的女人；木棉花，指上街为人治病的郎中；水仙花，指酒楼上的歌女；火棘花，指玩杂耍的人；土牛花，指挑夫。

八门：一门巾，指算占卦的人；二门皮，指搭卖草药的人；三门彩，指变戏法的人；四门柱，指江湖卖艺的人；五门平，指说书评弹的人；六门团，指街头卖唱的人；七门调，指搭篷扎纸的人；八门聊，指高台唱戏的人。

❖ 七十二行有哪些行业？

关于行业，据史料记载，唐代开始就有"三十六行"。《清波杂志》所载，我国唐代社会的主要行业为"三十六行"，肉肆、宫粉、成衣、玉石、珠宝、丝绸、麻、首饰、纸、海味、鲜鱼、文房用具、茶、竹木、酒米、铁器、顾绣、针线、汤店、药肆、扎作、驿传行、陶土、仵作、巫、棺木、皮革、故旧、酱料、柴、网罟、花纱、杂耍、彩兴、鼓乐、花果。

到了宋代，随着生产的发展，行业也逐渐增多。唐时的三十六行，至宋代已经增加为七十二行。元朝又把七十二行转记为一百二十行。

"七十二行"是一个虚指数，今天人们常说的七十二行或三百六十行，并非具体数字，事实上，社会行业的分工已远不止七十二行。

三、古代军事

❖ 为什么《孙子兵法》被称为"兵学圣典"？

《孙子兵法》又称《孙武兵法》《吴孙子兵法》《孙子兵书》《孙武兵书》等，是中国古典军事文化遗产中的瑰宝，是中国优秀传统文化的重要组成部分。较为一致的看法是，《孙子兵法》是由孙武草创，后来经其弟子整理成书的。

《孙子兵法》成书于春秋末期，是我国古代流传下来的最早、最完整、最著名的军事著作，在中国军事史上占有重要的地位，其军事思想对中国历代军事家、政治家、思想家都产生了非常深远的影响，已被译成日、英、法、德、俄等十几种文字，在世界各地广泛流传，享有"兵学圣典"的美誉。作为华夏文化乃至世界文明中的瑰宝，《孙子兵法》不仅是一部兵法，也不仅是中华文化中的重要遗产，它更是华夏智慧的象征。

《孙子兵法》的意义，不仅仅是一部军事著作，它更代表着炎黄子孙的智慧、思想、文化，是几千年华夏文化的结晶。

❖ 中国古代短兵交战的十大阵法分别是什么？

阵法是古代冷兵器时代战斗队形的配置，具有重要的实战意义。十大阵法，就是在古代战争短兵交战的情况下，为取得战场上统一的指挥和协作而产生的。

战国时期，《孙膑兵法》集先人之大成，将春秋以前的古阵总结为十阵。这"十阵"分别是方阵、圆阵、疏阵、数阵、锥形阵、雁形阵、钩形阵、玄襄阵、水阵、火阵等。水阵和火阵讲的是水战和火战的战法,不是单纯的战斗队形,所以孙膑十阵实际上只有八种基本的战斗队形。

❈ 兵法三十六计有哪些?

三十六计共分六套,即胜战计、敌战计、攻战计、混战计、并战计、败战计,前三套是处于优势所用之计,后三套是处于劣势所用之计,共三十六计。依序列出,它们是:

第一套胜战计　瞒天过海,围魏救赵,借刀杀人,以逸待劳,趁火打劫,声东击西。
第二套敌战计　无中生有,暗度陈仓,隔岸观火,笑里藏刀,李代桃僵,顺手牵羊。
第三套攻战计　打草惊蛇,借尸还魂,调虎离山,欲擒故纵,抛砖引玉,擒贼擒王。
第四套混战计　釜底抽薪,浑水摸鱼,金蝉脱壳,关门捉贼,远交近攻,假道伐虢。
第五套并战计　偷梁换柱,指桑骂槐,假痴不癫,上屋抽梯,树上开花,反客为主。
第六套败战计　美人计,空城计,反间计,苦肉计,连环计,走为上。

❈ 三令五申分别是什么?

"三令五申"是我国古代军令、军事纪律的简称,它最早出自《史记·孙子吴起列传》。宋代曾公亮撰写的《武经总要》一书中记载了三令五申的具体所指。所谓"三令",一令观敌人之谋,视道路之便,知生死之地;二令听金鼓、视旌旗,以齐耳目;三令举斧钺,以宣其刑赏。所谓"五申",一申赏罚,以一其心;二申视分合,以一其途;三申画战阵旌旗;四申夜战听火鼓;五申听令不恭,视之以斧钺。实际上,它是教育将士应该在战阵中和军事行动中明确作战原则。现在则用来表示再三命令或告诫之意。

❈ 什么是击鼓与鸣金?

击鼓和鸣金是古代军事指挥的号令。击鼓就是敲战鼓,鸣金就是鸣钲。钲是古代的一种乐器,用铜制成,颜色似金。

击鼓鸣金就是击鼓号令进攻,鸣金号令收兵。关于"击鼓鸣金"的来历,有一种传说是:黄帝在与蚩尤作战时制造的革鼓。他从东海流波山上猎获了一种叫做"夔"的动物,它的形状像牛,全身青黑色,发出幽幽的光亮,头上不长角,而且只有一只脚。这种动物目光如电,叫声如雷,十分威武雄壮。当时黄帝为它的叫声所倾倒,就剥下它的皮制成八十面鼓,让玄女娘娘亲自击鼓,顿时声似雷霆,直传出五百里。这就是后世"击鼓进军,鸣金收兵"的来历。

❈ 我国古代的军衔制度是什么?

我国的军衔是近代北洋政府于1912年8月命名的。当然,这些军衔不是无缘无故产生的,都有深厚的历史渊源。

元帅　最早见于《左传·僖公二十七年》所载晋文公的"谋元帅"词。唐代设有元帅、副元帅等职务,作为作战时期的最高统帅,有相当大的权力。到宋代则设有兵马大元帅,元代设有都元帅、元帅。

将军　春秋时期,晋国以卿为将军。到战国时,"将军"一词才用于官名,有大将军、上将军职位。汉代将军名号颇多,如霍去病就叫骠骑大将军。隋唐以后,历代官名都有将军。

校　"校"是古代军队的编制单位,统带一校之官称校尉。汉武帝曾设立中垒、屯骑、步兵、越骑、长水、胡骑、射声、虎贲等八校尉。这八校尉作为专掌特种军队的将领,其地位略次于将军。晋武帝时设有军校,为任辅助之职的军官。清代有步军校、护军校等官职。

尉　春秋时期,晋国上、中、下三军皆设尉。秦汉时,太尉执掌全国兵权,地位非常高,为三公之一。以后带尉字的官职,地位逐步下降。唐代折冲府以300人为团,团设校尉。明清时的卫士和八九品队官称校尉,清代七品官中有正尉、副尉。

士　在夏商周三代,天子、诸侯皆有上士、中士、下士之官,是卿大夫以下的低级职位。秦以后间有袭用古制以上、中、下士为官职者。

❈ "三军"的来历是什么?

春秋时,大国通常都设三军,但各国称谓有所区别,如晋国称中军、上军、下军;楚国称中军、左军、右军;齐国、鲁国和吴国都称上、中、下三军。三军各设将、佐等军衔,而中军将则是三军统帅。随着时代的变迁,上、下、中军渐渐被前军、中军、后军所代替。

到了唐、宋以后,这样的编制已成为军队的固定建制。这时三军的主要标志是担任不同作战任务的各种部队。前军是先锋部队;中军是主将统率的部队,也是主力;后军主要担任掩护和警戒任务。

四、古代教育

❈ 中国古代学校最早的教学内容是什么?

春秋战国时代,统治阶级所谓的大事主要是祭祀和打仗,学校教育的主要内容,就是传授宗教祭祀知识和作战的技能、经验,可归纳为"六艺",即礼、乐、射、御、书、数。

礼　最初是一种祭天地、祖先的仪式,目的是驱邪求福。至西周,随着宗法等级制度的建立,它几乎成了整个西周上层建筑的代名词;它不仅是支配人们全部言行的道德规范和伦理标准,而且成为当时社会政治经济制度的基础和核心。所以,"礼"在六艺中的地位最高,理所当然成为最重要的教育内容。

乐　乐在当时不仅是指音乐,而且还包括乐歌(诗)和乐舞。统治者十分强调礼和乐的作用。他们认为,礼的作用主要是把社会各阶层、宗族各支派的尊卑亲疏用法律和制度的形式固定下来;乐的作用在于通过潜移默化的艺术熏陶,使人们自觉地接受和遵守以礼为代表的宗法等级制。礼乐成为中国传统儒家文化的基础。

射和御　"射"是射箭,"御"指驾车。西周时战争频繁,且以车战为主,故射箭和驾车技能的训练也是当时学校教育的重要内容。

书　即识字,为基础课之一。西周时期学校教育中的"书"主要是指六书,即象形、指事、会意、形声、转注、假借。象形、指事、会意、形声是指文字的形体结构,即造字方法;转注、假借是指文字的使用方式,即识字方法。

数　即计算,同样是一种基本技能,蕴涵着十分深奥的学问。西周学校的教学内容中,六艺中的"数"包括数艺九科(方田、粟布、差分、少广、商功、均输、盈朒、方程、勾股)和九数(九九乘法表)。在古代中国,数学和阴阳风水等"迷信"活动一起,被归入数类。它的主要功能除了解决日常的丈量土地、算账收税等实际问题外,还要计算天体,推演历法。

❖ 中国封建社会的"官学"是怎么兴衰的?

封建社会的学校类型,主要有中央官学和地方官学。封建官学制是从秦统一全国后产生的,当时曾有"吏师"制度,即设有专门担任教师的官吏。到了西汉,汉武帝采纳大经学家董仲舒的举贤良对策,"罢黜百家,独尊儒术",孔子学说及儒家经典开始成为统治阶级培养人才必学的课程。

汉武帝在中央设立最高学府——太学(相当于现在的大学),以五经博士为教官,入学子弟叫太学生,年龄一般是18岁以上。太学的学习科目设五经,学生选一经学习,没有固定的学习期限,以自学为主,教师定期讲经,每年考试1次。考试成绩优良者,任用为官,把读书和做官联系起来。

唐代是中国封建社会的鼎盛时期,教育制度比较完备,教育事业也较为发达。唐设国子监主管教育,国子监置祭酒1人,为最高教育长官。

从隋唐开始,科举制度兴起,学校逐渐成为科举的附庸,通过学校学技能和求知识的功用逐渐降低。明代,教育制度在前代的基础上更加完备,中央学校有国子监和宗学两种。宗学是皇家学校,当时地方学校较发达,各级都有普通学校和专科学校。中央和地方还普遍设立武学,特别重视律学。官学的教学内容,除学习"四书"(《伦语》《孟子》《大学》《中庸》)、"五经"(《诗》《书》《礼》《易》《春秋》)外,还必须学习《御制大诰》《大明律令》,为统治阶级培养习兵知法的人才。

随着整个封建社会的崩溃,清代的教育已穷途末路。学生并不每天到校读书,只在考试或领取膏火(津贴)时集中一下。入学是为了混个生员的资格,以便参加科举考试。至于少数研究学问、注重经史之学的书院,虽然还对当时的学术和教育做出贡献,但作为产生于封建制度下的一种教育机构,已难以容纳新的思想文化。

❖ 中国封建社会的"私学"是怎么发展起来的?

私学开创于春秋战国时期,到汉代发展起来,因为官学数量有限,一般地主阶级的子弟都在私学就读。汉代的私学可分为小学、中学、大学三级。私人小学称为"书馆",招收9岁儿童入学,主要学习认字和写字。在书馆学习两年后,即入中学学习《论语》《孝经》。中学结业,便可当小吏,或从事其他职业。如需深造,则或入大学,或投私家经师。经师所设大学程度的私学叫"精舍"或"精庐"。其中的教师有的是在职官僚,有的是罢官从教,大多数则是闲居在家的专职教师。这些人中有不少是当时著名的经学大师,他们在经学上造诣精深,其学术成就在官学之上,所以各地子弟纷纷慕名前来求学。到"精舍"求学的学生分为"及门受教"和"著录弟子"两种。"及门受教"是指那些亲自在学校听课者。"著录弟子"则不必亲来受业,只需在老师门下登记上自己的姓名,就算是某大师的弟子了。后世的所谓"拜门"便源于此。

到了唐、宋、元时期,印刷术的发明和进步,又促进了私学的发展。这一时期,编出了一些文字简练、通俗易懂、宣传儒家思想和封建道德的课本,其中尤以《千字文》《三字经》《百家姓》等流传最广。明、清时期,私学又称为私塾。有的地主绅士专门聘请教师在家里教育子弟,叫作"叫馆";有的教师在自己家里给人教书,叫作"家塾";有的由地主绅士出面,聘请教师在公共场所开办学堂,叫作"义学"或"义塾"。

私学虽然不像官学那样由封建国家直接控制,但它同样也被地主阶级所垄断。私学教学呆板,死背教条,经常实施体罚。学生入学的目的也是为了应科举,求功名,光宗耀祖。

❖ "书院"是一种什么类型的教育机构?

在我国封建社会后期,随着官学的衰落,私学的腐败,又出现了"书院"这种教育组织形式。书院本是唐代藏书和修书的地方,五代时,一些封建士大夫在山林名胜之地建筑书房,聚徒讲学,名曰"书院"。书院的老师自由讲学,学生也重自学,书院具有学校的性质。北宋初期,书院制度有相当的发展,先后建立了白鹿洞、岳麓、睢阳(又名"应天府")、嵩阳、石鼓、茅山六大书院。

南宋是书院的极盛时期,其地位和作用几乎取代了官学,成为主要的教育机关,名师巨儒差不多都集中于书院之中,为封建王朝培养了大批统治人才。

元代统治者为了加强对书院的控制,努力使书院官学化,但领导管理和讲学的水平比较差,与宋代书院相比大为逊色。

明初的教育政策着重于发展官学,不重视私人讲学的书院。直到嘉靖年间(1522—1566)以后,书院才再次复兴。明代书院大部分是在这以后重建或新建的,其中影响最大的是东林书院。

书院的教学内容以四书五经为基本教材。这些儒家经典大多经过了理学家的重新解释,渗透了理学精神。

由于书院在办学的指导思想上公然声明自己是为学术而非为功名,这就带来了教育观念上的一个重大变革,从而在一定程度上恢复了教育本应具有的基本职能,即通过传授知识,为社会培养各方面的人才。这种崭新的教育思想,对促进近代教育的产生功不可没。

清代初年,政府害怕书院讲学对统治不利,进而对书院采取抑制政策。直到雍正十一年(1733),才由消极抑制转为积极控制的政策,书院的数量增加至近2 000所,远远超过前代,但这时的书院与官学已经没有什么区别。光绪二十七年(1901),清廷采纳张之洞等人的建议,所有书院改为大、中、小学堂,书院这一教育组织形式正式退出历史舞台。

五、古代医药

❖ 中医的"中"原意是什么?

中医是指中国传统医学,它承载着中国古代人民与疾病作斗争的经验和理论知识。中国古代的医学理论认为,人体的阴阳保持中和才会取得平衡不会生病。若阴阳失衡,则疾病必来。中医大夫有"持中守一而医百病"的说法,意即身体若无阳燥,又不阴虚,一直保持中和之气,会百病全无。所以"尚中"和"中和"是中医之"中"的真正含意。

"中医"这个名词真正出现是在鸦片战争前后。东印度公司的西医为区别中西医给中国医学起名中医。这个时候的中医名称是为和西医做一个对比。到了1936年,国民党政府制定了《中医条例》,正式法定了中医两个字。过去人们又叫中国医学为"汉医"、"传统医"、"国医",这些都是区别于西医而先后出现的。2 000多年前,《汉书》里的那个中医概念,倒是体现了中国医学中的一个最高境界。

中医发源于中国黄河流域,很早就建立了学术体系。中医在漫长的发展过程中,历代都有不同的创造,涌现了许多名医,出现了许多重要学派和理论著作。

❖ 什么是中医"四诊"?

中医诊病,主要有望、闻、问、切四种方法,简称"四诊"。

望诊,就是医生用眼睛观察病人全身和局部神色、形态的变化。中医通过大量的医疗实践,认识到人体的外部,特别是面部、舌质、舌苔与内在肝脏有密切关系。望诊中最有特色的是"舌诊","舌诊"包括看舌质和舌苔。舌质,是指舌的本体;而舌苔是舌质表面覆盖着的苔垢。看舌质可以了解正气的盛衰,看舌苔可以知道邪气的深浅;正常人舌面上有一层薄白的苔,叫舌苔。如果外来的邪气侵入人体,影响脾胃的消化功能,苔就要变厚。舌面光滑如镜,那是因为正气太虚的缘故。

闻诊,就是医生用耳朵来听病人的语言声息,用鼻子来嗅病人身上或者排泄物、分泌物的气味。这些对辨别病情也很有价值。

问诊,它在中医临床上是很重要的。有关疾病发生的时间、原因、经过,过去得过什么病,患者病痛的部位,以及生活习惯、饮食嗜好等与疾病有关的情况,都要通过询问病人或家属才能了解。

切诊的"切"是用手触摸病人身体的意思,它包括按诊和切脉两个部分。按诊就是医生手按病人的胸腹和触摸病人其他部位的诊法。切脉,平常又叫"摸脉"。全身的脉络在人体内是一个密闭的管道系统,它四通八达,像网一样密布全身。在心气的推动下,血液在脉管里循环周身。所以,只要人体任何一个地方发生病变,就会影响气血的变化而从脉搏上显示出来,中医摸脉能诊病,道理就在这里。

望、闻、问、切四诊在观察疾病、做出诊断的过程中,都有各自独特的作用,不能相互取代。

❖ 《黄帝内经》写的是什么?

《黄帝内经》,简称《内经》,是中国现存最早的中医理论著作,奠定了中医学发展的基础。

《黄帝内经》总结了春秋至战国时期的医疗经验和学术理论,并吸收了秦汉以前有关天文学、历算学、生物学、地理学、人类学、心理学,在理论上建立了中医学上的"阴阳五行学说"、"脉象学说"、"藏象学说"、"经络学说"、"病因学说"、"病机学说"、"病症"、"诊法"、论治及"养生学"、"运气学"等学说,并运用阴阳、五行、天人合一的理论,对人体生理学、病理学以及疾病的诊断、治疗与预防等都做了比较全面的阐述,确立了我国中医学独特的理论体系,成为中国医药学发展的理论基础和源泉。

❖ 为何说李时珍的《本草纲目》是一部药典?

李时珍(1518—1593)是明代杰出的药物学家,其家世代为医,他曾在楚王府和北京太医院任职。从嘉靖三十一年(1552)开始,他遍访名医宿儒,广收药物标本,大量参阅古书,经过27年的努力完成了《本草纲目》这本药物巨著。《本草纲目》全书分16部,52卷,62类,收载药物1 892种,载入药方11 096个。全书共190多万字,对每种药物的名称、性能、用途、制作都作了说明。《本草纲目》不仅是一部药典,也是一部植物学、动物学、矿物学的重要分类著作,已被译成多种文字,流传全世界。

❖ "中药"是怎么来的?

在原始社会初期,生产力非常低下,人们不懂得耕作收获,只是从自然界寻找现成的东西拿来充饥,"饥则求食,饱则弃余"。可以想象,人类在采集野菜、种子以及植物根茎充饥的时候,有可能吃到一些有毒植物,而发生头痛、呕吐、腹泻等情况,甚至可能昏迷、死亡。比如,吃了大量的大黄,会引起腹泻;吃了瓜蒂,可导致呕吐。当然,也可能有例外的情况,正在腹泻时,无意中吃了某种植物,腹泻缓解了。这样日子一久,人们就逐渐懂得哪些东西可以吃,哪些东西不能吃,甚至可以有意识地寻找某些能治病的植物。这样,经过长时间的实践总结,药物也就出现了。

神农尝百草的传说,正是人民群众这种实践的反映。鲁迅先生在《南腔北调集》中说:"大约古人一有病,最初只有这样尝一点,那样尝一点,吃了毒的就死,吃了不相干的就无效,有的竟吃到了对症的就好起来了。于是知道这是对于某一种病痛的药。这样的积累下去,乃有草创的记录,后来渐成为庞大的书,如《本草纲目》就是。"鲁迅先生的这段话,可以说是人类发现药物的生动描述。

❖ 针灸疗法的起源是什么?

针灸医学最早见于2 000多年前的《黄帝内经》一书。《黄帝内经》说:"藏寒生满病,其治宜灸",便是指灸术,其中详细描述了九针的形制,并大量记述了针灸的理论与技术。2 000多年来,针灸疗法一直在中国流行,并传播到世界各地。而针灸的出现,则更早。

远古时期,人们偶然被一些尖硬物体,如石头、荆棘等碰撞了身体表面的某个部位,会出现意想不到疼痛被减轻的现象。古人开始有意识地用一些尖利的石块来刺身体的某些部位或人为地刺破身体使之出血,以减轻疼痛,古书上称为石针,也叫砭石,大约出现于距今2 000年至4 000年前的新石器时代。

灸法产生于火的发现和使用之后。在用火的过程中,人们发现身体某部位的病痛经火的烧灼、烘烤而得以缓解或解除,继而学会用兽皮或树皮包裹烧热的石块、砂土进行局部热熨,逐步发展以点燃树枝或干草烘烤来治疗疾病。经过长期的摸索,选择了易燃而具有温通经脉作用的艾叶作为灸治的主要材料,于体表局部进行温热刺激,从而使灸法和针刺一样,成为防病治病的重要方法。由于艾叶具有易于燃烧、气味芳香、资源丰富、易于加工贮藏等特点,因而后来成为最主要的灸治原料。

❖ 经络学说的内容是什么？

所谓经络学说，即研究人体经络的生理功能、病理变化及其与脏腑相互关系的学说。它补充了脏象学说的不足，是中药归经的又一理论基础。该学说，即古代经络学说认为人体除了脏腑外，还有许多经络，其中主要有十二经络及奇经八脉。每一经络又与内在脏腑相连属，人体通过这些经络把内外各部组织器官联系起来，构成一个整体。体外之邪可以循经络内传脏腑，脏腑病变亦可循经络到体表，不同经络的病变可引发不同的症状。当某经络发生病变出现病症时，选用某药能减轻或消除这些病症，即云该药归此经。如足太阳膀胱经主表，为一身之藩篱，风寒邪外客引经后，可引发头痛、身痛、肢体关节酸楚等症，投用羌活（散风寒温止痛）能消除或减轻这些症状，即云羌活归膀胱经。

❖ 古人行医有什么招牌？

最早的行医招牌大概是用模型实物作为行医的"招幌"，如葫芦、串铃、鱼符等，它们都有着美丽动人的传说。葫芦自从汉代壶公在市井悬壶卖药，便不仅作为装药的器具，而且也成为中医的代名词。店堂门口只需挂个葫芦，人们就会进去就医抓药。串铃又名虎撑，传说唐代医家孙思邈为虎取喉中之刺，以之支撑虎口，后演变为走方医的标志和象征。而鱼符是用石片或木头雕成的鱼形幌子，门挂双鱼寓有太极阴阳鱼之意，鱼又谐"愈"之意；鱼不分昼夜总是睁着双眼，悬挂鱼符也意味着药店不分昼夜为患者服务。

❖ 中医中的"五毒"指什么？

"五毒俱全"，这是一个大家都会用的词。一个人如果称得上"五毒俱全"，此人就堪称"死有余辜"。这里的"五毒"是指人的五种恶习或恶行，有人认为是"吃、喝、嫖、赌、抽"，有人认为是"坑、蒙、拐、骗、偷"。除了人的品行上的"五毒"外，在生活中也常提到自然界中的"五毒"，有人认为是"蛇、蝎、蜈蚣、壁虎、蟾蜍"，真正意义上的"五毒"却和这些没有任何关系。

真正意义上的"五毒"是指五种主治外伤的药性猛烈之药。"五毒"就是石胆、丹砂、雄黄、矾石、慈石。一般认为，所谓的"五毒"，并不是每种药材都有剧毒，譬如丹砂、磁石并无太大毒性，但是五种药材通过加工之后合成，其药性就极其酷烈。具体的做法是：将五种药材放置在坩埚之中，连续加热三天三夜，之后产生的粉末，即是五毒的成药。此药涂抹患处，据说有相当的疗效。

很显然，"五毒"之名虽然张牙舞爪，面目狰狞，却有救人性命的效能。说是五毒，但可以以毒攻毒，最后却成了五味良药。

六、古代司法

❖ "法律"一词是怎么来的？

"法"的汉语古体字为"灋"，它由水、廌、去三部分组成。"水"表示公平、平之如水。

"廌"是传说中一种长得像牛的独角兽,生性正直,具有明察善恶、辨别是非的本领,古时断案以被廌角触的一方为败诉,败诉者要去之,受到处罚。"去"指的就是惩处。从"灋"的字源看来,一方面它含有公平、正义之意,另一方面又同惩罚联系在一起。"灋"后来简化为"法"。

"律"意为尺度,具有提供准则使天下齐一的效用。

总之,法和律都有公平、正义和普遍划一的意思,是统一人们行为的规则。在我国古代,法和律开始是分开用的,以后"律"字逐渐演化为"法"字的同义词,法和律合称为法律。由于法律是国家制定或认可的行为规则,所以,人们往往将法律称为"国法"。

❈ "监狱"一词是怎么来的?

"监狱"一开始并不叫监狱。夏朝时叫"宫",商朝时叫"圉",周朝时叫"圜土",秦朝时叫"囹圄",直到汉朝时才开始叫"狱"。秦时,不仅京城有狱,地方也开始设狱。汉时,监狱更是名目繁多。南北朝时期的北朝,又开始掘地为狱,发明了"地牢"。唐朝时,州县都有了监狱。宋朝各州都设置了类似周朝圜土的狱,犯人白天劳役,晚上监禁。明朝京、州、府、县都有监狱,称狱为监也自明朝开始,清朝沿袭下来。监狱的职能就是对犯罪的事实进行核实,对犯人进行帮改。

❈ "监狱"为何又叫"班房"?

明朝,吏役的办事房称为"班房",但是不论过去或现在,常有人把关押犯人的处所也叫"班房"。这可能源于看犯人的皂班。

明清时期,州、县衙门中的吏役总称"三班六房"。属于差役类的"三班"是:壮班,即民壮,掌供差遣捕盗;皂班,即皂隶,掌看守牢狱;快班,分马快、步快,掌侦缉。属于胥吏类的"六房"是指吏、户、礼、兵、刑、工六房,系据中央六部职责分工的原则设置的"对口"机构。

❈ "明镜高悬"一词是怎么来的?

晋代学者葛洪的《西京杂记》记载,公元前206年,秦朝灭亡,汉王刘邦进入秦都咸阳宫,见到了数不清的奇珍异宝,其中一块有特异功能的方镜引起了他的注意。

这个镜子之所以称为秦镜是因为它出于秦地,又因其有察识人们内心世界的功能,凡遇有坏人坏心肠都可照得一清二楚,所以后来人们把善于断案、能看透坏人面目的清官明吏喻为秦镜。但是,人们又痛恨秦代的暴政,不愿把这面宝镜与其联系在一起,于是秦镜慢慢地就被称为明镜。

后来,不论是任何官府,哪怕是贪官、混官、糊涂官,都少不了一副匾额,也就是为了标榜自己"清正廉洁"和"公正廉明",全都在公堂上挂起了"秦镜高悬"的匾额。但是经过一段时间的演变后,到后来逐渐变成了"明镜高悬",这个匾额一直流传到清朝末年。

❈ 古代喊冤有什么方式?

我国封建时期的专制统治者为了巩固其统治秩序,表示愿听取吏民谏议和冤枉之情,在传统的法制上也允许喊冤制度的存在。古代传统法制所许可的喊冤方式有三种——击鼓喊冤、拦驾喊冤、临刑喊冤。临刑喊冤,是指被执行死刑的人在临刑时喊冤,以求监斩官明察申冤。但这种喊冤,在君主专制社会大多不被监斩官所理会。

❖ "十恶不赦"的"十恶"是什么?

"十恶"是十种直接危害封建统治的严重犯罪行为,唐代因袭隋律,对这十种犯罪予以严厉的惩治。十恶的具体内容如下:谋反、谋大逆,即企图毁坏帝王的宗庙、陵寝和宫殿。谋叛,即企图叛国投敌的行为。恶逆,谋杀祖父母、父母,杀伯叔父母、姑、兄妹、外祖父母、夫、夫之祖父母、父母。不道,即指以巫术害人的行为,与杀家人、肢解人的行为一样恶劣,后果严重。大不敬,包括盗窃御用物品,因失误而致帝王的人身安全受到威胁、不尊重帝王及钦差大臣等三类犯罪行为。不孝,即控告、咒骂祖父母和父母。不睦,不按缌麻、小功、大功这些丧服制度规定服丧。不义,吏、卒杀本部五品以上官长;听闻丈夫死了不哀丧,另嫁的。内乱,与父祖妾通奸的。

❖ 古代受贿怎么定罪?

中国古代对受贿罪一直分"枉法"和"不枉法"两种行为。这里的枉法并非就是指枉法裁判,而是泛指所有的公务处断中有违反法律的行为。对于受财枉法的行为,按其受财的多少量刑,"一尺杖一百,一匹加一等,十五匹绞"。

受财不枉法,是指官员虽受钱财,但在公务处理上没有违法,故量刑上要轻,最多就是"加役流",即流放3 000里,并服三年苦役。